高等学校汽车类专业系列教材
高等学校“十三五”规划教材

汽车构造（下）（第二版）

主　编◎卢剑伟
参　编◎姜武华　冯金芝　陈黎卿
　　　　时培成　王永宽　姜　平

合肥工业大学出版社

内容简介

《汽车构造》教材通过对现代汽车典型结构的分析，系统地介绍了现代汽车的构造及工作原理。本书共分为上、下两册。本册（下册）主要介绍了汽车底盘的组成、构造及其原理以及汽车车身、汽车附属设备的构造及其原理等。

本书可作为高等院校车辆工程及相关专业学生的教材，也可作为相关工程技术人员的参考用书。

图书在版编目（CIP）数据

汽车构造．下/卢剑伟主编．—2版．—合肥：合肥工业大学出版社，2018.5（2020.6重印）
ISBN 978-7-5650-3931-7

Ⅰ．①汽…　Ⅱ．①卢…　Ⅲ．①汽车—构造—高等学校—教材　Ⅳ．①U463

中国版本图书馆CIP数据核字(2018)第096381号

汽车构造（下）

（第二版）

主编　卢剑伟　　　　责任编辑　汤礼广

出　版	合肥工业大学出版社	版　次	2011年3月第1版
地　址	合肥市屯溪路193号		2018年5月第2版
邮　编	230009	印　次	2020年6月第6次印刷
电　话	理工编辑部：0551-62903087	开　本	787毫米×1092毫米　1/16
	市场营销部：0551-62903198	印　张	18.75　**字　数**　450千字
网　址	www.hfutpress.com.cn	印　刷	安徽联众印刷有限公司
E-mail	hfutpress@163.com	发　行	全国新华书店

ISBN 978-7-5650-3931-7　　　　定价：42.00元

前　　言

改革开放以来，经过几代人的不懈努力，我国的汽车工业获得了飞速发展，目前汽车工业已经成为我国最重要的支柱产业之一。不仅如此，我国汽车的年产销量也已经超过美国，跃居世界第一位。然而在自主品牌建设和自主创新能力方面，我国与世界汽车工业强国相比仍有较大的差距，我国汽车工业的生产正处在重要的转型时期。国内汽车工业蓬勃发展的现状和国际竞争激烈的形势对我国车辆工程专业人才的培养提出了更高的要求。因此在学校教学方面，迫切需要与当前国内汽车工业发展形势相适应且能为培养新型汽车类专业人才提供有力支持的特色教材。基于此，按照国家级特色专业建设要求，同时结合我们自己的教学实践，特编写本书。

在编写本书的过程中，我们吸收了近几年来出版的同类教材在内容选择和体系编排方面的优点，并结合当前我国汽车技术发展的现状，以传统内燃机动力的汽车结构为主线，对学生需要掌握的内容逐一地进行阐述。同时，从方便学生自学的角度出发，通过提示学习目标，指导学生更好地把握每章的知识要点和学习要求。本书较为系统地介绍了现代汽车整体及部件的结构及其工作原理，同时还介绍了部分汽车的新装备，如自动变速器结构等，同时还介绍了近几年来国内外在汽车变速器方面的最新研究成果，目的是帮助学生开阔视野。

本书力求做到文字准确、插图清楚，并符合规范要求；对内容的阐述，尽量循序渐进并富有启发性。

本书共计十三章，由合肥工业大学卢剑伟教授担任主编。本书编写人员及其分工如下：卢剑伟（第一章、第六章、第十二章、第十三章）、姜平(第二章、第五章)、冯金芝(第四章)、姜武华(第三章、第七章)、王永宽(第八章、第九章)、时培成(第十章)、陈黎卿(第十一章)。

由于编写时间仓促,书中难免有错漏之处,因此恳请广大读者批评指正。

编　者

目 录

第一章 汽车传动系统概述

传动系统是汽车底盘的主要系统之一，负责将发动机输出的动力传递至驱动车轮，从而确保汽车正常行驶。本章主要介绍了汽车传动系统的功能、类型以及主要的布置形式。本章要求学生重点掌握汽车传动系统的功能、类型。

第一节　汽车传动系统的功能和类型

汽车传动系统是将车辆发动机发出的动力传递给驱动轮的动力传递系统。现代汽车上装备的发动机，其曲轴输出的转矩 T_e 和功率 P_e 的特性如图 1-1 所示。如果以这类发动机直接作为汽车的动力源，那么会出现如下问题：①输出转矩 T_e 太小，导致车辆所获驱动力过小，无法满足汽车在各种载荷与各种道路状况下的驱动需要；②输出转速太高，致使汽车行驶速度过大，不能确保汽车的行车安全；③转矩 T_e 的变化范围 ΔT 太小，使得汽车无法适应由各种路面引起的阻力变化；④转矩 T_e 变化趋势不好，因外界阻力增大而引起车速（发动机转速）降低时，汽车不能从发动机上获得与之相适应的不断增加的驱动转矩；⑤发动机存在最低稳定转速 n_{min}，使汽车由静止到起步出现困难，即在此过程中，难以协调旋转的发动机与静止的汽车之间的运动学矛盾。

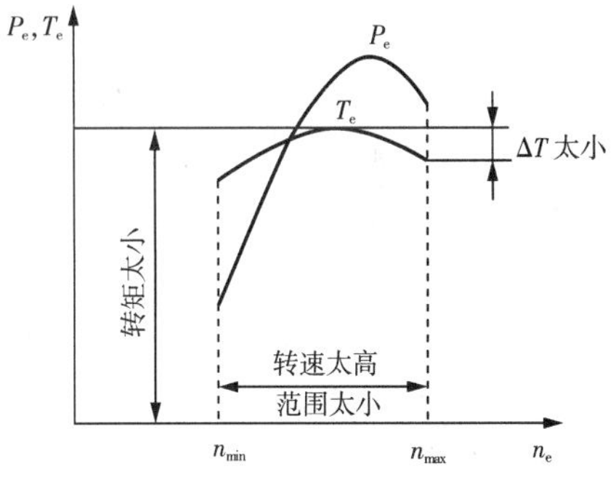

图 1-1　发动机输出特性

由此可见，若将这样的发动机直接与汽车的驱动轮连接，那么汽车在行驶过程中肯定会受到各种困扰。

为了解决上述发动机存在的问题，确保汽车能够正常行驶，需要在发动机与驱动轮之间配置一套传动系统，通过该系统提供的足够大的传动比，达到降低发动机输出转速、增加输出转矩的目的，从而协调发动机与车辆行驶条件之间的关系。

对于轿车类小型乘用车而言，通常希望汽车传动系统的传动比达到 12～18，而对一般载货汽车来说，则要求传动系统能够提供大约为 35～50 的传动比，只有这样才能让汽车在使用过程中保持良好的动力性和燃油经济性，使工作范围相对较小的车用发动机能够适应车辆在各种情况下的需要。这种传动比通常由汽车的传动系统通过两级以上的减速装置获得，即依靠变速器和分动器、主减速器或轮边减速器等装置来共同实现。

此外，传动系统还需要依靠离合器来协调汽车起步时发动机最低稳定转速与汽车车速之间的运动学矛盾。

一、传动系统的功能

针对上述情况，结合汽车具体的使用特点，要求汽车传动系统能够确保以下功能：

(1)中断动力传递

目前，汽车发动机只能在无负荷情况下启动，同时它存在最低临界转速，即发动机只能在该转速以上才能稳定工作，否则便会熄火。因此在汽车起步之前，必须将发动机与汽车底盘和车身所形成的负载脱开，待发动机进入正常怠速运转后，再逐渐将车辆与发动机相连接。在此过程中必须逐渐加大发动机节气门开度，以保持发动机维持在最低临界稳定转速以上工作，同时车辆在不断增加动力的情况下可以平稳起步。此外，当车辆变换传动比(换挡)和紧急制动时，为了减少冲击载荷，都有必要暂时将发动机动力脱开。为此，传动系统中需要设置专门的机构实现这种功能。

有时车辆需要较长时间在发动机不停止运转的情况下处于驻车状态，或者在车辆行驶过程中希望较长时间中断动力传递，以利用车辆惯性实现滑行操作。此时，也需要传动系统能够具有长时间中断动力传递的功能。

(2)减速和变速

车辆行驶的必要条件是驱动轮上产生的驱动力足以克服外界的行驶阻力。实践表明，汽车在平直良好的路面上匀速行驶，最低也需要克服相当于汽车总重量 1.5%左右的滚动阻力。对于一般的车辆而言，若将其发动机直接与驱动轮相连接，可获得的驱动力无法推动汽车行驶，更不要说使汽车爬坡或加速了。此外，若以 3000～5000r/min 的发动机工作转速直接带动车轮旋转，车速将高达 500km/h 以上，显然无法使用。为解决上述矛盾，在动力传递过程中需要解决减速和增力的问题。

(3)车辆倒车

汽车使用过程中难免需要反向行驶，由于发动机不能反向旋转，传动系统必须设置相应能改变旋向的装置。

(4)车轮差速

汽车弯道行驶时，为了减小行驶阻力，左右车轮应以不同车速行驶。即使直线行驶时，也会由于路面起伏不平或轮胎气压大小不同，要求车轮以不同的转速旋转，否则会产生机械干涉，造成轮胎异常磨损，破坏汽车众多行驶特性。为此，当发动机以同一转速向前后左右不同驱动轮输送动力时，必须在保证动力传递不中断的前提下，让车轮之间能够实现不同速旋转，这便是“差速”。

二、传动系统的类型

由于实现车辆传动所用装置和传动原理不尽相同，传动系统可以分为如表 1－1 所示的各种类型。

表 1-1 汽车传动系统的类型

传动方式	结构	特征
机械式	以机械离合器、机械变速器、机械主减速器和差速器传递动力	发动机机械能→传动系机械能→车轮机械能
液力机械式	以液力变矩器、机械变速器、机械主减速器和差速器传递动力	发动机机械能→变矩器泵轮机械能→液体动能→变矩器涡轮机械能→车轮机械能
静液式	以油泵、液压马达、控制装置和辅助机械装置传递动力	发动机机械能→油泵液体压力能→液压马达机械能→车轮机械能
电力式	以发电机、电动机和辅助机械装置传递动力	发动机机械能→发电机电能→电动机机械能→车轮机械能

由于机械式传动系统具有较高的传动效率和比较简单的结构，所以常用于普通车辆上。液力机械式传动系统中设置了柔性的液力传动环节，故可以实现更加平稳的传动，行驶时操作更加方便，是现代高级轿车传动系常采用的形式之一（详见第四章）。静液式和电力式传动方式多用于对车辆传动有很高要求的车辆中，如机场牵引车和部分超重型车辆。

传动系的具体构成与车辆的使用特点和发动机的布置形式有关。按照发动机和汽车驱动轮所处位置的不同，可以将汽车传动系统分为发动机前置前轮驱动方式（简称 FF 式）、发动机前置后轮驱动方式（FR 式）、发动机后置后轮驱动方式（RR 式）以及发动机中置后轮驱动方式（MR 式）等，如图 1-2 所示。

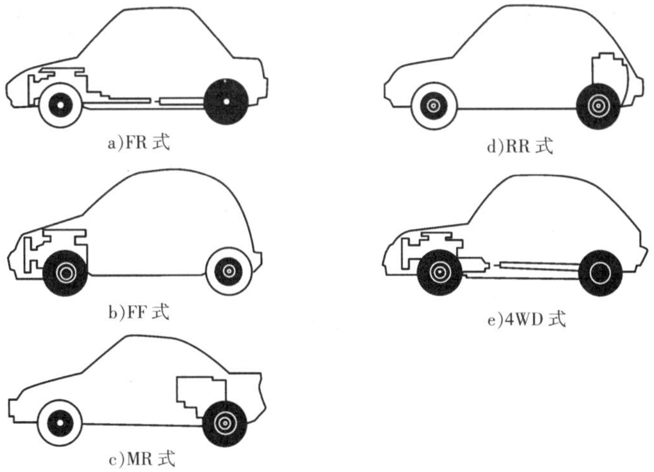

图 1-2 汽车传动系统布置形式

如果按照驱动轮数目不同进行分类，那么通常可以将汽车分为单轴驱动车辆和多轴驱动车辆两大类。在两轴或者三轴车辆中可以采用单轴驱动形式，这时的驱动方式分别被称之为 4×2 驱动和 6×2 驱动，符号“×”前面的数字代表汽车车轮数目，后面的数字代表驱动轮数目。当两轴或者三轴车辆采用多轴驱动方式时，前者称之为 4×4 驱动方式（又称 4WD），后者有两种可能，即 6×4 和 6×6 驱动方式。6×4 表示车辆三根车轴中有两根车轴是驱动轴，6×6 则表示所有车轮都为驱动轮（也称为全轮驱动）。

第二节　两轮驱动汽车传动系统的结构

在 19 世纪 80 年代汽车发明初期，传动系统多将发动机置于汽车后部，以后轮作为驱动轮，但经过十多年的发展后，汽车便以发动机前置后轮驱动的形式为各种车型所采用。1898 年法国雷诺 1 号车首次以传动轴取代链条作为发动机前置后轮驱动汽车的传动手段，奠定了 20 世纪汽车传动技术的基本形态，一直影响至今，这种传统的发动机前置后轮驱动的方式因此也被人们称作标准驱动方式。目前大多数普通汽车仍然采用两轮驱动的方式(又称作 4×2 驱动)。这种传动系统结构简单，传动效率较高。按照驱动轮所处位置的不同，又可分为前轮驱动和后轮驱动两种不同的形式。

载货汽车一般均采用发动机前部纵置、后轮驱动的传动方式(简称 FR 式)。相距较远的发动机与驱动轮之间需要依靠万向节和传动轴组成的万向传动装置实现任意角度的传动。传动系统的构成一般如图 1－3 所示。发动机动力经由离合器、变速器、万向传动装置、主减速器、差速器和半轴传给驱动轮。

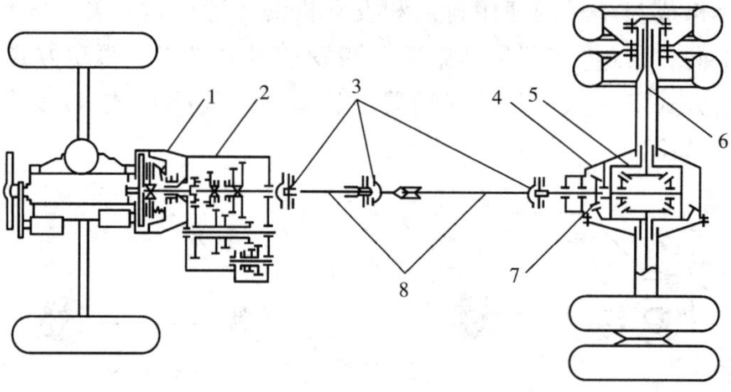

图 1－3　传动系统的构成

1—离合器；2—变速器；3—万向节；4—驱动桥；5—差速器；6—半轴；7—主减速器；8—传动轴

当车辆采用发动机前部横置、前轮驱动方式(又称 FF 式)时，变速器可与主减速器和差速器合为一体，构成变速驱动桥。此时的传动系统如图 1－4 所示，发动机动力经由离合器、变速驱动桥和半轴传给驱动轮，普通轿车大多采用此种传动形式。

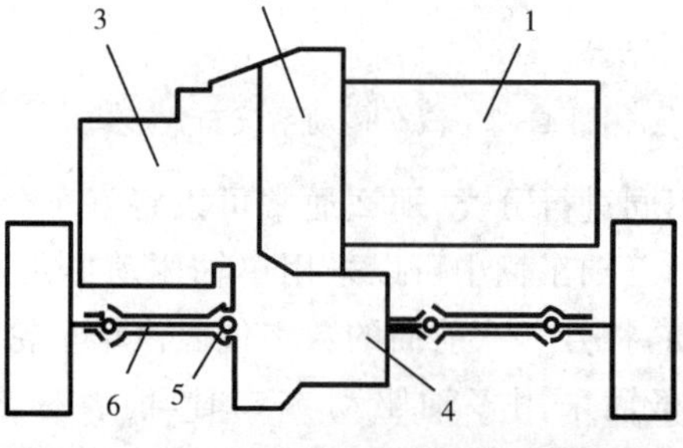

图 1－4　发动机前置、前轮驱动汽车传动系统的构成

1—发动机；2—离合器；3—变速器；4—主减速器、差速器；5—万向节；6—半轴

在许多大客车上为了减少发动机对乘客舱的影响，增加乘客舱通道和座位空间，采用了发动机后部横置、后轮驱动方式（又称 RR 式）。这时由于变速器输出端与驱动桥上主传动器的输入端之间存在很大的传动角度，需要借助角传动器来完成大角度的传动。此时的传动系统如图 1－5 所示，发动机动力经由离合器、变速器、角传动器、万向传动装置、主传动器、差速器和半轴传给驱动轮。

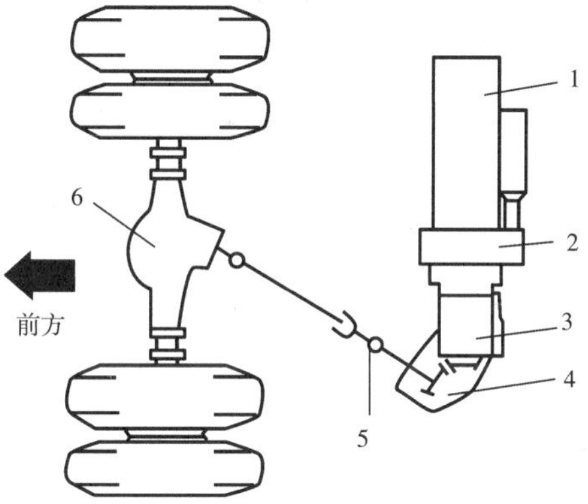

图 1－5　发动机后置、后轮驱动汽车传动系统的构成
1—发动机；2—离合器；3—变速器；4—角传动器；5—万向传动机构；6—驱动桥

第三节　全轮驱动汽车传动系统的结构

汽车行驶动力来自驱动轮与路面的摩擦力，驱动轮数目增加意味着驱动力的增加。为了提高汽车克服坏路的能力，越野车通常采用全轮驱动的方式（两轴车又可称作 4×4 驱动，三轴汽车也称作 6×6 驱动，依此类推）。这时需要传动系统能将发动机输出动力分送到所有起驱动作用的车轮上，所以在传动系统中采用了分动器作为动力分流的装置。通常这种分动器还能提供高低两种传动比的挡位，以满足汽车在不同路面上行驶的需要。其传动系统的构成如图 1－6 所示。发动机的动力经由离合器、变速器、分动器、万向传动装置、前后主减速器和差速器以及半轴传给前后驱动轮。由于前后轴都是驱动轴，均需要协调车轴上左右两车轮在行驶过程中的运动干涉，故在两车轴上都设置了主减速器和差速器。为了避免前轴与后轴之间产生运动的干涉所带来车辆行驶状况的恶化，分动器上设有可供中断动力传递的挡位开关，即在不需要前轮驱动的情况下，可以中断动力向前轴的输出。此时，汽车变为仅由后轴驱动的两轮驱动车辆，这种全轮驱动方式又称作暂时性全轮驱动。

由于全轮驱动方式能够提高汽车的加速性能和改善行驶稳定性，所以现代轿车中也出现了四轮驱动的形式，并在近几年来得以迅速推广。这种全轮驱动的车辆是以永久性四轮驱动面貌出现的，这时如不解决前后两轴车轮之间出现因运动不协调而产生的滑动，会出现急转弯制动、动力传动效率明显降低、轮胎磨损严重及传动系统振动和噪声过大等不良现象。为此，在传动系统中取消了分动器，专门设置了具有轴间差速功能的轴间差速器（如图 1－7a所示），它能有效地消除前后驱动车轮在行驶过程中的运动干涉，改善汽车行驶特性。但是这种传动方式也出现了一个明显的缺陷，即当汽车任意一个车轮陷入泥坑时，该车轮便会出现打滑现象，导致汽车丧失驱动行驶的能力。为了改变这种状况，可以在前后轴之间设置硅油黏性联轴节(如图 1－7b 所示)。该联轴节能在前后轴出现较大转速差时，产生前轴与后轴的“黏接”，从而让后轴参与驱动(因此又称为转速感应式四轮驱动)。这种驱动方式最大的缺点在于，因为传动系统中没有专用的轴间差速器来分配前后轴转矩，所以能传递的转矩比较小，仅适用于微型和轻型轿车。为了能够改善四轮驱动汽车的性能，可在上述轴间差速器上附设增大差速阻尼的锁止机构，这种装置可以借助硅油黏性联轴节，也可依靠湿式多片离合器实现(如图 1－7c 所示)。相比较而言，硅油黏性联轴节不存在机件磨损，且能在整个使用寿命期间保持稳定的使用特性，它们均能有效解决前后轴之间的转矩传递，即当前轮打滑时，利用高摩擦轴间差速器在后轮上也能够得到足够的驱动力。但当某一前轮和某一后轮同时陷入泥坑时，该系统由于前后轮差速器的作用，仍会打滑而失去驱动行驶的能力，为此必须采用如图 1－7d 所示的传动方案。它通过在后轮差速器上加设增大阻尼的锁止机构，能使这种永久性全轮驱动车辆具备更好的行驶特性。

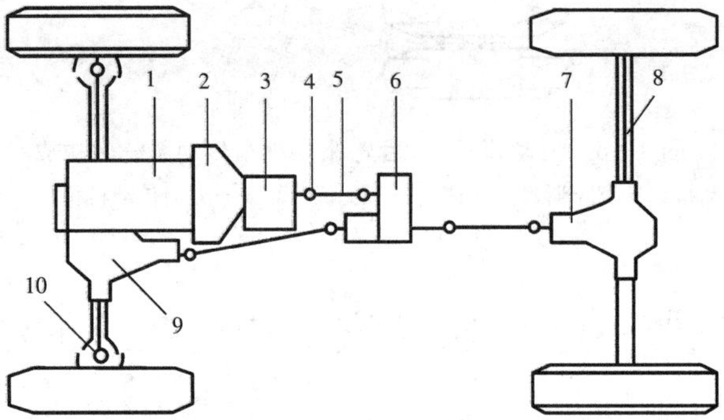

图 1－6　全轮驱动传动系统的构成

1—发动机；2—离合器；3—变速器；4—万向节；5—传动轴；6—分动器；
7—后桥主减速器、差速器；8—半轴；9—前桥主减速器；10—万向节

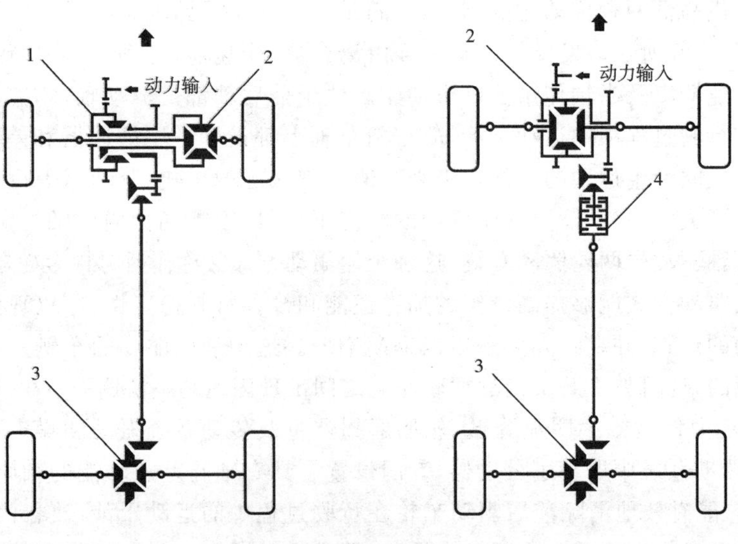

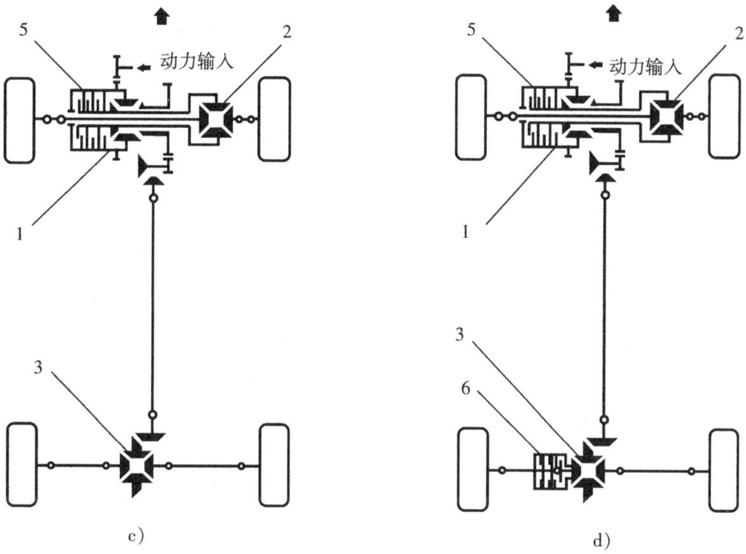

图1-7　各种四轮驱动系统的传动方式

1—轴间差速器；2—前轴轮间差速器；3—后轴轮间差速器；4—轴间黏性联轴节；
5—轴间差速器增内阻装置；6—后轴轮间差速器增内阻装置

思考题

1-1　传动系统的基本作用是什么？

1-2　汽车传动系统有几种类型？各有何特点？

1-3　按发动机和驱动轮布置位置的不同，传动系统有几种形式？它们在结构组成上有何差异？各有何优缺点？

1-4　4×4、4×2和6×6分别代表了何种驱动方式？多轴驱动与单轴驱动有何不同？

1-5　机械式标准驱动传动系统各组成装置的作用是什么？

第二章 离合器

离合器是底盘重要的总成之一，是联系发动机与变速器的纽带，可以根据驾驶员的需要暂时中断发动机对传动系统的动力传递。本章主要介绍了离合器的功能、工作原理、结构等。要求学生重点掌握离合器的功用以及膜片弹簧离合器的工作原理及结构。

第一节 概 述

离合器的作用之一是保证汽车平稳起步。在汽车起步前，使变速器处于空挡位置，将发动机与驱动轮之间的联系断开，待发动机启动后逐渐将动力施加给汽车，推动汽车行驶。与此同时，发动机受到载荷作用后转速会逐渐降低，必须依靠逐渐踩下加速踏板，加大发动机节气门，保证发动机处于最低稳定转速以上运转，确保不至于熄火。

离合器的作用之二是保证传动系换挡时工作平顺。汽车为了适应各种行驶条件，经常要变换不同的挡位工作。为了保证在变速器齿轮箱内选择各种不同的齿轮啮合传动，即使得齿轮啮合顺利脱离或接合，保证换挡的平顺，就必须在换挡过程中切断动力传递，以便于原来挡位的啮合副脱开，同时有可能使换入挡位啮合副的啮合部位的速度逐渐趋于同步，使齿轮进入啮合时的冲击力大为减轻。

离合器的作用之三是借助离合器的滑磨，防止传动系统的过载。行驶过程中难免会遇到急加速、紧急制动和地面突然出现的冲击载荷，它们都会对传动系统产生远高于发动机最大转矩的冲击载荷，从而损坏传动系统机件，因此传动系统应装离合器，依靠其主动部分和从动部分之间可能产生的相对运动来消除这一危险。

鉴于上述功能，离合器结构应有既可暂时分离又可逐渐接合的主动部分和从动部分。主动部分和从动部分之间借助摩擦、液力或磁力传递转矩，当所传递的转矩超过一定数值后，主动部分、从动部分可以产生相对转动，它们分别被称为摩擦离合器、液力耦合器(变矩器)和电磁离合器。摩擦离合器和液力耦合器为汽车上最常见的离合器结构形式，前者用在绝大多数普通车辆上，后者则多用于对平顺性或通过性要求较高的高档轿车、客车和越野车上。本章主要介绍摩擦离合器，液力耦合器(变矩器)则在后续章节里介绍。

摩擦离合器结构如图 2-1 所示。它由发动机飞轮 1(又称离合器主动部分)、带有摩擦片的从动盘 2 和花键毂 6 以及嵌套其上的输出轴 5(统称离合器从动部分)、将从动盘压紧在飞轮上的弹簧 4(压紧元件)和踏板 3 的传动机构(称操纵机构)等部分组成。

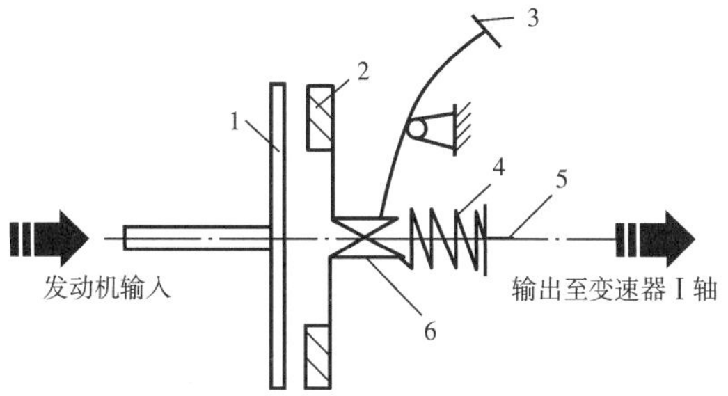

图 2-1 摩擦离合器结构简图

1—飞轮；2—从动盘；3—离合器踏板；4—压紧弹簧；5—输出轴；6—花键毂

汽车行驶过程中，利用弹簧的压紧力使飞轮与从动盘紧紧相靠，借助从动盘摩擦片和飞轮之间的摩擦力将发动机输出转矩传给离合器输出轴，即变速器输入轴。当需要短暂中断动力传递时，驾驶员踩动分离踏板，从动盘向右移动而压缩弹簧。于是主动盘、从动盘脱离接触，实现分离。通过控制踏板力可以控制主动盘、从动盘上的压紧力，进而控制离合器传递转矩的大小，满足汽车平稳起步的要求。由于离合器传递的最大转矩取决于摩擦面上的最大静摩擦力矩，而最大静摩擦力矩可以通过设计确定，故当传动系统出现过大的实际转矩时，离合器主动件、从动件之间会出现相对滑转，限制传动系统超载。

为了保证车辆行驶平稳舒适、操纵自如、性能稳定并使离合器具有足够的使用寿命，通常要求离合器必须满足以下要求：分离彻底；接合柔和；从动部分的转动惯量要小；散热良好；调整、维修方便。

第二节 摩擦离合器

摩擦离合器所能传递的最大转矩与摩擦面间的压紧力、摩擦系数、摩擦面数目和尺寸有关。由于不同车型的车辆要求传递的转矩不同，加上设计布置尺寸的限制，因而离合器可以采用不同的结构形式。

按摩擦面数目多少可将离合器分为单盘离合器和双盘离合器。前者只设一个两面均有摩擦片的从动盘，因此具有两个摩擦面，轴向尺寸较小，多用于轿车及轻型、中型客车和载货汽车；后者设有两个从动盘，具有四个摩擦片，结构较复杂，轴向尺寸较大，多用于传递转矩较大的重型车辆。

若按压紧弹簧形式不同可将离合器分为螺旋弹簧离合器和膜片弹簧离合器，后者由于具有众多优点而成为离合器结构的发展方向。根据所用压紧弹簧布置方式的不同，可将离合器分为周布弹簧离合器和中央弹簧离合器两种。

一、周布弹簧离合器

图 2-2 所示为单盘周布弹簧离合器结构，飞轮 3 和压盘 7 是离合器主动部分，离合器盖 6 通过弹簧钢片制成的传动片 15 与压盘相连，使压盘能与飞轮一道旋转，起传动作用。在飞轮和压盘之间装有一个带扭转减震器的从动盘 16。薄钢片制成的从动盘本体上铆接或粘接有摩擦片，并通过扭转减震器弹簧与从动盘毂 18 相连，从动盘毂的内花键套在输出

轴前端的外花键上，使其在花键上做轴向滑动。沿圆周均匀分布的螺旋弹簧14一端由离合器盖定位，另一端将压盘压向飞轮，压紧从动盘，使离合器处于传递转矩状态。此时发动机输出转矩的一部分由飞轮经摩擦片和从动盘直接传向输出轴，另一部分则依次经飞轮、离合器盖、传动片、压盘、摩擦片和从动盘传给输出轴。

离合器内的分离机构主要由若干根沿径向均匀布置的分离杠杆9、分离轴承10、分离套筒12和分离叉13等组成。分离轴承用来消除旋转的分离杠杆与不旋转的分离套筒之间存在的直接摩擦，分离叉两端轴颈从离合器壳4的孔中穿过，在回位弹簧11的作用下，分离套筒两侧凸台平面抵靠在分离叉两分离指上，当离合器踏板上的作用力经传动机构传到分离叉上，逆时针转动的分离指推动分离套筒和分离轴承向左移动，将分离杠杆内侧压向左边，分离杠杆绕支承(浮动)销8旋转，带动分离杠杆外端向右移动，从而推动压盘右移，解除从动盘摩擦片上压力，使摩擦作用消失，离合器转为分离状态。

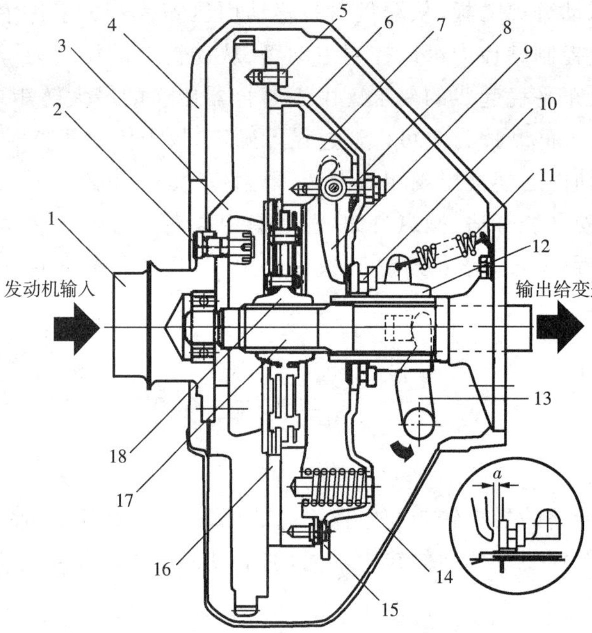

图2-2　东风EQ1090E型载货汽车单盘周布弹簧离合器

1—曲轮；2—飞轮连接螺栓；3—飞轮；4—离合器壳；5—离合器盖连接螺栓；6—离合器盖；7—压盘；8—分离杠杆支承销；9—分离杠杆；10—分离轴承；11—回位弹簧；12—分离套筒；13—分离叉；14—压紧弹簧；15—传动片；16—从动盘；17—离合器输出轴(变速器输入轴)；18—从动盘毂

离合器与曲轴飞轮组装在一起进行平衡校正，为保证动平衡关系不被破坏，离合器盖和飞轮的相对角位置由安装在其上的定位销确定。由图2-2可以看出，当从动盘摩擦片使用磨损后，压紧弹簧作用下的压盘和从动盘位置将向左移动，即分离杠杆外端向左移动，导致分离杠杆内端向右移动，靠向分离轴承，如果摩擦片未磨损前分离杠杆内端与分离轴承之间无须留间隙，则在摩擦片磨损后，分离杠杆的上述运动受到限制，压盘将在受限的分离杠杆作用下无法完全压紧从动盘，导致离合器打滑，传力不可靠。

摩擦片和分离轴承容易磨损甚至烧蚀。为此要求离合器处于正常接合状态，分离套筒被回位弹簧拉到右极限位置时，在分离杠杆内端和分离轴承之间应留有2～4mm的间隙量

(如图 2-2 中的间隙 a),以保证在正常摩擦片磨损范围内离合器能够可靠地接合。该间隙经过离合器分离传动机构的放大,在离合器踏板上会出现一段“空行程”,即当踏板踩下后消除这一“空行程”,离合器才会出现真正意义上的分离。这一“空行程”(一般轿车为 20～30mm,载货汽车为 30～40mm)称作离合器踏板自由行程。随着汽车行驶里程的增加,从动盘摩擦片磨损量逐渐加大,离合器踏板自由行程逐渐减小。为避免该自由行程彻底消失,各种车辆均有规定,当汽车行驶一定里程后,需检查和调整离合器踏板自由行程。

由于摩擦式离合器在工作过程中将产生大量的热量,若不及时散出,离合器内部分部件会因过热引发各种故障,如摩擦片的温升过高还会使摩擦性能下降,甚至会烧毁;压紧弹簧过热引起退火,将导致压紧力降低。为此,保持离合器内部结构的通风条件是非常重要的。在离合器盖上合理设置通风口,能有效地实现气流通畅,是确保离合器内部实现良好通风的关键,有些离合器还在压盘与压紧弹簧之间设置了隔热装置。

为了增大离合器传递转矩的能力,尽量减小离合器径向尺寸,在一些重型汽车上采用了双从动盘离合器结构(如图 2-3 所示),其主动部分由飞轮 1、压盘 10、中间压盘 15 和离合器盖 4 组成,两个从动盘 2 和 16 分别被夹持在飞轮 1、中间压盘 15 和压盘 10 之间。离合器

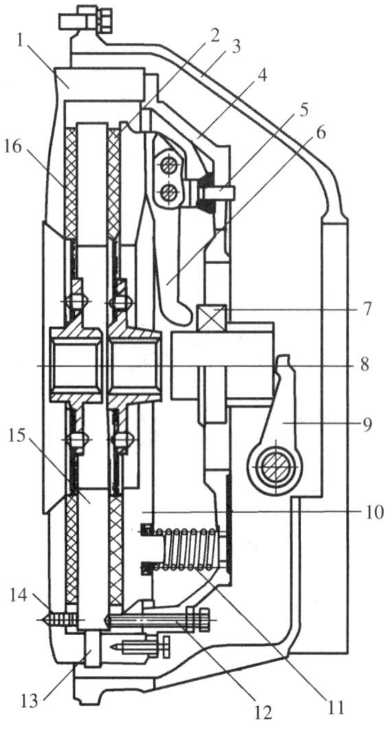

图 2-3 黄河 JN1181C13 型载货汽车双从动盘式离合器

1—飞轮;2—后从动盘;3—变速器壳;4—离合器盖;5—支承销;6—分离杠杆;7—分离轴承;8—分离套筒;9—分离叉;10—压盘;11—压紧弹簧;12—中间压盘限位螺栓;13—定位块;14—中间压盘分离弹簧;15—中间压盘;16—前从动盘

压紧弹簧 11 沿圆周均匀分布在压盘的端面上,利用压盘和中间压盘将两个从动盘紧紧压向飞轮。中间压盘的边缘上分布有若干缺口,飞轮上的相应定位块嵌装在这些缺口中,用以将飞轮的转矩传给中间压盘,并保证中间压盘的正确定位,这种传力方式与上述传力片传力方式相比,传动更加可靠,但对传力件接触部分的尺寸和位置精度要求较高,在离合过程中传

力件相对运动的摩擦磨损比较大,随着磨损的出现离合器将出现冲击和噪声。虽然摩擦片数的增多使离合器的接合变得比较柔和,但是,为了确保从动盘与各主动件之间实现彻底分离,离合器结构中必须设置专门的机构。当离合器分离时,压盘被分离杠杆 6 拉向右端,与此同时,中间压盘则被安装在飞轮和中间压盘之间的分离弹簧 14 推动向右移动,与前从动盘 16 脱离接触。这时为了确保后从动盘 2 不被两压盘 10 和 15 夹住,采用中间压盘限位螺栓 12 限制中间压盘向右移动的极限距离,该限位螺栓通常可以按需要调节。

二、膜片弹簧离合器

膜片弹簧离合器是利用一个薄弹簧钢板制成的带有锥度的膜片弹簧作为离合器的压紧弹簧(如图 2-4 所示),膜片弹簧中心部分沿圆周均匀地开有若干条径向切口,余下的指状部分为弹性的分离杠杆,膜片弹簧两侧借钢丝支承圈和铆钉安装在离合器盖上,当离合器盖与飞轮相联时,弹簧受迫压缩,将压盘紧紧压向飞轮,离合器处于接合状态。分离离合器时,分离叉向内推动分离轴承和膜片弹簧内侧指状部分,使膜片弹簧以钢丝支承为支点转动(弹簧趋向于呈反锥形),膜片弹簧外端通过分离钩带动压盘远离飞轮,使离合器分离。

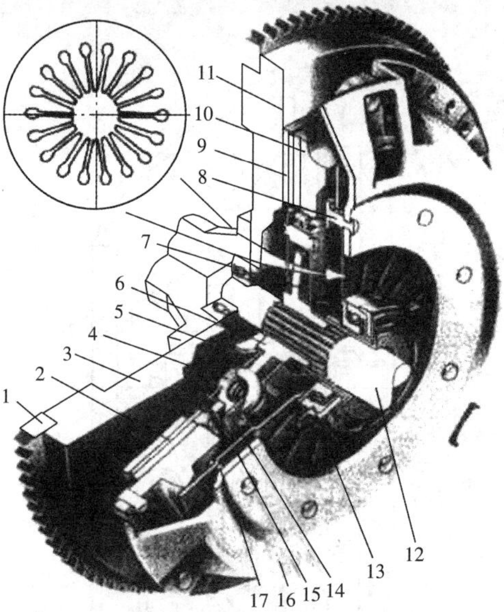

图 2-4 上海桑塔纳轿车膜片弹簧离合器

1—飞轮齿圈;2—从动盘体;3—飞轮;4—减振弹簧;5—阻尼片;6—从动盘毂;7—阻尼片压紧弹簧;8—铆钉;9—摩擦片;10—压盘;11—传动片;12—输出轴;13—分离轴承;14—减震器端盖;15—膜片弹簧;16—离合器盖;17—支承环

图 2-5 所示为螺旋弹簧 1 和膜片弹簧 2 作为离合器压紧弹簧的弹性特性。假设受到预压缩的弹簧处于图中 b 的压缩状态,两种弹簧有相同的压紧力 F_1。当摩擦片磨损量达到许用极限时,弹簧压缩变形减小到 a。此时可以看出,螺旋弹簧压紧力为 F_3,而膜片弹簧压紧力为 F_2,显然膜片弹簧压紧力较少,有利于可靠传力。当分离离合器时,两种弹簧均产生进一步压缩,弹簧变形量达到 c 时,此时螺旋弹簧和膜片弹簧维持这种变形所需作用力分别为 F_4 和 F_5,明显可以看出,膜片弹簧所需外力比螺旋弹簧小,即膜片弹簧离合器操纵更省力。除此而外,膜片弹簧还有许多优点:首先,由于膜片弹簧本身兼起分离杠杆作用,大大简

化了结构，减轻了质量，并明显缩短了离合器轴向尺寸；其次，由于膜片弹簧与压盘沿整个圆周接触，压力分布均匀，摩擦片接触更好，磨损更均匀；再次，由于膜片弹簧是旋转对称零件，平衡性好，高速时不会因离心力产生螺旋弹簧那样的鼓出现象，压紧力波动很小。

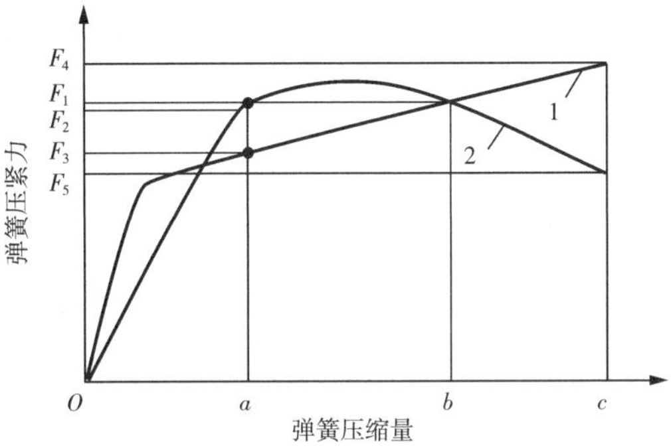

图 2-5 螺旋弹簧与膜片弹簧特性比较

1—螺旋弹簧；2—膜片弹簧

正是由于膜片弹簧离合器所具有的一系列优点，使得此种弹簧离合器不仅在轿车上，而且在轻型、中型甚至重型载货汽车上得到了越来越广泛的应用。

为改变膜片弹簧弹性特性，可以借助改变膜片弹簧分离杠杆上筋肋的方法（如图 2-6 所示）或采用碟形支承环的方式（如图 2-7 所示）获得。

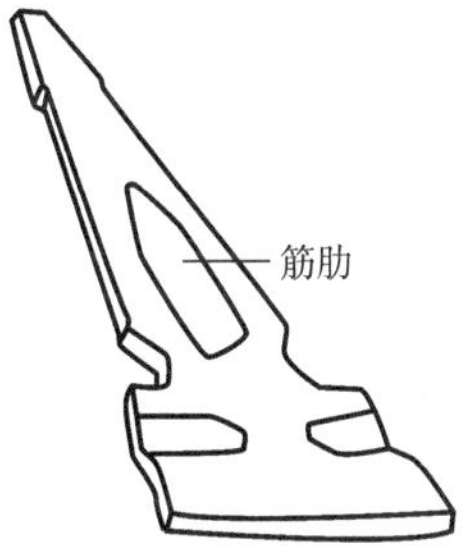

图 2-6 分离杠杆上的筋肋

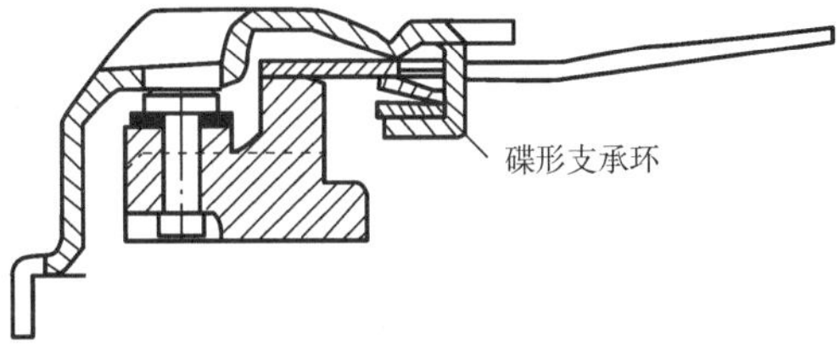

图 2-7 膜片弹簧离合器的碟形支承环

三、从动盘与扭转减震器

车用发动机输出转矩属于周期性变化载荷。汽车行驶过程中地面常常也会出现交替变化的载荷反作用于传动系，引起传动系统扭转振动，如果这些外界激励的频率与传动系的固有频率相接近，系统会发生剧烈的共振，从而导致汽车乘坐舒适性下降，缩短传动系零件的使用寿命。因此几乎所有汽车的传动系统均装有扭转减震器，它们绝大多数附设在离合器从动盘上，偶尔也有制成单独的部件。

离合器从动盘有带扭转减震器和不带扭转减震器两种结构形式。无论哪种形式的从动盘，其构成主要由从动盘本体、摩擦片和从动盘毂三部分组成（如图 2-8 所示），不带扭转减震器的从动盘本体直接与从动盘毂相连，而带扭转减震器的从动盘本体与从动盘毂之间通过扭转减震器弹簧弹性联接。

为使离合器接合柔和、起步平稳，从动盘均只有轴向弹性，即将从动盘本体沿径向槽分割成若干扇形区域，沿圆周方向将这些扇形钢片翘曲成波浪状，两摩擦片分别与其波峰和波谷部分铆接,借助从动盘波浪状翘曲形成钢片弹性变形能力,形成从动盘轴向弹性。

扭转减震器主要由起缓冲作用的减震器弹簧 8 和衰减振动的减震器阻尼片 3、5 组成。这种结构的从动盘本体 9、从动盘毂 4 和减震器端盖 6 都开有六个矩形窗口,每个窗口中沿圆周方向安装有减震器弹簧 8,从动片和减震器盘上的窗孔有翻边,使弹簧不致脱出,这样的设计可以实现从动盘摩擦片向从动盘毂传递转矩过程中两者之间的弹性连接。减震器端盖与从动盘本体通过铆钉连为一体,并将从动盘毂及其两侧减震器阻尼片 3、5 夹在中间。当从动盘本体和从动盘毂之间出现相对往复摆动(如图 2-9 所示),借助阻尼片消耗吸收振动能量,达到减振目的。从动盘毂上开有与铆钉隔套 2 相对应的缺口,缺口与隔套之间的间隙能够限制从动盘本体和从动盘毂之间的最大相对转动。为了保证当减震器阻尼片磨损后其上仍能具有足够的正压力,采用碟形弹簧 10 来维持阻尼力矩稳定。

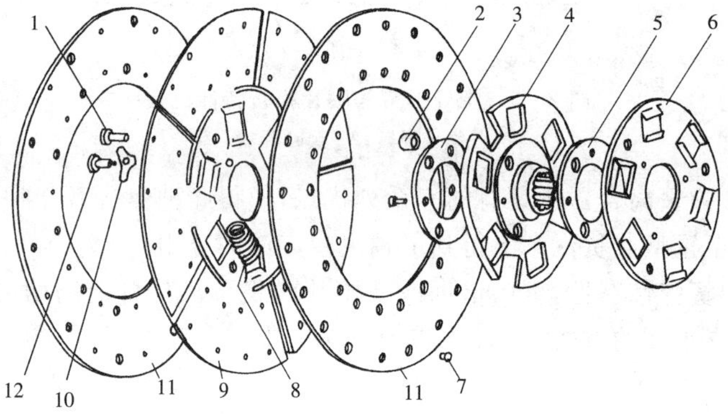

图 2-8　离合器从动盘

1—从动盘铆钉;2—扭转限位套;3、5—阻尼片;4—从动盘毂;6—减震器端盖;7—摩擦片铆钉;8—减震器弹簧;9—从动盘本体;10—阻尼片压紧弹簧;11—摩擦片;12—阻尼片压紧弹簧铆钉

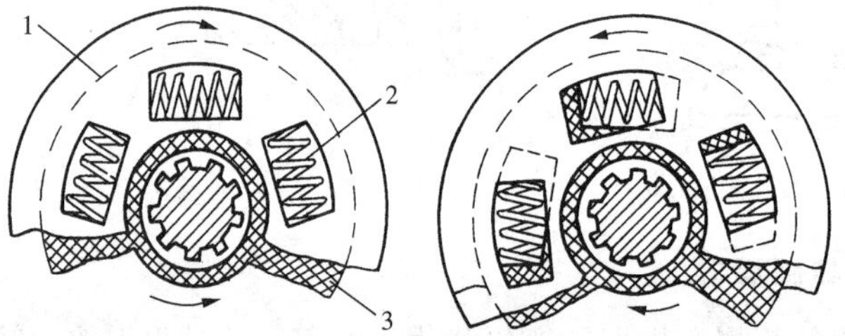

图 2-9　离合器扭转减震器工作示意图

1—从动盘本体(减震器端盖);2—减震器弹簧;3—从动盘毂

有些离合器从动盘采用多级刚度弹簧,即将减震器弹簧分为若干组,根据从动盘本体和从动盘毂之间相对转角大小分别依次起作用,由此获得变刚度特性(如图 2-10 所示),它可以更好地避免传动系共振,降低工作噪声。

汽车动力传动系统是一个多自由度的扭转振动系统,其扭转振动的激励、扭转振动的形式、扭转振动的传递方式及与其他振动形式的耦合都非常复杂。为了能适应汽车各种行驶工况下减少振动、降低噪声的需要,提高汽车的乘坐舒适性,扭转减震器的作用极其重要。它应能够通过调节系统固有频率,将系统主要的低阶共振临界转速超出常用车速范围,也需利用阻尼减小振幅,还需能降低传动系统的怠速噪声、缓和特殊工况下的冲击载荷。上述在离合器从动盘上设置扭转减震器，由于受布置空间所限，减震器工作扭转角度小，扭转刚度大，容量小，减震弹簧强度不能保证，因此减震效果受到限制。

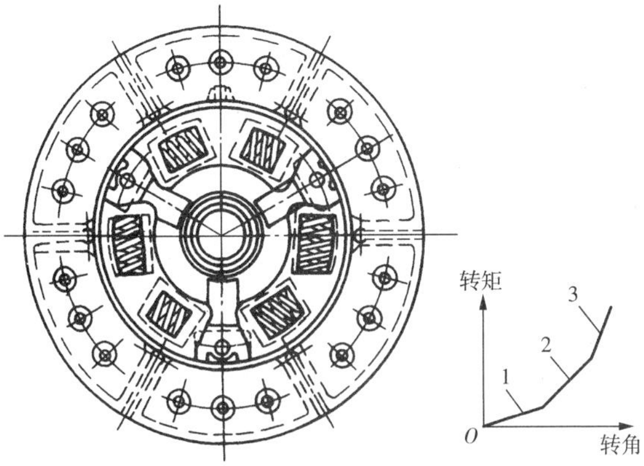

图 2－10　变刚度扭转减震器

近年来，出现了扭转减震特性和性能价格比均较为理想的双质量飞轮结构，主要由初级飞轮、扭转减震器和次级飞轮组成。其中，初级飞轮一方面要为减震器和离合器提供安装空间，另一方面也以适当的转动惯量确保汽车启动，并减少向后传递的振幅。通常双质量飞轮均采用以圆弧状螺旋弹簧沿初级飞轮外圆周布置的方式。在布置空间有限的情况下，这种布置方式难以获得较大的初级飞轮转动惯量（一般比传统设计飞轮低 20％）。该转动惯量过小会增加发动机和离合器相对零件的速度波动，缩短它们的使用寿命。为避免上述现象发生，常附加设置特别的阻尼。这样，会增加开发难度和产品成本，增加发动机前置前驱型式轿车的变速器安装空间，故这种结构难以用于 FF 式轿车。这种沿四周布置分布的双质量飞轮，由于高速时离心力的作用，弹簧磨损大，以致会产生折断。采用带有减震弹簧的双质量飞轮（如图 2－11 所示）能改进上述产品的缺陷。它由初级飞轮、四个减震弹簧盒、阻尼盘和次级飞轮组成。由于这种减震弹簧盒径向布置，在初级飞轮上依靠四根宽厚的筋肋形成足够的飞轮刚度，并减少与传统飞轮相近的转动惯量。这种布置有利于在小空间以较小的质量获得最大的转动惯量，有利于减小总成结构的轴向尺寸，为次级飞轮和离合器让出更多布置空间。其阻尼装置由一个耐磨塑料垫圈、一个带槽口的钢片和一个碟形弹簧垫圈构成。它们设置在阻尼盘上，由阻尼盘内孔翻边定位并压紧，阻尼盘与初级飞轮铆接，塑料垫圈由次级飞轮的槽口带动。实践证明，较之以往的双质量飞轮，这种结构可在有限的空间内获得相当好的减震效果。

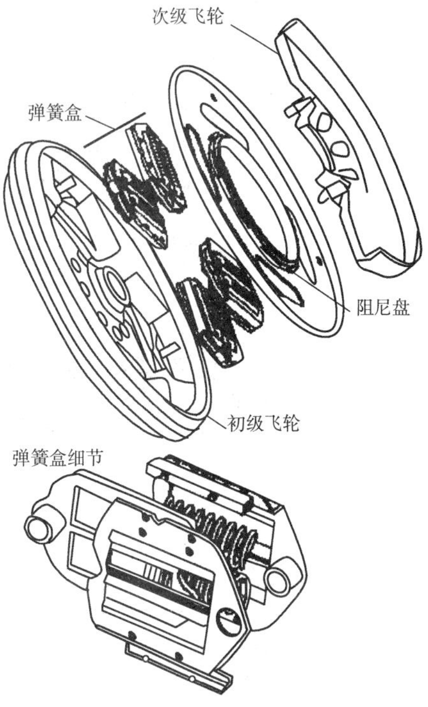

图 2－11　双质量飞轮

四、离合器操纵机构

操纵机构是控制离合器接合与分离的系统，它包括从踏板到离合器分离轴承之间的一系列结构件。由于分离叉、分离套筒和分离轴承前已述及，故此处着重讲述离合器壳以外部分。按照操纵动力大小不同，可以将离合器操纵机构分为人力式和气压助力式两种，前者以驾驶员脚踏板力作为唯一力源，后者则以发动机驱动的空气压缩机产生的压缩空气为主要力源，辅助以人力操纵离合器。人力式操纵机构又可分为机械式和液力式两种。

机械式操纵机构具有结构简单、制造成本低、故障少等突出优点，因此广泛应用于轻型、中型载货汽车和客车上。它既可以采用杆系传动，也可以利用绳索传动，前者关节多、摩擦损失大、布置比较困难，后者布置灵活，但钢索寿命较短、拉伸刚度小，只适用于微型和轻型车辆。

液压操纵机构具有摩擦阻力小、质量小、布置方便、接合柔和等优点，广泛应用于轿车和传动距离较长的大型客车上。它主要由储液罐、主缸、工作缸、管路系统和回位弹簧等构成(如图 2-12 所示)。主缸通过踏板机构将储液罐中的油液压入工作缸 5，并推动分离推杆来推动离合器分离叉。操纵离合器踏板时，主缸体借补偿孔 b 和轴向小孔，活塞两端的密封圈 11 和皮碗 14，回位弹簧 15，将皮碗 14、垫片 13 压向活塞，盖住活塞 12 的小孔，形成单向阀，此时将活塞推向极限位置，使皮碗位于补偿孔 b 与进油孔 a 之间，两孔同时导通。踩下

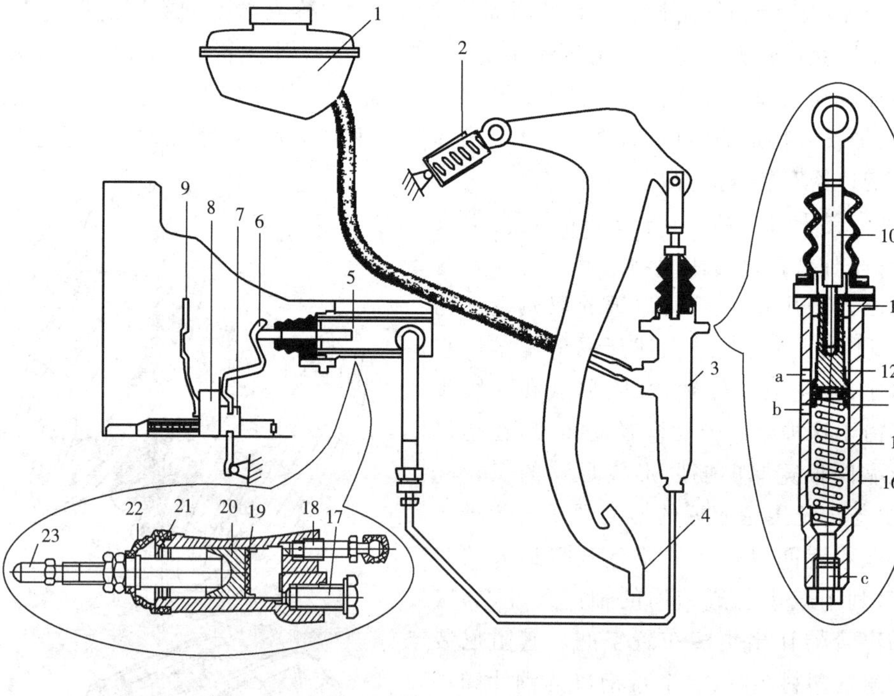

图 2-12　上海桑塔纳轿车离合器操纵机构

1—储液罐；2—踏板回位弹簧；3—离合器主缸；4—踏板；5—离合器工作缸；6—分离叉；7—分离套筒；8—分离轴承；9—膜片弹簧；10—推杆；11—密封圈；12—活塞；13—活塞垫片；14—皮碗；15—活塞回位弹簧；16—主缸壳体；17—工作缸进油管接头；18—放气螺塞；19—皮碗；20—活塞；21—挡圈；22—护罩；23—分离推杆；a—进油孔；b—补偿孔；c—出油口

踏板时，主缸活塞左移，压缩回位弹簧。当皮碗将补偿孔 b 关闭后，管路油压升高，推动工作缸活塞。迅速放松踏板时，回位弹簧使主缸活塞快速右移。而由于油液在管路中流动有阻力，流动较慢，使活塞左端产生一定的真空度，会减缓活塞的回位速度，此时借助活塞上的小孔和活塞左方压力，让经进油孔 a 流入的油液推开弹簧片和皮碗弥补左端压力的不足。为避免出现原来由主缸压到工作缸的油液又重新回到主缸，造成活塞左端油液过多的情况，补偿孔 b 又起到将多余油液排入储油罐的作用。此外补偿孔还具有补偿因系统泄漏或温度改变而引起的油液容积变化的作用。

而工作缸内部装有活塞 20、皮碗 19，缸体右端装有进油管接头 17 和放气螺塞 18，当管路中出现空气集聚影响离合器操纵控制时，可借放气螺塞释放空气。操纵系统还可以借助主缸活塞与工作缸活塞直径的差异产生增力效果，补偿液流在通道内流动导致的压力损失。

为了减轻离合器踏板的操纵力，在踏板上可以设置如图 2－13 所示助力机构。助力机构由助力弹簧 7、助力三角板 4 和调节杆 5 组成，助力弹簧 7 两端分别挂在支架和助力三角

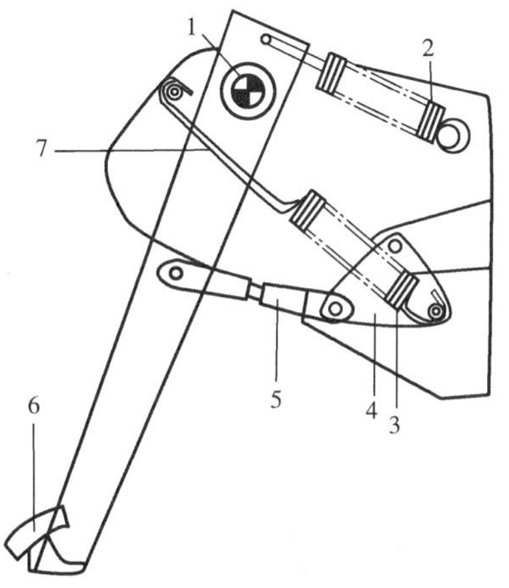

图 2－13　日产 TKL－20 型载货汽车离合器踏板助力结构

1—踏板轴；2—踏板回位弹簧；3—助力三角板轴销；4—助力三角板；5—调节杆；6—踏板；7—助力弹簧

板 4 的两支承销上，助力三角板可绕其轴销 3 旋转。当离合器踏板完全放松，离合器处于接合位置时，助力弹簧 7 的轴线位于三角板轴销 3 下方，当踩下离合器踏板时，经过调节杆 5 推动三角板绕其轴销 3 逆时针转动。开始时助力弹簧的拉力对轴销 3 的力矩是阻碍踏板和三角板运动的阻力矩，随着踏板的持续下移，该阻力矩会逐渐减小。当三角板转到助力弹簧 7 的轴线通过轴销 3 中心时，弹簧的助力矩为零。踏板继续下移使助力弹簧轴线移动到轴销 3 的上方，此时助力弹簧的拉力对轴销 3 的力矩方向与踏板力对踏板轴的力矩方向一致，将产生助力作用，并且这种助力作用在踏板处于最低位置时最大。助力弹簧的助力作用由负变正的过程是可以接受的，原因是在离合器踏板的初始行程段，离合器压紧弹簧的压缩量和压缩力并不大，所以能够将离合器踏板助力和弹簧造成的附加踏板助力之和控制在允许的范围内。而在离合器踏板行程增大时，压紧弹簧的压缩量和相应的作用力逐渐增加到最大值。在汽车实际驾驶操作过程中，分离离合器换挡或制动时，常常需要将离合器踏板最低位置保持一段时间，这时驾驶员付出的劳动最大，所以能在此阶段获得较大的助力效果是十分有利的。弹簧助力装置的助力效果不大，一般只能降低踏板力的 25%～30%，弹簧助力

装置在踏板行程后期放出的能量正是踏板行程前期驾驶员对踏板所做功的释放,由此可见弹簧助力装置仍然属于人力操纵。在重型车辆上由于所需传递转矩的增大,离合器压紧弹簧刚度增大,往往使得单凭人力分离离合器非常费力,此时,可利用发动机带动空气压缩机作为操纵系统的主要力源,驾驶员人力作为辅助力量,形成气压助力式操纵机构。它既可以装备在机械式操纵机构中,也可以设置在液压式操纵机构中。气压助力效果应该与踏板力(行程)成比例,使驾车员能够准确感知和控制离合器的接合与分离。当助力系统因故失效时,应保证人力对离合器的控制能力。

在图 2-14 所示的气压助力式离合器操纵机构中,助力系统主要由控制阀 4、助力缸 7 和气压管路组成。施加于离合器踏板 1 上的力经杠杆机构放大带动第一拉杆 3,其中一部分力作为分离离合器的作用力,直接由第二拉杆 5 向后输出,通过中间摇臂 6 和第三拉杆 8 作用在分离叉臂上,另一部分则作为对控制阀 4 施加的控制力。开启控制阀,使来自气源的压缩空气经过进气管 11 进入控制阀,由控制阀调节出适当压力的空气通过软管 10 送入助力缸 7,助力缸推杆输出的推力也作用于中间摇臂 6 上,形成对中间摇臂的助力。离合器踏板力解除时,助力缸中的压缩空气通过控制阀 4 排入大气,助力作用消失。控制阀 4 在系统中除了对压缩空气起开关作用外,还要控制输入助力气缸的压力,使之与离合器踏板上的作用力和踏板行程构成递增函数关系。

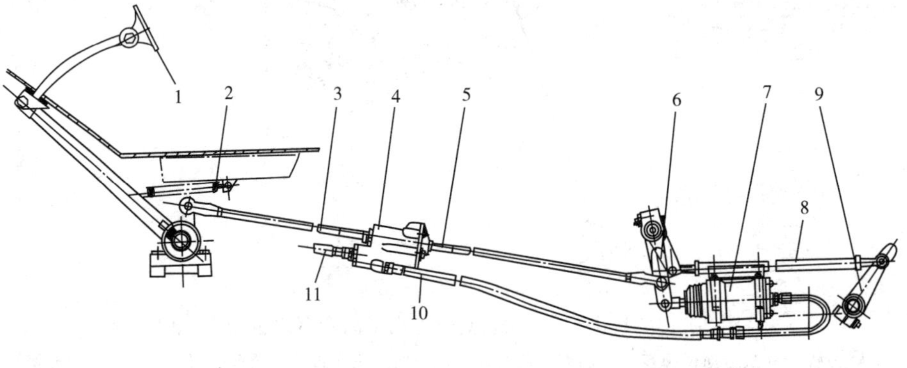

图 2-14　CQ261 型载货汽车气压助力式离合器操纵机构

1—离合器踏板;2—回位弹簧;3—第一拉杆;4—气压控制阀;5—第二拉杆;6—中间摇臂;7—助力缸;8—第三拉杆;9—分离叉臂;10—通气软管;11—进气管

思考题

2-1　汽车为何要安装离合器?

2-2　摩擦式离合器主要由哪些部分组成?它们各自的作用是什么?

2-3　按照离合器弹簧形式不同和弹簧个数的不同,离合器可以分为哪几种形式?

2-4　膜片弹簧离合器有什么优点?

2-5　为什么离合器从动部分的转动惯量要尽可能小?

2-6　为何通常要将从动盘本体制成波浪状?

2-7　离合器从动盘上的扭转减震器有何作用,它是如何衰减扭转振动的?

2-8　什么是离合器踏板自由行程?它的过大或过小有何影响?随着使用时间的增加,该自由行程如何变化?

2-9　离合器操纵机构有几种形式?各有何特点?

第三章 变 速 器

变速器与分动器是传动系统主要总成之一，通过变速器实现变速变扭以适应不同路况需求，并根据需要通过分动器将动力传递给前驱动桥。本章主要介绍汽车变速器与分动器的功能、工作原理以及主要的结构形式。要求学生重点掌握变速器的功用、工作原理。

第一节　概　述

汽车的实际使用情况非常复杂，如起步、怠速停车、低速或高速行驶、加速、减速、爬坡和倒车等，而目前汽车广泛采用活塞式内燃机作为动力源，输出转速太高、转矩低，无法满足汽车对于转速较低、转矩高的要求，同时，其转矩和转速变化范围较小，难以适应汽车车速和牵引力大范围变化的实际需要。为了解决这些问题，同时使发动机在有利的工况下（功率较高、油耗较低）工作，在传动系统中设置了变速器。

一、变速器的组成

变速器根据其使用类型不同，结构也有所不同，一般变速器由变速传动机构和操纵机构组成，有的变速器还可以加装动力输出器。

二、变速器的功用

(1)改变传动比，达到“减速、增矩”的目的，改变汽车的行驶速度和牵引力。

(2)在发动机旋转方向不变的情况下使汽车倒退行驶。

(3)在汽车启动、怠速、换挡、滑行或进行动力输出时，中断发动机与传动系统的动力传递。

三、变速器的类型

1. 按传动比变化方式分类

按变速器传动比变化方式分有级式、无级式和综合式三种。

(1)有级式变速器。它采用齿轮传动，有几个可选择的固定传动比。轿车和轻型、中型货车变速器多采用 3～5 个前进挡和一个倒挡；重型汽车上的变速器挡位较多，有的还装有副变速器。

按变速器所用齿轮轮系形式不同，可以分为轴线固定式（普通齿轮变速器）和轴线旋转式（行星齿轮变速器）。前者将若干对圆柱齿轮安装在固定的平行轴上组成变速传动机构，机械变速器大多属于这种结构形式。后者采用行星齿轮机构组成变速传动机构,此种形式主要在自动变速器中应用。

齿轮式变速器具有结构简单、易于制造、工作可靠和传动效率高等优点,其应用最为广泛。

(2)无级式变速器 CVT(Continuously Variable Transmission)。其传动比在一定数值范围内可连续无限多级变化,常见的有电力式和液力式两种。电力式无级变速器的变速传动部件为直流串激电动机(无轨电车、超重型自卸车),液力式无级变速器的变速传动部件是液力变矩器。

(3)综合式变速器。由液力变矩器和行星齿轮式变速器组成的液力机械式变速器。其传动比可在最大值和最小值之间的几个间断范围内做无级变化,目前应用较多。

2. 按变速器操纵机构分类

按变速器操纵机构分为强制操纵式(手动变速器)、自动操纵式(自动变速器)和半自动操纵式(半自动变速器)三种。

(1)手动变速器 MT(Manual Transmission)。由驾驶员直接操纵换挡杆来选定挡位,并拨动变速器换挡装置变换挡位。

(2)自动变速器 AT(Automatic Transmission)。在某一传动范围内(一般是在前进挡),由变速器的自动控制系统根据发动机的负荷和车速的变化自动选定挡位并变换挡位,即自动地改变传动比。驾驶员只需要操纵加速踏板以便控制车速。

(3)半自动操纵式变速器有两种形式:一种是常用挡位自动控制换挡,其余挡位由驾驶员手控;另一种采用预选挡方式,即驾驶员通过预选按钮设定挡位,通过设在离合器和油门踏板上的控制开关完成换挡。

在多轴驱动的汽车上,变速器输出端还设有齿轮机构组成的分动器,通过它可以把转矩分送给各驱动桥。

本章重点介绍的是手动变速器的结构和工作原理。

第二节　变速器的变速传动机构

手动变速器由变速器壳体、变速传动机构、操纵机构和同步器等组成。变速器壳体是变速器其他部件的安装载体,要求其结构合理,有一定的强度和刚度;变速传动机构用来改变传动比、转矩和旋转方向;变速操纵机构和同步器用来实现平顺换挡。

变速器之所以能够改变驱动车轮的牵引力,是因为它利用齿数大小不同的齿轮传递动力,在不变更发动机转速和负荷的情况下,用改变变速比来变动驱动车轮转速而增加牵引力。图 3-1 所示为齿轮传动机构的变速原理传动简图。Ⅰ是主动轴(动力输入轴),Ⅱ是从动轴(动力输出轴)。设主动齿轮 1 的齿数为 Z_1,转速为 n_1,转矩为 M_1,逆时针方向转动;从动齿轮 2 的齿数为 Z_2,转速为 n_2,转矩为 M_2。齿轮传动机构的传动比

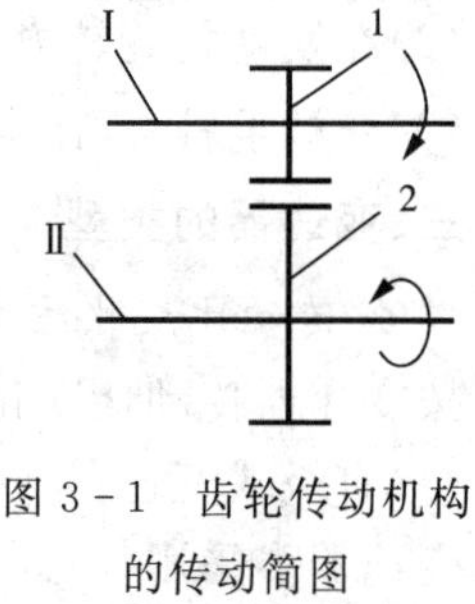

图 3-1　齿轮传动机构的传动简图

Ⅰ—主动轴;Ⅱ—从动轴

1、2—传动齿轮

可以用主动齿轮的转速 n_1 与从动齿轮转速 n_2 之比表示，也可以用从动齿轮齿数 Z_2 与主动齿轮齿数 Z_1 之比表示，还可以用从动齿轮轴的转矩 M_2 与主动齿轮轴的转矩 M_1 之比表示。其关系式为

$$i=\frac{n_1}{n_2}=\frac{Z_2}{Z_1}=\frac{M_2}{M_1}$$

当以大小不等的两齿轮啮合传动时，若以小齿轮作为输入，大齿轮为输出，传动可获得“减速、增矩”的效果；相反，当以大齿轮作为输入，小齿轮为输出，传动可获得“减矩、增速”的作用。一对齿轮传动只能得到一个固定的传动比，构成一个挡位。为了扩大变速器输出转速的变化范围，普通齿轮变速器通常采用多组大小不同的齿轮啮合传动，构成多个不同的挡位，其传动比为各级齿轮传动比的连乘积。挡位不同，传动比也不同，则可得到多种不同的输出转速和转矩。

手动变速器按工作轴的数量（不包括倒挡轴）可分为三轴式变速器、两轴式变速器和组合式变速器。

一、三轴式变速器的传动机构

图 3-2 所示为三轴式齿轮传动形式。其特点是有三根轴：输入轴Ⅰ、输出轴Ⅱ和中间轴Ⅲ。输入轴Ⅰ与输出轴Ⅱ的轴线在同一条直线上，中间轴Ⅲ的轴线与输入轴轴线平行。输入轴主动齿轮 1 与中间轴从动齿轮 2 是常啮合传动齿轮，中间轴主动齿轮 3 与输出轴从动齿轮 4 啮合，每一个挡位采用两对齿轮传动，变速器输出轴的转动方向与输入轴（发动机曲轴）的转动方向相同。

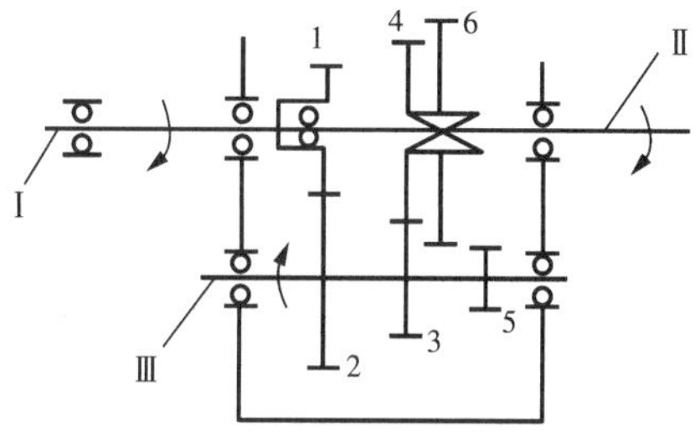

图 3-2　三轴式齿轮传动结构简图

Ⅰ—主动轴；Ⅱ—从动轴；Ⅲ—中间轴

1、2、3、4、5、6—传动齿轮

其传动比按下式计算：

$$i_{14}=i_{12}\times i_{34}=\frac{n_1}{n_2}\times\frac{n_3}{n_4}=\frac{Z_2}{Z_1}\times\frac{Z_4}{Z_3}$$

三轴式齿轮传动主要应用于发动机前置后轮驱动的汽车变速器上。在中型、轻型货车上广泛采用三轴式变速器，这样可以通过两级齿轮传动得到较大的传动比。

图 3-3 所示是一台典型的六挡固定轴式手动变速器。它由输入轴（又称第一轴）22、中间轴 21 和输出轴（第二轴）11，以及一系列传动所需齿轮组成。第一轴前端借离合器与发动机曲轴相连，输出轴后端通过凸缘与万向传动装置相接。齿轮 1 与输入轴制成一体，与齿轮 20 构成常啮合传动齿轮副。齿轮 12、15、16、17、18、19 和 20 都固定于中间轴上，相应的齿轮 4、5、6、7、9 和 10 则空套在输出轴上。接合套花键毂借内花键与输出轴固联。与花键毂相套的接合套可以在换挡拨叉作用下沿花键毂做轴向滑动。

变速器通过输入轴常啮合齿轮将动力传给中间轴，中间轴经过其上各挡常啮合齿轮将力传给输出轴上空套的相应各齿轮，当接合套将花键毂与输出轴某挡齿轮上相应的接合齿圈相结合时，便可实现某一挡的传动。当所有接合套均处于中间位置时，变速器并无动力输出，此时变速器为空挡。

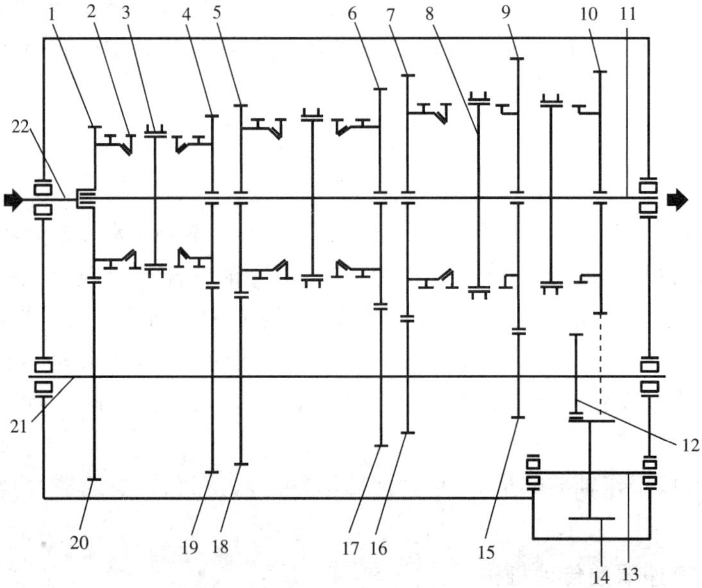

图 3-3　三轴式变速器齿轮

1—输入轴常啮合齿轮;2—六挡同步器;3—接合套;4—输出轴五挡齿轮;5—输出轴四挡齿轮;
6—输出轴三挡齿轮;7—输出轴二挡齿轮;8—接合套花键毂;9—输出轴一挡齿轮;10—输出轴倒挡齿轮;
11—输出轴;12—中间轴倒挡齿轮;13—倒挡轴;14—倒挡中间齿轮;15—中间轴一挡齿轮;
16—中间轴二挡齿轮;17—中间轴三挡齿轮;18—中间轴四挡齿轮;19—中间轴五挡齿轮;
20—中间轴长啮合齿轮;21—中间轴;22—输入轴

例如挂一挡时,靠拨叉使接合套右移,当与齿轮 9 上的接合齿圈接合后,动力便可从输入轴依次经齿轮 1 和 20、中间轴 21、齿轮 15 和 9,以及相应的接合齿圈、接合套和花键毂传给输出轴,因此,一挡传动比为

$$i_1=\frac{Z_{20}}{Z_1}\times\frac{Z_9}{Z_{15}}$$

如此类推,可知各前进挡速比如下:

$$i_2=\frac{Z_{20}}{Z_1}\times\frac{Z_7}{Z_{16}},i_3=\frac{Z_{20}}{Z_1}\times\frac{Z_6}{Z_{17}},i_4=\frac{Z_{20}}{Z_1}\times\frac{Z_5}{Z_{18}},i_5=\frac{Z_{20}}{Z_1}\times\frac{Z_4}{Z_{19}}$$

当接合套 3 左移与齿轮 1 上的接合齿圈结合时,动力从输入轴经过齿轮 1 和其上的接合圈、接合套 3 以及花键毂直接传给输出轴,这种不经中间轴齿轮传动,而将输入轴与输出轴直接相连实现的传动称为直接挡,其速比为 1(变速器六挡速比为 1)。由于该挡传动时,变速器输入和输出轴事实上就是一根轴,故传动效率高达 100%。

为在轻载条件下降低汽车在良好路面上行驶的燃油消耗量,许多轿车和载货汽车的变速器会在直接挡之后,加设一个速比小于 1 的超速挡,以此来提高发动机的使用负荷率,达到节省燃油的目的。

为实现汽车逆向行驶,变速器中间轴的一侧设置了一根倒挡轴 13(图中按惯例将倒挡轴画在了中间轴的下方),轴上空套的倒挡中间齿轮 14 是一个改变旋向的惰轮,它分别与输出轴倒挡齿轮 10 和中间轴倒挡齿轮 12 常啮合。当齿轮 10 旁的接合套右移与该齿轮上的

接合齿圈接合时，便可获得倒挡。倒挡传动比为

$$i_R=\frac{Z_{20}}{Z_1}\times\frac{Z_{14}}{Z_{12}}\times\frac{Z_{10}}{Z_{14}}=\frac{Z_{20}}{Z_1}\times\frac{Z_{10}}{Z_{12}}$$

从保证倒车安全出发，倒挡速比较大，这样可获得较低的倒挡车速。

二、二轴式变速器的传动机构

图 3－4 所示为二轴式齿轮传动形式。其特点是只有两根轴：输入轴Ⅰ、输出轴Ⅱ。输入轴Ⅰ与输出轴Ⅱ的轴线相互平行，动力从输入轴输入，经一对齿轮传动后，直接由输出轴输出。每一个挡位采用一对齿轮传动，各挡均采用同步器换挡，输出轴（变速器输出轴）的转动方向与输入轴（发动机曲轴）的转动方向相反。

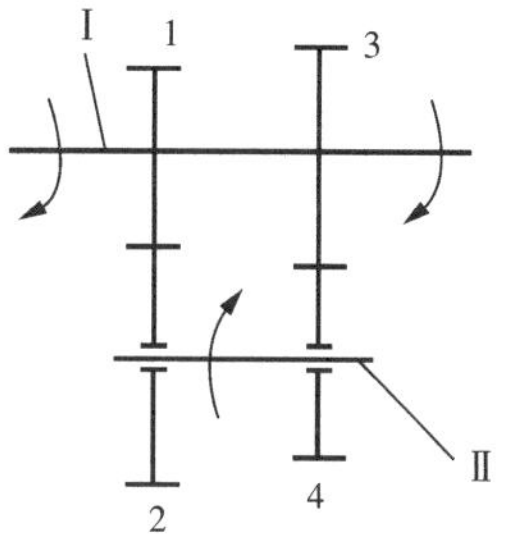

图 3－4　二轴式齿轮传动结构简图
Ⅰ－输入轴；Ⅱ－输出轴
1、2、3、4－传动齿轮

在发动机前置前轮驱动或发动机后置后轮驱动的各型汽车上，通常采用二轴式变速器。由于布置上对紧凑性的要求，这种变速器常与主减速器联为一体，共同组成变速驱动桥（如图 3－5 所示）。由于这种变速器从输入轴到输出轴只经过了一对齿轮传动，故获得的减速比较小；由于它无法设置直接挡，因而没有传动效率高达 100％的挡位。但是，其余各挡的传动效率高、噪声小。

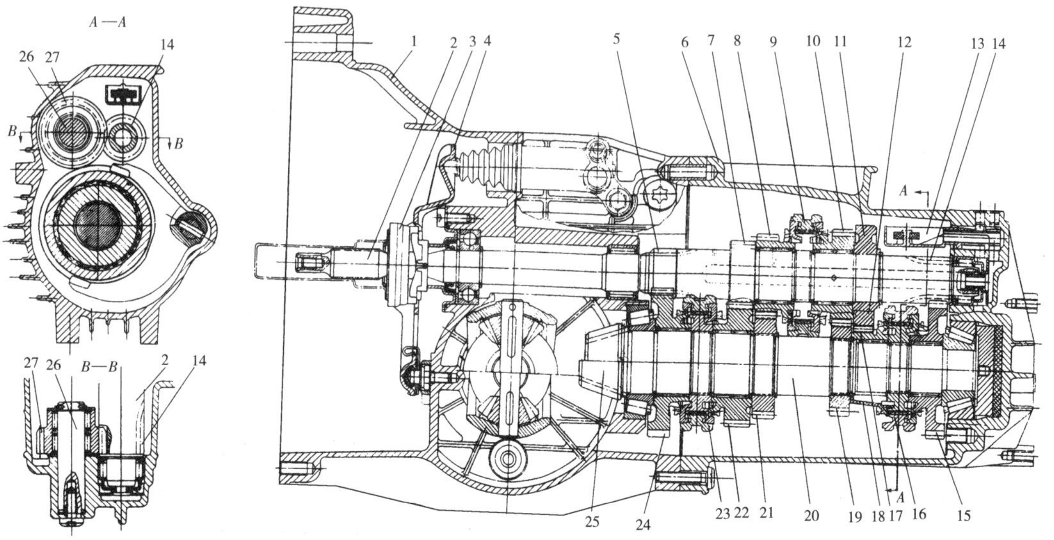

图 3－5　大众奥迪 100 轿车两轴式变速驱动桥

1－变速器前壳体；2－输入轴；3－分离轴承；4－分离杠杆；5－输入轴一挡齿轮；6－变速器后壳体；7－输入轴二挡齿轮；8－输入轴三挡齿轮；9、16、23－接合套；10－输入轴四挡齿轮；11、18－隔离套；12－输入轴五挡齿轮；13－集油器；14－输入轴倒挡齿轮；15－输出轴倒挡齿轮；17－输出轴五挡齿轮；19－输出轴四挡齿轮；20－输出轴；21－输出轴三挡齿轮；22－输出轴二挡齿轮；24－输出轴一挡齿轮；25－主减速器主动圆锥齿轮；26－倒挡中间轴；27－倒挡中间齿轮

图 3－6 所示是一台典型的二轴式手动变速器传动示意图。输入轴 13 和输出轴 12 相

互平行，输入轴前端借离合器与发动机曲轴相连，输出轴后端加工成锥齿，作为主减速器主动齿轮。齿轮 1、2、3、4、5 都固定于输入轴上，相应的齿轮 11、9、8、7、6 则空套在输出轴上。接合套花键毂借内花键与输出轴固联，与花键毂相套的接合套可以在换挡拨叉作用下沿花键毂做轴向滑动。

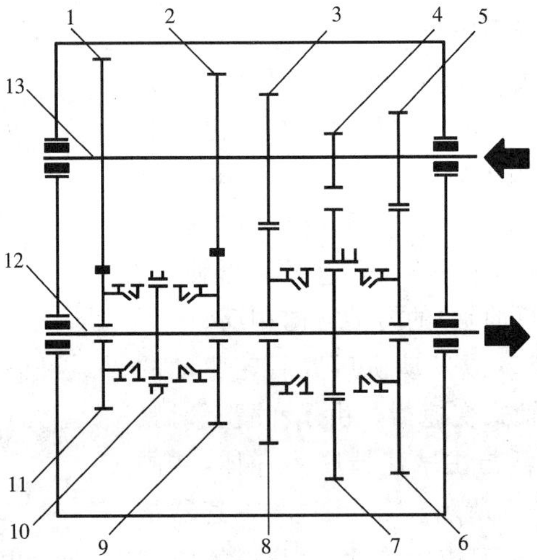

图 3-6　二轴式变速器示意图

1—输入轴四挡齿轮；2—输入轴三挡齿轮；3—输入轴二挡齿轮；4—输入轴倒挡齿轮；
5—输入轴一挡齿轮；6—输出轴一挡齿轮；7—输出轴倒挡齿轮；8—输出轴二挡齿轮；
9—输出轴三挡齿轮；10—接合套；11—输出轴四挡齿轮；12—输出轴；13—输入轴

例如挂一挡时，靠拨叉使接合套右移，当齿轮 6 上的接合齿圈接合后，动力便可从输入轴依次经齿轮 5 和 6 以及相应的接合齿圈、接合套和花键毂传给输出轴，因此，一挡传动比为

$$i_1=\frac{Z_6}{Z_5}$$

依此类推，可知各前进挡速比如下：

$$i_R=\frac{Z_7}{Z_4},i_2=\frac{Z_8}{Z_3},i_3=\frac{Z_9}{Z_2},i_4=\frac{Z_{11}}{Z_1}$$

三、组合式变速器的传动机构

对于装载质量大、使用路况复杂的重型汽车来说，为保证其空载和满载都具有良好的动力性和燃油经济性，要求变速器具有更多挡位和更大的变速范围。由于受到结构过于复杂和生产成本过高等因素的制约，全新开发六挡以上变速器的方法很少被采用。通常多以组合的方式，用一个四挡或五挡变速器为基体(称作主变速器)，配之以一个或两个具有两挡的副变速器，构成拥有成倍于主变速器挡数的组合式变速器。副变速器多与主变速器制成一体。当副变速器传动比较大时，多置于主变速器之后，有利于减小主变速器重量和尺寸。而副变速器传动比较小时，可采用前置副变速器形式。

图 3-7 所示为常见的一种组合式变速器的传动机构示意图。它是由四挡主变速器Ⅰ和两挡(高速挡和低速挡)副变速器Ⅱ串联而成。副变速器位于主变速器之后，主变速器的输出轴 21 为副变速器的输入轴，动力由副变速器输出轴 17 输出。组合式变速器的传动比为 $i=i_{Ⅰ}\times i_{Ⅱ}$。

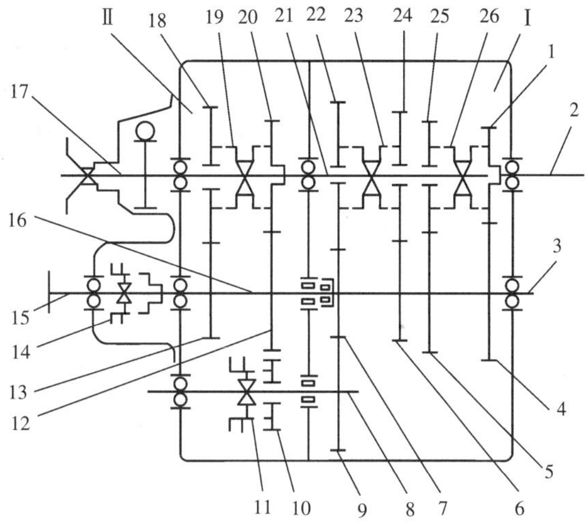

图 3-7　组合式变速器传动机构示意图

1—主变速器输入轴常啮合齿轮；2—输入轴；3—主变速器中间轴；4—主变速器中间轴常啮合齿轮；5—主变速器中间轴三挡齿轮；6—主变速器中间轴二挡齿轮；7—主变速器中间轴一挡齿轮；8—倒挡轴；9—倒挡传动齿轮；10—倒挡空套齿轮；11—接合套；12—副变速器中间轴常啮合齿轮；13—副变速器中间轴低速挡齿轮；14—动力输出接合套；15—动力输出轴；16—副变速器中间轴；17—副变速器输出轴；18—副变速器输出轴低挡齿轮；19、23、26—接合套；20—副变速器输入轴常啮合齿轮；21—主变速器输出轴(副变速器输入轴)；22—主变速器输入轴一挡齿轮；24—主变速器输入轴二挡齿轮；25—主变速器输入轴三挡齿轮

当副变速器接合套 19 右移与齿轮 20 的接合齿圈接合时，副变速器即挂入直接挡(高速挡)，其传动比 $i_{\text{Ⅱ}}=1$。此时，主变速器的四个挡位传动比 $i_{\text{Ⅰ}1}\sim i_{\text{Ⅰ}4}$，分别等于组合式变速器的四个高挡传动比 $i_5\sim i_8$($i_8=1$)，即传动比分别为

五挡(接合套 23 左移)：$i_5=i_{\text{Ⅰ}1}\times i_{\text{Ⅱ}}=\dfrac{Z_4}{Z_1}\times\dfrac{Z_{22}}{Z_7}$

六挡(接合套 23 右移)：$i_6=i_{\text{Ⅰ}2}\times i_{\text{Ⅱ}}=\dfrac{Z_4}{Z_1}\times\dfrac{Z_{24}}{Z_6}$

七挡(接合套 26 左移)：$i_7=i_{\text{Ⅰ}3}\times i_{\text{Ⅱ}}=\dfrac{Z_4}{Z_1}\times\dfrac{Z_{25}}{Z_5}$

八挡(接合套 26 右移)：$i_8=i_{\text{Ⅰ}4}\times i_{\text{Ⅱ}}=1$

当副变速器接合套 19 左移与齿轮 18 的接合齿圈接合时，副变速器即挂入低速挡，其传动比为 $i_{\text{Ⅱ}}=(Z_{12}/Z_{20})\times(Z_{18}/Z_{13})$。主变速器的四个挡位传动比 $i_{\text{Ⅰ}1}\sim i_{\text{Ⅰ}4}$，分别等于组合式变速器的四个低挡传动比 $i_1\sim i_4$；即传动比分别为

一挡(接合套 23 左移)：$i_1=i_{\text{Ⅰ}1}\times i_{\text{Ⅱ}}=\dfrac{Z_4}{Z_1}\times\dfrac{Z_{22}}{Z_7}\times\dfrac{Z_{12}}{Z_{20}}\times\dfrac{Z_{18}}{Z_{13}}$

二挡(接合套 23 右移)：$i_2=i_{\text{Ⅰ}2}\times i_{\text{Ⅱ}}=\dfrac{Z_4}{Z_1}\times\dfrac{Z_{24}}{Z_6}\times\dfrac{Z_{12}}{Z_{20}}\times\dfrac{Z_{18}}{Z_{13}}$

三挡(接合套 26 左移)：$i_3=i_{\text{Ⅰ}3}\times i_{\text{Ⅱ}}=\dfrac{Z_4}{Z_1}\times\dfrac{Z_{25}}{Z_5}\times\dfrac{Z_{12}}{Z_{20}}\times\dfrac{Z_{18}}{Z_{13}}$

四挡(接合套 26 右移)：$i_4=i_{\text{Ⅰ}4}\times i_{\text{Ⅱ}}=\dfrac{Z_{12}}{Z_{20}}\times\dfrac{Z_{18}}{Z_{13}}$

倒挡轴 8 上有两个齿轮。其中倒挡传动齿轮 9 与主变速器中间轴一挡齿轮 7 啮合，从而保证了倒挡轴 8 随输入轴 2 旋转。另一倒挡齿轮 10 空套在倒挡轴上，与副变速器输入轴齿轮 20 常啮合。欲将组合式变速器挂入倒挡，应先将主变速器置于空挡，再将接合套 11 右移，使之与齿轮 10 的接合齿圈接合。于是动力便可从输入轴 2 依次经齿轮 1、4、7、9、倒挡轴 8、接合套 11、齿轮 10 传到齿轮 20。此时若将接合套 19 右移，便得高速倒挡；左移便得低速倒挡。为了保证倒车安全，常用低速倒挡。其传动比为

$$i_{R低}=\frac{Z_{18}}{Z_{13}}\times\frac{Z_{12}}{Z_{10}}\times\frac{Z_9}{Z_7}\times\frac{Z_4}{Z_1}$$

$$i_{R高}=\frac{Z_{20}}{Z_{12}}\times\frac{Z_{12}}{Z_{10}}\times\frac{Z_9}{Z_7}\times\frac{Z_4}{Z_1}$$

动力输出轴 15(驱动其他装置)与第二中间轴 16 的接合和分离，由接合套 14 操纵。

第三节 同步器

一、无同步器时变速器的换挡过程

变速器的换挡装置分为直齿滑动齿轮换挡、接合套换挡和同步器换挡。采用直齿滑动齿轮和接合套换挡时，必须等到将要啮合的一对齿轮的轮齿(或接合套与接合齿圈上相应的内、外花键齿)的圆周速度相等(同步)，才能平顺地进入啮合而挂上挡。否则，如果没有达到同步就强制换挡，将使两齿轮发生冲击和噪声，影响齿轮的使用寿命，严重时甚至会折断轮齿。

图 3-8 所示是无同步器(接合套)五挡变速器的四档、五挡结构简图。现以此图分析这两个挡位的换挡过程。

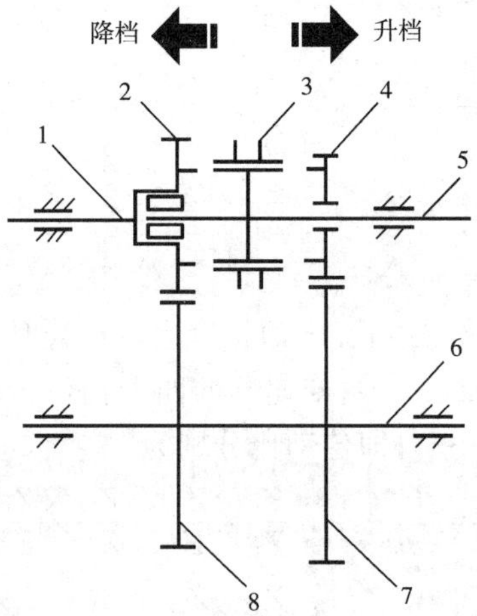

图 3-8 变速器四档、五挡换挡示意图

1—输入轴；2—输入轴常啮合齿轮；3—接合套；4—输出轴五挡齿轮；5—输出轴；6—中间轴；7—中间轴五挡齿轮；8—中间轴常啮合齿轮

图 3-8 中第一轴 1 及齿轮 2 直接与离合器从动盘相连。五挡齿轮 4 通过齿轮 7、中间

轴 6 和齿轮 8 与齿轮 2 保持传动关系。接合套 3 借花键毂与第二轴 5 相连,而第二轴又依次通过万向传动装置、驱动桥和行驶系与整车相连。所以,齿轮 2 和 4 以及与之相联系的花键齿的转速都与离合器的从动盘转速一致,而接合套 3 及其上的花键齿的转速与汽车速度成正比。变速器的升挡和降挡过程可以分析如下:

在升挡过程中,首先将接合套 3 与齿轮 2 分离,此时由于齿轮 4 为高挡齿轮,故三者的运动速度存在 $v_2=v_3\leqslant v_4$ 的关系。由于 $v_4\geqslant v_3$,所以接合套 3 无法与齿轮 4 接合,如若等待片刻后,由于通过变速器输出轴与整车相连的接合套 3 具有较大的惯性,速度下降较慢,而只与离合器从动部分相连的齿轮 4,因惯性较小转速迅速下降,一旦达到 $v_3=v_4$,便可以将接合套 3 插入齿轮 4 的接合齿圈中,实现换挡接合(如图 3-9a 所示)。这期间,为使同步尽早到来,希望离合器从动部分结构的转动惯量尽可能的小。换挡操作时,也可以通过短时间接合离合器,用怠速的发动机强制将齿轮 4 的转速 v_4 降低。

在降挡过程中,首先将接合套 3 与齿轮 4 分离,由于齿轮 2 是低速挡齿轮,转速低于接合套 3,即此时 $v_3=v_1\geqslant v_2$。因为接合套 3 与齿轮 2 转速不同步,所以两者无法接合,如果也等待片刻后,由于与整车相连的接合套 3 在很大惯性作用下转速稍有下降,而齿轮 2 却由于惯性较小,转速迅速下降,便会出现 $v_3\gg v_2$,即两者的速度差越来越大,无法实现换挡,故此时必须接合离合器,并迅速踩下油门,使齿轮 2 的转速能够快速上升,使得 $v_2\geqslant v_3$,随后再分离离合器等候同步时刻的到来,实现换挡(如图 3-9b 所示)。

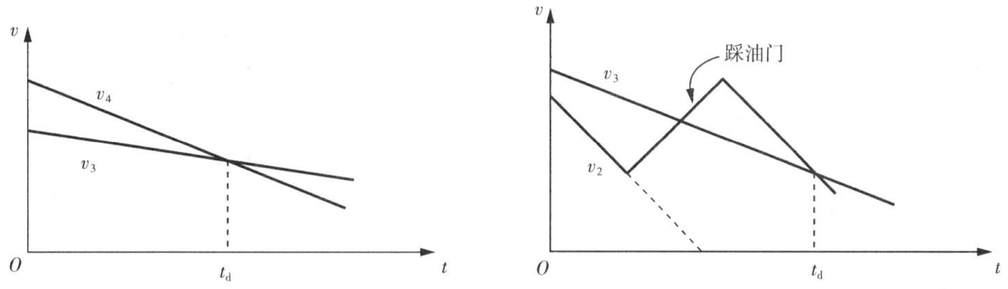

a)升挡时齿轮速度变化　b)降挡时齿轮速度变化

图 3-9　换挡时齿轮速度变化关系

从变速器上述换挡过程的讨论可以看出,变速器换挡过程是一个比较复杂的寻求齿轮"同步"的过程,尽管通过一定的方式在升挡和降挡过程中都可以获得齿轮"同步"的机会,但在换挡操作过程中,时机的掌握仍然很重要,否则会出现换挡"打齿"的现象。

由此可见,为避免普通变速器换挡产生齿轮或花键齿间的冲击,需要在短时间内迅速而准确地完成较复杂的操作,这样的要求即使对技术很熟练的驾驶员来说,也会造成疲劳。因此,必须从变速器结构上采取措施,以保证在换挡平顺的前提下,简化操作过程,减轻驾驶员的劳动强度。同步器便是在这种情况下应运而生的。

二、同步器的构造及工作原理

同步器是在接合套换挡机构的基础上发展而来的,其根本目的是希望在整个换挡过程中达到:换挡啮合轮齿未达到同步以前,阻止接合;换挡啮合轮齿同步后,只要换挡未完成,仍能保持同步状态。为此,在结构上除保留原结构中的接合套、花键毂、对应齿轮上的接合齿圈外,需增设能使接合套与对应接合齿圈的圆周速度迅速达到一致并保持的同步机构,以及防止两者在达到同步之前接合、避免冲击的结构。

同步器有多种结构形式，目前汽车上广泛采用摩擦惯性式同步器。它是依靠摩擦作用实现同步的，常用的有锁环式惯性同步器和锁销式惯性同步器两种。

(1)锁环式惯性同步器

图 3-10a 所示是锁环式惯性同步器的结构分解图，图 3-10b 所示是其装配图。其主要由花键毂 4、接合套 5、锁环(同步环)1 和 6、滑块 2 以及弹簧圈 3 等组成。

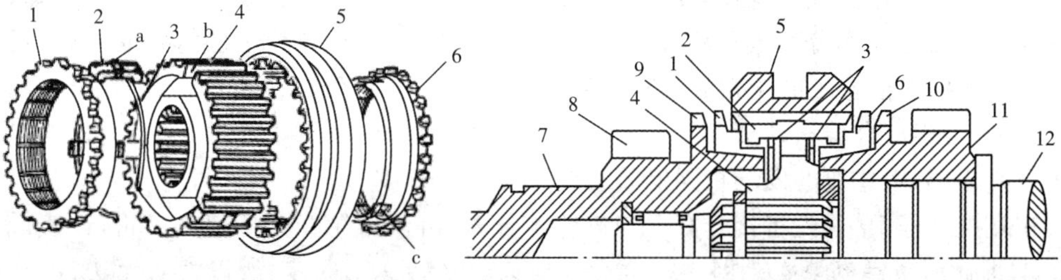

a)锁环式惯性同步器零件分解图　　b)锁环式惯性同步器装配图

图 3-10　锁环式惯性同步器

1、6—同步环；2—滑块；3—弹簧圈；4—花键毂；5—接合套；7—第一轴；8—第一轴齿轮；9、10—接合齿圈；11—三挡齿轮；12—第二轴；a—滑块中部凸起；b—花键毂轴向槽；c—同步环缺口

花键毂 4 的内孔和外圆柱面上都加工有花键，其内花键与第二轴 12 连接，并用垫圈和卡环做轴向定位，外花键与接合套的内花键做滑动连接。接合套 5 的外圆柱面加工有与换挡拨叉配合的环槽，拨动换挡拨叉可使接合套沿花键毂做轴向移动。

花键毂 4 的两侧与齿轮 8 和 11 之间各有一个锁环 1 和 6。锁环有内锥面，齿圈 9、10 的端部有相同的外锥面，两者之间通过锥面相接触，组成锥面摩擦副。通过这对摩擦副的摩擦，可使转速不等的两个齿轮在接合之前迅速达到同步。为了增强锥面之间的摩擦作用，一般在锁环的内锥面上制造出细密的螺纹槽，以使两锥面接触后破坏油膜，提高摩擦系数。锁环的外圆柱面上有短花键齿圈，花键齿的断面形状和尺寸与齿轮 8、11 上的接合齿圈 9、10 的外花键齿均相同。两个齿圈和锁环上的花键齿，在对着接合套 5 的一端都制有倒角，并且与接合套 5 内花键齿齿端的倒角相同，称为锁止角。两个锁环的端部沿圆周方向均布有三个缺口 c。

三个滑块分别装在花键毂 4 的三个轴向槽 b 中，滑块可沿槽 b 做轴向移动。滑块的中部有凸起 a，在两个弹簧圈 3 的作用下，将滑块压在接合套的内表面上，使滑块中部凸起 a 正好嵌在接合套中部的内环槽中，保证接合套在空挡时处于正中位置。滑块的两端伸入锁环的缺口 c 中，滑块的宽度小于缺口 c，只有当滑块位于缺口 c 的中央时，接合套才能与锁环接合。

图 3-11 所示为锁环式惯性同步器的工作过程示意图(变速器由三挡换入四挡——直接挡)，以此图为例来说明锁环式惯性同步器的工作过程。

空挡位置：当接合套 5 刚从三挡退到空挡时(如图 3-11a 所示)，与齿轮 8 制成一体的接合齿圈 9、接合套 5 和锁环 1 都在其自身及其所联系的一系列运动件的惯性作用下，继续沿原方向转动。设它们的转速分别是 n_9、n_5、n_1，则此时 $n_1=n_5$，$n_9>n_5$，即 $n_9>n_1$。接合套 5 及滑块 2 都处于中间位置，并由弹簧圈 3(如图 3-10 所示)定位；锁环 1 在轴向是自由的，它的内锥面与接合齿圈 9 的外锥面不接触，如图 3-11a 中两条虚线所示。

摩擦力矩的形成与锁止过程：若要挂入直接挡，驾驶员通过操纵机构拨动接合套 5 并带动滑块 2 一同向左移动。当滑块左端面与锁环 1 的缺口的内端面接触时，便同时推动锁环移向接合齿圈 9，两者($n_9>n_1$)一经接触便产生摩擦力矩；接合齿圈 9 便通过摩擦力矩的作用带动锁环相对于接合套 5 及花键毂超前一个角度；当锁环缺口的一个侧面与滑块接触时，锁环便与接合套同步转动。由于滑块未位于缺口中央，接合套花键齿相对于锁环花键齿错开了约半个齿厚，使接合套的齿端倒角与锁环上相应的齿端倒角恰好互相抵住而不能再向左移动进入接合，如图 3－11b 所示。

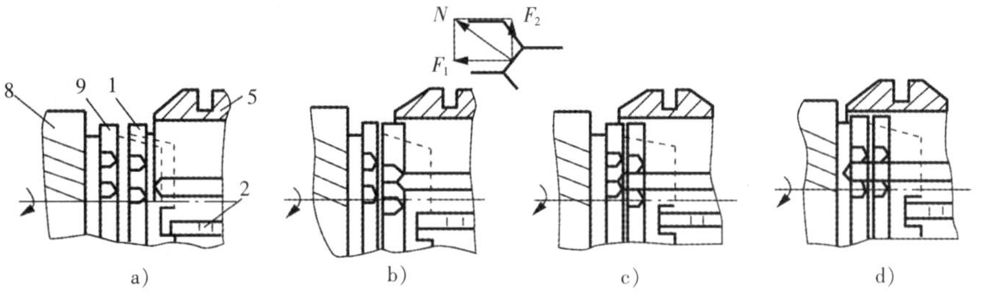

图 3－11　锁环式惯性同步器工作过程示意图

1—同步环；2—滑块；5—接合套；8—第一轴齿轮；9—接合齿圈

可以看出，此时如果要使接合套的花键齿圈与同步环的花键齿圈进入啮合，必须使锁环相对于接合套向后倒转一个角度，如图 3－11 的齿端局部放大图所示。由于在接合套与锁环齿端倒角相抵触时，驾驶员始终对接合套施加一个轴向推力，该轴向推力使接合套的齿端倒角面与锁环的齿端倒角面之间产生正压力 N，力 N 可分解为轴向力 F_1 和切向力 F_2。F_2 形成一个试图拨动锁环相对于接合套反转的力矩，称为拨环力矩 M_2。F_1 使锁环 1 和齿圈 9 的锥面进一步压紧，产生摩擦力矩 M_1，该力矩使两者转速迅速接近。由于锁环通过接合套、花键毂、第二轴与整个汽车相联系，转动惯量大，因此锁环的转速 n_1 下降慢。而齿圈 9 与离合器从动部分相联系，转动惯量小，n_5 下降得快。因为齿圈 9 是减速转动，产生一个与转动方向相同的惯性力矩 M_j。此惯性力矩通过摩擦锥面以摩擦力矩的方式传到锁环上，阻碍锁环相对于接合套反向转动。在齿圈 9 与锁环 1 未达到同步之前，摩擦锥面的摩擦力矩在数值上等于惯性力矩($M_1=M_j$)。

可见，在待接合齿圈与锁环未达到同步之前，锁环上作用着两个方向相反的力矩：由 F_2 产生的拨环力矩 M_2 和由 F_1 产生的惯性力矩 M_j(摩擦力矩 M_1)。如果 $M_2>M_1$，锁环即可相对于接合套向后倒转一个角度，以便二者进入啮合；如果 $M_2<M_1$，锁环则不能倒转，而通过其齿端锁止角阻止接合套进入啮合，这就是锁环的锁止作用。由于锁环的锁止作用是接合齿圈 9 及其相联系零件的惯性力矩形成的，因此称为惯性同步器。

对于一定的轴向推力，拨环力矩 M_2 的大小取决于锁环与接合套齿端倒角(锁止角)的大小，而惯性力矩 M_j 的大小则取决于摩擦锥面的锥角大小。实际上在设计同步器时，都经过适当地选择齿端倒角和摩擦面锥角，保证在达到同步之前始终保持 $M_2>M$，驾驶员轴向作用力的加大只能加快同步的速度，缩短换挡的时间。

同步啮合：随着驾驶员施加于接合套上的推力加大，摩擦力矩不断增加，使齿圈 9 的转速迅速降低。当与锁环 1、接合套 5 达到同步时，作用在锁环上的惯性力矩消失。但是，由于轴向分力 F_1 的作用，两个摩擦锥面以静摩擦方式接合在一起。因而此时切向力 F_2 形成的拨环力矩 M_2，便使锁环 1、齿圈 9 及与之相连的各零件一起相对于接合套向后倒转一个角度,滑块 2 处于锁环缺口的中央,两花键齿不再抵触,此时接合套 5 压下弹簧圈 3 继续左移,而与同步环的花键齿进入啮合,同步环的锁止作用消失,如图 3－11c 所示。

接合套与同步环接合后,轴向分力 F_1 已不存在,锥面之间的摩擦力矩也消失。此时如果接合套花键齿与接合齿圈花键齿发生抵触,如图 3－11c 所示,则与上述相似,靠齿圈 9 花键齿端斜面上切向分力,使齿圈 9 及与之相连各零件一起相对于接合套向后倒转一个角度,使接合套 5 与接合齿圈 9 进入啮合,如图 3－11d 所示,最后完成了换入直接挡的全过程。

若由直接挡换入三挡,上述过程也适用,所不同的是,齿轮 8 及上面的接合齿圈 9 被加速到与锁环 1、接合套 5 同步,接合套再进入啮合换入三挡。

锁环式惯性同步器结构紧凑,但径向尺寸小、锥面间摩擦力矩较小,所以多用于传递转矩不大的轿车和轻型货车的变速器。

(2)锁销式惯性同步器

图 3－12 所示是锁销式惯性同步器的结构图。其主要由花键毂 9、接合套 5、摩擦锥环 3、摩擦锥盘 2、锁销 8、定位销 4 以及钢球 10、弹簧 11 等组成。

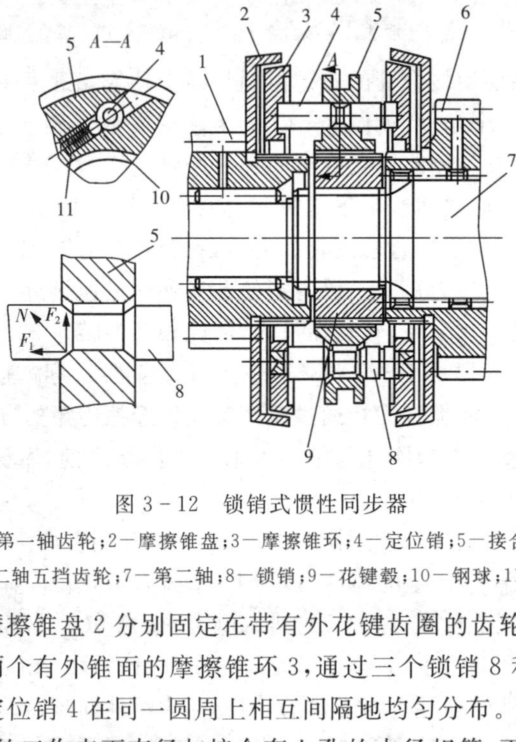

图 3－12　锁销式惯性同步器

1－第一轴齿轮;2－摩擦锥盘;3－摩擦锥环;4－定位销;5－接合套;6－第二轴五挡齿轮;7－第二轴;8－锁销;9－花键毂;10－钢球;11－弹簧

两个有内锥面的摩擦锥盘 2 分别固定在带有外花键齿圈的齿轮 1 和 6 上,随齿轮一同旋转。与之相配合的两个有外锥面的摩擦锥环 3,通过三个锁销 8 和三个定位销 4 与接合套 5 连接。锁销 8 与定位销 4 在同一圆周上相互间隔地均匀分布。锁销 8 的两端固定在摩擦锥环 3 的孔中,两端的工作表面直径与接合套上孔的内径相等,而中部直径则小于孔径。锁销 8 中部和接合套 5 上相应的销孔两端有角度相同的倒角——锁止角。只有在锁销与接合套孔对中时,接合套才能沿锁销轴向移动。在接合套上定位销孔中部有斜孔,内装弹簧 11,把钢球 10 顶向定位销中部的环槽(如 A—A 所示),以保证同步器处于正确的空挡位置。定位销 4 两端伸入锥环内侧面,但有周向间隙,锥环相对接合套在一定范围内做周向摆动。

锁销式惯性同步器的工作过程与上述锁环式惯性同步器的工作过程基本相同:在空挡位置时,摩擦锥环 3 与摩擦锥盘 2 之间有一定间隙,定位销 4 可随接合套轴向移动。由四挡换入五挡时,接合套 5 受到拨叉的轴向推力作用,通过钢球 10 和定位销 4 带动摩擦锥环 3

左移，使之与对应的摩擦锥盘接触。因摩擦锥环与锥盘有转速差，接触后的摩擦作用使锥环和锁销相对于接合套转过一个角度，锁销 8 轴线与接合套上相应孔的轴线偏移，于是锁销中部倒角与销孔端的倒角互相抵触，以阻止接合套继续前移。此时锁止面上的法向压紧力 N 的轴向分力 F_1 作用在摩擦锥环上并使之与锥盘压紧，使接合套与待啮合的齿圈迅速达到同步。达到同步时，起锁止作用的齿轮 1 的惯性力矩消失，作用在锁销上的切向力 F_2 产生的拨销力矩通过锁销使摩擦锥环 3、摩擦锥盘 2 和齿轮 1 相对于接合套转过一个角度，锁销与接合套的相应孔对中，接合套克服弹簧 11 的弹力压下钢球而沿锁销移动，直到与齿轮 1 的接合齿圈啮合，顺利挂上五挡。

锁销式惯性同步器在结构上允许采用直径较大的摩擦锥面，因而摩擦锥面间可产生较大的摩擦力矩，缩短了同步时间，多用在中型和重型汽车上。

第四节　变速器的操纵机构

变速器换挡操纵机构的功用是进行挡位变换，即根据汽车行驶条件的需要改变变速器传动机构的传动比、变换传动方向或中断发动机的动力传递。它要求变速器各挡位应具有明确的手感，无换挡干涉，无自动跳挡，随时可退回空挡等。

变速器换挡是靠驾驶员操纵设置在其座位附近的换挡杆来实现的。换挡杆从驾驶室地板下方伸入驾驶室，操纵机构一般由变速杆、拨块、拨叉、拨叉轴以及各种保险装置组成(如图 3－13 所示)，这些装置多集中安装在变速器上盖或侧盖内。拨叉轴 7、8、9 和 10 的两端

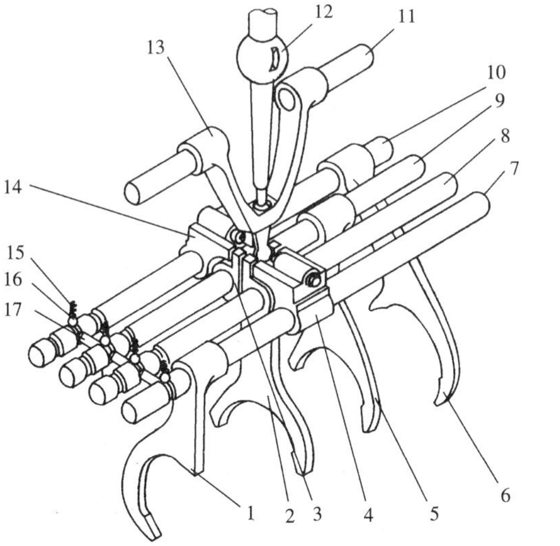

图 3－13　解放 CA1091 型汽车六挡变速器直接操纵机构

1－倒挡拨叉；2－三、四挡拨叉；3－一、二挡拨块；4－倒挡拨块；5－一、二挡拨叉；6－五、六挡拨叉；7－倒挡拨叉轴；8－三、四挡拨叉轴；9－一、二挡拨叉轴；10－五、六挡拨叉轴；11－换挡轴；12－变速杆；13－叉形拨杆；14－五、六挡拨块；15－自锁弹簧；16－自锁钢球；17－互锁柱销

支承在变速器壳体上,可以做轴向滑动。每根拨叉轴上固联有一个换挡拨叉。换挡轴11通过叉型拨杆球头的横向移动,将球头送入相应拨块的凹槽内,完成选挡动作。借助叉型拨杆球头的纵向移动,通过拨叉轴上的拨块和拨叉可拨动同步器上的接合套,完成换挡动作。由于每根拨叉轴的两个轴向极端位置可对应两个不同的挡位,因此,一个四挡或五挡变速器需要三根拨叉轴,而一个六挡变速器则需要四根拨叉轴。

变速器操纵机构根据变速杆距离变速器的远近分直接操纵式、半直接操纵式和远距离操纵式三种类型。

(1)直接操纵式

如图 3-14 所示,直接操纵式变速器操纵机构的变速杆及所有换挡操纵装置都设置在变速器盖上。变速器布置在驾驶员座位的近旁,变速杆由驾驶室底板伸出,驾驶员可直接操纵变速杆来拨动换挡装置换挡。直接操纵式变速操纵机构结构简单,变速操纵手感好,但易受发动机振动的影响。一般应用于发动机前置、后轮驱动的汽车上。

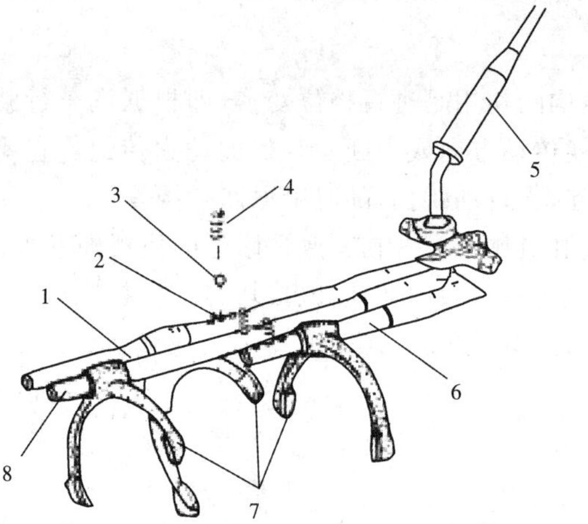

图 3-14　直接操纵式

1—一、二挡拨叉轴;2—凹槽;3—钢球;4—弹簧;5—变速杆;6—五、倒挡拨叉轴;7—拨叉;8—三、四挡拨叉轴

(2)半直接操纵式

在一些轿车上,为了使变速杆的位置靠近驾驶员,在拨叉轴的后部伸出端增设杆件6与变速器连接,形成半直接操纵形式,如图 3-15 所示。

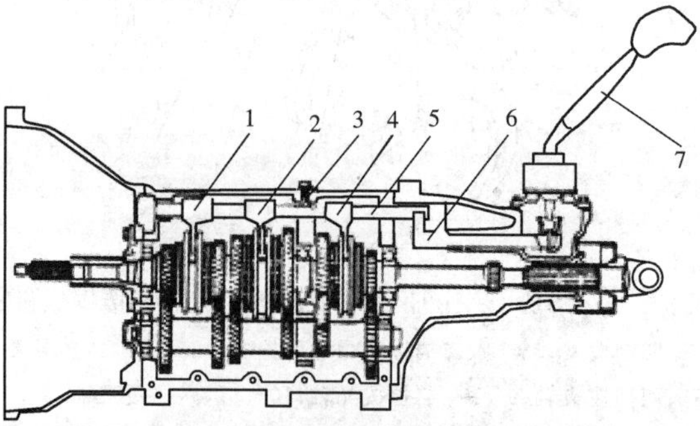

图 3-15　半直接操纵式

1—三、四挡拨叉;2—一、二挡拨叉;3—自锁装置;4—五挡、倒挡拨叉;5—拨叉轴;6—变速连动杆;7—变速杆

(3)远距离操纵式

有些汽车上,变速器的安装位置离驾驶员座位较远,需要在变速杆与拨叉之间加装一些辅助杠杆或一套传动机构,构成远距离操纵机构。远距离操纵机构分为变速杆布置在转向盘旁边(如图 3-16 所示)和变速杆布置在驾驶座椅旁边的地板上(如图 3-17 所示)两种类型。

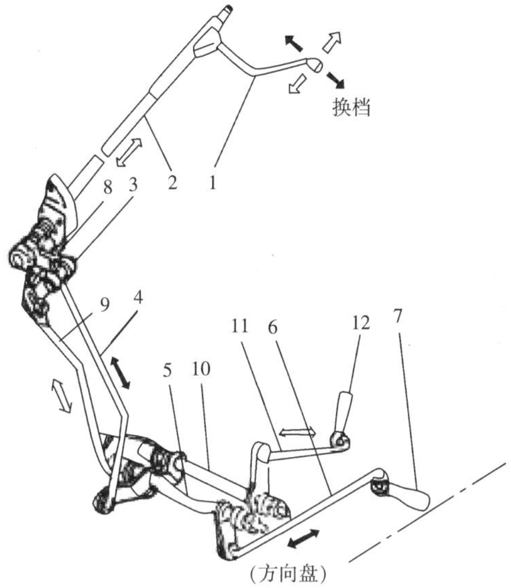

图 3-16 丰田克罗拉轿车变速器远距离操纵

1—变速杆;2—控制轴;3—换挡摆杆;4—换挡连杆;5—换挡横轴;6—换挡连杆;7—外换挡杆;8—选挡摆杆;9—选挡连杆;10—选挡横轴;11—选挡连杆;12—外选挡杆

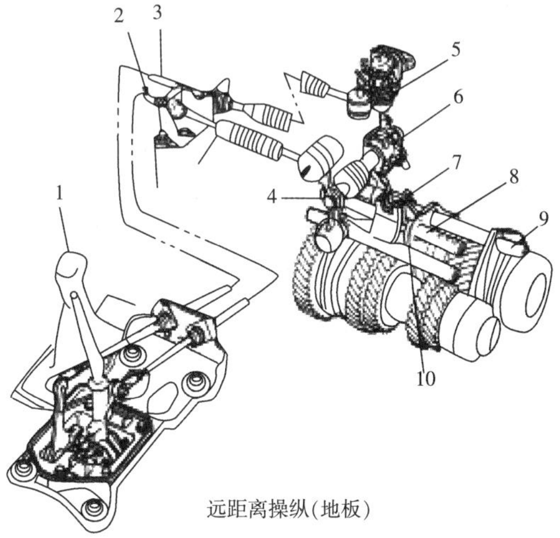

图 3-17 本田阿科德轿车 H2J4 型变速器

1—变速杆;2—换挡拉线;3—选挡拉线;4—换挡臂;5—选挡复位弹簧;6—倒挡锁装置;7—换挡拨块;8—三、四挡拨叉轴;9—五档、倒挡拨叉轴;10—一、二挡拨叉轴

由于挡位和操纵机构的不同,各种变速器换挡杆的挡位排列方式各不相同,驾驶员需按仪表板或操纵手柄上的挡位排列图操作。为保证变速器在任何情况下都能准确、安全、可靠

地工作，对变速器操纵机构提出如下要求：①保证变速器不自行脱挡或挂挡，在操纵机构中应设有自锁装置；②保证变速器不同时挂入两个挡位，在操纵机构中应设有互锁装置；③防止误挂倒挡，在操纵机构中应设有倒挡锁。

(1)自锁装置

自锁装置的作用是对各挡拨叉轴进行轴向定位锁止，防止其自动产生轴向移动而造成自动挂挡和自动脱挡，并保证各挡传动齿轮(接合齿圈)以全齿长啮合。

如图 3－18 所示，多数变速器自锁装置由钢球 1 和弹簧 2 组成。

在变速器盖 3 的前端凸起部钻有三个深孔，位于三根拨叉轴 6 的正上方，孔中装入自锁钢球 1 及自锁弹簧 2。每根拨叉轴对着钢球 1 的一面有三个凹槽(槽的深度小于钢球半径)，中间凹槽对正钢球时是空挡位置，左或右凹槽对正钢球时则处于某一工作位置，相邻凹槽之间的距离等于接合套(或滑动齿轮)由空挡换入相应挡(保证全齿长啮合)的距离。自锁钢球被自锁弹簧压入拨叉轴的相应凹槽内，起到锁止挡位的作用，防止自动换挡和自动脱挡。

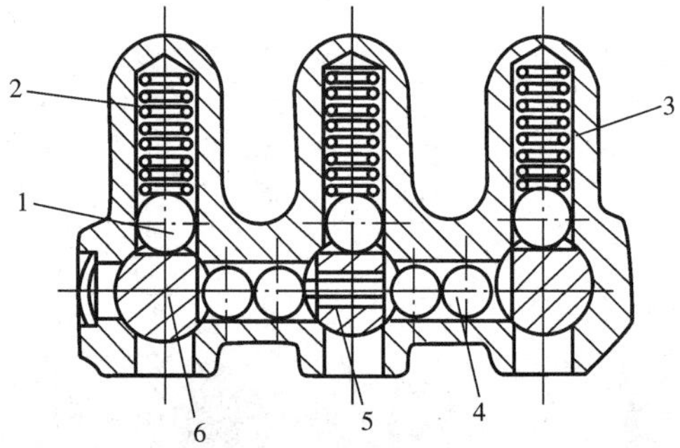

图 3－18 变速器自锁装置

1—自锁钢球；2—自锁弹簧；3—变速器盖；4—互锁钢球；5—互锁销；6—拨叉轴

另一方面也可通过对接合齿圈的齿形做特殊处理(图 3－19 所示)，借助啮合齿产生的轴向锁止力，防止自动脱挡。

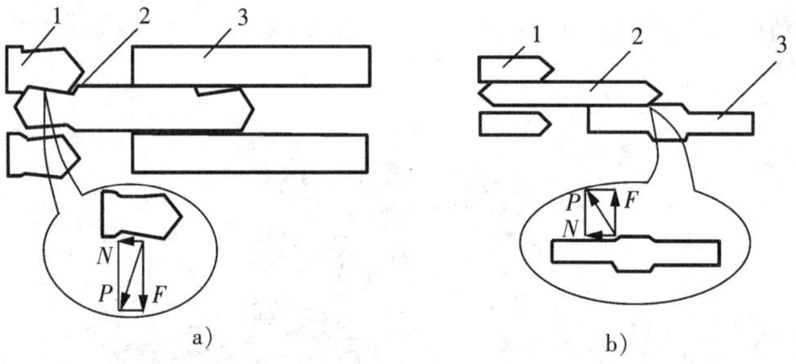

图 3－19 接合齿圈齿形对自动脱挡的影响

1—接合齿圈；2—接合套；3—花键毂

(2)互锁装置

互锁装置的作用是阻止两个拨叉轴同时移动，即当拨动一根拨叉轴轴向移动时，其他拨叉轴被锁止，可防止同时挂入两个挡。

图 3－20 所示的互锁装置为锁球和锁销式。它由互锁钢球 4 和互锁销 6 组成。每根拨叉轴朝向互锁钢球侧的表面上都制有一个深度相等的凹槽，中间拨叉轴上两个凹槽之间有孔相通，孔中有一根可以移动的互锁销 6，销的长度等于拨叉轴的直径减去一个凹槽的深度。变速器在空挡时，所有拨叉轴的侧面凹槽与钢球、互锁销都在一条直线上。两个互锁钢球的直径之和正好等于相邻两轴之间的距离加上一个凹槽的深度。

互锁装置工作情况如图 3－20 所示。当移动拨叉轴 3(如图 3－20a 所示)，其两侧的内钢球从侧凹槽中被挤出，而两侧的外钢球2、4分别嵌入拨叉轴1、5的侧面凹槽中，将轴1、5锁止在空挡位置。同样，欲移动拨叉轴5，应先将拨叉轴3退回到空挡位置（如图3-20b所示），拨叉轴5移动时钢球4从凹槽挤出，通过互锁销6推动另一侧两个钢球移动，拨叉轴1、3都被锁止在空挡位置上。移动拨叉轴1时（如图3-20c所示），拨叉轴3、5被锁止在空挡位置上。

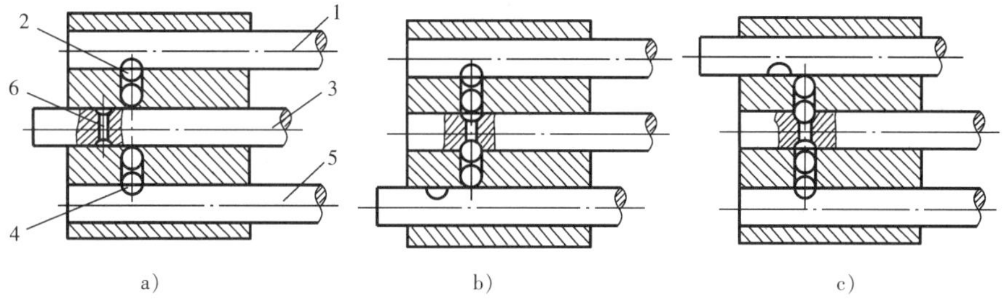

图3-20 互锁装置工作情况

1、3、5—拨叉轴；2、4—互锁钢球；6—互锁销

(3)倒挡锁

倒挡锁的作用是提醒驾驶员，防止误挂倒挡，提高安全性。即挂倒挡时，驾驶员必须进行与挂前进挡不同的操纵方式或对变速杆施加较大的力，才能挂入倒挡。倒挡锁也有多种类型，常用的是弹簧锁销式。

图3-21所示为EQ1090E型汽车五挡变速器中常用的倒挡锁装置。它由一挡、倒挡拨块中的倒挡锁销1及弹簧2组成。驾驶员选一挡或倒挡时，必须有意识地用较大的力向侧面摆动变速杆（图示向左），使其下端球头右移压缩弹簧2，将锁销1推向右方，变速杆下端才能进入倒挡拨块3的凹槽内，以拨动一挡、倒挡轴5而挂入一挡或倒挡。

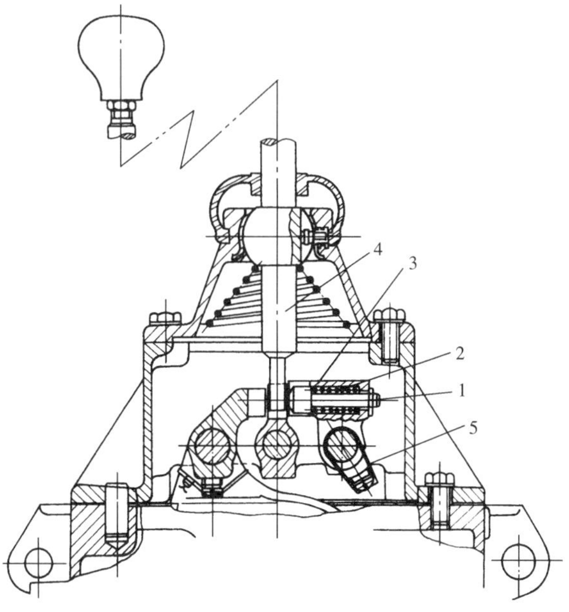

图3-21 弹簧锁销式倒挡锁

1—倒挡锁销；2—倒挡锁弹簧；3—倒挡拨块；4—变速杆；5—一挡、倒挡轴

思 考 题

3-1　变速器一般由哪两部分组成?

3-2　变速器的功用是什么?

3-3　什么是两轴式变速器和三轴式变速器? 它们各有何特点?

3-4　变速器为什么要用同步器? 简述惯性锁环式同步器的工作过程。

3-5　为什么有些汽车要采用组合式变速器?

3-6　在机械式变速器的手动操纵机构中有哪些防止误操作装置? 它们各有何作用?

第四章　自动变速器

随着科学技术的发展，自动变速器在汽车上（特别是在轿车上）的应用越来越广泛。本章介绍了液力机械式自动变速器、电控机械式自动变速器、无级自动变速器、双离合器自动变速器和电动无级变速器的结构与工作原理；介绍了液力耦合器和液力变矩器的组成和工作原理以及液力机械式自动变速器的电子液压控制系统。要求学生熟练掌握自动变速器的分类和优点；掌握液力变矩器的结构、功用和工作原理；掌握液力机械式自动变速器、电控机械式自动变速器、无级自动变速器和双离合器自动变速器的结构与工作原理；一般掌握双离合器自动变速器的动力传递路线；了解液力机械式自动变速器的电子液压控制系统。

第一节　自动变速器的分类

一、概述

汽车自动变速器即自动操纵式变速器。它可根据发动机负荷和车速等工况的变化自动变换传动系的传动比，以使汽车获得良好的动力性和燃油经济性，并且有效地减少发动机排放污染以及显著地提高车辆行驶的安全性、乘坐舒适性和操纵方便性。在轿车日益普及、非熟练驾驶员大量增加的今天，汽车自动变速器的应用有着更加重要的现实意义。

与普通的手动变速器相比，自动变速器存在着结构较为复杂、工艺要求及制造成本较高等缺点，从而使整车的制造成本和车辆在某些情况及场合下的运行油耗略有增高，维修难度加大。但由于其优点远远超过了缺点，所以自动变速器在汽车上得到了越来越广泛的应用。总的来说，汽车自动变速器具有以下优点：

（1）能根据行驶速度和加速踏板位置，自动地选择最合适的挡位。

（2）消除了离合器操作和频繁的手动换挡，使驾驶操作变得简单而省力；同时，也提高了行车的安全性。

（3）大大降低了汽车传动系统的动载荷，使发动机和传动系相关零部件的使用寿命大为提高。

(4)在外载荷突然增大的情况下,可防止发动机过载或熄火,从而保护发动机,并减少排气污染。

(5)有效地、平稳地、持续地传递发动机所产生的扭矩,起步平稳,振动和噪声减少,乘坐舒适性提高。

二、自动变速器的类型及其特点

当前应用的自动变速器分为五种类型:液力机械式自动变速器(Automated Rransmission,简称 AT),电控机械式自动变速器(Automated Mechanical Transmission,简称 AMT),无级自动变速器(Continuously Variable Transmission,简称 CVT),双离合器自动变速器(Dual Clutch Transmission,简称 DCT),电动无级变速器(Electric Variable Transmission,简称 EVT)。

1. 液力机械式自动变速器

液力自动变速器通过液力变矩器实现了发动机和传动系之间的柔性连接和传动,使汽车起步平稳,加速均匀、柔和,换挡时无动力中断,是目前汽车上使用最广泛的自动变速器类型,如图 4-1 所示。由于 AT 能够减轻驾驶员的操纵强度并合理利用发动机的性能,因而得到消费者的青睐,成为汽车行业竞相研制开发的热点产品。目前在美国 90%以上的轿车装备了 AT,日本的装车率上升很快,与美国相近。但其结构比较复杂,油耗较高,制造成本较高。

2. 电控机械式自动变速器

电控机械式自动变速器是在机械齿轮变速器的基础上实现自动控制的变速器,如图 4-2 所示。电控机械式自动变速器在原有的机械变速器、离合器结构不变的情况下,通过加装电子自动控制操纵机构,用液压、气压或电动的系统代替驾驶员对离合器分合和换挡的操纵,最终实现选、换挡操纵的自动化。

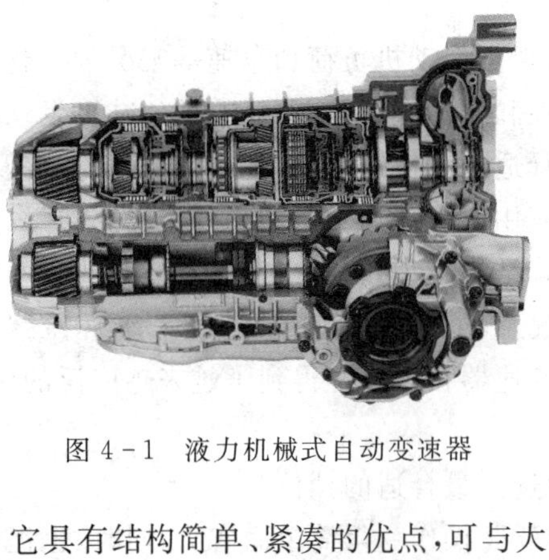

图 4-1 液力机械式自动变速器

图 4-2 电控机械式自动变速器

它具有结构简单、紧凑的优点,可与大功率发动机匹配;缺点是电控系统调试复杂,换挡容易有顿挫感。国内所有自行换挡的车型中,选择装备电控机械式自动变速器是最少的。目前,AMT 在美国和欧洲已实现了商品化,在商用汽车上装配 AMT 的比例正在逐步增加。近年来,世界各商用汽车生产企业都在努力开发新一代的 AMT 产品。这些 AMT 产品在结构上大同小异，都是在原定轴式机械变速器的基础上加装替代人工手动换挡的电子控制操纵机构，但由于设计理念的不同，其性能有所差异。

3. 无级自动变速器

无级自动变速器(如图 4－3 所示)可以实现全程无级变速，在各种工作状态下都能保持最佳的传动比，使汽车具有一个没有“漏洞”的牵引性能，且驱动力与车速呈平稳圆滑变化，而任何有级变速器的驱动力曲线都是呈不规则变化的。实现无级变速是人们追求的目标，但现有的无级变速器还存在传动带传递功率小、寿命短、效率低等问题，需要继续完善。目前 CVT 主要应用在中小排量的轿车上。

4. 双离合器自动变速器

双离合器自动变速器又称为直接换挡变速器(Direct Shift Gearbox，简称 DSG)，如图 4-4 所示。DCT 是基于平行轴式手动变速器发展而来的，它继承了手动变速器传动效率高、安装空间紧凑、质量轻、价格低等许多优点，而且实现了换挡过程动力不中断，这不仅保证了车辆的加速性，还避免了换挡引起的车辆急剧减速情况，极大地改善了车辆乘坐的舒适性。以手动变速器及其独特的设计作为基础，配合精密的电子控制，DCT 较一般的手动变速器拥有更精准的换挡控制。基于 DCT 的特性及操作模式，DCT 系统能带给驾驶者有如驾驶赛车般的感受。另外，它消除了手动变速器在换挡时的扭矩中断感，使驾驶更灵敏，与传统的自动变速器相比效率提高 15%，其舒适性又是最好的。双离合器自动变速器的适用范围几乎涵盖了所有车型和发动机排量，它既可用于扭矩高于 1000N·m 的豪华跑车，也可用于发动机排量仅为 1L 左右的紧凑型汽车。因此自从问世以来，其市场已经取得了巨大的成功，引领了全球自动变速器发展的最新潮流。

图 4－3　无级自动变速器

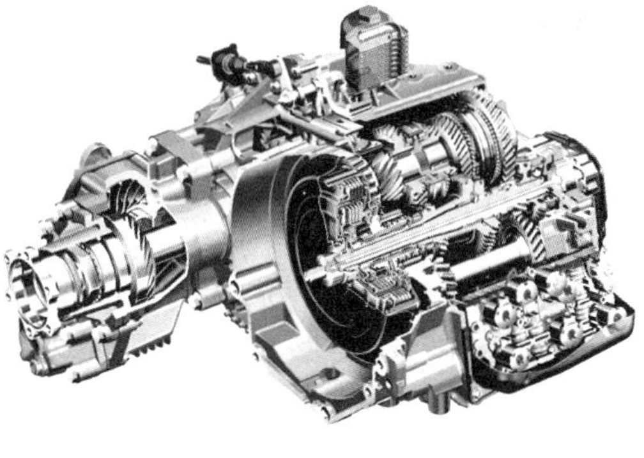

图 4－4　双离合器自动变速器

5. 电动无级变速器

电动无级变速器也被称为双模式变速器，如图 4－5 所示，适用于电动车或混合动力车。它是近年来发展起来的先进变速器，能为车辆提供连续的无级变速，使驾驶更平稳、舒适。它具有系统结构简单、重量轻、响应更加迅速、控制简单灵活、常用工况下效率高等优点。电动无级变速器既可作为一般意义下的变速器用来调节速度，又能用作机-电混合动力装置来调节速度和动力。它代表了一种全新的变速器设计理念，非常适合中国目前跳跃式发展的模式。

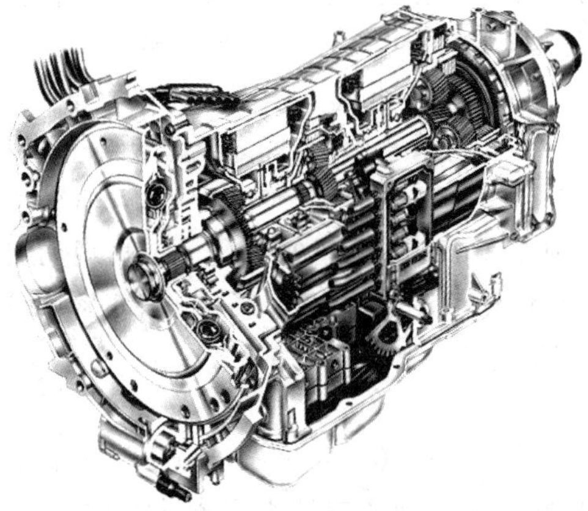

图 4－5　电动无级变速器

第二节　液力耦合器与液力变矩器

液力传动分为动液传动和静液传动两大类。动液传动是靠液体在循环流动过程中动能的变化传递动力，静液传动是利用液体在密闭工作容积内压能的变化传递动力(例如液压马达)。液力耦合器和液力变矩器均属动液传动装置。

一、液力耦合器

1. 液力耦合器的结构和工作原理

液力耦合器主要由泵轮、涡轮和耦合器外壳等部件组成，如图 4－6 所示。其中泵轮与发动机曲轴相连，涡轮与从动轴相连，泵轮和涡轮之间没有机械连接关系，二者之间靠液体流动来传递动力，工作原理如下：

(1)“涡流”的产生

当泵轮随飞轮转动时，由于离心力的作用，液体沿泵轮叶片间的通道向外缘流动，外缘油压高于内缘油压，油液从泵轮外缘冲向涡轮外缘，又从涡轮内缘流入泵轮内缘，可见在轴向断面(循环圆)内，液体流动形成循环流，称为“涡流”。

(2)“环流”的产生

因涡流的产生，液体冲向涡轮使两轮间产生牵连运动，涡轮产生绕轴旋转的扭矩。可见，循环圆内的液体绕轴旋转形成“环流”。

如图 4－7 所示，上述两种油流的合成，形成一条首尾相接的螺旋流。只有当涡轮的扭矩大于汽车的行驶阻力矩时，汽车才能行驶。

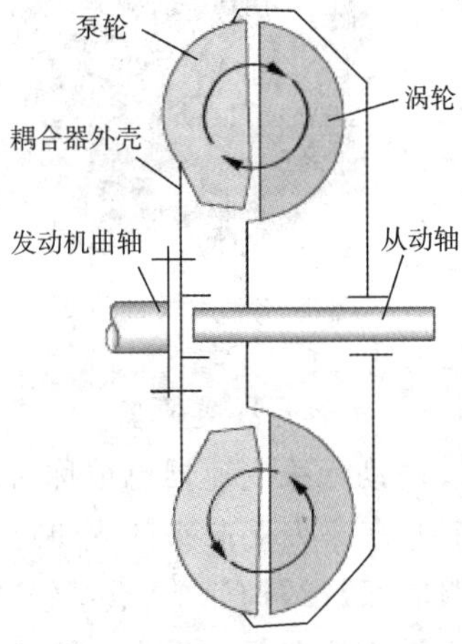

图 4－6　液力耦合器结构示意图

2. 汽车传动系统中采用液力耦合器的优点和缺点

液力耦合器的优点：①保证汽车平稳起步；②衰减传动系的扭转振动；③防止传动系过载；④显著减少换挡次数。

液力耦合器的缺点：①只能传递转矩，不能改变转矩大小；②不能取代离合器，使传动系统纵向尺寸增加；③传动效率较低。

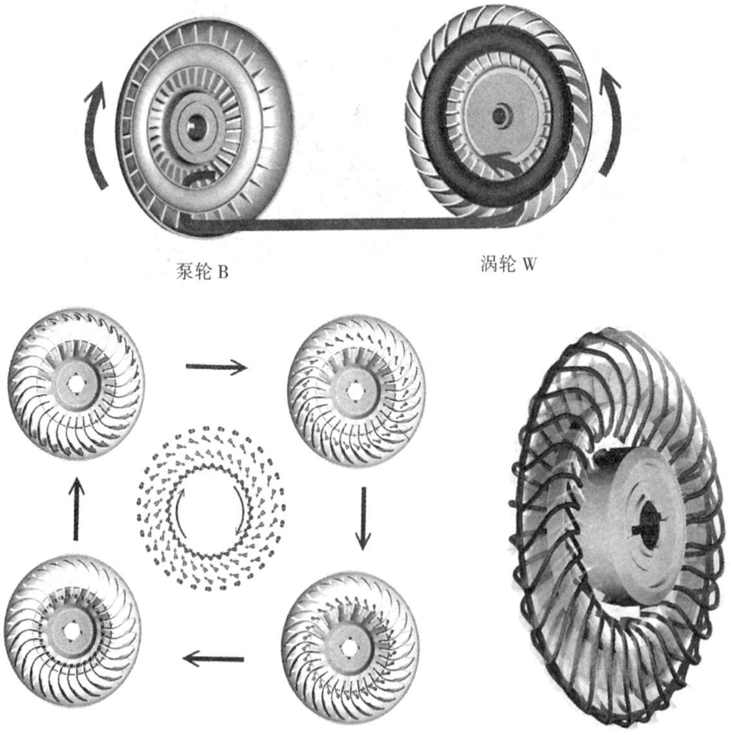

图 4－7　液力耦合器涡流、环流的产生

二、液力变矩器

1. 液力变矩器的组成、工作原理和特性

(1)液力变矩器的组成

如图 4－8 所示，液力变矩器主要由泵轮、涡轮、导轮和变矩器外壳等部件组成，它与液力耦合器的最大区别是增加了导轮。

泵轮与壳连成一体为主动元件；壳体做成两半，用螺栓连接，壳外有启动齿圈；涡轮悬浮在变矩器内与从动轴相连；导轮悬浮在泵轮与涡轮之间，通过单向离合器及导轮固定套固定在变速器外壳上，单向离合器使导轮可以顺时针方向转动，而不能逆时针方向转动。

(2)液力变矩器的工作原理

泵轮将发动机的机械能转变为自动变速器油(Automatic Transmission Fluid，简称ATF)的动能。泵轮在变矩器壳体内，许多曲面叶片径向安装在内。在叶片的内缘上安装有导环，提供一通道使 ATF 流动畅通。变矩器通过驱动端盖与曲轴连接。当发动机运转时，将带动泵轮一同旋转，泵轮内的 ATF 依靠离心力向外冲出。发动机转速升高时泵轮产生的离心力亦随着升高，由泵轮向外喷射的 ATF 的速度也随着升高。

a)实体图

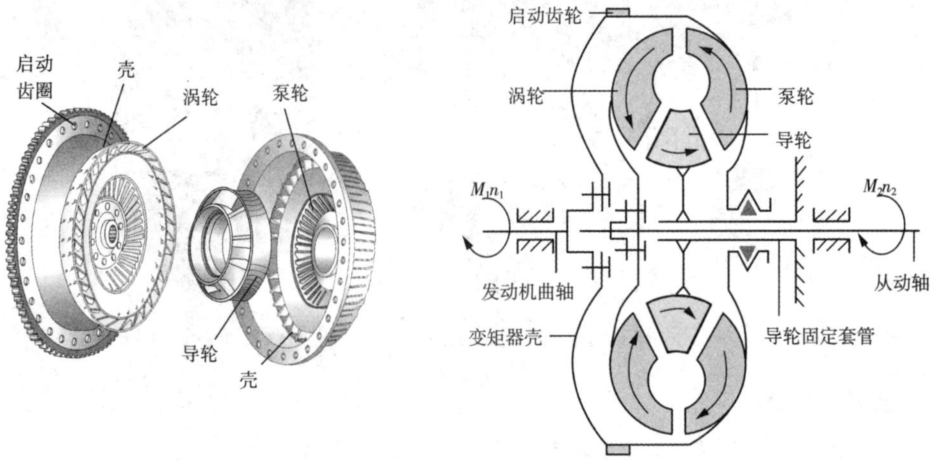

b)示意图

图 4－8　液力变矩器

涡轮将自动变速器油的动能转变为涡轮轴上的机械能。涡轮同样也有许多曲面叶片的圆盘,其叶片的曲线方向不同于泵轮的叶片。涡轮通过花键与变速器的输入轴相啮合,涡轮的叶片与泵轮的叶片相对而设,相互间保持非常小的间隙。

导轮改变自动变速器油的流动方向,从而达到增矩的作用。导轮是有叶片的小圆盘,位于泵轮和涡轮之间。它安装于导轮轴上,通过单向离合器固定于变速器壳体上。

导轮上的单向离合器可以锁住导轮以防止反向转动。这样,导轮根据工作液冲击叶片的方向进行旋转或锁住。

依据液流方向将工作轮按泵轮→涡轮→导轮展开,如图 4－9 所示。

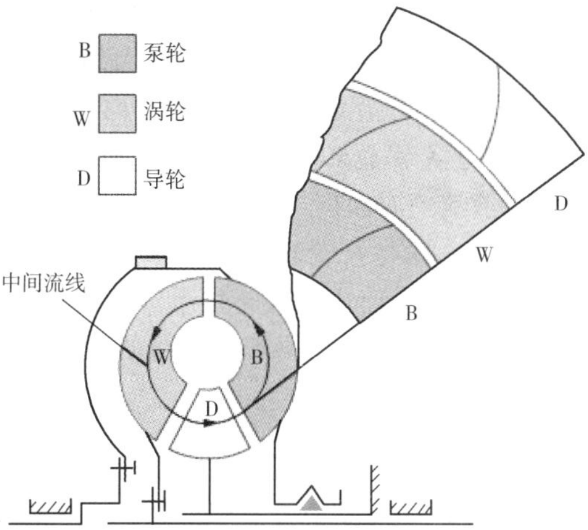

图 4－9　液力变矩器工作轮展开示意图

液力变矩器的工作原理如下：

假设发动机转速及负荷不变，即液力变矩器泵轮的转速 n_b 及转矩 M_b 为常数。先讨论汽车起步工况，开始时涡轮转速 $n_w=0$，如图 4－10a 所示，自动变速器油在泵轮叶片带动下，以一定的绝对速度沿图中箭头 1 的方向冲向涡轮叶片，因涡轮静止不动，液流将沿着涡轮叶片流出并冲向导轮，液流方向如图中箭头 2 所示，然后液流再从固定不动的导轮叶片沿箭头 3 方向流入泵轮。设泵轮、涡轮和导轮对液流的作用转矩分别为 M_b、M'_w 和 M_d。根据液流受力平衡条件，则 $M'_w=M_b+M_d$。由于液流对涡轮的作用转矩 M_w（即变矩器输出转矩）与 M'_w 方向相反大小相等，因而在数值上，涡轮转矩 M_w 等于泵轮转矩 M_b 与导轮转矩 M_d 之和。显然，此时涡轮转矩 M_w 大于泵轮转矩 M_b，即液力变矩器起了增大转矩的作用。

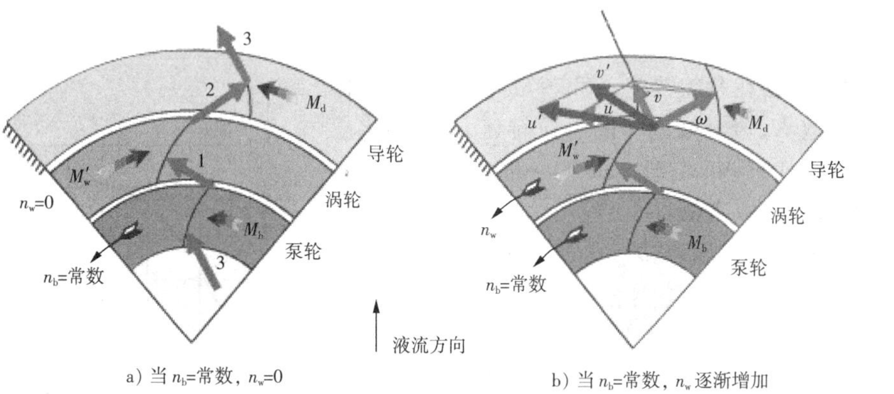

图 4－10　液力变矩器工作原理图

当液力变矩器输出的转矩经过传动系传到驱动轮上，驱动轮上所产生的牵引力足以克服汽车起步阻力时，汽车即起步并开始加速，与之相联系的涡轮转速 n_w 也从零逐渐增加，这时液流在涡轮出口处不仅具有沿叶片方向的相对速度 ω，而且具有沿圆周方向的牵连速度 u，故冲向导轮叶片液流的绝对速度 v 应是二者的合成速度，如图 4－10b 所示。因假设泵轮转速不变，起变化的只是涡轮转速，故涡轮出口处相对速度 ω 不变，只是牵连速度 u 起变化。

由图可知,随着冲向导轮叶片液流的绝对速度 v 的增加(即涡轮转速 n_w 的增加),v 的方向逐渐向左倾斜,使导轮上所受转矩逐渐减少,当涡轮转速增大到某一数值,在涡轮流出的液流(如图 4-10b 所示的 v 所示方向)正好沿导轮出口方向冲向导轮时,由于液体流经导轮时方向不改变,故导轮转矩 M_d 为零,于是涡轮转矩与泵轮转矩相等,即 $M_w'=M_b$。

若涡轮转速 n_w 继续增大,液流绝对速度 v 方向继续向左倾斜,如图 4-10b 中的 v' 所示方向,导轮转矩方向与泵轮转矩方向与泵轮转矩方向相反,则涡轮转矩为前二者转矩之差($M_w'=M_b-M_d$),即变矩器输出转矩反而比输入转矩小。当涡轮转速 n_w 增大到与泵轮 n_b 转速相等时,工作液在循环圆中的循环流停止,将不能传递动力。

(3)液力变矩器特性

液力变矩器有三个重要的特性参数:液力变矩器转速比 i、液力变矩器变矩系数 K 和传动效率 η。

液力变矩器转速比 i 是指涡轮转速与泵轮转速之比,其值一般为 0.8~0.9,表达式为

$$i=\frac{n_w}{n_b}\leqslant 1$$

变矩系数 K 是指涡轮输出转矩 N_w 与泵轮输入转矩 N_b 之比,其值一般为 2~4,表达式为

$$K=\frac{M_w}{M_b}$$

传动效率 η 是指涡轮输出功率与泵轮输入功率之比,即

$$\eta=\frac{N_w}{N_b}<1$$

液力变矩器在泵轮转速 n_b 和转矩 M_b 不变的条件下,变矩系数 K、传动效率 η 随涡轮转速 n_w 的变化规律,称为液力变矩器的特性,如图 4-11 所示。从变矩器特性曲线中可以看出:

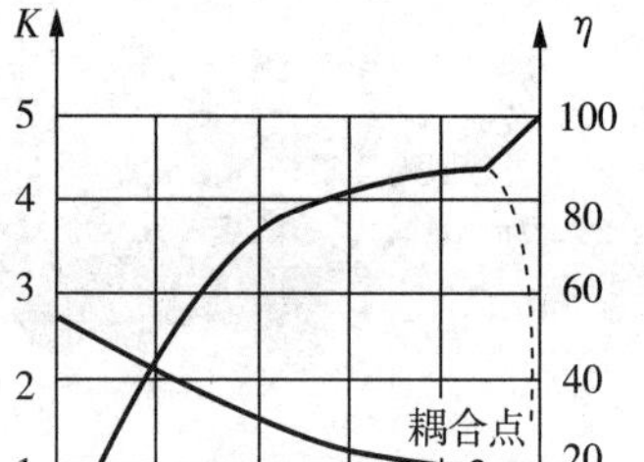

图 4-11　液力变矩器特性

① 变矩系数 K 随着转速比 i 的增大而减小,即当行驶阻力大时,液力变矩器自动输出大转矩,而在行驶阻力小时,自动输出小转矩。这一特性对行驶阻力变化较大的汽车来说是非常适合的,此即所谓的适合性好,例如:怠速时,由于泵轮转速低,液流流速低,涡轮上得到的转矩 M_w 小于汽车起步对应的阻力矩,涡轮不转,汽车不能行驶;起步时,由于泵轮转速升高,液流流速升高,涡轮上得到的转矩 M_w 大于汽车起步时需要的阻力矩,涡轮开始转动,汽车起步。从图中可以看出,在起步时,$i=0$,即此时 $n_w=0$,变矩系数 K 最大,此时液力变矩器能产生最大输出转矩,以利于克服汽车惯性而起步,此时的变矩系数也称为起步变矩系数或称为失速变矩系数。

② 汽车起步后涡轮的转速 n_w 逐渐增大，涡轮输出转矩 M_w 逐渐减小，达到耦合点，即 $K=1$ 时，涡轮的转矩等于泵轮的转矩（$M_w=M_b$），此时称为耦合点。再加速时，$K<1$，涡轮的转矩小于泵轮转矩（$M_w<M_b$）。通常将转速比 $i<i_{耦合点}$ 的区域称为低速区，$i>i_{耦合点}$ 的区域称为高速区，高速区输出转矩将小于输入转矩。

③ 变矩器的传动效率开始随转速比的增大而增大，在低速区虽然传动效率低，但是变矩系数大，液力变矩器输出大转矩，有利于汽车行驶；在转速比 $i=i_{耦合点}$ 时传动效率最高，但是此时的传动效率也仅为 95%左右，因此，使用液力变矩器的汽车较使用普通变速器的汽车油耗要高。由于导轮的存在，传动效率为抛物线形状，转折点在耦合点附近，超过耦合点，传动效率迅速下降，此时的变矩系数也急剧下降。

2. 几种典型液力变矩器

(1)三元件综合式液力变矩器

① 三元件综合式液力变矩器的构造

三元件综合式液力变矩器由泵轮、涡轮和导轮三个主要元件组成，如图 4－12 所示。

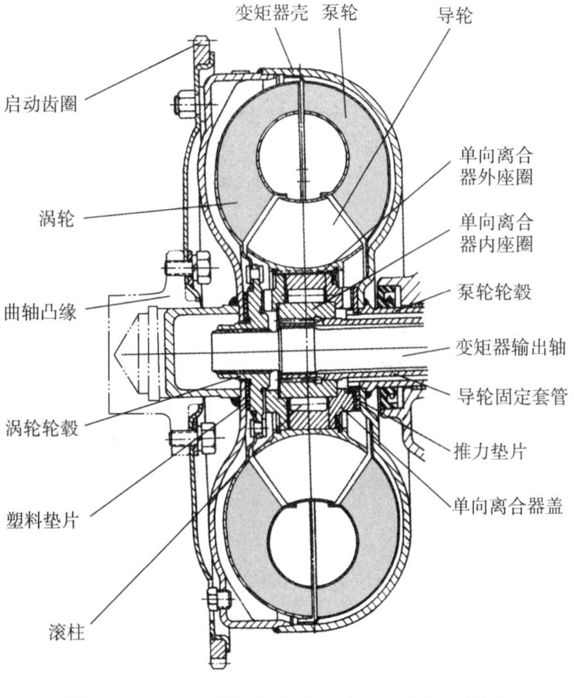

图 4－12　三元件综合式液力变矩器示意图

② 单向离合器

在变矩器中，单向离合器作用是只允许导轮单向旋转，不允许其逆转。此外，单向离合器还可以有条件地固定行星齿轮机构的旋转构件，此时单向离合器相当于制动器。自动变速器中的单向离合器（也称自由轮机构）的结构形式有滚柱式和楔块式两种。

滚柱式单向离合器的构造和工作原理：导轮逆时针旋转时，滚柱向外座圈和内座圈形成的楔形槽的宽槽处滚动，滚柱与外座圈（包括导轮）一起绕内座圈滚动；导轮顺时针旋转时，滚柱向楔形槽窄槽处滚动，从而阻止外座圈（包括导轮）的滚动，如图 4－13 所示。

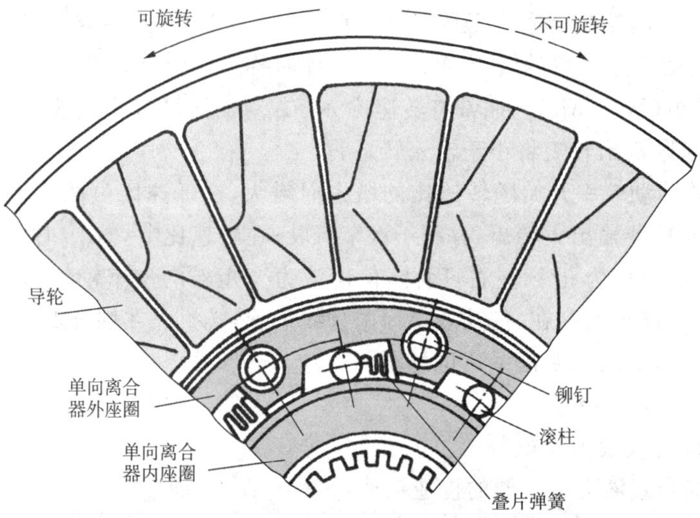

图 4-13　滚柱式单向离合器的构造和工作原理

楔块式单向离合器的构造和工作原理：楔块式单向离合器又称作“8”字形单向离合器，它的内座圈固定，当外座圈顺时针旋转时，楔块顺时针旋转，$L_1<L$，外座圈可相对楔块和内座圈旋转；反之，当外座圈逆时针旋转时，楔块逆时针旋转，$L_2>L$，楔块阻止外座圈旋转。

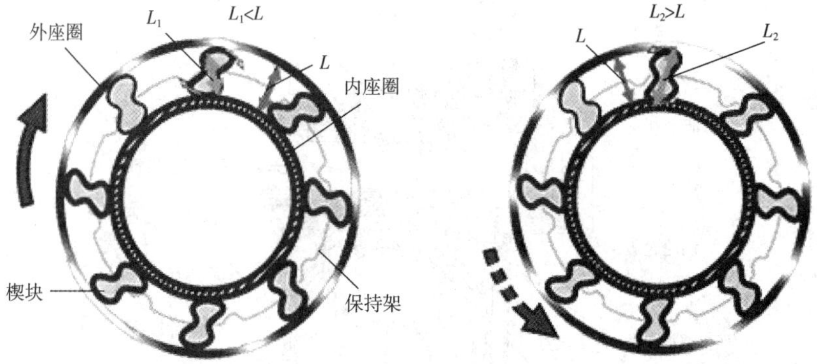

图 4-14　楔块式单向离合器的工作原理图

③ 三元件综合式液力变矩器的特性

采用综合式液力变矩器的目的，在于利用耦合器在高传动比时相对变矩器有较高效率的特点。效率是指液力传动装置输出功率与输入功率之比。变矩器效率 η_b 与耦合器效率 η_a 随传动比 i 变化的规律，如图 4-15 所示，图中还作出了变矩系数 K 随传动比变化的曲线。当 $i<i_{K=1}$ 时，变矩器按 η_b 效率工作；当 $i>i_{K=1}$ 时，变矩器按 η_a 效率工作。这样变矩器可以始终保持在高效率的工作范围，如图中实线所示。图中 A 点为工况的转换点。

(2)四元件综合式液力变矩器

某些启动变矩系数大的变矩器，若采用上述三元件综合式变矩器，则在最高效率工况到耦合器工况始点之间的区段上效率显著降低。为避免这个缺点，可将导轮分割成两个，分别装在各自的单向离合器上，从而形成四元件液力变矩器。四元件综合式液力变矩器比三元件液力变矩器多了一个导轮，有两个导轮分别装在各自的单向离合器上，如图 4－16 所示。

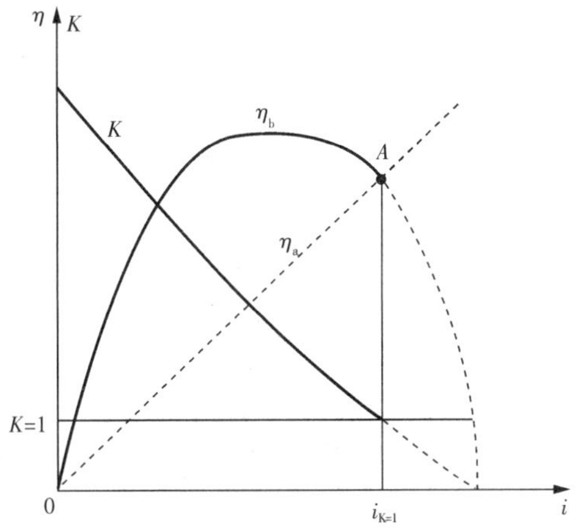

图 4－15 单级双相三元件综合液力变矩器特性

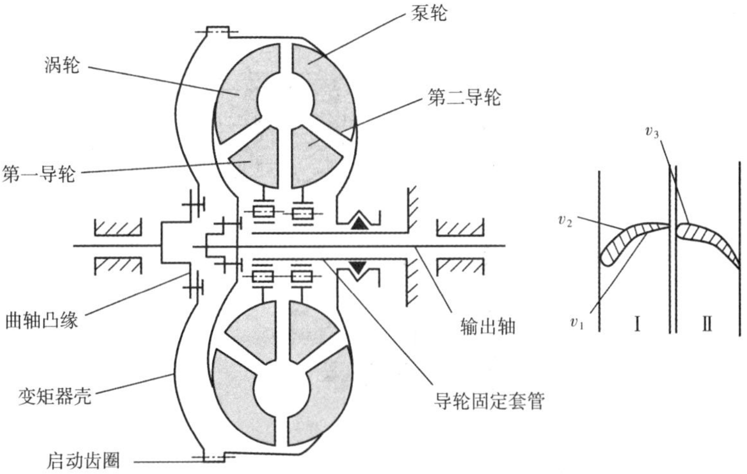

图 4－16 四元件综合式液力变矩器示意图

四元件综合式液力变矩器的特性是两个变矩器特性和一个耦合器特性的综合，如图 4－17 所示。在传动比 $0\sim i_1$ 区段，两个导轮固定不动，二者的叶片组成一个弯曲程度更大的叶片，以保证在低传动比工况下获得大的变矩系数。在传动比 $i_1\sim i_{K=1}$ 区段，第一导轮脱开，变矩器带有一个叶片弯曲程度较小的导轮工作，因而此时可得到较高的效率。当传动比为 $i_{K=1}$ 时，变矩器转入耦合器工况，效率按线性规律增长。

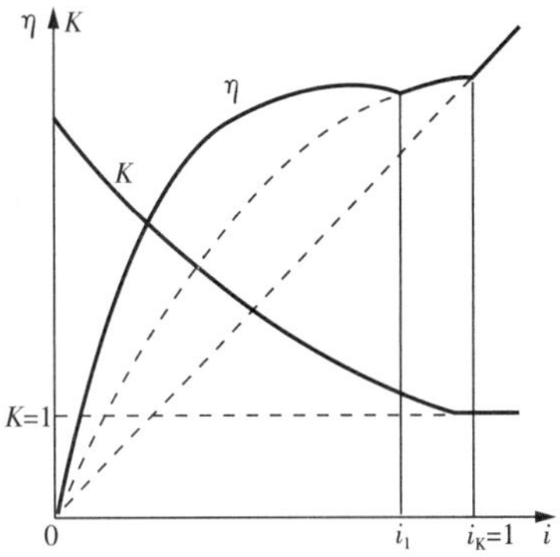

图 4－17 四元件综合式液力变矩器特性

(3)带锁止离合器的液力变矩器

因为液力变矩器的涡轮与泵轮之间存在转速差和液力损失，变矩器效率不如机械变速器高，故采用变矩器的汽车在正常行驶时的燃油经济性较差。为提高变矩器在高传动比工况下的效率，可采用带锁止离合器的液力变矩器，如图 4－18 所示。

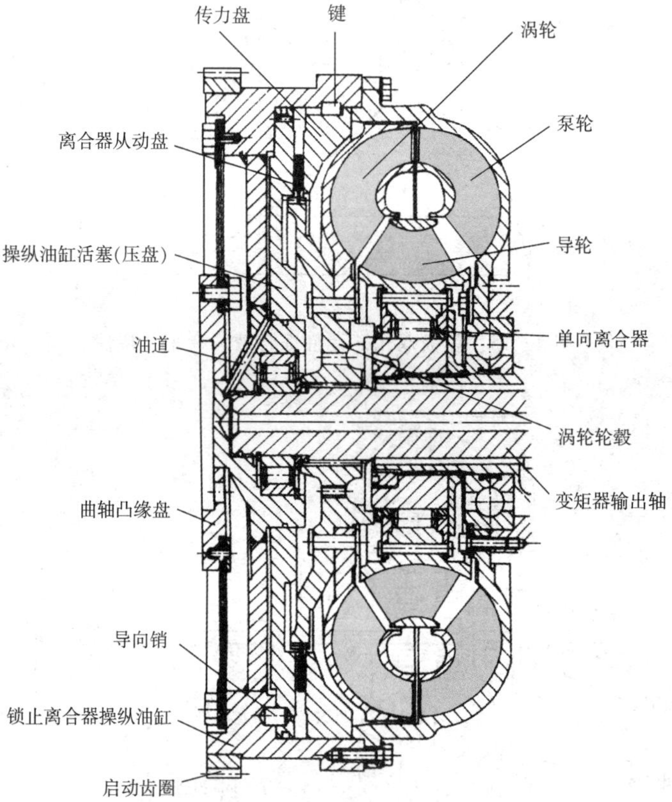

图 4－18　带锁止离合器的液力变矩器

锁止离合器(Torque Converter Clutch，简称 TCC)可以将泵轮和涡轮直接连接起来，即将发动机与机械变速器直接连接起来，这样减少液力变矩器在高速比时的能量损耗，提高了传动效率，提高汽车在正常行驶时的燃油经济性，并防止 ATF 油过热。当车辆在良好路面行驶，满足下面四个条件时，锁止离合器将接合：

① 汽车处于 50km/h 以上的高速或三挡以上的挡位；

② 汽车行车制动系统处于非制动状态；

③ 发动机的水温处于 50℃～60℃以上；

④ 发动机节气门处于非怠速状态。

带锁止离合器的液力变矩器的特点：汽车在变工况下行驶时(如起步、经常加减速)，锁止离合器分离(如图 4－19 所示)，相当于普通液力变矩器；当汽车在稳定工况下行驶时，锁止离合器接合(如图 4－20 所示)，动力不经液力传动，直接通过机械传动传递，变矩器效率为 1。

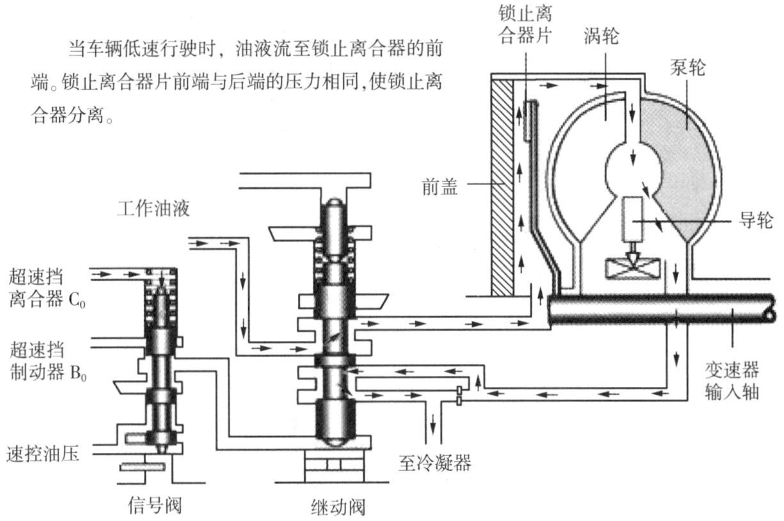

图 4-19　锁止离合器分离状态

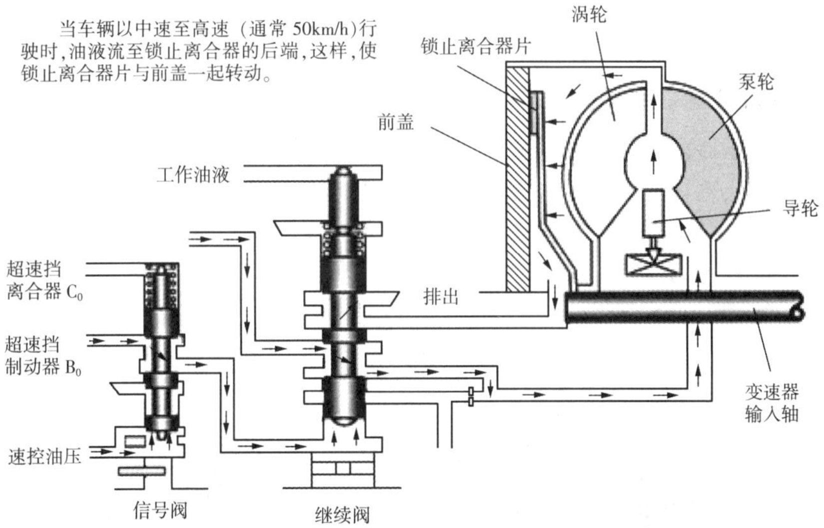

图 4-20　锁止离合器接合状态

第三节　液力机械式自动变速器

液力机械自动变速器由变矩器、机械式变速器（一般多采用行星齿轮）和电子液压控制系统三部分组成，如图 4-21 所示。

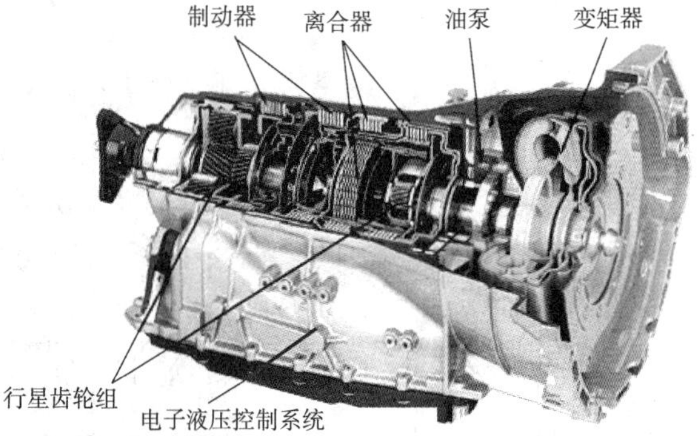

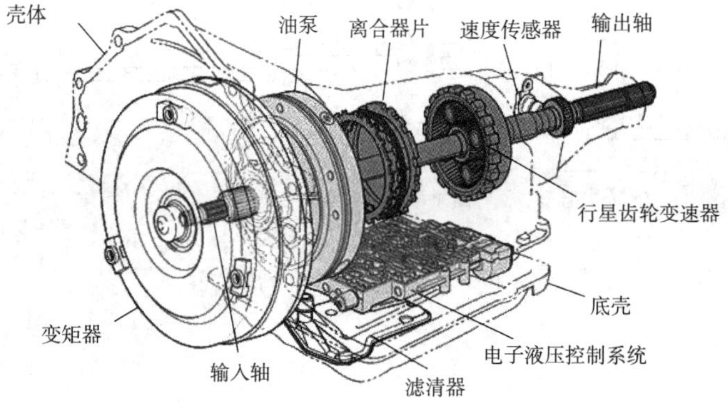

图 4-21　液力机械式自动变速器

一、行星齿轮变速器的工作原理

液力自动变速器多采用结构紧凑的行星齿轮变速器。它通常采用两排或两排以上行星齿轮来实现各挡变速比。行星齿轮组由齿圈、行星轮、太阳轮 3 个元件组成。任一元件固定,其余两个做输入或输出,用单向离合器、多片离合器和制动器分别对这些元件进行接合制动来实现换挡装置,如图 4-22 所示。

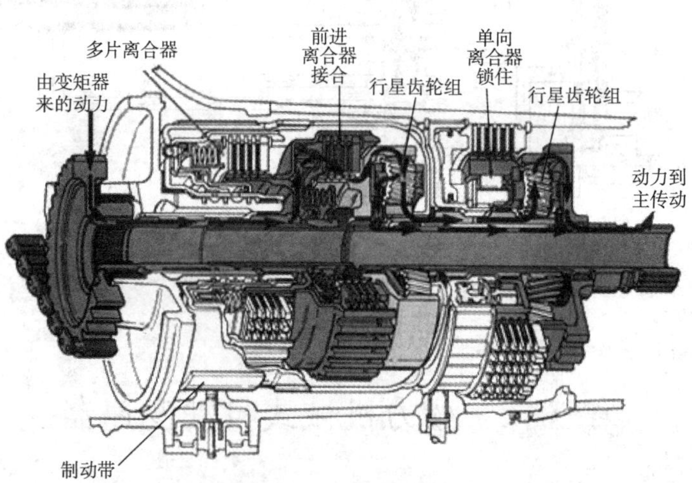

图 4-22　行星齿轮变速器

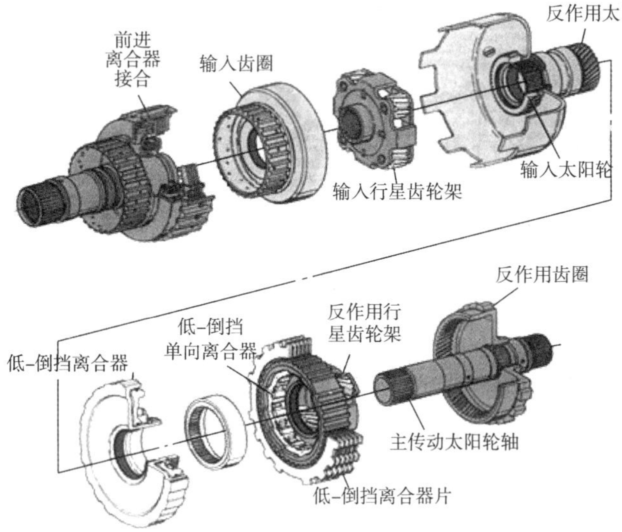

图 4-22　行星齿轮变速器(续)

1. 单排行星齿轮机构的特性方程式

如图 4-23 所示,作用于太阳轮 1 上的力矩:

$$M_1 = F_1 r_1$$

作用于齿圈 2 上的力矩:

$$M_2 = F_2 r_2$$

作用于行星架 3 上的力矩:

$$M_3 = F_3 r_3$$

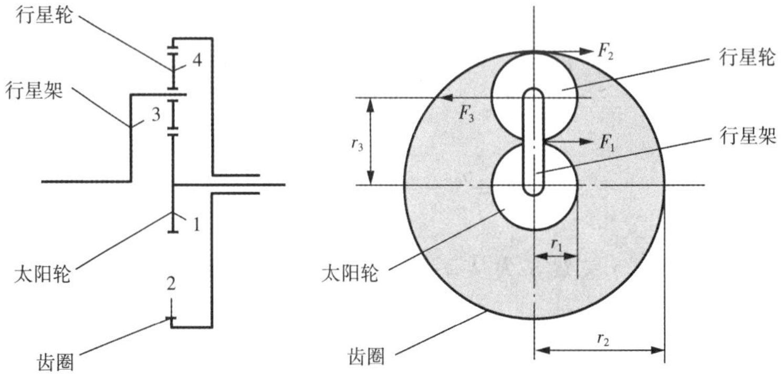

图 4-23　单排行星齿轮机构及作用力

令齿圈与太阳轮的齿数比为 α,则

$$\alpha = \frac{z_2}{z_1} = \frac{r_2}{r_1}$$

因此

$$r_2 = \alpha r_1$$

又

$$r_3=\frac{r_1+r_2}{2}=\frac{1+\alpha}{2}r_1$$

式中：r_1、r_2——太阳轮和齿圈的节圆半径；

r_3——行星轮与太阳轮的中心距。

由行星轮 4 的力平衡条件可得

$$F_1=F_2$$

$$F_3=-2F_1$$

因此，太阳轮、齿圈和行星架上的力矩分别为

$$\left.\begin{aligned}M_1&=F_1r_1\\M_2&=\alpha F_1r_1\\M_3&=-(\alpha+1)F_1r_1\end{aligned}\right\}\tag{4-1}$$

根据能量守恒定律，三个元件上输入和输出的功率的代数和应等于零，即

$$M_1\omega_1+M_2\omega_2+M_3\omega_3=0\tag{4-2}$$

式(4-2)中：ω_1、ω_2、ω_3——太阳轮、齿圈和行星架的角速度。

将式(4-1)代入式(4-2)中即可得到表示单排行星齿轮机构一般运动规律的特性方程式：

$$\omega_1+\alpha\omega_2-(1+\alpha)\omega_3=0$$

若以转速代替角速度，则上式可写成：

$$n_1+\alpha n_2-(1+\alpha)n_3=0\tag{4-3}$$

2. 单排行星齿轮机构的工作原理

根据上面的特性方程式，讨论如下：

(1)太阳轮 1 为主动件，行星架 3 为从动件，齿圈 2 固定。此时式(4-3)中 $n_2=0$，故传动比

$$i_{13}=\frac{n_1}{n_3}=1+\alpha=1+\frac{z_2}{z_1}$$

(2)齿圈 2 为主动件，行星架 3 为从动件，太阳轮 1 固定。此时式(4-3)中 $n_1=0$，故传动比

$$i_{23}=\frac{n_2}{n_3}=\frac{1+\alpha}{\alpha}=1+\frac{z_1}{z_2}$$

(3)太阳轮 1 为主动件，齿圈 2 为从动件，行星架 3 固定。此时式(4-3)中 $n_3=0$，故传动比

$$i_{12}=\frac{n_1}{n_2}=-\alpha=-\frac{z_2}{z_1}$$

在此情况下，n_1 与 n_2 符号相反，即表示主动轴与从动轴的旋转方向相反，故为倒挡传

动情况。

(4)若使 $n_1=n_2$,则

$$n_3=\frac{n_1+\alpha n_1}{1+\alpha}=n_1=n_2$$

在 $n_1=n_3$ 或 $n_2=n_3$ 时,同样可得 $n_1=n_2=n_3$。故知若使三元件中的任何两个元件连成一体转动,则第三元件的转速必然与前两者转速相等,即行星齿轮系中所有元件(包括行星轮)之间都没有相对运动,从而形成直接挡传动,传动比 $i=1$。

如果所有元件都不受约束,即都可自由转动,则行星齿轮机构完全失去传动作用。

行星齿轮机构的工作情况汇总如表 4-1 所示。

表 4-1 行星齿轮机构的工作情况

状 态	挡 位	固定部件	输入部件	输出部件	旋转方向
1	降速挡	齿圈	太阳轮	行星架	相同方向
2	超速挡	齿圈	行星架	太阳轮	相同方向
3	降速挡	太阳轮	齿圈	行星架	相同方向
4	超速挡	太阳轮	行星架	齿圈	相同方向
5	倒挡位(降速)	行星架	太阳轮	齿圈	相反方向
6	倒挡位(超速)	行星架	齿圈	太阳轮	相反方向
7	直接挡	没有	任意两个	第三元件	同向同速
8	空挡位	没有	不定	不定	不转动

行星齿轮机构与外啮合齿轮机构相比具有以下优点:

(1)所有行星齿轮均参与工作,都承受载荷,行星齿轮工作更安静,强度更大。

(2)行星齿轮工作时,齿轮间产生的作用力由齿轮系统内部承受,不传递到变速器壳体,变速器可以设计得更薄、更轻。

(3)行星齿轮机构采用内啮合与外啮合相结合的方式,与单一的外啮合相比,减小了变速器尺寸。

(4)行星齿轮系统的齿轮处于常啮合状态,不存在挂挡时的齿轮冲击,工作平稳,寿命长。

由多排行星齿轮机构组成的行星齿轮变速器,其传动比可根据上述单排行星齿轮机构特性方程式推导出来。

3. 复合式行星齿轮机构的工作原理

单排行星齿轮机构所提供的适用传动比数目是有限的,为了获得较多的挡数,可采用两排或多排行星齿轮机构。一般具有三四个前进挡的自动变速器至少需要两排行星齿轮机构。在现代汽车的自动变速器中,目前广泛采用两种典型的复合式行星齿轮机构:辛普森(Simpson)式和拉威挪(Ravigneaux)式。

(1)辛普森式行星齿轮机构

它是由两排行星齿轮机构共用一个太阳轮的复合式行星齿轮机构,可以获得 3 个前进挡和1个倒挡,如图4-24所示。前后排行星齿轮机构的尺寸或齿轮齿数不必一定相同。其尺寸和齿轮的齿数决定了复合行星齿轮机构所实现的实际传动比。

图4-24　辛普森式行星齿轮机构结构形式

辛普森式行星齿轮传动机构有五个换挡执行元件:两个多片离合器、两个制动器和一个单向离合器。每接一挡位需要操纵两个执行元件。

根据单排行星齿轮机构的一般运动规律的特性方程式(4-3),可以写出辛普森式行星齿轮机构运动规律的方程式为:

$$n_{B_1}+\alpha n_2-(1+\alpha)n_{B_2}=0 \tag{4-4}$$

$$n_{B_1}+\alpha n_s-(1+\alpha)n_2=0 \tag{4-5}$$

$$n_{C_1}=n_1-n_s \tag{4-6}$$

$$n_{C_2}=n_1-n_{B_1} \tag{4-7}$$

辛普森行星齿轮机构各挡传动比如下式,其示意图如图4-25所示。

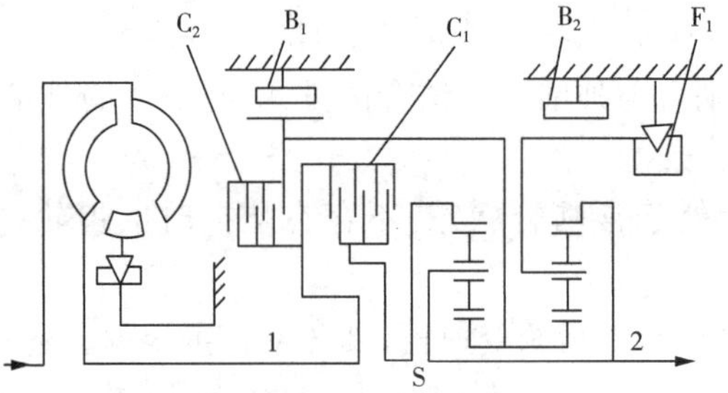

a)空挡

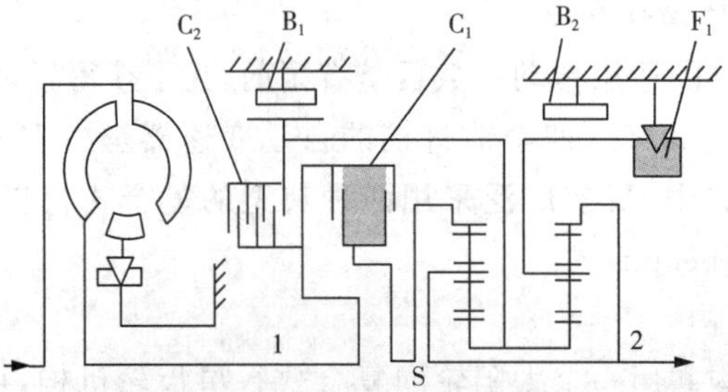

b)一挡

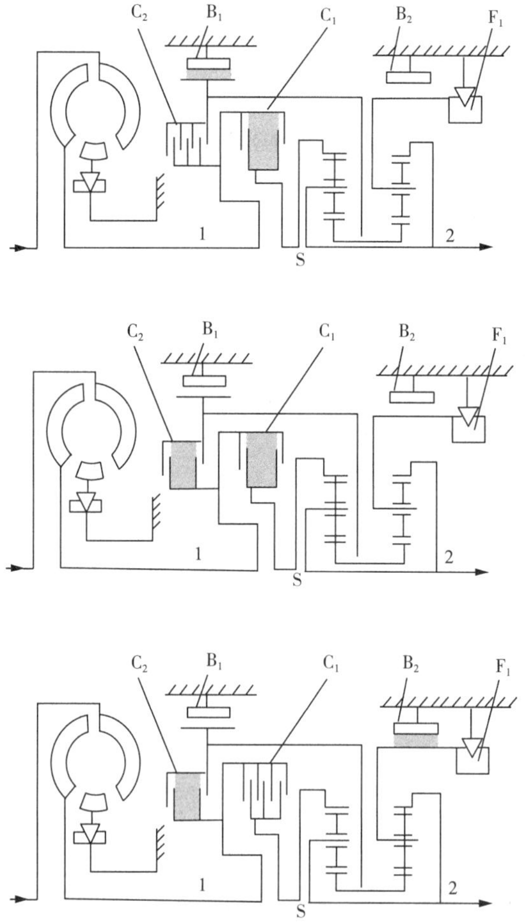

c）二挡

d）三挡

e）倒挡

图 4－25 辛普森行星齿轮机构各挡传动示意图

一挡，离合器 C_1 被接合，单向离合器 F_1 被卡住，相当制动器 B_1 起作用。当在其他挡位时，第一排行星架的旋转方向与一挡时相反，这时单向离合器被脱开。设置单向离合器后，在一挡可省去控制制动器 B_2 的油路，简化液压系统。

当 $n_{C_1}=0$ 时，$n_1=n_S$，单向离合器被卡住，因此 $n_{F_1}=n_{B_2}$，通过上述方程组可求得一挡传动比

$$i_1=\frac{n_1}{n_2}=\frac{1+2\alpha}{\alpha}$$

二挡，接合离合器 C_1 和制动器 B_1。此时齿圈为主动件，行星架为从动件，太阳轮被固定，则二挡传动比为

$$i_2=\frac{1+\alpha}{\alpha}$$

三挡，接合离合器 C_1 和 C_2，则辛普森行星齿轮机构被连成一体，为直接传动，其传动比为 $i_3=1$。

倒挡，接合离合器 C_2 和制动器 B_2，则第二排行星齿轮起作用，此时，太阳轮为主动件，

齿圈为从动件,行星架固定,其传动比为

$$i_R = -\alpha$$

典型的三挡辛普森行星齿轮机构的动力传递使用两排行星齿轮机构,最少 4 个执行部件,可形成 3 个前进挡和 1 个倒挡。典型的三挡辛普森行星齿轮传动机构存在的问题有:二挡存在滑行和发动机制动;二挡升三挡存在运动干涉,多片离合器和制动带的作用和释放不同步,引起运动干涉和失速。后来,人们对典型辛普森行星齿轮机构进行了改进。改进后的特点是前后排太阳轮独立,前行星排的行星架与后行星排的齿圈为一体;前行星排的齿圈与后行星排的行星架为一体,是动力输出端。有些型号的自动变速器,其前排行星架与后排内齿圈不是直接相连接,而是通过离合器视情况连接起来,采用这种方式的自动变速器,输入轴往往直接驱动太阳轮。改进型辛普森行星齿轮机构没有增加行星齿轮的数量,增加了执行元件单向离合器和制动器,即可形成 4 个前进挡和 1 个倒挡。辛普森行星齿轮机构具有结构简单、传动效率高、运转平稳及噪声低等优点,被众多车辆所广泛采用。

(2)拉威挪式行星齿轮机构

其特点是两排行星齿轮机构共用 1 个齿圈和 1 个行星架。行星架上的长行星轮与前排行星齿轮机构的大太阳轮啮合,同时还与后排行星齿轮机构的短行星轮相啮合。短行星轮还与小太阳轮啮合。这样可以组成 3 个前进挡和 1 个倒挡的行星齿轮变速器,如图 4-26 所示。

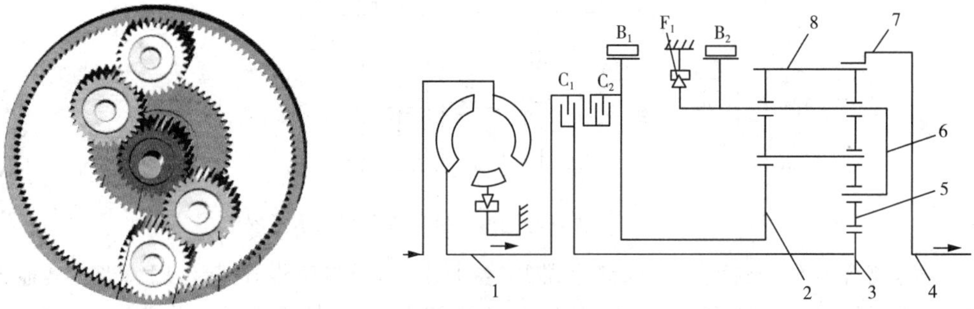

图 4-26　拉威挪式行星齿轮机构

1—输入轴;2—大太阳轮;3—小太阳轮;4—输出轴;5—短行星齿轮;6—行星架;7—齿圈;
8—长行星轮;C_1—前多片离合器;C_2—后多片离合器;B_1—前制动器;B_2—后制动器;F_1—单向离合器

拉威挪式行星齿轮机构结构紧凑,所用构件少,且由于相互啮合的齿较多,故可传递较大转矩。但与辛普森式相比较,其结构较复杂,传动效率略低。正因为其结构的特点,所以在轿车的自动变速器中,也有不少采用这种结构形式的,例如帕萨特、捷达王都市先锋及宝来轿车等。

二、电子液压控制系统

电子液压控制系统主要由传感器、电控单元、执行机构(换挡电磁阀、油压调节电磁阀等)组成。液力自动变速器电子控制系统通过动力传动控制模块(PCM)接收来自汽车上各种传感器的电子信号输入,根据汽车的使用工况对这些信息处理来决定液力自动变速器运行工况,如图 4-27 所示。按照这些工况,动力传动控制模块给执行机构发出指令,控制下列功能:

(1)变速器的升挡和降挡

一般通过操纵一对电子换挡电磁阀在通、断两种状态中转换。

(2)变速器换挡“感觉”

换挡“感觉”指的是离合器和制动带的接合速度。换挡“感觉”是通过调整管路油压来控制的。动力传动控制模块通过压力控制电磁阀来控制自动变速器管路油压。蓄能器和带量孔的止回球阀也帮助“微调”自动变速器换挡“感觉”。

较高的管路油压提供更快的离合器和制动带的接合,这也称为牢固接合。在较高速度时需要牢固的接合,在急加速或发动机负荷增加时可以防止离合器接合后打滑。

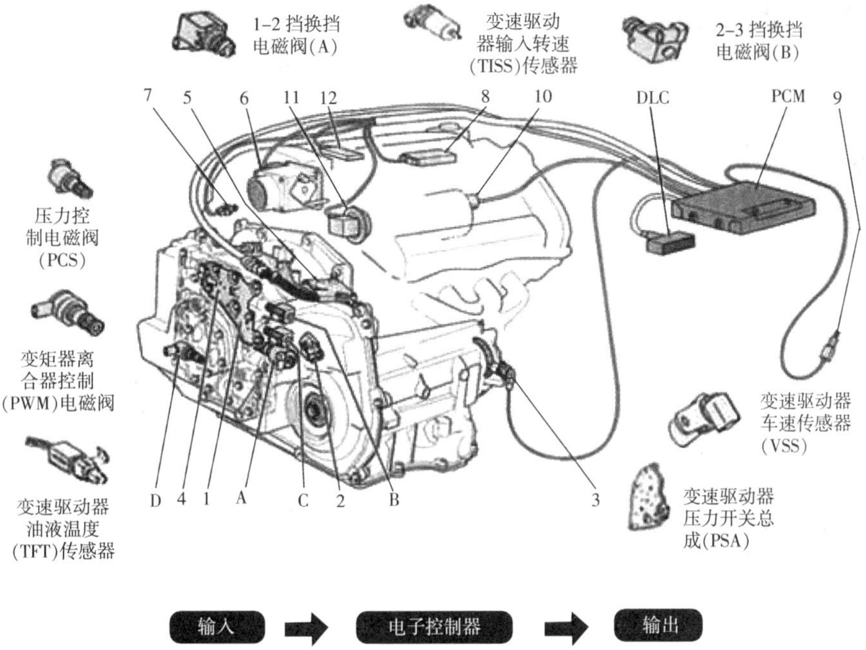

图 4-27 液力自动变速器电子控制系统

(3)变矩器锁止离合器

电磁阀调节变矩器锁止离合器的接合和分离压力。除时间外,还控制了变矩器锁止离合器电磁阀的接合和分离“感觉”。

变速器的这些工作特性的电子控制,能按照汽车的运行工况提供稳定和精确的换挡点(时间)和换挡品质。

电子控制单元的输入信号来自变速驱动器压力开关总成(PAS)、变速驱动器输入转速传感器(TISS)、变速驱动器车速传感器(VSS)、变速驱动器油液温度(TFT)传感器、变速驱动器挡位开关、节气门开度传感器(TPS)、发动机冷却水温(ECT)传感器、发动机转速(点火模块)传感器、变矩器离合器闭锁开关传感器、空调(A/C)开关传感器、巡航控制信息和进气管绝对压力传感器(MAP)。

电子控制单元由动力传动控制模块(PCM)和诊断连接插头(DLC)构成。

输出信号包括压力控制电磁阀(PCS)、一/二挡换挡电磁阀(A)、二/三挡换挡电磁阀(B)和变矩器离合器控制(PWM)电磁阀。

液力机械式自动变速器的电子液压控制系统执行机构主要由换挡电磁阀和压力控制电磁阀构成。

(1)换挡电磁阀

自动变速器使用两个换挡电磁阀(一/二挡和二/三挡,有时称为A和B)来控制变速器的换挡规律。动力传动控制模块操纵换挡电磁阀组成“通”和“断”的不同次序组合来控制换挡阀的一/二,二/三和三/四位置。动力传动控制模块以改变一个电磁阀的通/断状态来使变速器自动换入不同挡位。如图4-28和图4-29所示。

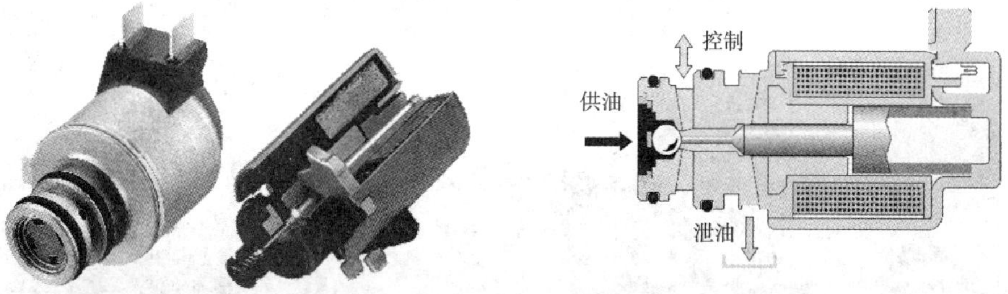

图4-28　常关电磁阀(3个端口)

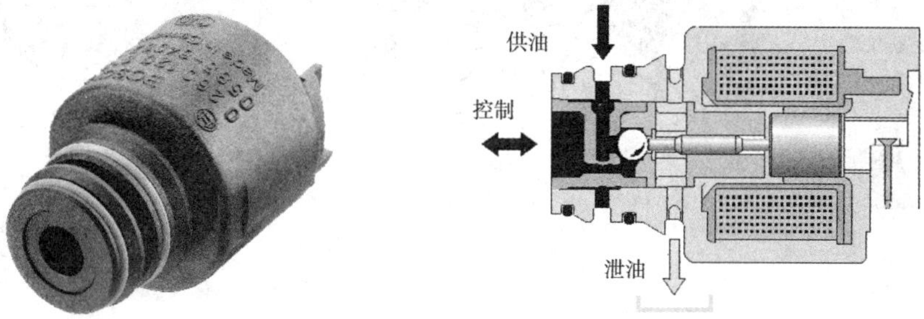

图4-29　常开电磁阀(3个端口)

(2)压力控制电磁阀

它是由动力传动控制模块控制的电磁阀,用以根据汽车运行工况来连续调整变速器的管路油压和换挡感觉。与换挡电磁阀不同,压力控制电磁阀可调整液压,并不是个简单的通/断电磁阀。这种类型称为脉冲宽度调制(PWM)电磁阀。如图4-30和图4-31所示。

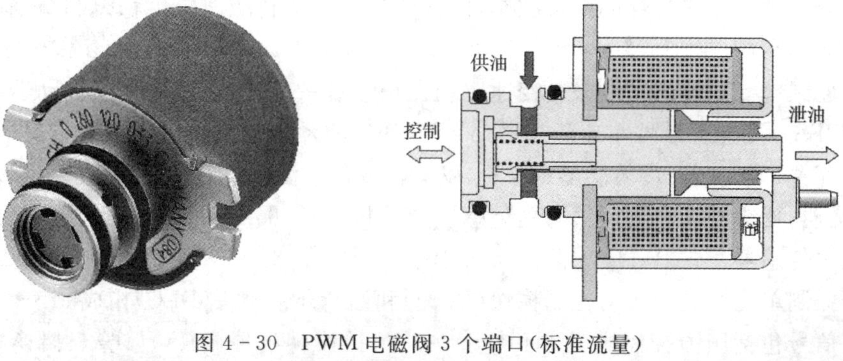

图4-30　PWM电磁阀3个端口(标准流量)

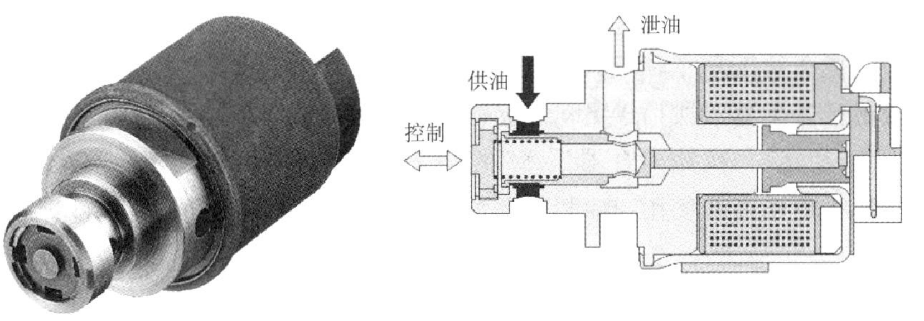

图 4-31 PWM 电磁阀 3 个端口(大流量)

三、液力机械式自动变速器的几种结构形式

(1)液力变矩器与行星齿轮变速器组成的液力机械自动变速器

01M 型自动变速器由带锁止离合器的单级双相三元件液力变矩器和可自动换挡的拉威挪式行星齿轮机构两部分组成,是液力机械式变速器,如图 4-32 所示。

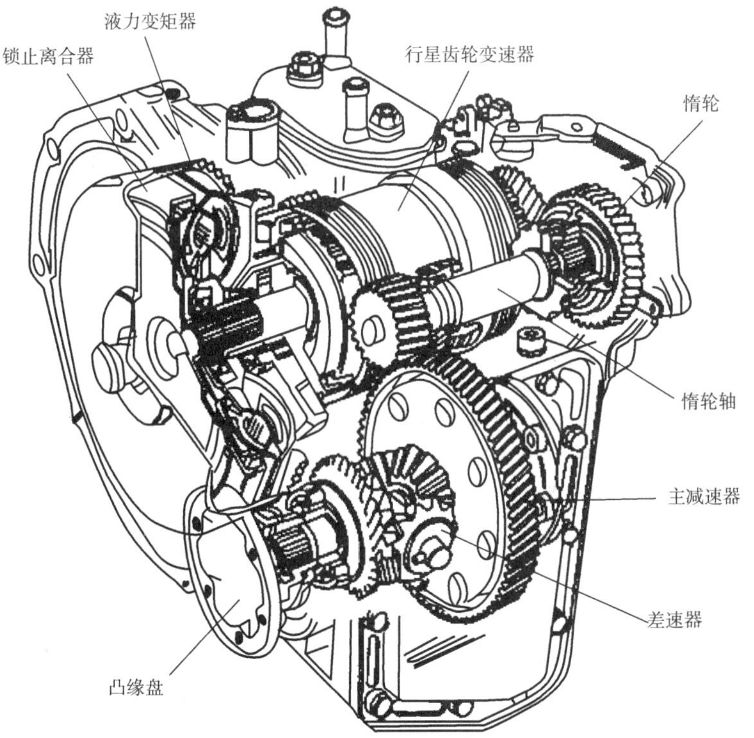

图 4-32 宝来轿车 01M 型自动变速器的构造

该变速器共有七个挡位,包括 4 个前进挡、1 个倒挡(R)、1 个空挡(N)、1 个驻车挡(P)。

(2)液力变矩器与固定轴线式齿轮变速器组成的液力机械自动变速器

广汽本田轿车采用的 MAXA 型自动变速器,由带锁止离合器的液力变矩器、固定轴线式的常啮合斜齿轮机械变速器、液压控制系统和电子控制系统四部分组成,如图 4-33 所示。

(3)带锁止离合器的液力变矩器、换挡离合器和全同步变速器组成的液力机械变速器

国外重型货车和工程车辆上开始采用由 WSK 系统与全同步多挡变速器(四挡～六挡)组成的液力机械变速器。所谓 WSK 系统是由锁止离合器、变矩器、滑行单向离合器和换挡离合器组成的“变矩器-换挡离合器系统”的德文缩写。多数情况下是把 WSK 系统和变速器装在一起作为传动装置使用,也可以把 WSK 系统和变速器分开布置,如图 4－34 所示。

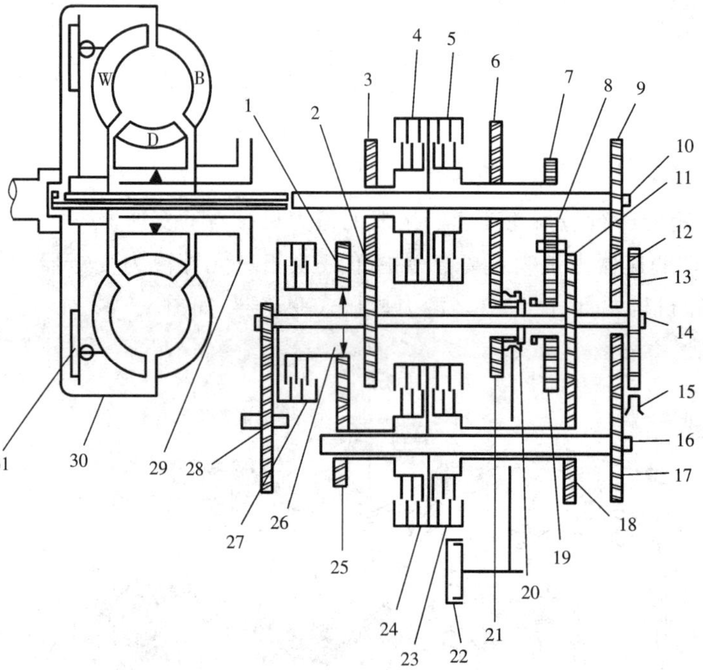

图 4－33　本田轿车的 MAXA 型自动变速器示意图

1－第二轴一挡齿轮;2－第二轴三挡齿轮;3－第一轴三挡齿轮;4－三挡离合器;5－四挡离合器;6－第一轴四挡齿轮;7－第一轴倒挡齿轮;8－倒挡惰轮;9－第一轴惰轮;10－第一轴;11－第二轴二挡齿轮;12－第二轴惰轮;13－驻车挡齿轮;14－第二轴;15－驻车锁销;16－中间轴;17－中间轴惰轮;18－中间轴二挡齿轮;19－第二轴倒挡齿轮;20－倒挡啮合套;21－第二轴四挡齿轮;22－伺服阀;23－二挡离合器;24－一挡离合器;25－中间轴一挡齿轮;26－单向离合器;27－一挡固定离合器;28－主减速齿轮副;29－油泵;30－液力变矩器;31－锁止离合器;B－泵轮;W－涡轮;D－导轮

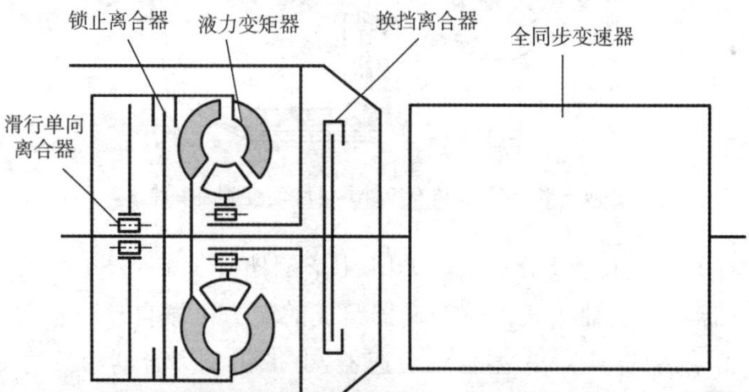

图 4－34　WSK 系统与全同步变速器组成的液力机械变速器示意图

第四节　电控机械式自动变速器

AMT在有级固定轴式机械变速器基础上增加了自动变速操纵系统。它能根据车速、油门、驾驶员命令等参数，确定最佳挡位，控制原来由驾驶员人工完成的离合器分离与接合、换挡手柄的摘挡与挂挡以及发动机的油门开度的同步调节等操作过程，最终实现换挡过程的操纵自动化。AMT的整体控制结构如图4-35所示，控制单元(ECU)的输入有：驾驶员的意图——加速踏板、挡位选择；汽车的工作状态——发动机转速、节气门开度、车速等。控制单元(ECU)根据换挡规律、离合器控制规律、发动机节气门自适应调节规律产生的输出，对节气门开度、离合器、换挡操纵三者进行综合控制，有效配合。

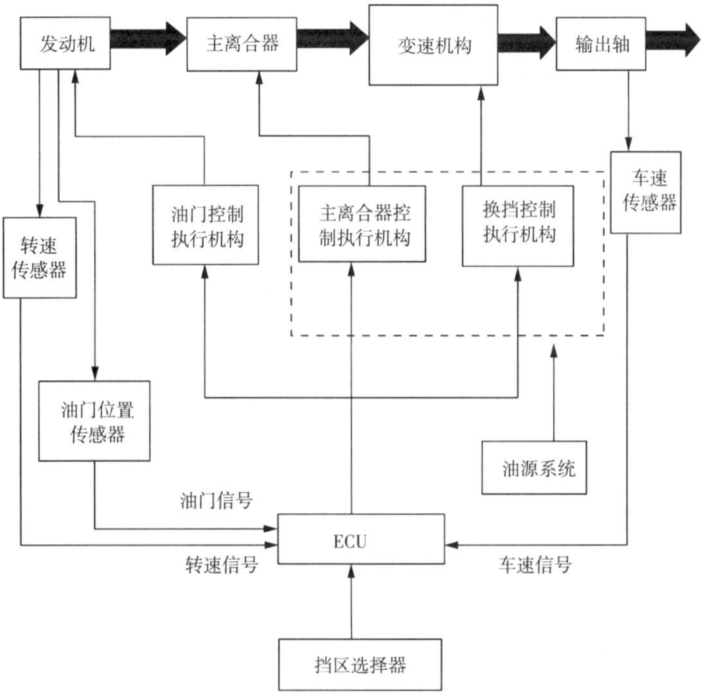

图4-35　AMT整体控制结构简图

AMT的箱体及内部结构和传统手动变速器一样，只是增加了由自动执行机构和换挡程序组成的操纵控制系统，操作起来像传统的自动变速器一样，它没有离合器踏板，只有制动和油门两个踏板。

AMT的操纵控制系统分为三类：电控液动、电控气动和直流电机操纵。其中电控液动和直流电机操纵是应用比较多的两种形式。

一、电控液动操纵控制系统

液压系统根据电控单元的指令控制电磁阀，使执行机构自动地完成离合器分离、接合和变速器选挡、换挡等动作，如图4-36所示。

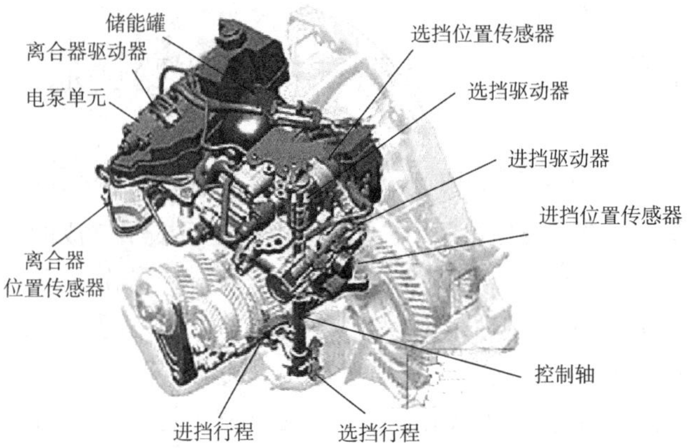

图 4-36　电控液动操纵控制系统结构

液压油源的工作:系统中工作油液压力不足时,由压力继电器发出信号,启动液压泵吸油并向系统提供压力油,压力油存储在蓄能器中。在压力升高至设定值后,由压力继电器发出信号使液压泵停止工作。选挡、换挡和离合器操纵机构的液压油源由蓄能器提供。

系统的工作情况:旋转点火开关钥匙通电后,系统首先给换挡和选挡油缸两端加压,确认变速器是在空挡位置,然后发动机方可启动;在驾驶员发出前进或倒车指令后,离合器油缸首先进油,离合器分离,选挡油缸一端加压进行选挡,换挡油缸再加压进行换挡,最后通过放油阀脉宽调制将离合器油缸内的液压油释放,离合器缓慢接合。

二、电控气动操纵控制系统

气动系统也是根据电控单元的指令控制电磁阀,使执行机构自动地完成离合器分离、接合和变速器选挡、换挡等动作。

气动能源的工作:因车上有现成的储气罐,气动能源可以直接由储气罐提供,不再需要额外的电机油泵等能源装置。

系统的工作情况与液压系统基本相同。

三、直流电机操纵控制系统

直流电机操纵控制系统主要由 ECU、自动离合机构(如图 4-37 所示),以及选挡和换挡电机(如图 4-38 所示)组成。用三个直流电机实现选挡、换挡和离合器的操纵。电机根据电控单元的指令控制执行机构,自动地完成离合器分离、接合和变速器选挡、换挡等动作。

如图 4-39 所示,自动离合器控制机构的工作过程:电机驱动蜗杆蜗轮机构,蜗轮通过推杆推动主缸活塞产生油压,油压驱动副缸活塞,驱动离合器拨叉。这种配置考虑了离合器控制机构的结构紧凑性,使得选用较小功率的电机成为可能。

电机的工作过程:ECU 发出选挡、换挡指令控制电机的动作,电机驱动执行机构实现选挡、换挡和离合器的分离与接合。用电机控制执行机构的优点是节约能量,在系统不需要换挡时系统给电机断电,只有当需要选挡、换挡时才给电机供电,另外结构也比较简单。缺点是电机的执行动作没有液压系统精确,而且选、换挡的动作比较迟缓,对于选挡、换挡速度不需要太快的情况可以使用电机进行驱动;系统的调试对于批量生产有一定的难度。

系统的工作情况:旋转点火开关钥匙通电后,系统首先给换挡和选挡电机供电,确认变速箱是在空挡位置，然后发动机方可启动；在驾驶员发出前进或倒车指令后，首先控制离合器的电机动作使离合器分离并保持，选挡电机进行选挡，换挡电机进行换挡，最后，通过控制离合器的电机动作使离合器缓慢接合。

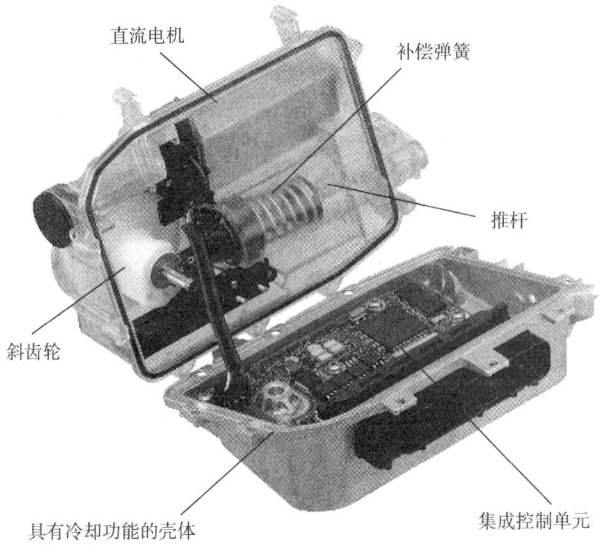

图 4－37 自动离合机构

a)换挡电机

b)选挡电机

图 4－38 选挡和换挡电机

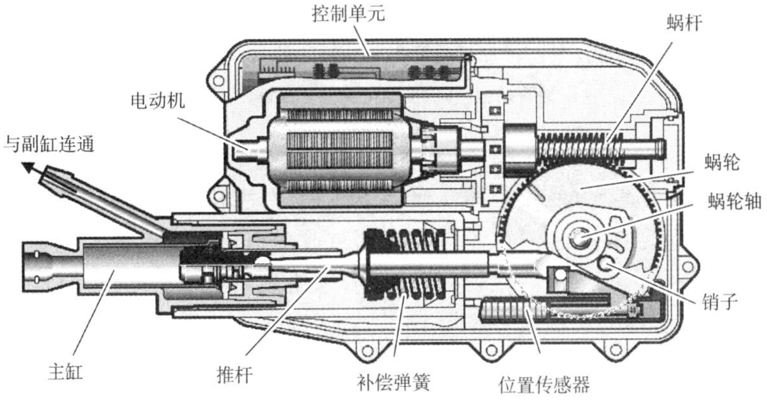

图 4－39 自动离合器控制机构原理

第五节　金属带式无级自动变速器

无级变速器的种类很多，根据其动力传递方式可以分为机械式、液力式和电动式。其中机械式已经较多地应用在汽车上，液力式和电动式只是少量应用于一些特种汽车。机械式无级变速器都是依靠旋转体间的接触摩擦力来传递动力，通过改变输入输出的作用半径，连续地改变传动比。机械式无级变速器分为带传动式和牵引传动式，其中金属带式无级变速器结构简单，传递功率较大，效率高，无级变速的实现方便，是国内外汽车传动研究和推广的重点之一。若改用金属链代替金属带，可以在一定条件下实现在大排量轿车上的使用。现代无级变速器开发技术水平最高的是采用金属链带的机械式无级变速器。

一、金属带式无级变速器组成和工作原理

金属带式无级变速器由启动装置、无级变速机构、行星齿轮机构、控制系统和中间减速机构组成，如图 4-40 所示。

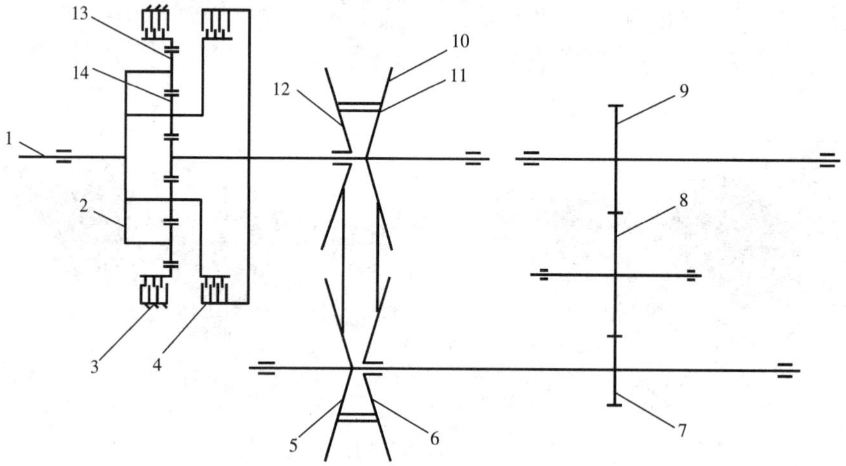

图 4-40　金属带式 CVT 的基本结构

1—输入轴；2—行星架；3—倒挡制动器；4—前进挡离合器；5—从动轮固定锥盘；6—从动轮可动锥盘；7—从动轮齿轮；8—惰轮；9—输出轴；10—金属推动带；11—主动轮固定锥盘；12—主动轮可动锥盘；13—外行星齿轮；14—内行星齿轮

1. 启动装置

CVT 通过连续改变速比，使汽车的燃油经济性、动力性和操作方便性达到最佳状态，但它与机械变速器相比，也有不足之处，就是不能通过改变速比使变速器实现真正意义上的空挡。所以当汽车启动和由前进改为倒退行驶时，必须通过离合器切断发动机的动力来实现。目前金属带式无级变速器的启动装置主要有三大类：湿式多片离合器、电磁离合器及液力变矩器。

三种启动装置性能的比较见表 4-2。

表 4-2　三种启动装置的性能比较

项　目	液力变矩器	湿式多片离合器	电磁离合器
启动转矩	最好	一般	一般
启动平顺	最好	好	一般
设计长度	较差	一般	最差
质量	一般	一般	最差
油耗	一般	好	好
减震	最好	好	好
热负荷能力	最好	好	一般
响应特性	一般	好	好

湿式多片离合器属于摩擦离合器，它利用油压推动活塞加压来完成离合器的接合或分离。湿式多片离合器具有以下优点：①摩擦副间存在油膜，因而接合过程中有混合摩擦出现，接合平稳；②冷却效果好，特别是车辆处于重复和持续接合过程中，散热效果尤其明显；③磨损很小，使用期间可通过磨损间隙补偿器自动调整；④与电磁离合器和液力变矩器相比，结构简单，造价便宜。

但是，湿式多片离合器的控制是传动系统自动操纵的难点，由于离合器起步受车辆外界复杂多变的工况条件、驾驶员操纵意图、车辆本身的运行状态的影响，而且对离合器的控制存在着起步平顺性、延长离合器使用寿命、起步操纵灵活等不同的控制目标，起步控制时间又极短(最长也不过几秒)，同时离合器起步控制要与发动机控制相配合才能实现良好的控制性能，因此，要在这么短的时间内完成对外界和车辆状态的辨识，配合发动机控制实现驾驶员的起步意图，就必须建立一套非常完善、复杂的控制系统才能使汽车具有良好的起步性能。

电磁离合器是利用通过激磁电流产生磁力来操纵离合器的各种元件，以达到离合器的接合或分离。在汽车上多采用磁粉式电磁离合器，它依靠填充于主动件、从动件工作间隙间的磁粉在磁场内被磁化所形成的磁粉链来传递扭矩，是磁力和机械摩擦力综合作用的一种电磁离合器。

磁粉式电磁离合器的优点：①主动部分、从动部分不接触，无磨损，使用中电磁铁和从动鼓之间的间隙不变，无须调整；②没有机械移动过渡过程，接合及制动冲击小，易实现转矩平稳增长；③具有过载保护作用；④可在同步或滑差状态下工作，并允许有较长的时间滑磨。磁粉式电磁离合器最大的特点是在一定的励磁电流下，输出力矩与滑差速度无关，因此可通过闭环控制实现无级调速。离合器的接合时间和接合力矩的控制是由发动机节气门开度和车速两个参数通过控制线圈励磁电流的大小和通电时间的长短来决定的。

但是，电磁离合器也存在很大的问题：①剩磁问题，严重影响离合器的动特性，使其力矩时间曲线上出现无响应区，存在空载力矩；②磁粉式电磁离合器的热容量和耐久性，即磁粉的过热和老化问题，所以磁粉式电磁离合器的热负荷能力较差；③由于线圈电感而造成的电流的滞后性、磁粉的涡流造成的电流和磁通间的滞后性以及磁粉的移动造成的磁通和扭矩间的滞后性，因此无论扭矩是处于上升阶段还是下降阶段，它总是比电流滞后一段时间，这给控制带来一定的困难。

2. 无级变速机构

无级变速机构由金属传动带和主动工作轮、从动工作轮组成。金属带由两束金属环和几百个金属片构成,如图 4-41 所示。主动轮组和从动轮组都由可动盘和固定盘组成,与油缸靠近的一侧带轮可以在轴上滑动,另一侧则固定,如图 4-42 所示。可动盘与固定盘都是锥面结构,它们的锥面形成 V 形槽来与 V 形金属传动带啮合。发动机输出轴输出的动力首先传递到 CVT 的主动轮,然后通过 V 形传动带传递到从动轮,最后经减速器、差速器传递给车轮来驱动汽车。工作时通过主动轮与从动轮的可动盘做轴向移动来改变主动轮、从动轮锥面与 V 形传动带啮合的工作半径,从而改变传动比。可动盘的轴向移动量是由驾驶者根据需要通过控制系统调节主动轮、从动轮液压泵油缸压力来实现的。由于主动轮和从动轮的工作半径可以实现连续调节,从而实现了无级变速。

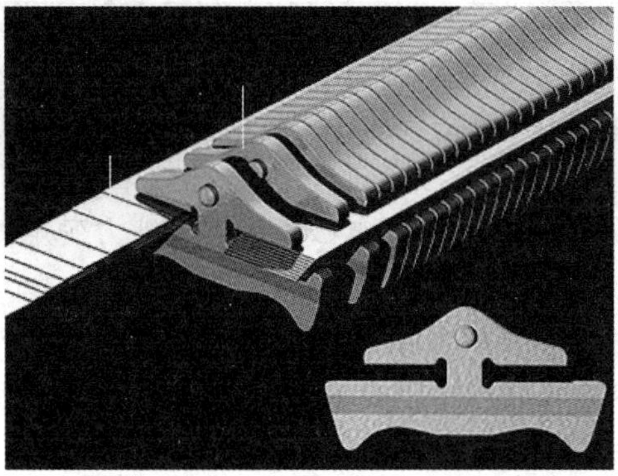

图 4-41 金属带的组成

图 4-42 工作轮

3. 行星齿轮机构

无级变速器的行星齿轮机构用来实现前进和倒退。它采用双行星齿轮机构,行星架上固定有内、外行星齿轮和右支架,其中右支架通过螺栓固定在行星架上,外行星齿轮和齿圈啮合,内行星齿轮和太阳轮啮合。

4. 控制系统

传动变速的调节、速比控制、夹紧力控制和起步离合器的控制是无级变速控制系统的关键。在无级变速器系统中,它采用机械液压控制系统或电子液压控制系统。它主要由油泵、液压调节阀(速比和带与轮间压紧力的调节)、传感器(油门和发动机转速)、主动轮和从动轮的液压缸及油路组成,实现传动变速的调节、速比控制、夹紧力控制和起步离合器的控制。

(1)机械液压控制系统

机械液压控制系统工作原理如图 4-43 所示。

(2)电子液压控制系统

如图 4-44 所示,电子控制单元(ECU)根据发动机的转速、车速、节气门开度和换挡控制信号等,向液压控制单元发出指令,控制主动工作轮、从动工作轮液压油缸中的油液压力,使主动轮、从动轮的可动部分轴向移动,而改变金属带与工作轮间的工作半径,以实现无级自动变速传动。

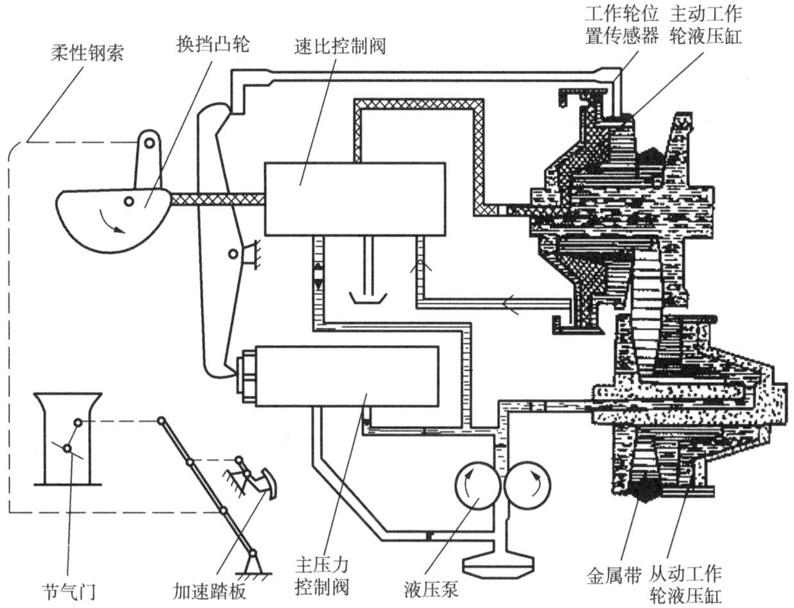

图 4－43　机械液压控制系统工作原理示意图

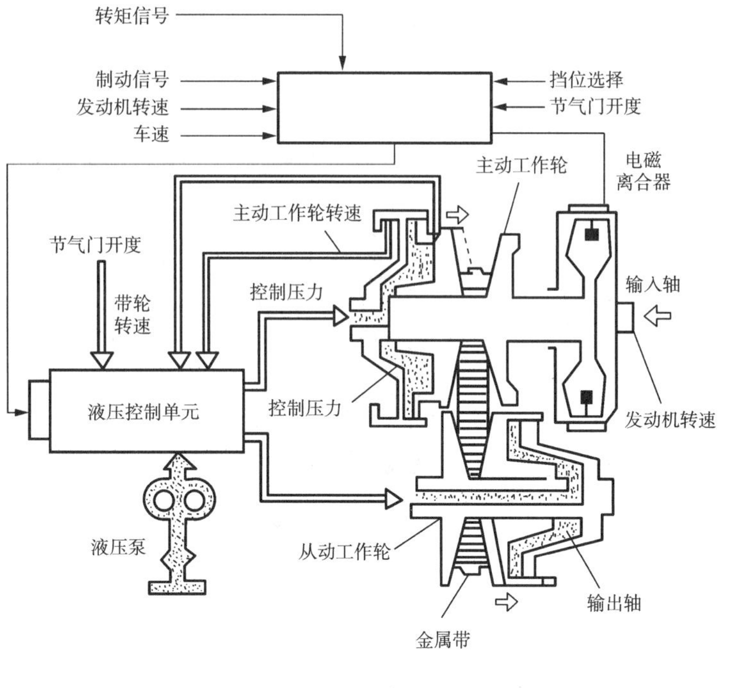

图 4－44　电子液压控制系统工作原理示意图

5. 中间减速机构

由于无级变速机构可提供的速比变化范围为 2.6～0.445，不能完全满足整车传动比变化范围的要求，故设有中间减速机构，其速比也叫作二级减速比。

二、金属带式无级变速器的结构实例

1. 奥迪 01J CVT

(1)前进挡离合器和倒挡制动器

奥迪 01J CVT(如图 4-45 和图 4-46 所示)的启动装置是前进挡离合器和倒挡制动器,并与行星齿轮机构一起实现前进挡和倒挡。它们只做启动装置,并不改变传动比,这与在自动变速器中的离合器和制动器的功用是不同的。奥迪 01J CVT 的前进挡离合器和倒挡制动器均采用湿式多片式结构,这与前述的自动变速器中的离合器和制动器的结构是相同的,这里不过多叙述。

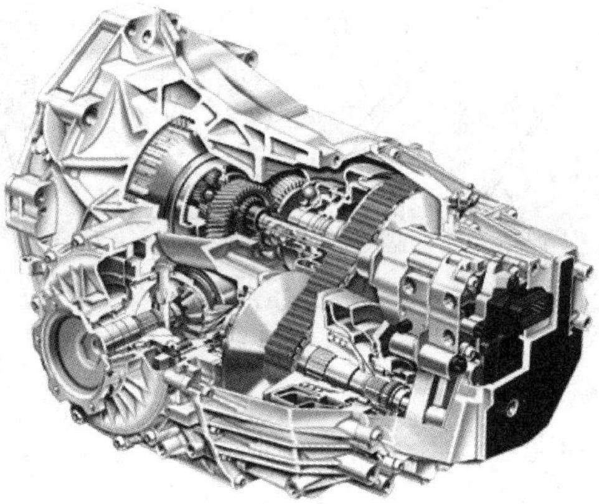

图 4-45　奥迪 01J CVT

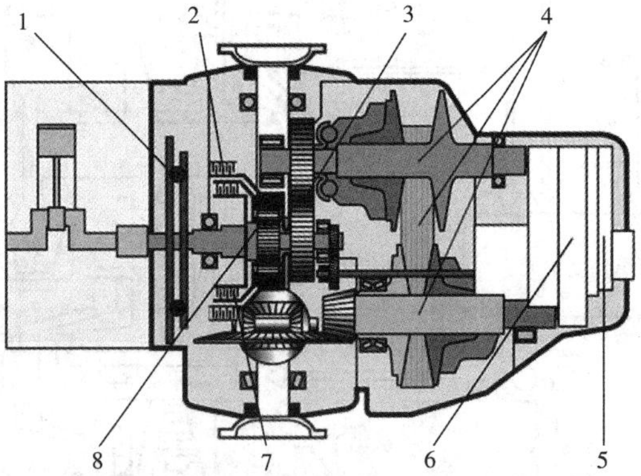

图 4-46　奥迪 01JCVT 的基本结构

1—飞轮减振装置;2—倒挡制动器;3—辅助减速齿轮;4—速比变换器;5—电子控制系统;
6—液压控制系统;7—前进挡离合器;8—行星齿轮机构

(2)行星齿轮机构

行星齿轮机构的结构如图 4-47 所示,由齿圈、两个行星轮、行星架、太阳轮组成。当太阳轮顺时针转动时,驱动行星轮 1 逆时针转动,再驱动行星轮 2 顺时针转动,最后驱动齿圈也顺时针转动。

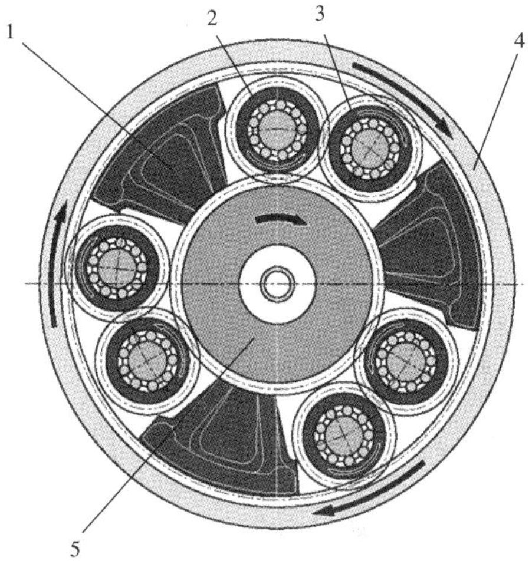

图 4-47 行星齿轮机构的结构

1—行星架；2—行星轮 1；3—行星轮 2；4—齿圈；5—太阳轮

作为输入元件的太阳轮与输入轴和前进挡离合器的钢片相连接，作为输出元件的行星架与辅助减速齿轮的主动齿轮和前进挡离合器的摩擦片相连接，齿圈和倒挡制动器摩擦片相连接，倒挡制动器钢片和变速器壳体相连接，如图 4-48 所示。

① P/N 挡的动力传动路线

选挡杆处于 P 或 N 位时，前进挡离合器和倒挡制动器都不工作。发动机的转矩通过与输入轴相连接的太阳轮传到行星齿轮机构并驱动行星轮 1，行星轮 1 再驱动行星轮 2，行星轮 2 与齿圈相啮合。车辆尚未行驶时，作为辅助减速齿轮输入部分的行星架(行星齿轮机构的输出部分)的阻力很大，处于静止状态，齿圈以发动机转速一半的速度怠速运转，旋转方向与发动机相同。

② 前进挡的动力传动路线

选挡杆处于 D 位时，前进挡离合器工作。由于前进挡离合器钢片与太阳轮连接，摩擦片与行星架相连接，此时，太阳轮(变速器输入轴)与行星架(输出部分)连接，行星齿轮机构被锁死成为一体，并与发动机运转方向相同，传动比为 1∶1。

③ 倒挡的动力传动路线

选挡杆处于 R 位时，倒挡制动器工作。由于倒挡制动器摩擦片与齿圈相连接，钢片与变速器壳体相连接，此时，齿圈被固定，太阳轮(输入轴)主动，转矩传递到行星架，由于是双行星齿轮(其中一个为惰轮)，所以行星架就会以与发动机旋转方向相反的方向运转，车辆向后行驶。由行星架输出的动力经辅助减速齿轮传递到速比变换器，如图 4-49 所示。

(3)速比变换器

速比变换器是 CVT 最重要的装置，其功用是实现无级变速传动。速比变换器由两组滑动锥面链轮和专用链条组成，如图 4-50 所示。主动链轮由发动机通过辅助减速齿轮驱动，发动机转矩由传动链传递到从动链轮装置，并由此传给主减速器。每组链轮装置的其中一个链轮可沿轴向移动，以调整传动链的跨度尺寸，从而连续地改变传动比。两组链轮装置必须同步进行，这样才能保证传动链始终处于张紧状态，并且传动链和链轮之间具有足够的接触压力。

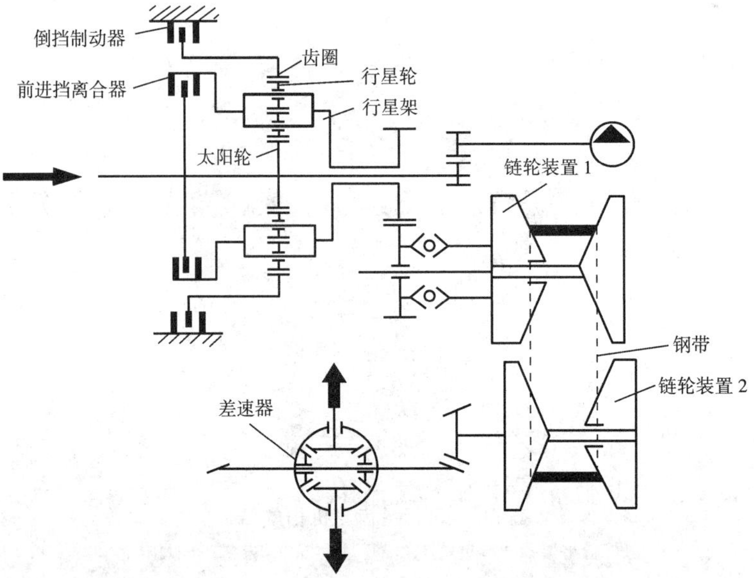

图 4-48 行星齿轮机构简图

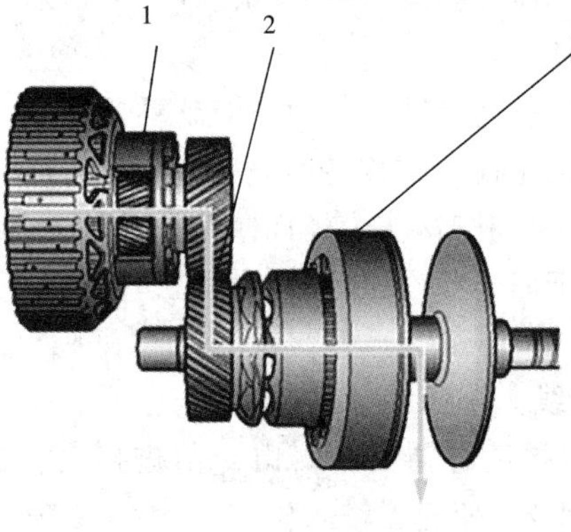

图 4-49 辅助减速齿轮

1—行星齿轮机构；2—辅助减速齿轮；3—链轮装置

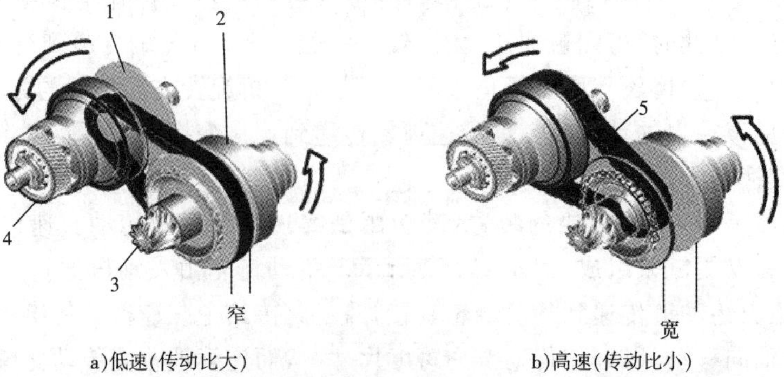

图 4-50 速比变换器的基本组成和原理

1—主动链轮装置；2—从动链轮装置；3—动力输出；4—动力输入；5—传动链条

2. VDT - CVT 的基本结构实例

以荷兰生产无级变速器的著名厂家 VDT 公司为例，目前按照发动机排量主要有以下类型：采用电磁离合器作为启动装置，机械-液压传动或电控-液压传动系统，以外啮合齿轮泵作为液压源，适用于发动机排量 1.3 升以下的小型轿车；采用湿式多片离合器作为启动装置，机械-液压传动，动力传送采用金属链条，适用于发动机排量 1.8 升以下的中型轿车；还有采用新型金属链条，液力变矩器与无极变速器结合，全电子控制，适用于 3.0 升以下较大排量的豪华轿车。

第六节 双离合器自动变速器

汽车的经济性、动力性、驾乘舒适性不仅取决于发动机，而且在很大程度上依赖于变速器及变速器与发动机的匹配。手动变速器(MT)具有结构简单、外形紧凑，传动效率高，可靠性高，成本低等优点，应用较为广泛。由于车辆在换挡过程中必须分离离合器，从而导致动力中断，影响了车辆的动力性和驾驶舒适性。由液力变矩器和行星齿轮机构组成的液力自动变速器(AT)能够克服手动挡变速器换挡过程中动力中断的缺点，并且实现了自动换挡，但 AT 的工作效率不及 MT。为了充分利用 MT 所具有的优点，又可以克服 MT 换挡过程动力中断和 AT 效率低的缺点，一种新型自动变速器——双离合器自动变速器(Dual Clutch Transmission，简称 DCT)已成为许多汽车厂家关注的热点。双离合器自动变速器又称为直接换挡变速器(Direct-Shift Gearbox，简称 DSG)。

一、双离合器自动变速器(DCT)的组成

DCT 结构的突出特点就是由液压控制的双离合器系统代替了变矩器，其中一个离合器负责控制奇数挡齿轮和倒挡齿轮，另一个离合器负责控制偶数挡齿轮，实际上可以说这是由两个平行的变速器配合组成的一个变速器。DCT 主要由双离合器装置、齿轮变速器组、自动换挡机构和电子液压控制系统等组成，如图 4 - 51 和图 4 - 52 所示。

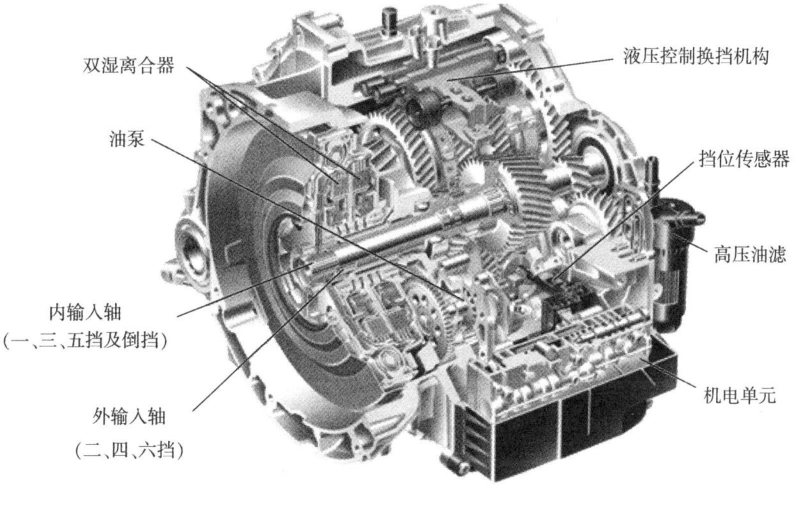

图 4 - 51 双离合器变速器实体图

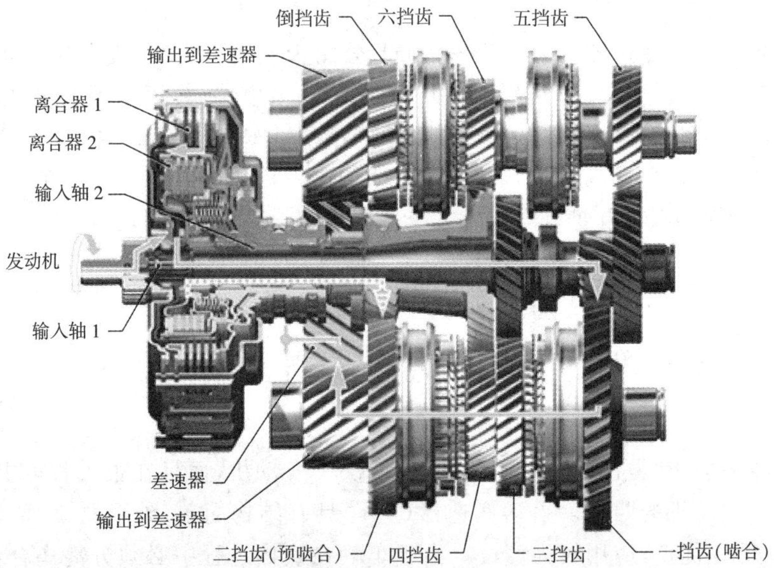

图 4-52　双离合器变速器简图

DCT 实现了零时差换挡,其电子执行机构控制着换挡拨叉和两组离合器的运作。例如当车辆发动,变速器开始工作后,一挡齿轮啮合开始传递动力;此时,二挡齿轮已经预备啮合,不过控制它的离合器在没有换挡时一直处于分离状态。当切换到二挡时,由于二挡齿轮已经啮合,此换挡过程只是两组离合器的咬合和分离而已,换挡的执行时间可以用毫秒计算(约 200 毫秒)。由于采用双离合器,挡位齿轮也被分为两组:实心轴负责奇数挡——一挡、三挡、五挡和倒挡;空心轴则负责偶数挡——二挡、四挡、六挡。两组离合器各负责一根传动轴的啮合和分离,在换挡时交替工作,达到零时差换挡的效果。

DCT 分为“湿式”双离合器自动变速器(如图 4-51 所示)和“干式”双离合器自动变速器(如图4-53所示)。“干式”双离合器优点是比一般“湿式”双离合变速器的反应更加灵敏,但其对于离合器片的磨损较严重。而“湿式”双离合器则减少了离合器片的磨损,不过由于是用电子液压控制系统来操纵的,所以使用中会有一定的延迟。

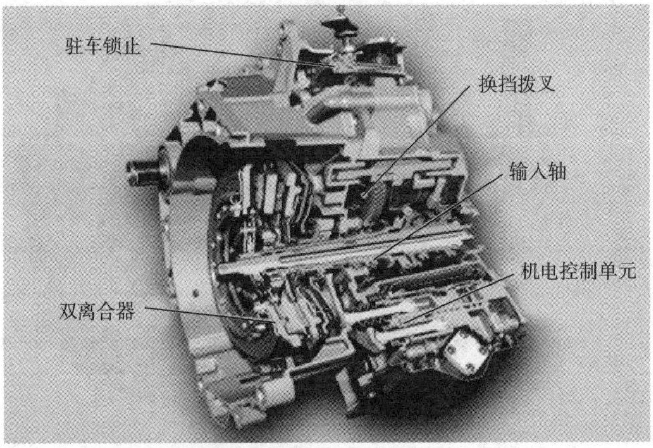

图 4-53　“干式”双离合器自动变速器

1. 双离合器的结构形式

DCT在换挡过程中存在两个离合器同时滑摩的阶段，会产生大量的热量。如果不及时散热，离合器摩擦会产生局部高温，导致摩擦片翘曲变形甚至烧结在一起，严重影响离合器的性能和寿命。所以离合器摩擦片的材料、耐磨性、摩擦系数及摩擦面的油槽设计形式都是需要解决的关键问题。双离合器作为DCT的重要部件之一，担负着起步控制、传递动力、挡位切换、减振和防止系统过载等多项任务。双离合器工作性能直接关系到车辆的正常行驶及起步、换挡品质。为确保传力可靠、分离彻底、接合柔顺、换挡迅速，体积小、质量轻、寿命长、易制造等，无论从性能、结构方面，还是生产制造方式和操纵控制方面，都对双离合器提出了较高要求。

目前，双离合器通常采用干式单片和湿式多片两种结构形式。

(1)干式单片结构

干式膜片弹簧单片离合器具有从动部分转动惯量小、散热性好、结构简单、调整方便、分离彻底、转矩过载保护、传动效率高、成本相对较低、不需辅助动力等优点。然而实际上由于干式离合器的热负荷性能差和使用寿命短等原因，限制了干式离合器的应用。干式单片双离合器典型结构如图4-54所示。这种离合器也称为双面离合器，两个离合器轴向并排布置，通过两组分离杠杆分别控制两个离合器的分离、接合。离合器先从一面分离，再和另一面接合。虽然从分离到接合的时间很短，但还是有功率中断存在。这种结构的双离合器往往轴向尺寸较大，给总体布置带来一定的难度，适用于输出扭矩较小的发动机。

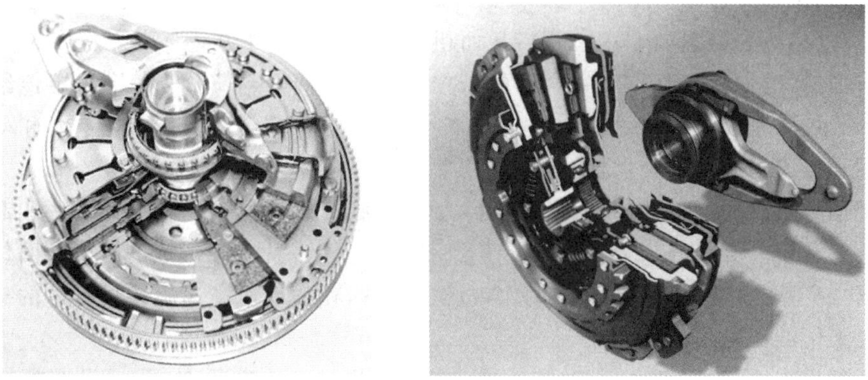

图4-54 Luk公司开发的干式离合器

(2)湿式多片结构

与干式离合器相比，湿式离合器的可控性和控制品质好，结构比较单一，并具有压力分布均匀、磨损小且均匀、传递扭矩容量大、不用专门调整摩擦片间隙等特点。由于它用液压油强制冷却，允许起步时较长时间地打滑和高挡起步而不会烧损衬面，因而寿命可达干式离合器的5～6倍，被广泛用于现代汽车自动变速器的离合器上。但处于分离状态中的多片式离合器的主、从动摩擦片之间因经过润滑油相互滑转，产生较大的摩擦阻力，使变速器的传动效率相应降低，且工作时需要辅助液压动力源。虽然采用湿式离合器DCT的轿车油耗比采用干式离合器的要高出4%～6%，且离合器分离时拖动力矩较大，增加了额外的能量损耗，但其较好的热负荷性能和较长的使用寿命能保证DCT顺利地投入使用。

湿式多片式双离合器的典型结构如图4-55所示。这种离合器又称为双重离合器，两离合器采用径向并排布置方式,其轴向和径向尺寸均较大。为减少其尺寸,生产企业正在开发高性能摩擦材料,同时增加离合器工作液的摩擦因数,因此双重离合器系统需要特殊的变速器机油。

结构实体

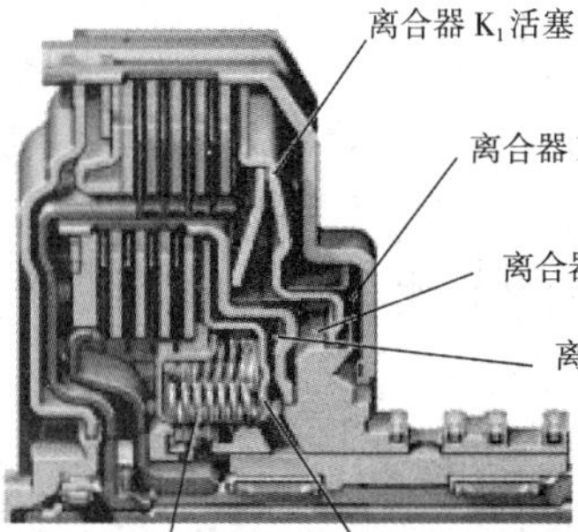

结构示意图

图 4-55　湿式多片式离合器

(3)湿式离合器的工作原理

如图 4-55 所示,在离合器工作时,活塞 1 充油,活塞移动将离合器 K_1 内外片压合,从而扭矩通过离合器外壳——离合器片 K_1——输入轴 1 进行传递;活塞 1 泄油后,离合器 K_1 分离,碟形回位弹簧将活塞退回,扭矩传递中断。在离合器 K_1 分离的同时,活塞 2 开始充油,活塞移动将离合器 K_2 内外片压合,从而扭矩通过离合器外壳——离合器片 K_2——输入轴 2 进行传递,这样始终有一个离合器处于接合状态。离合器 K_1 负责将扭矩传给输入轴 1,输入轴 1 用来完成一挡、三挡、五挡、R 挡的切换,离合器 K_2 负责将扭矩传给输入轴 2,输入轴 2 用来完成二挡、四挡、六挡的切换。发动机旋转使油产生离心力,这个离心力使离合器接合过程中所需的压力增加,为了离合器接合更加顺利,必须对这个由离心力引起的压力进行补偿。利用离合器 K_1 的碟形弹簧与 K_1 活塞和 K_2 外片支架形成的腔、K_2 回位弹簧固定片与 K_2 活塞之间形成的腔,为这两个空腔内充油,在发动机高速旋转过程中的离心力作用下产生平衡油压来补偿。

在每种操作情况下,离合器必须被控制在一个相对稳定的状态,并且贯穿整个使用周期,因而离合器控制阀的控制电流与离合器扭矩之间必须进行不断的调整、适应。离合器经常被控制在大约 10r/min 的微量打滑状态,这种极低的打滑量,叫作“微量打滑”,这有利于改善离合器的状态,并且用于调节离合器控制。

目前选择离合器的依据是:对负荷性能进行计算,将计算结果纳入负载指数,综合考虑离合器的效率、可靠性、使用寿命、油耗和性能等方面的要求,将检测得到的数据与能力指数进行对比。能力指数取决于离合器的规格大小,同时又与离合器的冷却性能、热性能和磨损有关。因此选择离合器时,不仅要考虑有决定意义的负载因素和能力因素,而且要考虑离合器所传递的发动机功率,同时还要考虑是否有足够的容纳空间。研究表明,在输出扭矩为 150～250N·m 的轿车中,采用干式离合器是较佳的选择。

2. 换挡机构

DCT 的换挡机构与 AMT 相似,采用电控电动或电控液压驱动方式。由于采用预先换挡方式，对换挡动作的快速性要求没有AMT高，通常采用同步器或离合器接合换挡。每个换挡器由一个执行机构直接推动，控制两个挡位的切换。换挡器之间应保证能互锁，以防止换挡干涉现象。由于各换挡器交替工作，因此这种自动变速传动只能顺序换挡而不能跳跃换挡。

图4-56所示为迈腾双离合器自动变速器的换挡机构内部结构。变速器的四个换挡轴由液压控制单元控制，由控制单元内的四个电磁阀完成，通过向换挡轴施加压力来控制拨叉动作。每个拨叉轴的两端通过一个有轴承的钢制圆筒支撑，圆筒的末端被压入活塞腔。换挡油压通过油道传输到活塞腔内而作用在圆筒后端，形成推力，完成换挡。换挡轴压力通过保持换挡轴持续的时间进行调节。当一个挡位工作时，其相应推力一直存在。同时在每个拨叉上面都有一个独立的拨叉行程传感器，用以监测、反馈拨叉的行程以及所处的状态。为了保证挡位的固定，在每组拨叉的主臂上还有一个挡位锁止机构，用来锁止所在挡位。

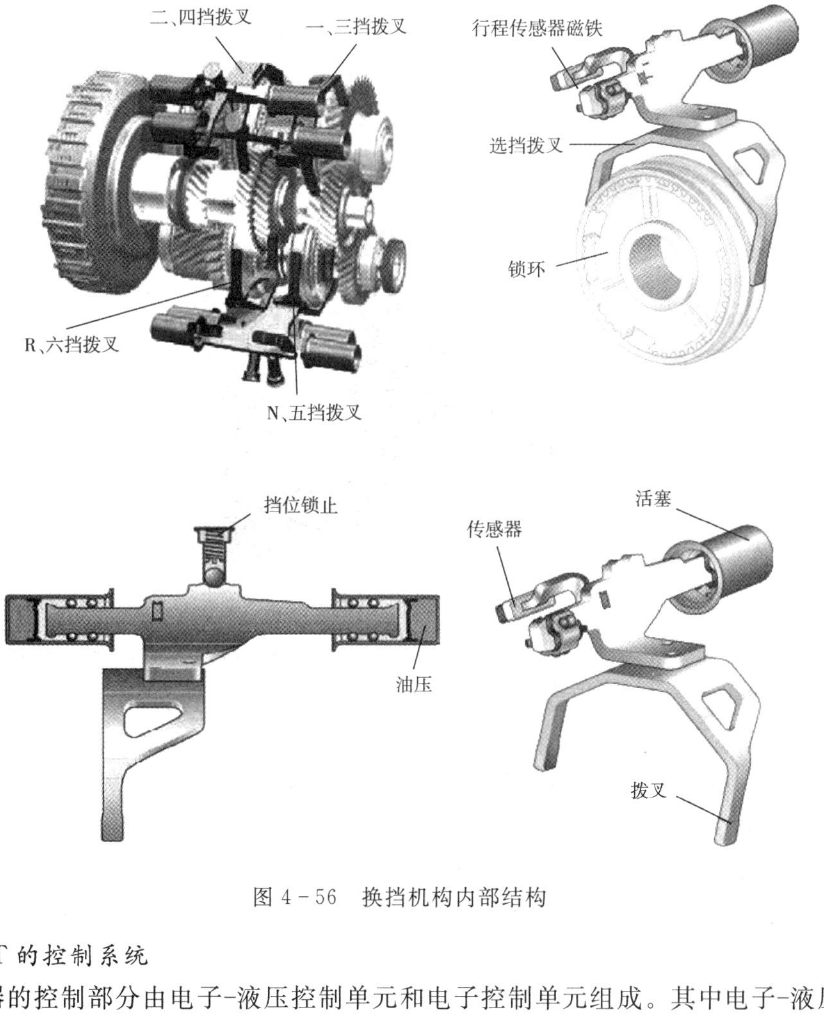

图4-56　换挡机构内部结构

3. DCT的控制系统

变速器的控制部分由电子-液压控制单元和电子控制单元组成。其中电子-液压控制单元内包括阀体、执行电磁阀等，如图4-57所示。电子控制单元里面包括一些传感器、变速器电子控制单元(TCU)等，如图4-58所示。它们安装在一起，装于变速器内，浸于变速器油中。

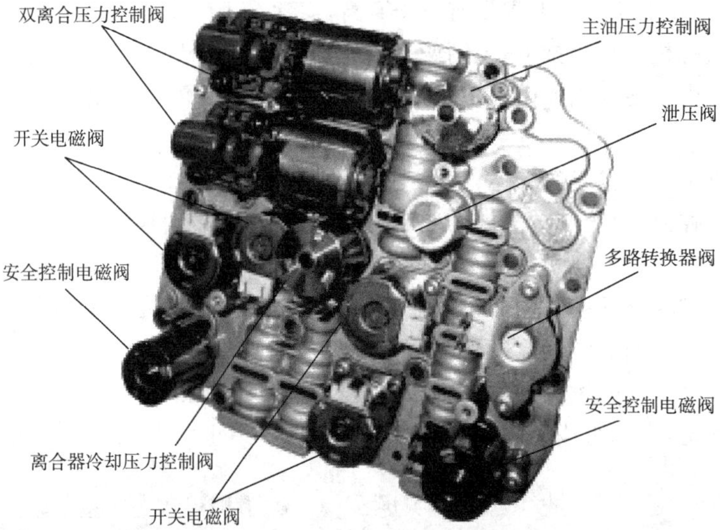

图 4-57　电子-液压控制单元

图 4-58　电子控制单元

电子-液压控制单元上面共有 11 个电磁阀和 1 个泄压阀。电磁阀根据其作用分成两种类型:开关电磁阀和调压电磁阀。开关电磁阀均为换挡执行机构阀,这些阀是阀门通过多路转换器阀控制所有换挡执行机构的油压。未通电时电磁阀处于闭合位置,使得压力油无法到达换挡执行机构处。调压电磁阀包括主油压力控制阀、双离合器压力控制阀、离合器冷却压力控制阀和安全控制电磁阀。

主油压力控制阀为反比例阀,控制整个液压系统内的压力,其最重要的任务是根据发动机扭矩来控制离合器油压,其调节参数为发动机扭矩及发动机温度。控制单元根据当前的工作情况连续地调节主油压,如失效则系统以最大油压工作,油耗上升,换挡噪音大。

双离合压力控制阀分别控制多片式离合器 K_1 和离合器 K_2 的压力。离合器压力控制的基础是发动机扭矩,控制单元根据摩擦片的可变摩擦系数来对压力进行控制,如失效则相应的变速器挡位无法实现。

离合器冷却压力控制阀为反比例阀,通过滑阀控制冷却油的流量。控制单元通过采集离合器油温度传感器的信号来控制该阀，如失效则系统以最大流量对多片式离合器进行冷却，低温下会出现换挡困难，油耗也会增加。

安全控制电磁阀分别控制变速器的不同传动部分，失效后，相应变速器部分挡位无法实现。

二、双离合器自动变速器（DCT）的工作原理

如图 4－59 所示的 DCT，输入轴 1 空套在输入轴 2 里面，输入轴 1 与离合器 1 相连，输入轴 1 的常啮齿轮分别与一挡、三挡、五挡齿轮相啮合；输入轴 2 为空心轴，与离合器 2 相连，输入轴 2 上的常啮齿轮分别与二挡、四挡、六挡齿轮相啮合；倒挡齿轮通过倒挡轴齿轮与输入轴 1 的常啮齿轮啮合。也就是说，离合器 1 负责一挡、三挡、五挡和倒挡，离合器 2 负责二挡、四挡、六挡。当使用不同挡位时，相应离合器接合。

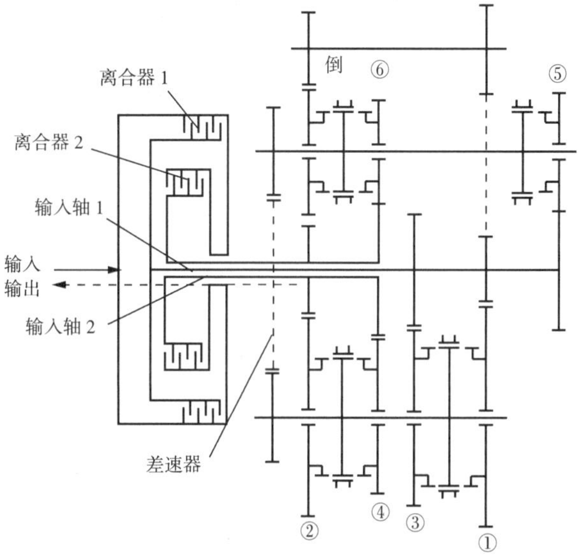

图 4－59 DCT 组成结构示意图

DCT 的工作过程比较特别，在一挡起步行驶时，动力传递路线如图 4－60 中粗线所示。离合器 1 接合，通过输入轴 1 到一挡齿轮，再通过中间轴传递到差速器输出。同时，图中二挡的接合套已经接合，表示二挡已经被选中，但由于此时离合器 2 是分离的，所以二挡的动力传递路线实际上并没有进行动力传递，只是预先选好挡位，为接下来的升挡做准备。

当需要升入二挡时，ECU 指令电磁阀将离合器 1 断开，离合器 2 接合，变速器自然进入二挡，退出一挡，同时三挡的接合套预先接合，动力传递路线如图 4－61 中粗线所示。

在 DCT 的工作过程中，总是有两个挡位是接合的，一个正在工作，另一个则为下一步做好准备。

DCT 在降挡时，同样有两个挡位是接合的，如四挡正在工作，则三挡作为预选挡位而接合。DCT 的升挡或降挡是由 ECU 进行判断的，踩加速踏板时，ECU 判定为升挡过程，做好升挡准备；踩制动踏板时，ECU 判定为降挡过程，做好降挡准备。

一般变速器升挡总是逐挡进行的，而降挡经常会跳跃地实现。DCT 在手动控制模式下也可以进行跳跃降挡。例如，从六挡降到三挡，只要连续按三下降挡按钮，变速器就会从六挡直接降到三挡;但是如果从六挡降到二挡时,变速器会先降到五挡,再从五挡直接降到二挡。在跳跃降挡时,如果起始挡位和最终挡位属于同一个离合器控制的,则会通过另一离合器控制的挡位进行转换;如起始挡位和最终挡位不属于同一个离合器控制时,可以直接跳跃降至所定挡位。

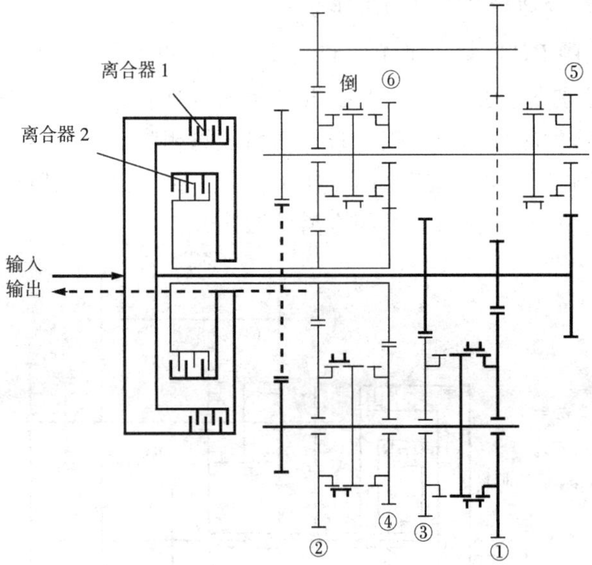

图 4-60　DCT 一挡动力传递路线示意图

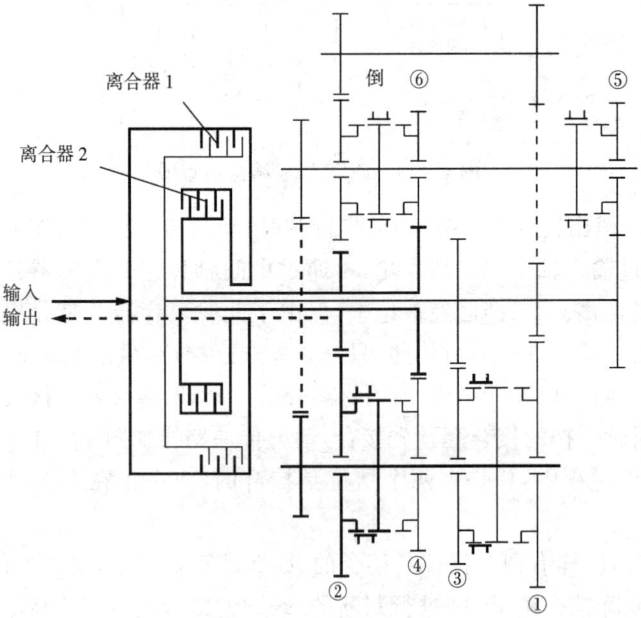

图 4-61　DCT 二挡动力传递路线示意图

第七节　电动无级变速器

电动无级变速器作为传动系统，它与混合动力系统是最佳匹配，目前已成熟应用于通用、丰田以及奔驰等品牌的混合动力车上。在动力调节方面，EVT 可通过储能器有效地补充动力轮所需的驱动动力而无须改变对内燃机的动力要求，从而保持内燃机的工作状态不受或少受路况的影响。内燃机可始终工作在设定的最佳状态，以提高整车的效率。同时 EVT 还可回收制动时的动能，并把动能转化为电能存储到储能器中。所有这些因素都促使汽车的燃油效率大幅度地提高。它的显著优点是：①具有较高的传动效率，它能够对速比（输出/输入）和动力进行连续和独立的调节，故而系统能始终工作在最有效率的状态下；②电机与变速装置结合紧密，可以在较为紧密的空间里进行布置，较一般的混合动力车辆能腾出更大的可利用空间；③无需通常的启动装置（如离合器或液力耦合器等），当变速箱的无级变速与内燃机控制有效的配合时，可大幅度地提高汽车燃油效率；④在车辆高速行驶时，与传统混合动力相比，能更显著地降低油耗，适合那些大排量发动机或对牵引能力要求比较高的车辆，比如 SUV。

本节将以凯迪拉克凯雷德混合动力 EVT 变速器为例对其进行简单介绍。

一、电动无级变速器（EVT）的结构

EVT 主要由电动机/发电机组（简写 M/G）、行星齿轮机构、液压模块、控制模块以及离合器等组成。图 4－62 为凯迪拉克凯雷德混合动力 EVT 变速器总体构造及其各主要元件的布置图，图 4－63 为 EVT 变速器中的电动机/发电机组以及行星齿轮机构。该 EVT 配备了两个输出功率为 60kW 的三相交流电动机、3 套简单行星齿轮组和 4 个离合器。EVT 与六速液压自动变速器使用相同的控制电磁阀总成，配有一个辅助变速器油泵（ATFP），该油泵在 Auto Stop 模式时用于保持变速器内管路压力。自动变速器辅助油泵安装在变速器扭转减震器壳体外，使用自动变速器辅助油泵控制模块提供的三相交流 12V 电源工作。

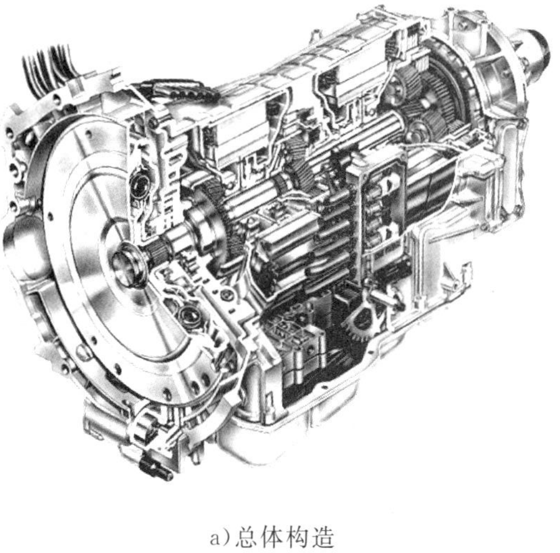

a）总体构造

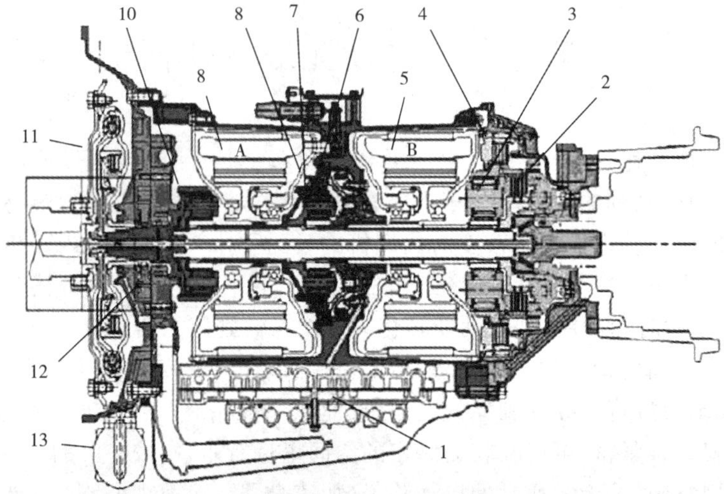

b)各主要元件的布置图

图 4-62　凯迪拉克凯雷德混合动力 EVT 变速器

1—控制模块和阀体;2—二、三、四挡离合器;3—行星齿轮组 P_3;4—低一、二挡离合器;5—B 马达;6—四挡离合器;7—行星齿轮组 P_2;8—一、三挡离合器;9—A 马达;10—行星齿轮组 P_1;11—减震器;12—主油泵;13—辅助油泵

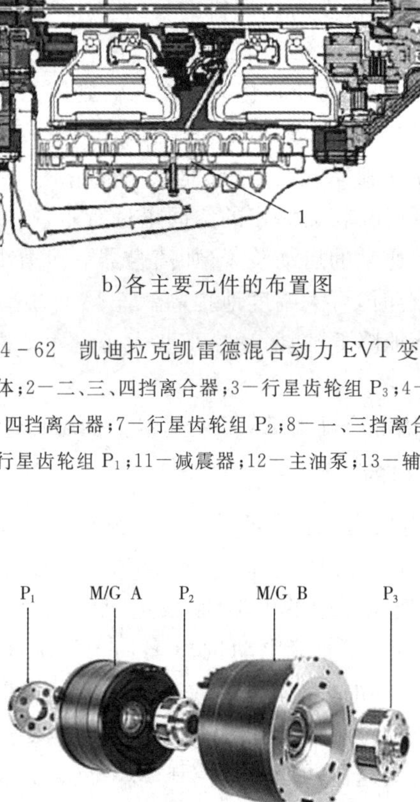

图 4-63　电动机/发电机组以及行星齿轮机构

EVT 中的电动机/发电机 A 主要用来启动内燃机,在电动机/发电机 A 启动发动机以后,它也可由发动机驱动作为发电机给 300V 混合动力电池充电。电动机/发电机 B 主要使用于汽车最初起步、倒车以及再生制动期间给混合电池充电,此时内燃机为 OFF 状态。但在某些情况下,它们可以一起推动车辆行驶,使内燃机保持在 2000r/min 左右的最经济转速区。

二、EVT 的工作模式

EVT 可以在输入分离和复合分离两种模式下工作,两种模式的切换十分平滑,几乎没有振动与顿挫感。

1. 模式 1:输入分离模式,主要用于车辆启动及低速巡航

在发动机启动后,系统工作在 EVT 模式 1,以适应市区低速行驶条件。利用分离的动

力输入,内燃机及驱动电机 A 同时工作既给蓄电池充电,也通过变速器内的齿轮给驱动轮提供动力,电能储存在电池组内以便电机 B 抽取电力提供附加的扭矩输出。根据行驶条件,允许发动机工作在四缸模式,电机 B 可能提供动力输出增强四缸模式,而电机 A 则可用于平滑扭矩输出。在满足动力需求的同时获得最佳的燃油经济性能。

2. 模式 2:复合分离模式,主要用于车辆急加速及高速巡航

EVT 模式 2 在大多数正常工况下最大化地提高发动机能效和燃油经济性。混合动力控制模块(HPCM)处理输出速度传感器、节气门位置传感器和其他传感器发出的信号,以计算将挡位换入 EVT 模式 2 的精准时间。与 EVT 模式 1 类似的是,发动机的动力既要通过电动机发电,又要通过变速器机械传动来提供输出扭矩。同步换挡点使得双模式变速器可以在不改变车速的情况下,在 EVT 模式 1 和模式 2 间自由切换。

三、动力系统的操作

1. 加速阶段

(1)0～24km/h:由三相电机 B 驱动车辆。

(2)24～32km/h:发动机启动,8 缸中的 4 个缸工作,电力和内燃机动力同时驱动车辆。

(3)32km/h 以上:在车速达 32km/h 以上时,模式 2 介入,以在高速行驶时提供更高的发动机能效和燃油经济性。

2. 减速阶段

(1)从更高速度减速至 32km/h:发动机关闭,变速器中的电动机作为发电机工作,产生三相交流电,并将电能存储起来。

(2)从 32km/h 减速至停止:在这种低速减速阶段,电机 B 工作于模式 1,继续发电,提供电源并存储。

四、动力传递路线

EVT 变速器动力传递路线示意图如图 4-64 所示。

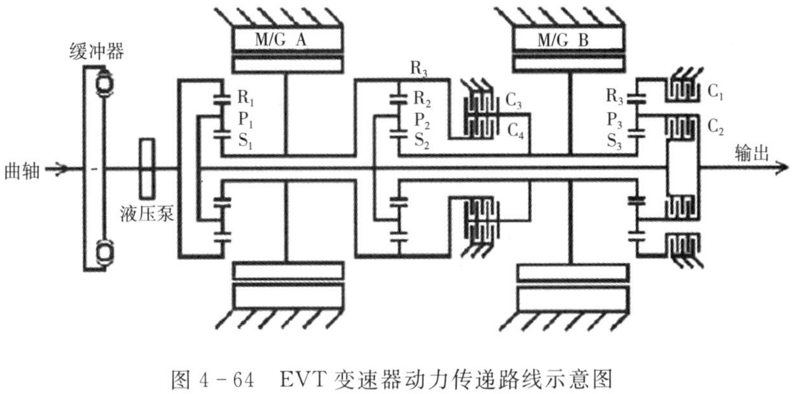

图 4-64 EVT 变速器动力传递路线示意图

1. 纯电力驱动

纯电力驱动时动力传递路线如图 4-65 粗线及阴影部分所示,电机 B 工作,驱动 P_3 太阳轮。离合器 C_1 工作,固定 P_3 内齿圈,则 P_3 行星架同向减速旋转。

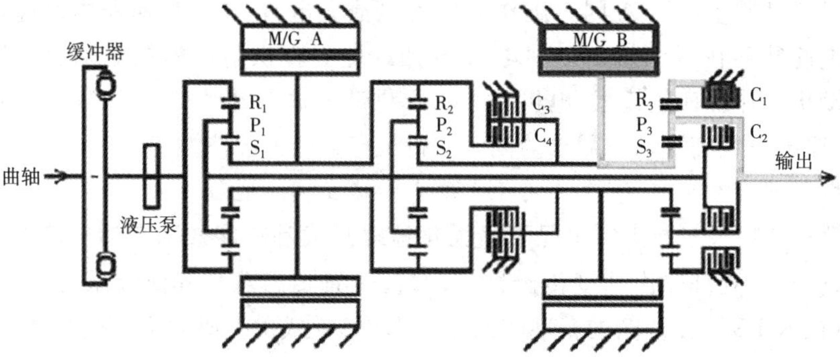

图 4-65　纯电力驱动时动力传递路线

2. *启动发动机动力传递路线*

启动发动机动力传递路线如图 4-66 粗线及阴影部分所示，当需要启动发动时，电机 A 工作，驱动 P_1 太阳轮和 P_2 内齿圈。电机 B 也工作，驱动 P_2 和 P_3 共用太阳轮。P_2 内齿圈和太阳轮都被驱动，则 P_2 和 P_1 共用行星架有确定转速的输出。又因 P_1 太阳轮被电机 A 驱动，则 P_1 内齿圈有确定的输出转速，发动机被拖启动。

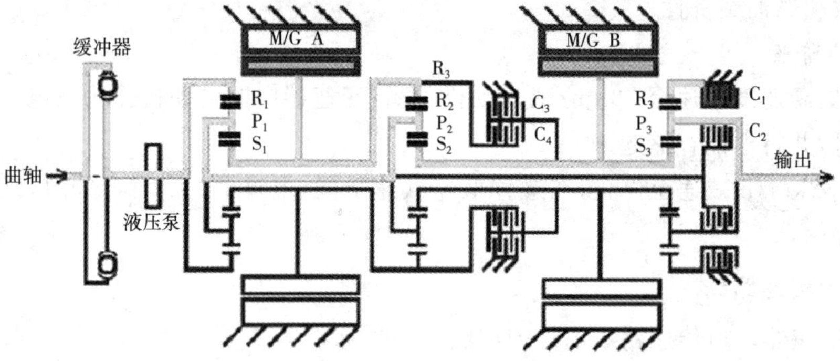

图 4-66　启动发动机动力传递路线

此外，为实现不同传动比的动力传递，EVT 各元件参与工作的情况如表 4-3 所示。

表 4-3　动力传递工作元件表

传动比	M/G A	M/G B	C_1	C_2	C_3	C_4	P_1	P_2	P_3
$i=3.69$			on			on	on	on	on
$1.70<i<3.69$	on	on	on				on	on	on
$i=1.70$			on	on			on	on	on
$1.00<i<1.70$	on	on		on			on	on	
$i=1.00$				on		on	on	on	
$i=0.74$				on	on		on	on	

思考题

4-1　自动变速器与手动变速器有什么主要差别？自动变速器有什么优点？自动变速器主要有哪些类型？

4-2　液力变矩器的泵轮、涡轮和导轮各起什么作用？液力变矩器主要有哪些类型？

4-3　简述 AT 如何实现各挡变速比。

4-4　AMT 的主要构成有哪些部件？AMT 主要有哪些类型？

4-5　简述 CVT 是如何实现无级变速的。

4-6　与 AT 和 MT 相比，DCT 的优点是什么？

4-7　简述 DCT 三挡动力传递路线。

4-8　简述 EVT 的两种工作模式。

第五章 万向传动装置

万向传动装置是传动系统常用的动力传递装置，可以实现变角度动力传递。本章主要介绍了万向传动装置的类型、结构和工作原理等。要求学生重点掌握万向传动装置的类型以及十字轴式万向节的结构和工作原理。

在汽车标准传动方式中，前置发动机与后驱动轮之间存在很大的一段空间距离，由于车轮在汽车运行过程中会随着路面的起伏上下跳动，而发动机和变速器总成的动力输出端位置相对车架保持不变，因此必须在两者之间建立起能够维持动力传递，同时也可允许两者相对运动的传动关系。该任务通常由传动系统的万向传动装置完成，万向传动装置可以实现一对相交轴线的动力传递，且允许改变各传动点之间的角度距离(如图 5-1 所示)。

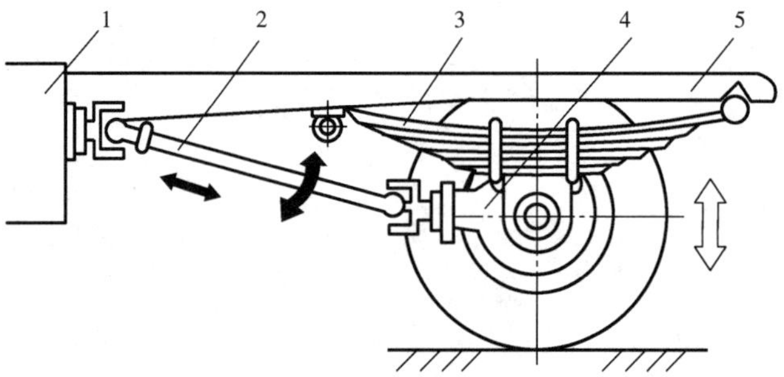

图 5-1　万向传动装置的位置

1—变速器；2—万向传动装置；3—悬架；4—驱动桥；5—车架

汽车上任何不在一条轴线上且相对位置经常变化的转轴之间欲实现动力传递，均需要借助万向传动装置。万向传动装置常见于变速器与驱动桥之间(如图 5-2a 所示)和变速驱动桥与转向驱动轮之间(如图 5-2b 所示)。此外，也运用于转向操纵系统和汽车动力输出装置中。

万向传动装置一般由万向节和传动轴组成。传动轴可设置能够改变长短的花键，当传动轴分段传动时，还包含有中间支承装置。

万向传动装置除了用于变速器与驱动桥之间的动力传递之外，还可以用于变速器与分动器之间，此时尽管两者之间在设计上已考虑了传动轴线的偏离，但还必须消除制造、装配误差或者车架变形对传动造成的影响。也可以用于转向驱动桥上，以协调转向轮角度偏转时转矩传递的需要。此外，在转向系统中还可用来连接转向盘与转向器，在变速器的远端控制中用来实现变速操纵杆与变速器之间的换挡传动等。总之，当车辆上需要实现不在一条直线上的动力传递时，一般均采用万向传动装置来实现。

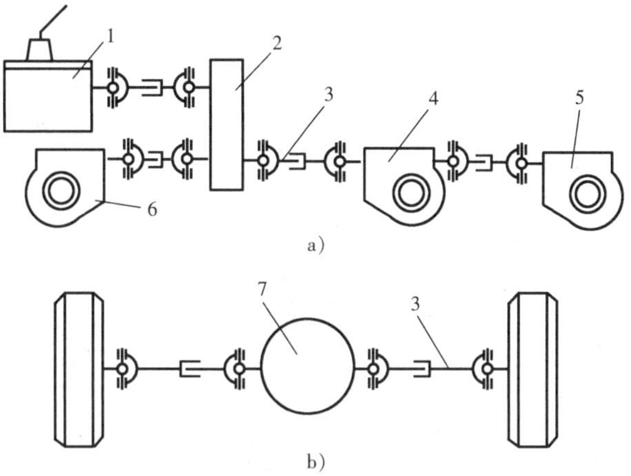

图 5-2　万向传动装置在汽车传动系统中的应用

1—变速器；2—分动器；3—万向传动装置；4—中驱动桥；5—后驱动桥；6—前驱动桥；7—变速驱动桥

第一节　万向节

万向节是实现不同轴线变角度动力传动的关键机构，按其在扭转方向上是否有明显的弹性，可以划分为刚性万向节（如图 5-3a 所示）和挠性万向节（如图 5-3b 所示）两种。前者靠空间铰链结构协调不同轴传动过程中的运动干涉，能接受大转矩，故有很高的传动刚度和使用寿命；后者依靠万向节中的弹性零件（如胶布垫或橡胶垫）协调这种干涉，它具有成本低和缓冲减振等优点，但传递转矩较小，只能在夹角不大于 5°的范围内传动。现今车辆广泛使用的万向节大多属于刚性万向节。刚性万向节又可以细分为不等速万向节、准等速万向节和等速万向节三种类型。

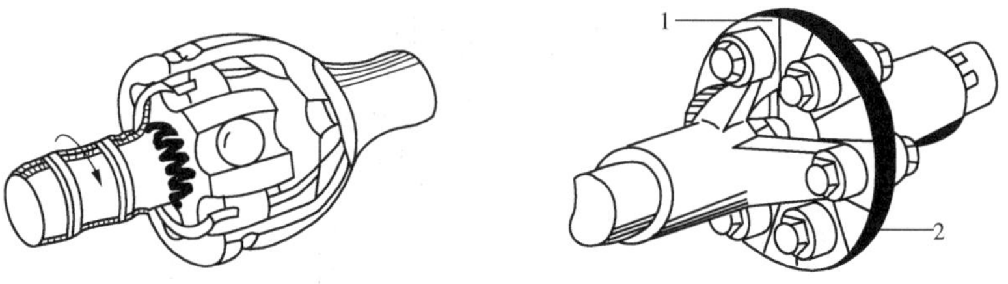

a)刚性万向节　　　　b)挠性万向节

图 5-3　两种类型万向节

1—万向节叉；2—橡胶连接块

一、不等速万向节

最为常用的不等速万向节是十字轴式万向节。

1. 十字轴式刚性万向节的结构

十字轴式万向节结构主要由两个万向节叉、十字轴和轴承等组成（如图 5-4所示）。具有一定交角的两传动轴分别与两万向节叉 1 和 10 相连；两万向节叉上的孔借滚针轴承 7 与

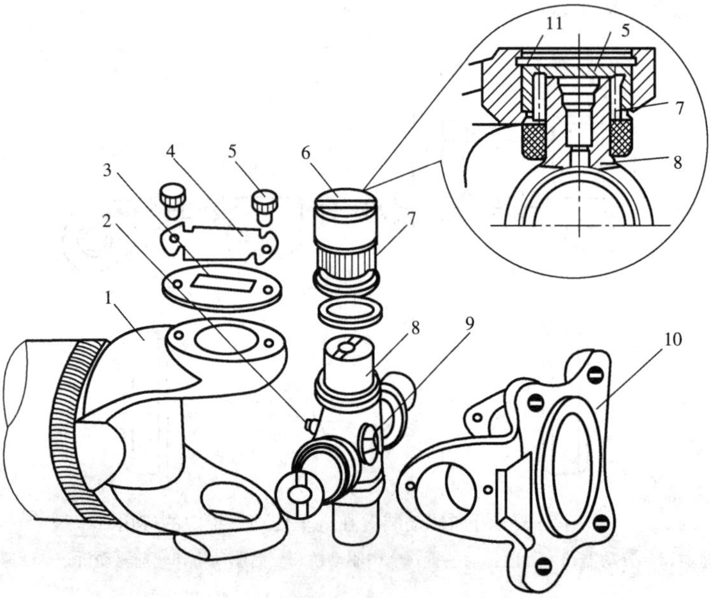

图 5-4　十字轴式万向节

1、10—万向节叉;2—注油嘴;3—端盖;4—锁片;5—螺栓;
6—轴承套;7—滚针轴承;8—十字轴;9—安全阀;11—挡圈

十字轴 8 的两对轴颈相套,使得主动轴转动时,从动轴既可随之转动,又可绕十字轴中心在任意方向摆动,以协调运动干涉。十字轴轴颈在万向节叉孔内的转动靠滚针轴承减少磨损、提高效率,轴承可借螺栓 5 和端盖 3 封装在万向节叉上,也可借弹性挡圈 11 实现封装。为实现轴承润滑,通常十字轴中部设有油道,润滑脂可通过注油嘴 2 和油道到达轴承滚针表面,轴承内端部的油封可起防尘和防润滑油流出的作用(如图5-5所示)。

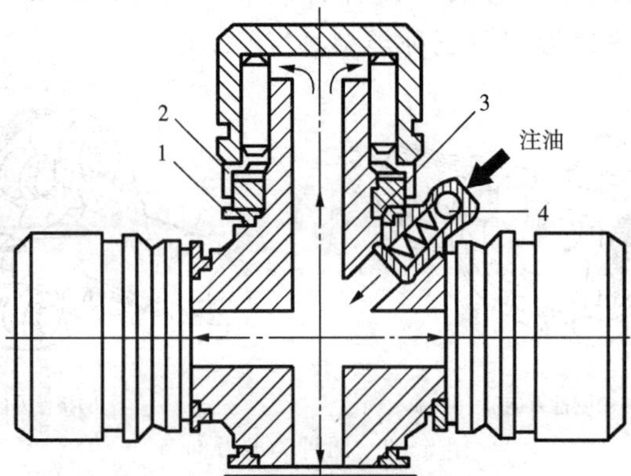

图 5-5　十字轴的润滑和密封

1—油封挡盘;2—油封座;3—油封;4—注油嘴

2. 单个十字轴式万向节的运动特性

十字轴万向节能在轴向交角出现变化时保证可靠传动，允许相邻两轴的最大传动交角达 15°～20°，同时还具有传动效率较高、结构简单、加工制造容易等优点，因此在现代汽车上得以广泛采用。但是它也具有传动不等速这一明显缺点，即当输入轴和输出轴之间存在夹角时，两轴旋转的角速度不相等，这种不等速性可以借助图 5－6 加以分析。

图 5－6a 所示为万向节运动到主动叉处于垂直位置，十字轴平面与主动轴垂直的状态。此时，主动叉上 a 点速度 v_a 垂直于主动轴，从动叉上 b 点速度 v_b 垂直于从动轴；若从另一角度考虑，b 点是十字轴上相应的接触点时，则可将 b 点速度分解为十字轴平面内绕主动轴的速度 v_b'（牵连速度）和十字轴绕主动轴万向节叉的转动速度 v_b''（相对速度），由速度三角形可以看出，在数值上 $v_b > v_b'$。由于十字轴轴颈长度相等，即 $v_b' = v_a$，所以 $v_b > v_a$。由此可知，当主动叉和从动叉转到上述位置时，从动轴的转速大于主动轴的转速。

同理，图 5－6b 所示为万向节运动到主动叉处于水平位置、十字轴平面与从动轴轴线垂直的状态。此时，主动叉上速度 v_a 垂直于主动轴，从动叉 b 点速度垂直于从动轴。若从这一角度考虑，认为 a 点是十字轴相应的接触点，则可将 a 点速度分解为十字轴平面内绕从动轴的速度 v_a'（牵连速度）和十字轴绕从动轴万向节叉的转动速度 v_a''（相对速度），由速度三角形可以看出 $v_a > v_a'$。而 $v_a' = v_b$，故可知 $v_a > v_b$。由此得出，当主动轴和从动轴转到上述位置时，从动轴的转速小于主动轴的转速。

图 5－6c 显示了不同位置万向节的主动轴、从动轴转角变化情况，由图可以看出，主动轴转角 φ_1 为 0°到 90°时，从动轴转角相对主动轴转角是超前的，即从动轴转速大于主动轴转速，且两转角差在 $\varphi_1 = 45°$时转速差最大。同理可知，主动轴转角 φ_1 在 90°到 180°的范围内，主动轴转速大于从动轴转速。后半周情况与前半周相同。由此可以看出，当万向节存在夹角 α 时，等角速旋转的主动轴联接的是不等角速转动的从动轴，这种不等速性会随两轴夹角的增大而增大。同时也应注意到，这种传动的不等速性指的是瞬时角速度，就每转一周的平均角速度而言，主动轴、从动轴又是相等的。

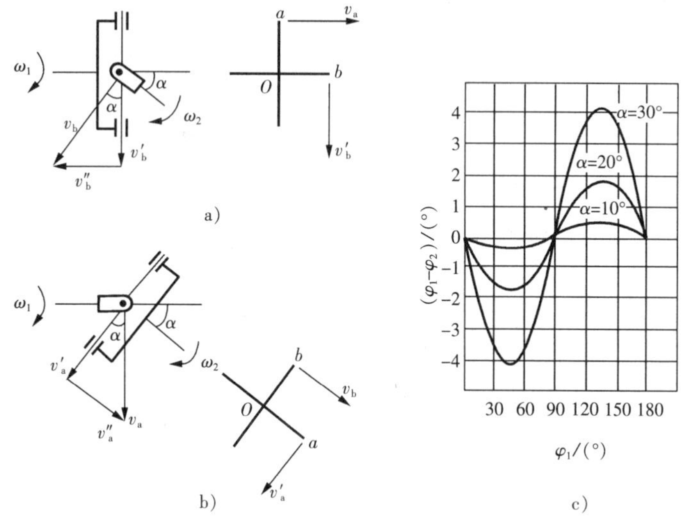

图 5－6　十字轴式万向节的不等速性

十字轴万向节传动的不等速性会使从动轴以及与之相连的传动件产生扭转振动与冲击,破坏汽车行驶的平顺性,也会降低汽车部件的使用寿命,因此必须加以消除。根据运动学分析可知,十字轴万向节欲实现等速传动,需要同时满足以下两个条件:①万向节成对使用,两万向节上的输入与输出轴所夹角度相同;②中间传动轴上的万向节叉处于同一平面内(如图 5-7 所示)。

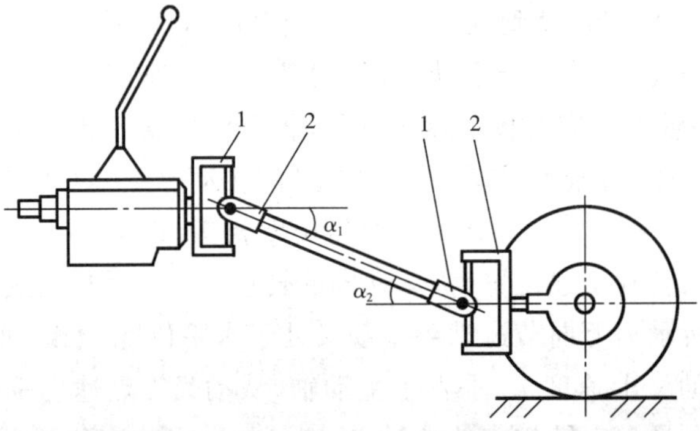

图 5-7　十字轴万向节等速传动的布置方法

1—主动叉;2—从动叉

上述实现等速传动的条件在转向驱动桥上是难以得到保证的,由于转向车轮需要偏摆近 40°的角度,此时两万向节上的输入轴与输出轴所夹角度相同的条件已不满足,较大的转速导致行驶冲击,必须采用等速万向节解决。

二、准等速万向节和等速万向节

1. 准等速万向节

为了将成对使用、具有等速传动特性的双万向节在结构长度上加以缩小,以满足汽车上的布置需要,出现了如图 5-8 所示的双联式万向节。它实际上是将一套传动轴长度缩减至零的双十字轴万向节传动机构。该图中的双联叉 4 相当于两个在同一平面内的万向节叉。

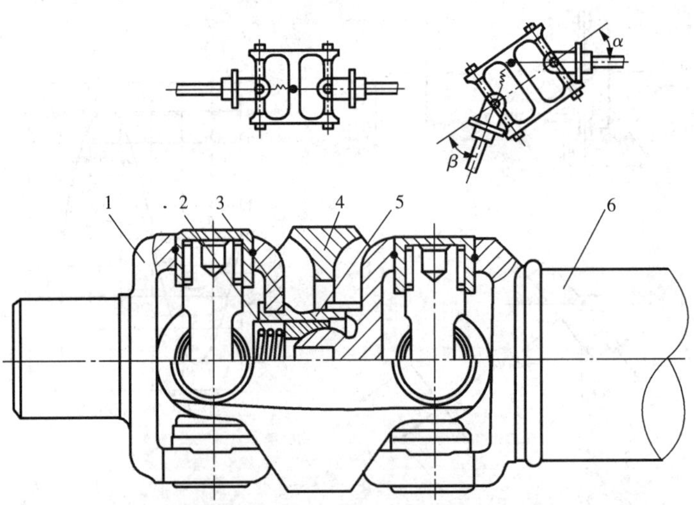

图 5-8　双联式万向节

1—万向节叉;2—弹簧;3—球碗;4—双联叉;5—球碗座;6—从动轴

为使与万向节叉 1 相连的主动轴和从动轴 6 的角速度相同，还需保证在双联式结构中专门设置分度机构。其原理是以球形铰链连接主动轴、从动轴两万向节叉，使两轴实现联动，近似保证双联叉的对称线平分所连两轴夹角。从结构上看，轴 6 上万向节叉内端球头与球碗 3 相配合，并置于另一万向节叉 1 内端球碗座 5 中，球头和球碗中心与十字轴中心的连线中点重合。当 6 上万向节叉相对万向节叉 1 摆动时，双联叉 4 也被带动偏转相应角度，这时两十字轴中心线与两万向节叉的轴线交角近似相同，从而保证两轴角速度近似相等，故双联式万向节具有准等速性。

双联式万向节具有结构简单、制造方便、工作可靠等优点且能允许两轴间有较大的轴间夹角，可用于转向驱动桥上。

三销轴式万向节是另一种双联万向节演变而来的准等速万向节(如图 5-9 所示)，它主要由两个偏心轴叉 1 和 3、两个三销轴 2 和 4 以及相应的轴承和密封件组成。主动偏心轴叉、从动偏心轴叉可以分别与转向桥的内外半轴相连。该结构的最大特点是在相邻两轴交角大于 45 度时，仍能保持较平稳的传动，为转向驱动桥性能的提高提供了必要的保证。同时它也具有较大的扭矩传递能力，可用于较大车型的车辆。

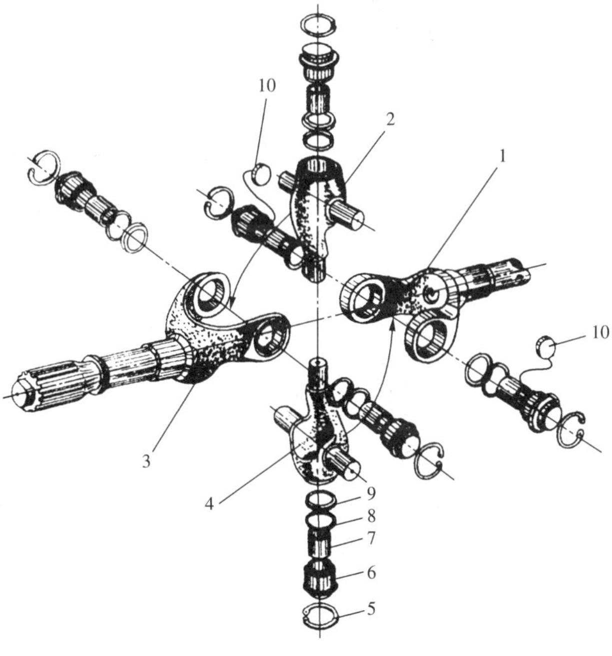

图 5-9　三销式万向节

1—主动偏心轴叉；2、4—三销轴；3—从动偏心轴叉；5—卡环；

6—轴承座；7—衬套；8—毛毡圈；9—密封罩；10—推力垫片

2. 等速万向节

通过运动学分析可知，万向节实现等速传动的基本条件是工作过程中万向节传力点始终位于两相交点的平分面上。球笼式万向节是现代车辆使用最多的一种等速万向节，其中固定型球笼式万向节结构如图 5-10 所示，主要由球形壳 8、星形套 5、钢球 7 和保持架 6 组成。星形套以内花键与主动轴相连，其外表面的圆弧形凹槽与球壳内表面上的凹槽一起构成钢球的外滚道，保持架使钢球限制在球道内，并将它们维持在一个平面内传递转矩。

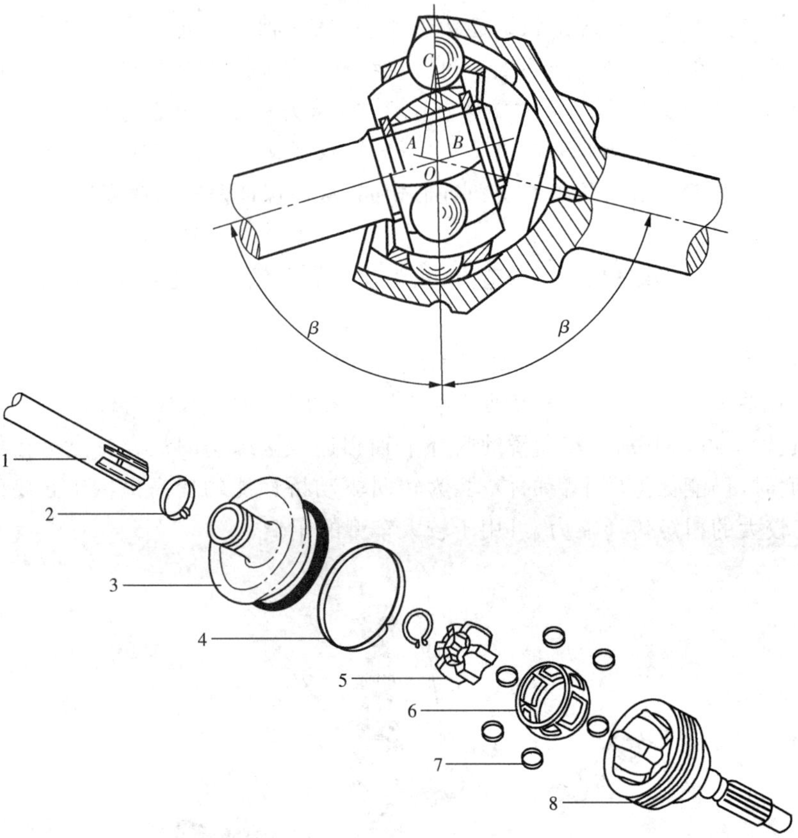

图 5－10　固定型球笼式万向节

1—主动轴；2、4—带箍；3—外罩；5—星形套；

6—保持架；7—钢球；8—球形壳

由于星形套外球道中心 A 与内滚道中心 B 分别位于万向节中心 O 的两边，且在保持架内外球面和星形套相对于 O 点定心配合保持等距，钢球中心 C 与 A、B 两点等距。由于 $OA=OB$，$CA=CB$，而 OC 为公共边，则 $\triangle COA$ 与 $\triangle COB$ 全等，所以 $\angle COA=\angle COB$。由此可知，两轴交角变化时，传力的钢球所在平面始终平分两轴交角，即主动轴与从动轴保持等角速传动。该结构传动夹角最大可达 47°，传动中所有钢球均参与传力，承载能力强，结构紧凑，拆装方便。

为满足轿车转向驱动桥上既需等速传动又不改变长度的要求，由普通球笼式万向节变形出了伸缩型球笼式万向节，该结构的钢球内外滚道呈圆柱形(如图 5－11 所示)，传动过程中星形套 5 与筒形壳 2 可以沿轴向运动，从而达到改变传动路径长度的目的。其保持架内球面中心 B 与外球面中心 A 位于万向节中心 O 点两旁，且保持与 O 点等距，从而使钢球中心 C 到 A、B 的距离相等，保证万向节做等角速转动。由于该结构是以钢球的滚动实现长度伸缩的，这样既可以省去传动轴的滑动花键，简化结构，同时还可以消除花键的滑动阻力。

这种伸缩型球笼式万向节可获得 10～24mm 的长度变化量，允许的最大传动夹角只有 18°左右，因此只适合作为轿车断开式转向驱动桥的内侧万向节。

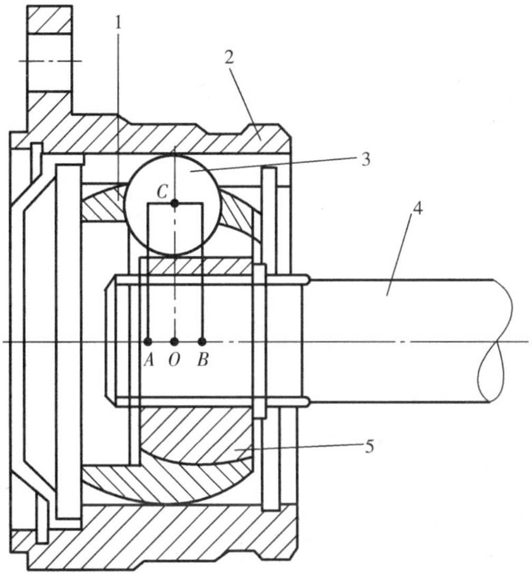

图 5-11　伸缩型球笼式万向节

1—保持架；2—筒形壳；3—钢球；4—主动轴；5—星形套

三、挠性万向节

挠性万向节依靠其中弹性件的弹性变形来保证在相交两轴间传动时不发生机械干涉。弹性件可以是橡胶盘、橡胶金属套筒、六角形橡胶圈或其他结构形式。由于弹性件的弹性变形量有限，故挠性万向节一般适合两轴间夹角较小的场合。对于径向刚度较小的挠性万向节，主动部件和从动部件之间应有定心装置，以免转速升高时由于轴线偏离加大而产生振动和噪声。

第二节　传动轴和中间支承

传动轴是连接两个万向节传递转矩的刚性杆件。由于汽车在行驶过程中由万向传动装置连接的部件在位置上经常发生变化，为了避免运动干涉，往往在传动轴中设置有可以轴向伸缩滑动的花键，以适应传动轴改变长度的需要。

花键由滑动叉和花键轴配合而成，为了减小两者轴向滑动阻力和磨损，提高使用寿命，在结构上，它还设有加注润滑脂的油嘴以及密封用的油封、堵盖和防尘套。同时，也可以对花键进行磷化处理或喷涂尼龙层；还可以在花键槽内设置各种滚动元件，使花键中的滑动摩擦转化为滚动摩擦(如图 5-12 所示)。

当传动轴高速旋转时，微小的质量偏心都有可能产生较大的离心力，从而导致剧烈的振动。因此当传动轴与万向节装配完成后，需经过动平衡处理，即以平衡片 4(如图 5-13 所示)校正传动轴的不平衡量。为了防止使用中拆出花键后错误地安装而破坏已有的平衡，在花键轴和滑动套上均刻有指明装配位置关系的记号。

为了充分利用传动轴材料，保证其具有足够的强度和刚度，传动轴常常由 1.5～3mm 的钢板材料制成空心状。在转向驱动桥和断开式驱动桥上，为了节约空间，通常将传动轴制成实心轴。

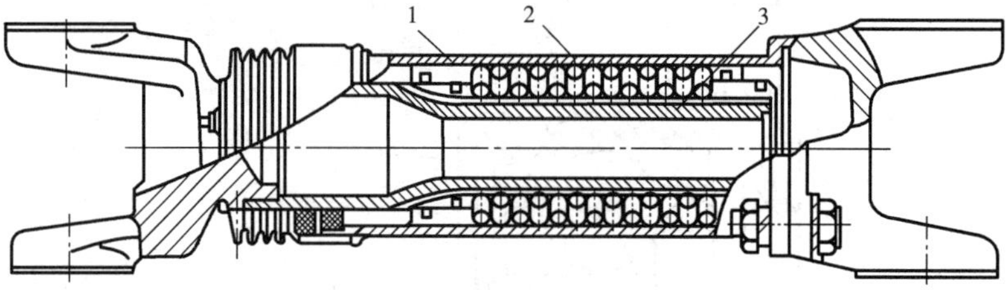

图 5-12　传动轴中的滚动花键

1—传动轴外套管;2—滚柱;3—传动轴内套管

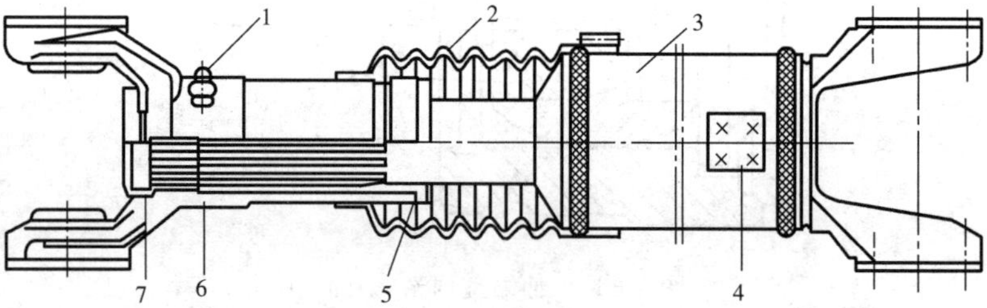

图 5-13　传动轴结构

1—注油嘴;2—护套;3—主传动轴;4—平衡片;5—油封;6—万向节滑动叉;7—堵盖

随着传动轴长度增加,其自振频率降低,导致传动轴产生共振,因此当实际使用中传动轴过长时,常将传动轴分成两段或者三段,并且以中间支承加以固定。通常,中间支承安装在车架横梁上,能够补偿传动轴轴向和角度方向上的安装误差以及车辆行驶过程中车架变形引起的干涉(如图 5-14 所示)。

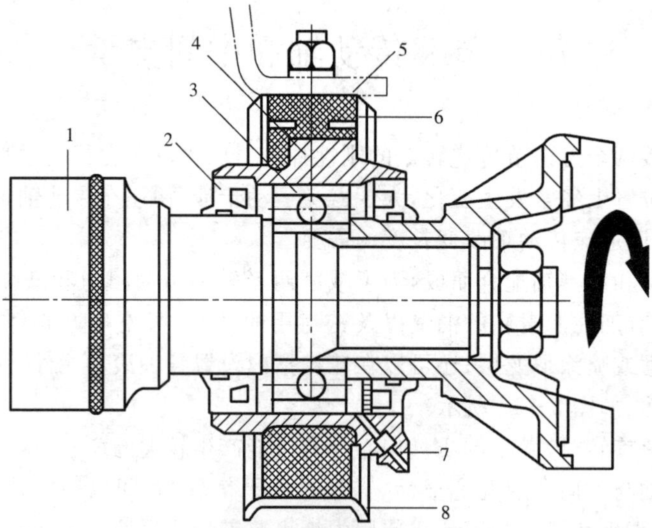

图 5-14　传动轴中间支承

1—传动轴;2—油封;3—轴承;4—轴承座;5—车架横梁;6—橡胶垫;7—注油嘴;8—U 形架

思考题

5-1　汽车传动系统中,万向传动装置的功用是什么？它由哪几部分组成？

5-2　试从普通十字轴式万向节的运动特性分析来说明它的不等速性？

5-3　采用普通十字轴式万向节,为使输出轴和输入轴等速,应满足哪些条件？

5-4　等速万向节有几种形式？应用于何种场合？

5-5　传动轴的构造是怎么样的？为什么要装中间支承？

第六章 驱动桥

驱动桥是传动系中的最终环节,它具有放大扭矩、改变动力传递方向和实现两驱动轮间差速等作用。本章主要介绍驱动桥的类型,重点介绍了主减速器与差速器的类型、结构及工作原理。要求学生重点掌握驱动桥的功用、分类及工作原理。

汽车驱动桥是传动系统中的最终环节,它兼有继续放大发动机扭矩、改变动力传递方向和实现两驱动轮间差速等作用。如图 6-1 所示,通常情况下,驱动桥由主减速器 5、差速器 6、半轴 4 和驱动桥壳 3 等组成。经万向传动装置传来的输入扭矩传到主减速器,通过一对圆锥伞齿轮扭矩得到放大,同时旋向也得到改变。随后,经差速器分配给左右两半轴,最终通过半轴外端的凸缘盘传至驱动轮的轮毂。驱动桥壳由主减速器壳和半轴套管组成。轮毂借助轴承支承在半轴套管上。驱动桥壳经悬架弹性元件与车架相连,限制了整个驱动桥的横向移动。因此,这种驱动桥被称为整体式驱动桥,又称非断开式驱动桥。

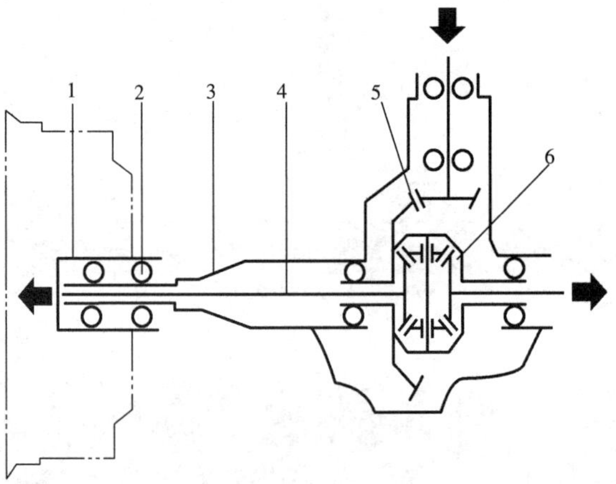

图 6-1 非断开式驱动桥结构

1—轮毂;2—轮毂轴承;3—驱动桥壳;4—半轴;5—主减速器;6—差速器

为了提高汽车的行驶平顺性、操纵稳定性和通过性,许多轿车和越野车辆的驱动轮采用了独立悬架,即将左右两驱动车轮分别用弹性元件与车架相连,彼此可以相对于车架独立地跳动。此时的驱动桥采用了另一种形式(如图 6-2 所示),即将主减速器壳固定于车架上,两半轴以万向传动装置分别与左右车轮相连,以适应车轮绕摆臂轴上下跳动的需要,车轮通过悬架的导向元件与弹性元件和车架相连。这种驱动桥又被称为断开式驱动桥。

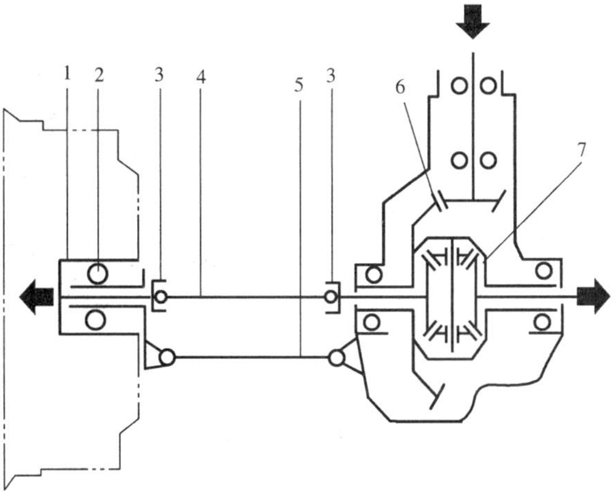

图 6-2 断开式驱动桥结构

1—轮毂;2—轮毂轴承;3—万向节;4—半轴;5—导向臂;6—主减速器;7—差速器

第一节 主减速器

主减速器的基本作用是进一步增大驱动扭矩、降低发动机转速。当采用发动机纵置的布置形式时,主减速器还具有改变扭矩传递方向的作用。

按照使用要求的不同,汽车的主减速器有不同的结构形式。按减速传动齿轮副数目的多少可将主减速器分为单级减速和双级减速两种形式,而按主减速器能够提供的挡数可将主减速器分为单速比式和双速比式两种。前者的传动比是固定的,后者则能提供两个不同的传动比供驾驶员选择,以适应不同的行驶需要。还可按主减速器齿轮齿形不同分为圆柱齿轮式和圆锥齿轮式。

有些汽车为了获得较大的减速传动比,或者为了降低车厢地板高度,会在车轮上增加一套齿轮减速装置,称作轮边减速器。

为达到减速的目的,主减速器通常由一对或两对齿轮副实现减速传动,分别被称为单级主减速器和双级主减速器(如图 6-3a 和图 6-3b 所示)。由于前一种形式已能满足普通车辆减速增扭的要求,故其被广泛应用于轿车和各种型式的载货汽车上。它具有结构简单、维修便利、体积小、重量轻和传动效率高等优点。而当汽车的驱动条件要求获得更大驱动力时,需要主减速器提供更大的传动比。此时,由一对圆锥齿轮构成的单级主减速器已不能保证足够的离地间隙,便有了后一种具有两对齿轮传动的双级主减速器。由于经过了两级齿轮传动,因此结构尺寸大和传动效率较低是其主要的不足之处。

主减速器主要由一对锥齿轮构成,分别称为主减速器主动齿轮 7 和主减速器从动齿轮 6。为了减轻齿轮啮合传动时的冲击和噪声,且让轮齿沿其长度方向磨损均匀,需要主动齿轮和从动齿轮均能始终保持正确的相对位置,结构上要使主动锥齿轮和从动锥齿轮具有足够的支承刚度,以减小啮合变形。同时,在结构上还应具有必要的啮合调整装置。

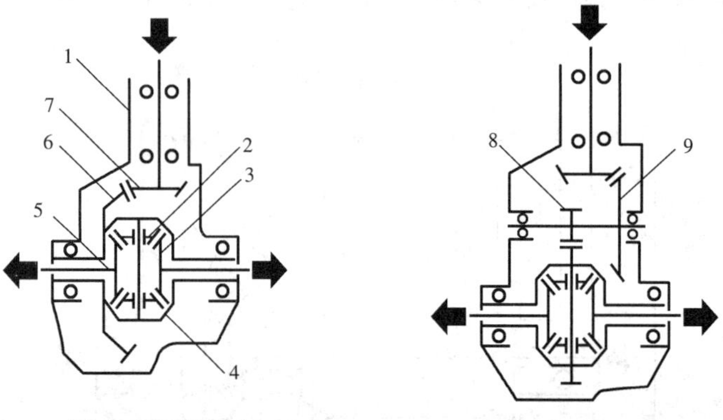

a)单级主减速器结构

b)双级主减速器结构

图 6-3 单级与双级主减速器结构

1—主减速器壳;2—差速器行星齿轮;3—半轴齿轮;4—差速器壳;5—半轴;6—主减速器从动齿轮;7—主减速器主动齿轮;8—主减速器第二级主动齿轮;9—主减速器第一级从动齿轮

为此,主动锥齿轮通常与轴制成一体,其支承方式有跨置式和悬置式两种(如图 6-4a 和图 6-4b 所示),跨置式可获得较大的支承刚度,有利于主动锥齿轮使用寿命的提高,在输入端可采用相互贴近的轴承支承,有利于减小主减速器纵向长度。但是由于在主减速器内部需要设置主动锥齿轮支承点,所以主减速器壳的结构比较复杂。

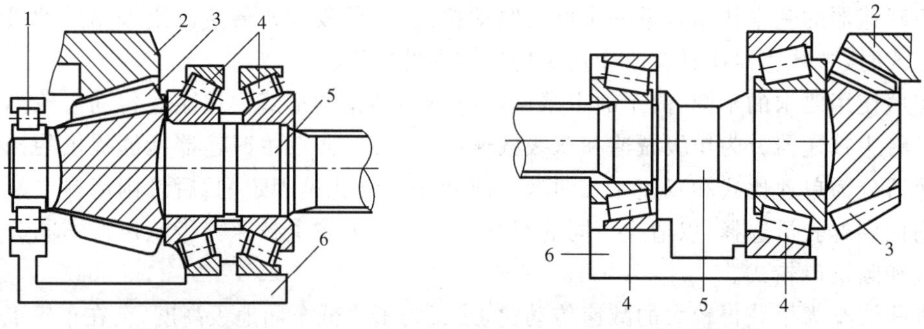

a)跨置式支承

b)悬置式支承

图 6-4 跨置式与悬置式支承

1—小端轴承;2—主减速器从动齿轮;3—主减速器主动齿轮;4—大端轴承;5—主减速器输入轴;6—壳体

为使主减速器齿轮能实现啮合位置和间隙的调整,结构上可依赖调整垫片和调整螺母来完成(如图 6-5 所示),借助调整垫片 25 可实现对主动锥齿轮轴向位置调整,而调整螺母 18 能实现从动锥齿轮轴向位置调整。啮合状态调整的好坏可以通过在主动锥齿轮轮齿上涂红色颜料(红丹粉与机油的混合物)后,转动啮合的齿轮,观察红色印记位置和面积大小的方法加以判断。一般来说,若从动齿轮正转和反转时,轮齿工作面上的印记都位于齿高的中间偏小端,并占齿面宽度的 60%以上,则为正确啮合(如图 6-6 所示)。

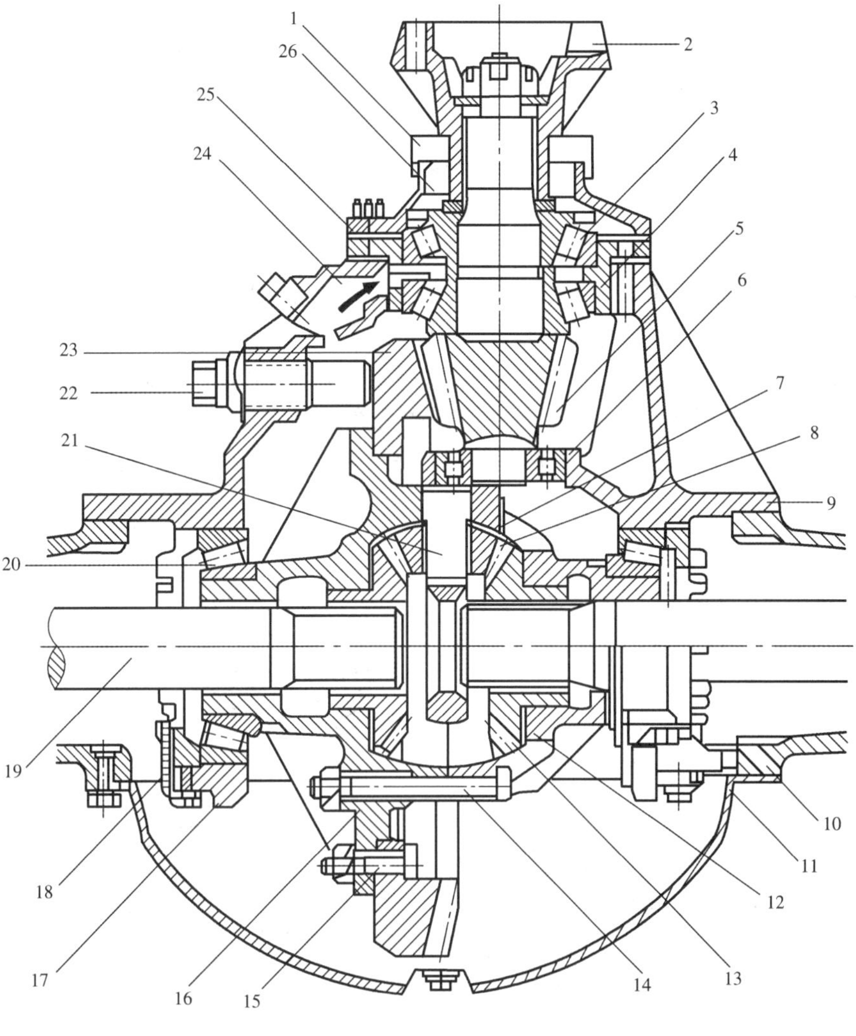

图 6-5 东风 EQ1090E 型载货汽车单级主减速器及差速器

1—防尘罩；2—凸缘；3、4—大端圆锥滚子轴承；5—主动锥齿轮；6—小端圆柱滚子轴承；7—行星齿轮垫片；8—行星齿轮；9—主减速器壳；10—半轴壳；11—主减速器盖；12—半轴齿轮推力垫片；13—半轴齿轮；14—差速器壳连接螺栓；15—主减速器从动齿轮螺栓；16—差速器壳；17—差速器轴承盖；18—轴承调整螺母；19—半轴；20—差速器轴承；21—行星齿轮轴；22—限位支承螺栓；23—主减速器从动锥齿轮；24—轴承润滑油道；25—调整垫片；26—油封

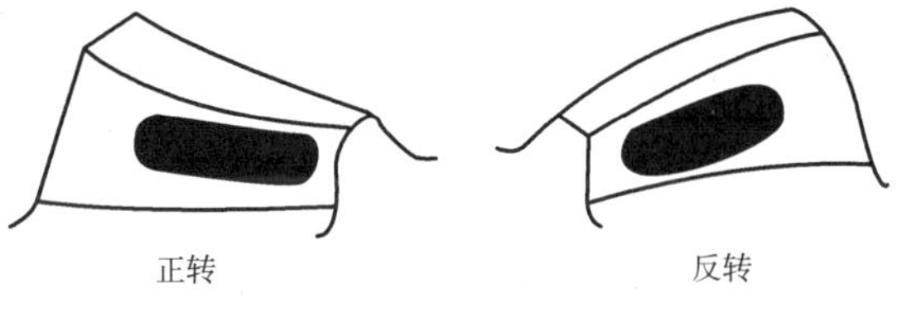

图 6-6 从动齿轮正确啮合的印记位置

啮合间隙调整则借助调整螺母实现,正常的啮合间隙应处于汽车生产厂家所规定的范围以内。若间隙过大,应将从动锥齿轮调向主动锥齿轮,反之亦然。为保证调节后的差速器圆锥滚子轴承预紧度不变,一端调整螺母拧入的圈数应等于另一端螺母拧出的圈数(如图 6-5所示)。

为使汽车驱动桥具有足够的离地间隙,充分降低车厢地板高度,应在保证驱动所需传动比和足够齿轮强度前提下,尽可能减少主动锥齿轮齿数,这样可以相应减小从动齿轮的直径。由于从保证齿轮齿根不发生根切的角度出发,各种齿轮的最小齿数限制不同,主减速器齿轮采用不同齿形所获得的效果也不相同。螺旋锥齿轮不发生根切的最小齿数比直齿齿轮的少,因此采用螺旋锥齿轮在同样传动比条件下,结构比较紧凑、运转平稳、噪声较低。此外,准双曲面齿轮越来越多地应用在汽车上,其主要原因是,与螺旋锥齿轮相比较,准双曲面齿轮工作平稳性更好,轮齿的弯曲强度和接触强度更高,同时,它还具有让主动齿轮轴线可相对从动齿轮轴线向下偏置的特点。这种下偏置可在保证汽车离地间隙的同时,降低主动锥齿轮和传动轴的位置,从而降低车身和整车重心高度,提高汽车行驶稳定性(如图 6-7 所示)。

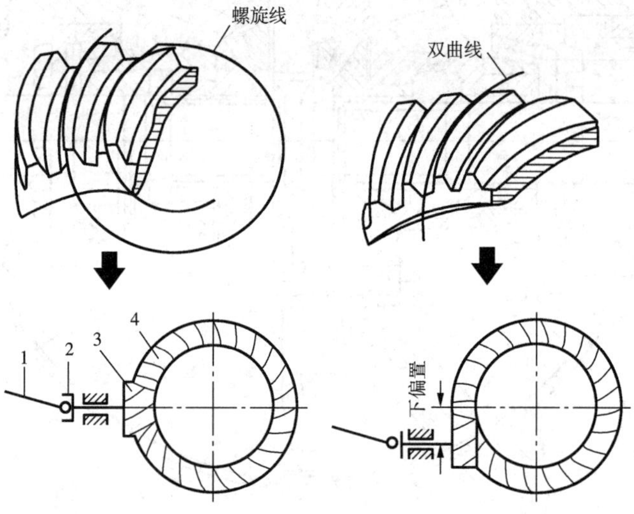

图 6-7 准双曲面齿轮特点

1—传动轴;2—万向节;3—主减速器主动锥齿轮;4—主减速器从动齿轮

但是,准双曲面齿轮工作时,齿面存在较大的相对滑动,齿面间工作压力很大,齿面油膜易受到破坏。为此,必须采用含有防刮伤添加剂的专用双曲面齿轮油,才能达到减小摩擦、延长寿命和提高效率的目的,绝不可以用普通齿轮油代替。

主减速器内的润滑主要靠飞溅方式完成,但由于输入端前轴承的润滑较为困难,故可在壳体上铸造专门的进油道和回油道。齿轮传动时飞溅起的润滑油由进油道流入轴承小端,依靠离心力作用,润滑油由轴承小端甩向大端,随后经回油道流回油底壳。为防止壳内气压过高,导致润滑油渗漏,主减速器壳上设有通气塞。

为充分发挥汽车的动力性和提高燃油经济性,有些汽车上装用了具有两挡速比的主减速器。通常这种双速主减速器由一对锥齿轮 2 和 4 以及一个行星齿轮机构组成,齿圈 5 和从动锥齿轮 4 联为一体,行星架 7 则与差速器壳 3 刚性连接,动力由锥齿轮副经行星齿轮机构传给差速器,由半轴 10 传给驱动轮。左半轴上滑套一个接合套,其上设有能与主减速器壳体啮合的接合套短齿圈 9 和能与差速器壳啮合的接合套长齿圈 8(如图 6-8 所示)。

主减速器高挡用于一般行驶条件，驾驶员可以通过气压或电动控制方式靠换挡拨叉机构将接合套置于左边（如图 6－8a 所示），接合套短齿圈 9 与主减速器壳分离，接合套长齿圈 8 与行星齿轮 6 和行星架 7 的内齿圈同时啮合，从而使行星齿轮系锁死。此时，差速器壳 3 与从动锥齿轮 4 以相同转速旋转。显然，高挡速比即为主动锥齿轮、从动锥齿轮齿数之比。

主减速器低挡用于要求较大牵引力时，此时拨叉将接合套移向右边（如图 6－8b 所示），使接合套的短齿圈与主减速器壳体接合，长齿圈与行星架的内齿圈分离，而只与行星齿轮啮合，于是，行星齿轮机构的中心轮被固定，与从动锥齿轮连为一体的齿圈成为主动件，与差速器壳连在一起的行星架成为从动件，行星齿轮机构起减速作用。此时，主减速器总减速比由主动锥齿轮、从动锥齿轮和行星齿轮机构共同构成。

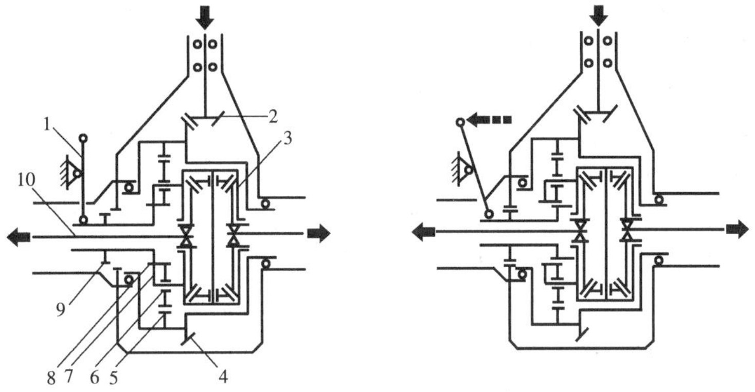

a)高速挡传动　　b)低速挡传动

图 6－8　双速主减速器结构示意图

1－换挡机构；2－主动锥齿轮；3－差速器壳；4－从动锥齿轮；5－齿圈；6－行星齿轮；7－行星架；8－接合套长齿圈（太阳轮）；9－接合套短齿圈；10－半轴

许多多轴驱动的汽车上采用了贯通式驱动桥结构，它可以使传动系结构简化，提高零部件的通用性，同时便于产品系列化。在如图 5－2a 所示的 6×6 越野车上，传动轴从距分动器较近的驱动桥中穿过，通向另一驱动桥。这种传动方案的驱动桥必须采用贯通式驱动桥。一般它由主减速器 9、过渡齿轮副 3 和 10、轴间差速器 11、轮间差速器 8、输入轴 1、输出轴 4、半轴 5 和 7 及桥壳等组成（如图 6－9 所示）。动力从输入轴凸缘输入，通过轴间差速器分配给过渡齿轮副和输出轴。传给过渡齿轮副的动力再经过主减速器和轮间差速器传给两根半轴，其中输出轴又称为贯通轴，它将动力传给后面的驱动桥。

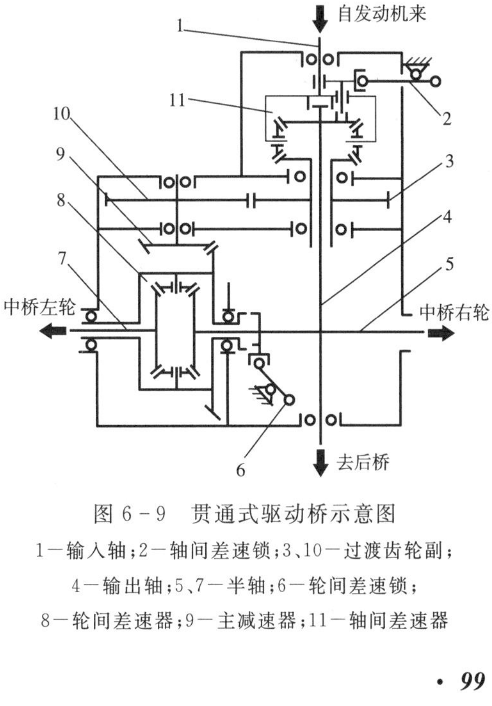

图 6－9　贯通式驱动桥示意图

1－输入轴；2－轴间差速锁；3、10－过渡齿轮副；4－输出轴；5、7－半轴；6－轮间差速锁；8－轮间差速器；9－主减速器；11－轴间差速器在重型载货汽车、越野车和大型客车上，当要求提供较大的主传动比和较大的离地间隙时，采用主减速器加轮边减速器传动可取得较好效果。

通常，轮边减速器为行星齿轮机构(如图6-10所示)，齿圈5与半轴套管固定在一起，半轴4传来的动力经中心太阳轮7、行星轮6、行星齿轮轴和行星架传给车轮。由于齿圈5与不旋转的车轮底板相连，行星轮系形成以太阳轮为输入、行星架为输出的减速传动。采用这种形式的轮边减速器可在获得较大主减速比的同时，使驱动桥主减速器尺寸减小，相应增大了离地间隙。由于半轴在轮边减速器之前，所承受的载荷大为减少，换句话说，半轴和差速器尺寸可以进一步减小。但是由于需要使用两套轮边减速器，因此结构较复杂，制造成本高。

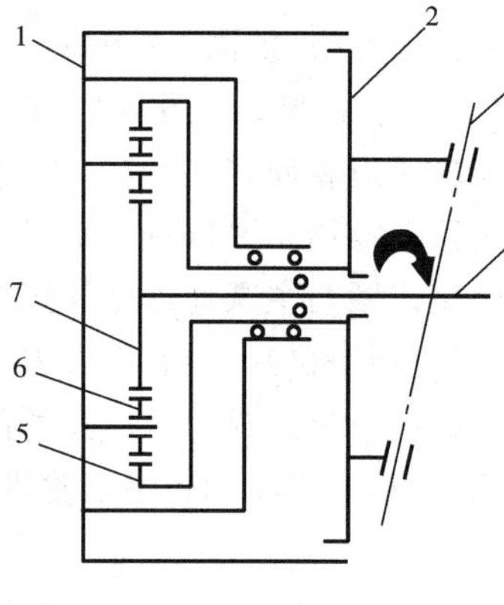

图 6-10　轮边减速器结构示意图

1—行星架(轮毂)；2—车轮底板；3—转向主销；4—半轴；5—齿圈；6—行星轮；7—太阳轮

在大型客车和越野车上还常采用由一对外啮合圆柱齿轮组成的轮边减速器(如图6-11所示)。与半轴相连的主动小齿轮和与轮毂相连的从动大齿轮啮合，也可获得轮边减速比。当主动齿轮位于上方时，可增大驱动桥离地高度，适于为越野车采用，可满足通过性需要。当主动齿轮位于下方时，可降低驱动桥壳的离地高度，有利于降低客车的高度。

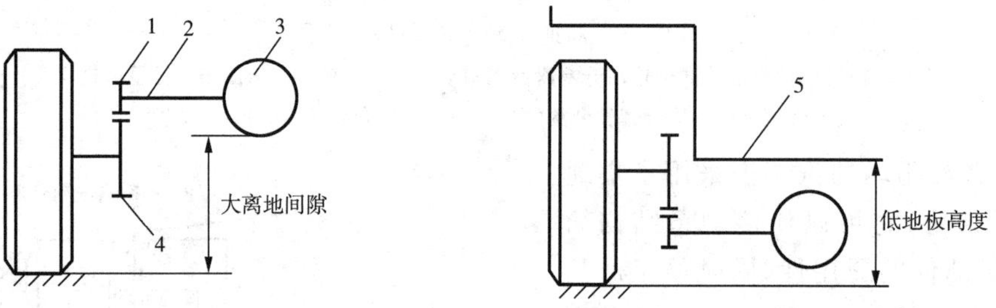

a)越野车　　　　b)客车

图 6-11　两种轮边减速器传动方案

1—轮边减速器主动齿轮；2—半轴；3—主减速器；4—轮边减速器从动齿轮；5—车厢地板

第二节　差速器

在汽车行驶过程中，车轮对路面的相对运动有两种状态，即滚动和滑动。其中滑动又分滑转和滑移两种。这种运动状态可以说明如下：

设车轮中心在车轮平面内相对路面的移动速度为 v，车轮旋转角速度为 ω，车轮滚动半径为 r，则车轮处于不同运动方式中的运动关系如表 6-1 所示。

表 6－1　车轮处于不同运动方式中的运动关系

运行状态	滚动	滑动	
		滑转	滑移
	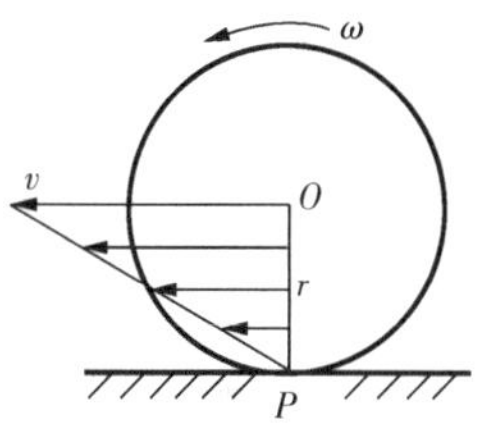	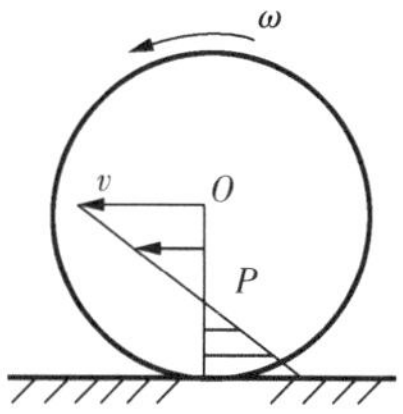	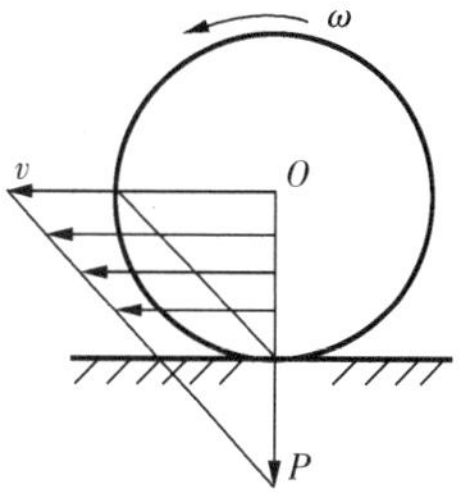
特征	$v=r\omega$	$v<r\omega$	$v>r\omega$

当汽车转弯行驶时，内外两侧车轮绕同一中心旋转，故在同一时间内，外侧车轮驶过的曲线距离显然大于内侧车轮。若两侧车轮固定于同一刚性转轴上，以同一角速度转动，则外轮必然会边滚动边滑移，而内轮却会边滚动边滑转。同样的情形也会发生在不平路面的直线行驶中，因为此时两侧车轮实际运动的曲线距离仍然会不相等。此外，由于轮胎承载不同、气压不同、磨损不同也会导致各轮胎的滚动半径实际上不可能完全相等，因此，只要各轮角速度相等，即使在非常平直的路面上，车轮相对于路面的滑动也必然存在。

车轮对路面的滑动一方面会加速轮胎磨损，增加动力损耗，另一方面还会影响轮胎与地面的附着，破坏汽车转向、驱动和制动性能。为此，汽车在结构上必须能够保证允许各个车轮以不同角速度旋转。这一点对从动车轮而言并无问题，因为它们本身就独立地与车轴相连。但对驱动车轮来说，由于左右车轮与车轴刚性相连，便会导致出现上述运动干涉。为了保证驱动轮能在不中断动力传递的情况下，允许两车轮以不同角速度旋转，需要将连接两车轮的车轴断开（称为半轴），且在半轴和主减速器之间加入一个被称为轮间差速器的机构。

与上同理，在多轴驱动的汽车上，各驱动桥间由传动轴相连，所有驱动轮在转速上也会出现运动干涉现象，为了消除这些不利影响，需要在各驱动轴间加设轴间差速器。

汽车的差速器的传动机构多采用行星齿轮系统，其特点之一是机构内部摩擦很小，所以差速器通过两半轴输出转矩之比基本上是定值。当遇到各车轮与路面间附着条件有较大差异时，简单的齿轮式差速器将无法保证汽车获得足够的牵引力。若设计上采用防滑式差速器，则有可能将输入转矩更多地传向附着条件较好的驱动轮，提高汽车的通过能力。

一、齿轮式差速器

齿轮式差速器有圆锥齿轮式和圆柱齿轮式两种。按两侧输出转矩是否相等，齿轮式差速器有对称式和不对称式两种（如图 6－12 所示）。对称式用作轮间差速器或平衡悬架上的两驱动桥之间的轴间差速器；不对称式用作前后驱动桥之间或前驱动桥与中、后驱动桥之间的轴间差速器。

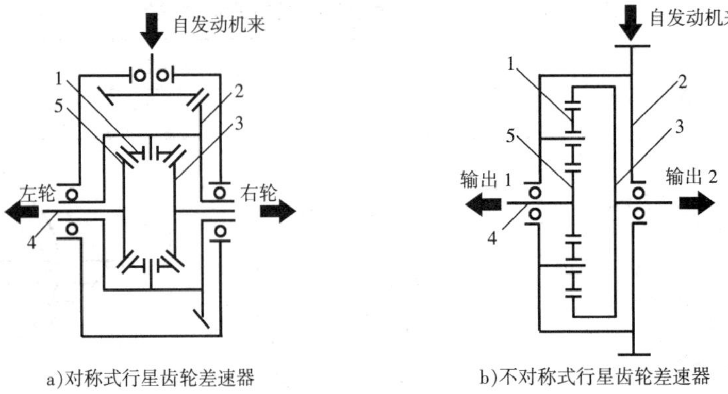

图 6-12　齿轮式差速器

1—行星轮；2—主减速器从动齿轮(差速器壳)；3、5—半轴齿轮；4—半轴

对称式圆锥齿轮差速器由圆锥行星齿轮 4、十字形行星齿轮轴 8、圆锥半轴齿轮 3、差速器壳 1 和 5 等组成(如图 6-13 所示)，装配关系如图 6-5 所示。行星齿轮个数由差速器传递扭矩大小决定，中级以下轿车的差速器通常设两个行星齿轮，此时的行星齿轮轴为一根直轴。大多汽车的差速器行星齿轮为四个，行星齿轮轴为十字轴，差速器壳由两部分组成，主减速器从动齿轮用铆钉或螺栓固定在差速器壳左半部的凸缘上。装合时，十字轴的四个轴颈嵌在两差速器壳凹槽形成的孔内。十字轴每个轴颈浮套一个直齿圆锥行星齿轮，分别与两个直齿圆锥半轴齿轮啮合。半轴齿轮的轴颈支承在差速器壳相应的座孔内，并借花键与半轴相连。动力自主减速器从动齿轮依次经过差速器壳、十字轴、行星齿轮、半轴齿轮和半轴将其作用输出给驱动车轮。当两侧车轮以相同速度旋转时，行星齿轮绕半轴轴线转动，形成行星齿轮的公转。而当两侧车轮遇到不同阻力时，行星齿轮除做上述公转外，还绕自身轴线自转，此时，两半轴齿轮带动两侧车轮以不同转速转动。

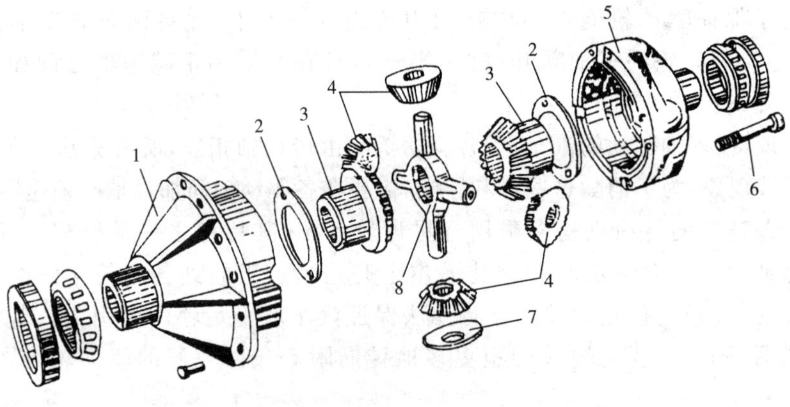

图 6-13　对称式圆锥齿轮差速器分解图

1—差速器左壳；2—半轴齿轮推力垫片；3—半轴齿轮；4—行星齿轮；
5—差速器右壳；6—螺栓；7—行星齿轮球面垫片；8—行星齿轮轴(十字轴)

行星齿轮的背面以及差速器壳相应内表面均制成球面，以保证行星齿轮对正中心，有利于同两个半轴齿轮正确地啮合。由于行星齿轮和半轴齿轮都是锥齿轮传动，在动力传递时会产生很大的轴向力；另一方面，在齿轮与差速器壳之间存在相对运动，所以为减少齿轮与差速器壳间的磨损，在半轴齿轮和行星齿轮与差速器壳之间分别装有铜或聚甲醛塑料制成的平垫片和球面垫片，利用这些垫片可以调整半轴齿轮和行星齿轮的啮合间隙。

差速器壳中的润滑靠壳体上开出的进出液窗口，为保证行星齿轮和十字轴轴颈间有良好的润滑，在十字轴轴颈上铣有平面，并在行星齿轮的轮齿间钻有通油孔。

汽车差速器是依据行星齿轮的差速原理工作的，汽车上常见的对称式圆锥齿轮差速器结构（如图 6－14a 所示）与主减速器从动齿轮连为一体的差速器壳 3 中装有行星齿轮轴 5，形成行星齿轮架，作为差速器的主动件；通过行星齿轮 4 带动的左右两半轴齿轮 1 和 2 是差速器输出的从动件。差速器的工作状态分为行星齿轮无自转和有自转两种（如图 6－14d 所示）。

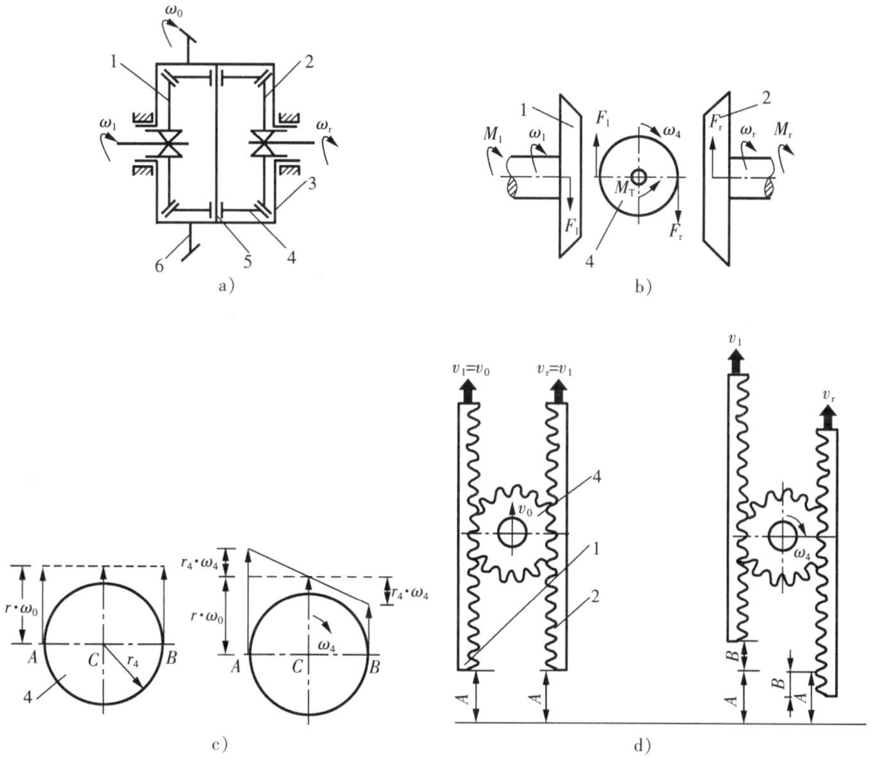

图 6－14　差速器原理

1－左半轴齿轮；2－右半轴齿轮；3－差速器壳；

4－行星齿轮；5－行星齿轮轴；6－主减速器从动齿轮

假设差速器壳以角速度 ω_0 输入，左右两半轴齿轮 1 和 2 的输出角速度分别为 ω_1 和 ω_r，行星齿轮 4 中心到差速器旋转轴线（半轴轴线）的距离为 r。则当汽车直线行驶时，行星齿轮仅有随行星架（差速器壳 3）绕差速器旋转轴线公转的运动，即行星齿轮无绕行星齿轮轴 5 的自转运动，行星轮上 A、B 和 C 点具有相同的速度 $\omega_0 r$，于是有 $\omega_1=\omega_r=\omega_0$，即此时差速器无差速作用，两半轴输出角速度等于差速器壳 3 的角速度（如图 6－14c 所示）。

当汽车转弯行驶时，行星齿轮 4 除有上述公转 ω_0 外，还存在绕自身轴线 5 的自转 ω_4，行星齿轮啮合点 A 的圆周速度为 $\omega_0 r+\omega_4 r_4$，也即 $\omega_1 r=\omega_0 r+\omega_4 r_4$；而啮合点 B 的圆周速度为 $\omega_0 r-\omega_4 r_4$，也可表述为 $\omega_r r=\omega_0 r-\omega_4 r_4$；将上述两等式左边和右边分别相加，消去 $\omega_4 r_4$ 后可

知 $\omega_1+\omega_r=2\omega_0$，也可用转速表达为

$$n_1+n_r=2n_0$$

由此可知，对称式锥齿轮差速器的运动特征为：左右两半轴齿轮的转速之和等于差速器壳转速的两倍。在汽车行驶过程中便可以借助行星齿轮自转使两侧驱动的车轮以不同的转速在地面上做无滑动的滚动，实现差速。

从上述所得公式中还可知道，当 $n_1=0$ 时(右轮陷入泥坑时的情形)，$n_r=2n_0$；而当 $n_0=0$ 时，$-n_1=n_r$。这表明在某些特殊工况下，差速器给驱动轮提供了多余的运动自由度，前种情况意味着汽车会产生打滑，后种情况则表明中央制动器起作用时，$n_0=0$，但并不能将汽车绝对锁死。

对称式锥齿轮差速器的转矩分配可借图 6－14b 来分析，由主减速器传来的主动转矩 M_0 经差速器壳、行星齿轮轴、行星齿轮和半轴齿轮传给半轴。由于行星齿轮相当于一根等臂杠杆，且两个半轴齿轮直径相同，因此当行星齿轮无自转时，主动转矩 M_0 总是平均分配给左、右两个半轴齿轮，也即

$$M_1=M_r=\frac{1}{2}M_0$$

假设当汽车左轮落入湿滑的泥坑时，由于左边起平衡作用的地面摩擦力变小，左半轴转速 n_1 会大于右半轴转速 n_r，行星齿轮绕自身轴线顺时针旋转，此时在行星齿轮孔与行星齿轮轴之间以及行星齿轮背面与差速器壳之间都会产生与行星齿轮旋转方向 n_4 相反的摩擦力矩 M_T，行星齿轮上受左、右半轴齿轮作用的平衡力为 F_1 和 F_r，前者使快转的左半轴上的转矩 M_1 减小，后者却使慢转的右半轴上的转矩 M_r 变大。即当行星齿轮存在自转时，因为 $F\cdot 2r_4=M_T$，且因 M_T 而附加到左半轴和右半轴上的摩擦力矩为 $F\cdot r_1=M_3$，所以 $M_3=\frac{r_1}{2r_4}M_T$，故

$$M_1=\frac{1}{2}M_0-\frac{r_1}{2r_4}M_T=\frac{1}{2}(M_0-\frac{r_1}{r_4}M_T)$$

$$M_r=\frac{1}{2}M_0+\frac{r_1}{2r_4}M_T=\frac{1}{2}(M_0+\frac{r_1}{r_4}M_T)$$

由此可以看出，如若 M_T 足够大，则可使附着条件变坏的左半轴上 M_1 下降，而附着条件好的右半轴上 M_r 上升，这种力的转移是有利于提高汽车通过泥泞路面的。但遗憾的是普通差速器中的内摩擦力矩 M_T 很小，上述力矩的转移十分有限，几乎可以认为左右车轮的转矩总是平均分配的，即有 $M_1=M_r\approx\frac{1}{2}M_0$。这种转矩分配方式对于在好的路面上行驶的汽车来说，并无大碍，但在坏路面上却极其不利于车辆通过。例如当汽车的某一驱动轮与湿滑路面相接触时，往往会导致该车轮原地滑转，而另一车轮即使在好路面上，汽车也无法正常行驶。这是因为在坏路面上的车轮与路面之间附着力很小，路面只能给予该侧半轴很小的反作用转矩，而由于差速器转矩平均分配的特点，使得好路面车轮上分配到的转矩只能与坏路面上车轮的很小转矩相一致，最终汽车获得的总驱动力无法克服行驶阻力，因而无法前进。

为了从数量上衡量差速器转矩分配的特点，定义了锁紧系数 K，用它来表征差速器能够实现转矩转移量的大小，即

$$K=\frac{M_r}{M_1}$$

目前大量使用的对称式锥齿轮差速器的锁紧系数 K 约为 1.1～1.4。

经上述讨论可知，采用普通行星齿轮差速器使汽车通过坏路面的行驶能力受到限制。若能在一个驱动车轮滑转时，设法将大部分转矩甚至全部转矩传给不滑转的驱动轮，那样便可以充分利用好路面一侧车轮上的附着力，提高汽车的越野性能，因此出现了各种防滑式差速器。

二、强制锁止式差速器

为实现转矩流按需传递，简单有效的办法是在差速器上设置差速锁，即当一侧驱动轮滑转时，利用差速锁锁止差速器，使其不起作用。这种差速器称为强制锁止式差速器。

图 6-15 所示为强制锁止式差速器，差速锁由接合器及操纵机构组成。端面上具有接

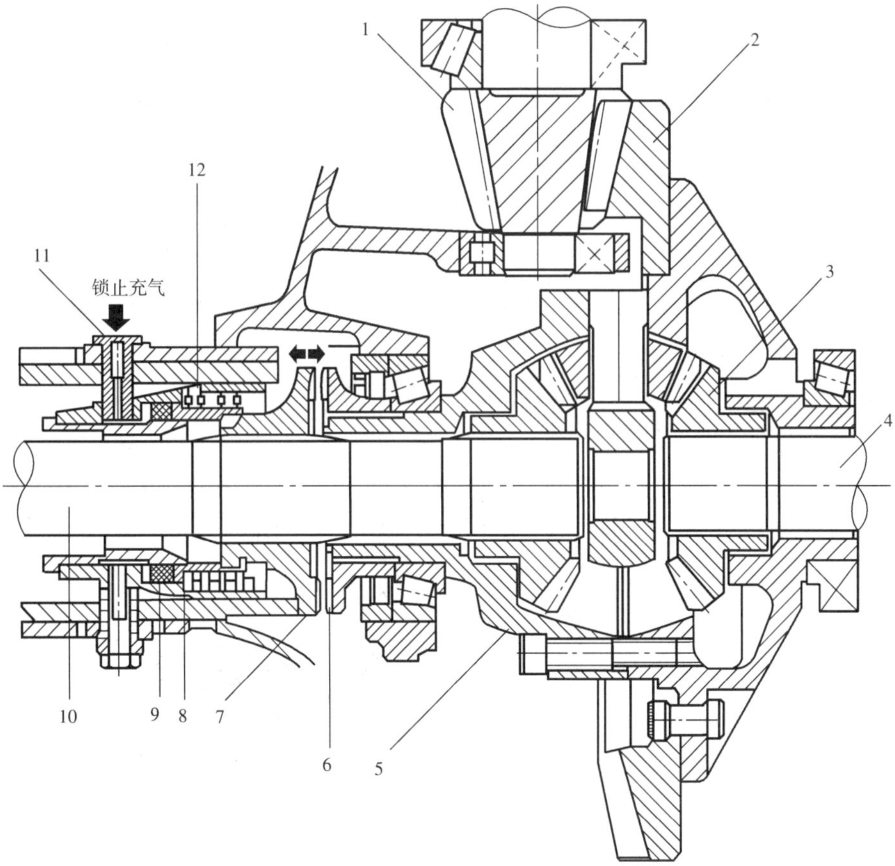

图 6-15　斯堪尼亚(Scannia)LT110 型载重汽车强制锁止式差速器

1—主减速器主动齿轮；2—主减速器从动齿轮；3—半轴齿轮；4—半轴 1；5—差速器壳；6—内接合器；7—外接合器；8—锁止控制活塞；9—活塞皮碗；10—半轴 2；11—充气管接头；12—活塞回位弹簧

合齿的内接合器 6 和外接合器 7 分别用花键与差速器壳和左半轴相连，外接合器 7 可沿半轴做轴向滑动，内接合器 6 靠锁圈固定轴向位置。当接合器分离时，差速器起差速作用，而当接合器接合时左半轴与差速器壳刚性连接，差速器不起作用，即左右车轮锁为一体，从主减速器传来的扭矩全部传向附着力大的车轮。接合器的控制靠电磁阀接通压缩空气管路，使进入工作缸的压缩空气推动活塞，最终实现对外接合器的控制。强制锁止式差速器结构简单、易于制造，但是操纵必须在停车状态下进行。

三、高摩擦自锁式差速器

图 6-16 是在对称式锥齿轮差速器基础上发展而来的摩擦片自锁式差速器。为增加差速器的内摩擦力矩，在半轴齿轮和差速器壳之间安装有摩擦片，十字轴由两根相互垂直的行星齿轮轴组成，轴的端部均切有凸 V 形斜面，相应地，在差速器壳孔上也开有相应 V 形斜面的内孔，两根行星齿轮轴的 V 形面呈反向安装。每一半轴齿轮的背面有推力盘和主动摩擦片、从动摩擦片。推力盘以内花键与半轴相连，在其轴颈处用外花键与从动摩擦片相连，主动摩擦片靠花键与差速器壳相连，推力盘和主动摩擦片、从动摩擦片均可沿轴向做微小的滑移。当汽车直线行驶时，两半轴无转速差，扭矩平均分配给两半轴，由于差速器壳通过斜面作用在行星齿轮轴两端，斜面上产生的轴向力迫使两行星齿轮轴分别从左、右向外移动，通过行星齿轮使推力盘压紧摩擦片。此时转矩经两条路径传给半轴：一条沿行星齿轮轴、行星齿轮和半轴齿轮将大部分转矩传给半轴，另一条路径则由差速器壳经主动摩擦片、从动摩擦片、推力盘传给半轴。

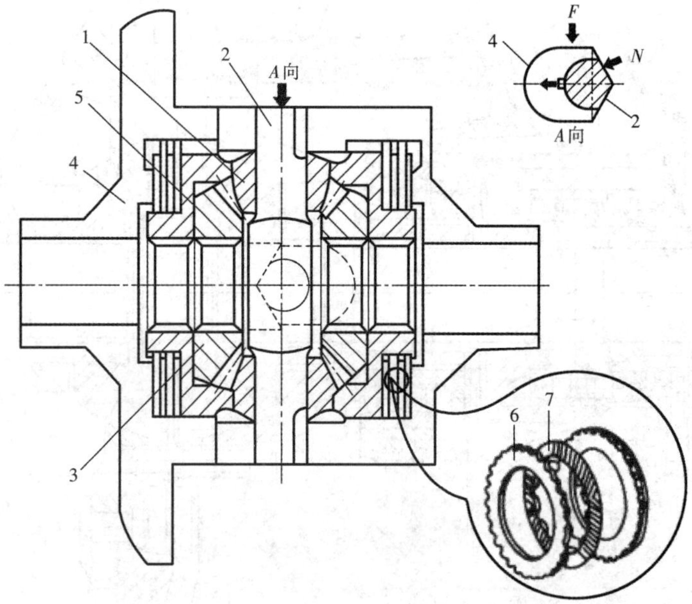

图 6-16　摩擦片式差速器

1—差速器行星齿轮；2—行星齿轮轴；3—半轴齿轮；4—差速器壳；

5—推力盘；6—主动摩擦片；7—从动摩擦片

当一侧车轮在路面上滑转或汽车转弯时，行星齿轮自转，左右半轴齿轮转速产生差异，因这种转速差的存在和轴向力的作用，主动摩擦片、从动摩擦片间产生摩擦力矩。其数值大小与差速器传递的转矩和摩擦片数值成正比，而摩擦力矩的方向与转速较高的半轴旋向相反，与转速较慢的半轴旋向相同。高摩擦力矩作用的结果是使低转速半轴传递的转矩大大增加。这种差速器结构简单、工作平稳、锁紧系数可达到 5 或更高，常用于轿车和轻型载货汽车。

四、托森差速器

托森差速器是一种新型的差速器，它利用蜗轮蜗杆传动的不可逆性原理和齿面高摩擦条件，使差速器能根据其内部差动转矩（即差速器的内摩擦转矩）的大小自动在“差速”和“锁死”之间转换，即在差速器内差动转矩较小时起差速作用，而在差速器内差动转矩过大时差速器将自动锁死，这样可以有效地提高汽车的通过能力，因而在现代四轮驱动轿车上得到了广泛应用。

托森差速器的结构如图 6－17 所示。差速器由空心轴 2、差速器壳 3、后蜗杆轴 9、前蜗杆轴 10、蜗轮轴 6 和蜗轮 5 等组成。空心轴 2 靠花键与差速器壳 3 相连一同转动，可作为差速器的输入。蜗轮 5 通过蜗轮轴 6 固定在差速器壳 3 上，三对蜗轮分别与前蜗杆轴 10 和后蜗杆轴 9 相啮合，每个蜗轮上固定有两个圆柱直齿轮 4，与前后蜗杆轴相啮合的蜗轮彼此通过直齿圆柱齿轮相啮合。当该差速器作为轴间差速器使用时，可以将前蜗杆轴和驱动前桥的差速器齿轮轴联为一体，后蜗杆轴和驱动后桥的驱动轴凸缘盘为一整体。汽车驱动时，来自发动机的驱动力通过空心轴 2 传至差速器壳 3，然后，通过蜗轮轴 6 传到蜗轮 5，并传向蜗杆 9 和 10，前蜗杆轴 10 通过差速器齿轮轴 1 将驱动力传至前桥，后蜗杆轴 9 通过后驱动轴 8 将驱动力传至后桥，从而实现前后驱动桥的驱动牵引作用。而当该差速器作为轮间差速器使用时，也可以将前蜗杆轴和后蜗杆轴分别与左、右驱动轮半轴相连接，当汽车转向时，左、右驱动轮出现转速差，通过啮合的直齿圆柱齿轮相对转动，使一轴转速加快，另一轴转速减慢，实现差速作用。其具体工作过程可以分别讨论如下：

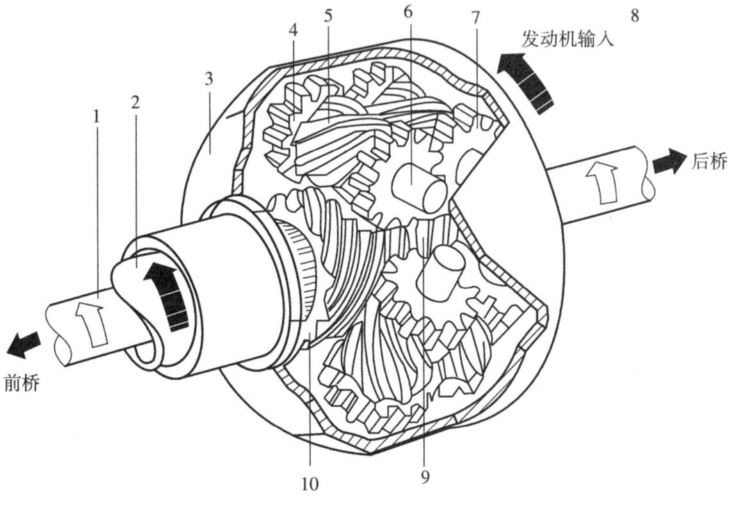

图 6－17 托森差速器结构

1—差速器齿轮轴；2—空心轴；3—差速器壳；4、7—直齿圆柱齿轮

5—蜗轮；6—蜗轮轴；8—后驱动轴；9—后蜗杆轴；10—前蜗杆轴

当汽车直线行驶时，设差速器壳转速为 n_0，前、后蜗杆轴转速为 n_1 和 n_2，则 $n_1=n_2$。发动机传来的动力通过空心轴 2 传至差速器壳 3，再经蜗轮轴 6 传到蜗轮 5，最后通过前、后蜗杆轴 9 和 10 将动力分别传向左、右车轮。由于两蜗杆轴转速相同，故蜗轮与蜗杆之间无相对运动，蜗轮上两个相互啮合的直齿圆柱齿轮之间亦无相对转动，差速器可与两蜗杆轴均绕蜗杆轴线同步转动，也即 $n_1=n_2=n_0$。此时差速器上的转矩平均分配，即若设差速器壳接受的转矩为 M_0，前、后蜗杆轴上的驱动转矩分别为 M_1 和 M_2，则有 $M_1=M_2$，且 $M_1+M_2=M_0$（如图 6-18 所示）。

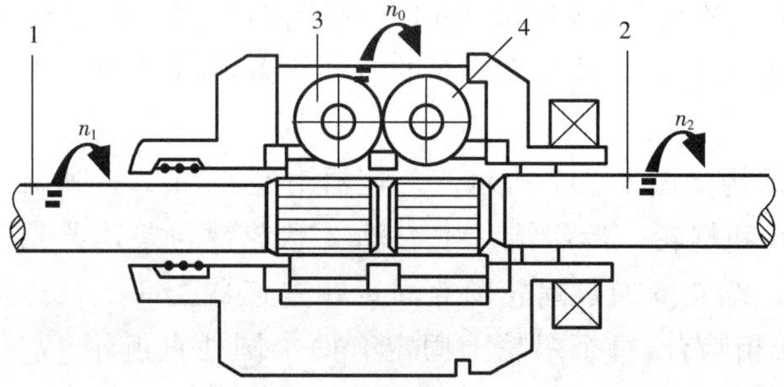

a)

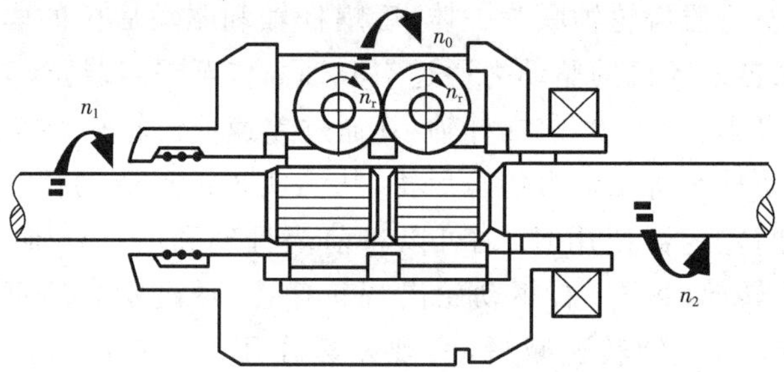

b)

图 6-18　托森差速器工作原理

1—前蜗杆轴；2—后蜗杆轴；3—前蜗轮上的圆柱齿轮；4—后蜗轮上的圆柱齿轮

当汽车转弯或某一车轮陷入泥泞路面时，$n_1\neq n_2$。若假设前蜗杆轴 1 的转速大于后蜗杆轴 2 的转速，即 $n_1>n_2$，前蜗杆轴 1 将带动与其啮合的蜗轮转动，蜗轮两端的直齿圆柱齿轮 3 也随之以转速 n_r 转动，与齿轮 3 相啮合的后端直齿圆柱齿轮 4 必将以转速 n_r 反向转动，齿轮 4 通过其上的蜗轮带动蜗杆和后蜗杆轴 2 反向旋转。蜗轮带动蜗杆的逆传动效率取决于蜗杆的螺旋角和传动副的摩擦条件，对一定的差速器结构来说，其螺旋角是一定的，故这时的传动状况主要由摩擦状况决定，也即受差速器内摩擦力矩 M_r 控制，而内摩擦力矩 M_r 又来自于两蜗杆轴 1 和 2 的相对转速。当 n_1 和 n_2 转速差比较小时，后端蜗轮带动蜗杆的摩擦力也较小，这时差速器尚能够实现一定的差速功能。当前蜗杆轴转速 n_1 较高时，蜗轮驱动蜗杆的摩擦力矩增大，差速器将抑制该侧车轮的空转，将输入转矩 M_0 的大部分分配到后蜗杆轴上，即此时转矩分配为 $M_1=M_0-M_r$，$M_2=M_0+M_r$。当 $n_2=0$ 时，前蜗杆轴空转，由于后蜗轮与蜗杆之间的内摩擦力矩 M_r 过高，使 M_0 全部传向后蜗杆轴，即差速器锁死不起差速作用。

托森差速器转矩比 $K_b=\tan(\beta+\rho)/\tan(\beta-\rho)$，其中 β 为蜗杆螺旋升角，ρ 为摩擦角，当 β

$=\rho$ 时，转矩比 $K_b\rightarrow\infty$，差速器自锁。由于在设计时可通过调节蜗杆的螺旋升角及摩擦角，使蜗轮、蜗杆产生不同的自锁值，螺旋升角越小，自锁值越大，反之亦然。当所设计的蜗轮蜗杆无自锁作用时，驱动力既可来自蜗杆，也可来自蜗轮。通常 K_b 可达 5.5～9，为了减少磨损，提高结构的使用寿命，一般把 K_b 降低到 3～3.5，这样即使一端车轮陷入附着条件很差的路面，汽车仍可以利用另一端车轮的大附着力让汽车摆脱困境。

托森差速器由于其结构和性能上的诸多优点被广泛用作全轮驱动轿车的轴间差速器和后驱动桥的轮间差速器（图 6-19），但是由于在转速差较大时该结构具有自动锁止作用，所以一般不用作转向驱动桥的轮间差速器。

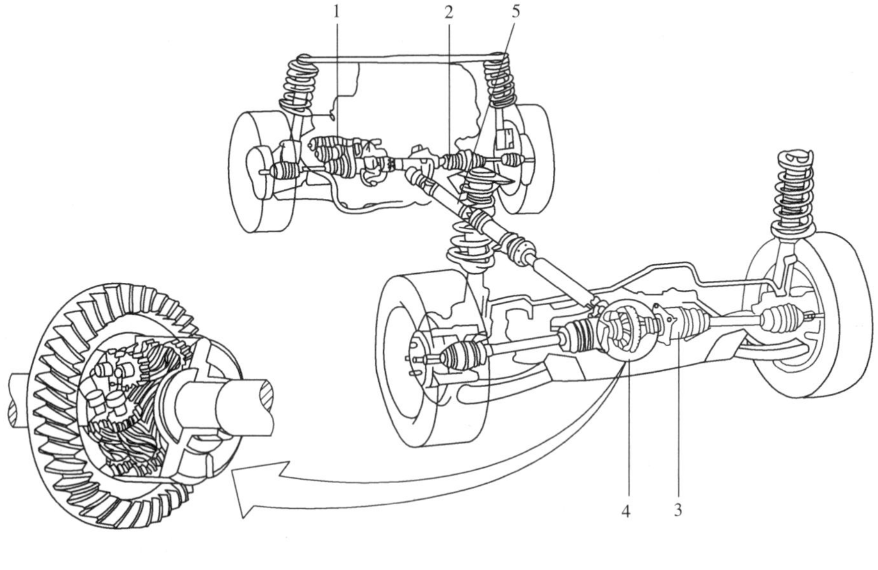

图 6-19　安装在轿车后驱动桥上的托森差速器

1—变速器与差速器总成；2—前桥；3—后桥；4—后桥主减速器与托森差速器；5—传动轴

五、黏性联轴差速器

现代四轮驱动的轿车上常有采用黏性联轴器（又称 VC）作为两驱动轴间的差速器，其结构如图 6-20 所示。它由壳体 4、传动轴 1 和 5 以及内传力片 3、外传力片 6 等组成，内传

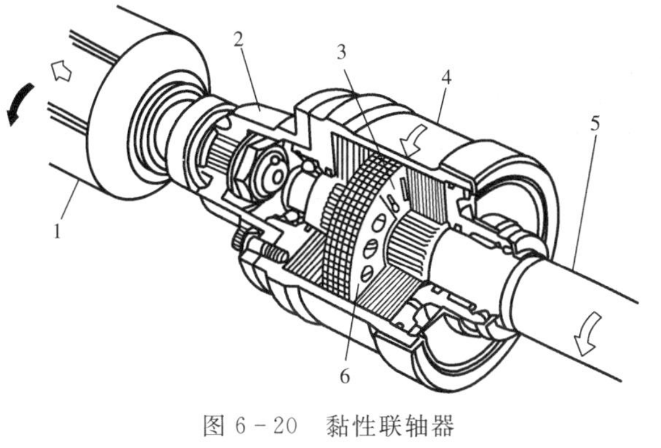

图 6-20　黏性联轴器

1—前传动轴；2—传力毂；3—内传力片；4—壳体；5—后传动轴；6—外传力片

力片以内花键与后传动轴 5 上的外花键相连,外传力片则靠外花键与壳体 4 上的内花键相接。内、外传力片交替排列,外传力片之间设置了隔环,用来限制外传力片的轴向位置,隔环厚度可以用来保证内、外传力片之间的轴向间隙。在黏性联轴器内部密闭的空间内,注满了高黏度的硅油,而在内、外传力片沿圆周方向上加工有孔和槽,以便其间硅油的流动。前传动轴 1 通过螺栓与壳体 4 连接,并带动外传力片成为联轴器的主动部分,内传力片与后传动轴 5 构成联轴器的从动部分,联轴器主动部分、从动部分之间依靠硅油的黏性传递动力矩,实现汽车前、后轴之间的差速和转矩重新分配。

联轴器空腔两端压配合有端盖,并用 O 形密封圈密封,支承内传力片的后传动轴两端支承在滚子轴承上。

黏性联轴器内传递转矩的工作介质——硅油,具有良好的黏度稳定性、很强的抗剪切性和抗氧化性,同时还有低挥发和高闪点的特点。当内、外传力片存在相对转速差时,两种传力片之间的硅油层受到剪切作用,油温升高,产生热膨胀,黏性联轴器空腔内部压力增高,一般最高温度可达 200℃,内压力可达到 100kPa。为了解决由于热膨胀引起内压力增高,在壳体空腔内同时封入了 10%～20%的空气。此外由于硅油本身的高渗透性会造成即使黏性联轴器内部无压力时,也会从油封极小的间隙处渗出壳体,形成泄漏损失,故常对油封向轴上保持较大的压力。

上述黏性联轴器好似密封在壳体内的多片离合器,它以保留在内外传力片之间的硅油膜受到剪切,利用油液的黏性传递转矩。另外还有不设置隔环的黏性联轴器(如图 6－21 所示),它由湿式多片离合器和硅油控制装置两部分组成,离合器钢片 6 通过外花键与壳体 2 相连,摩擦片 7 靠内花键与轴相接,浸在油液中的钢片与摩擦片可以相对转动,离合器的一端设有推动钢片与摩擦片接合的活塞,依靠设置在硅油腔中三叶形转子 3 的旋转可以将硅油温度提高,使腔内压力增大,随着油压增大会推动活塞 5 轴向滑动,钢片与摩擦片逐渐接合,外壳体 2 与中间的轴将渐渐“锁止”。壳体与轴之间的转速差越大,三叶形转子的相对转速越高,硅油温升越大,钢片与摩擦片接合越紧密,联轴器主动部分、从动部分黏滞越明显,“锁止”倾向越严重,即这种联轴器会产生一定的自适应能力。

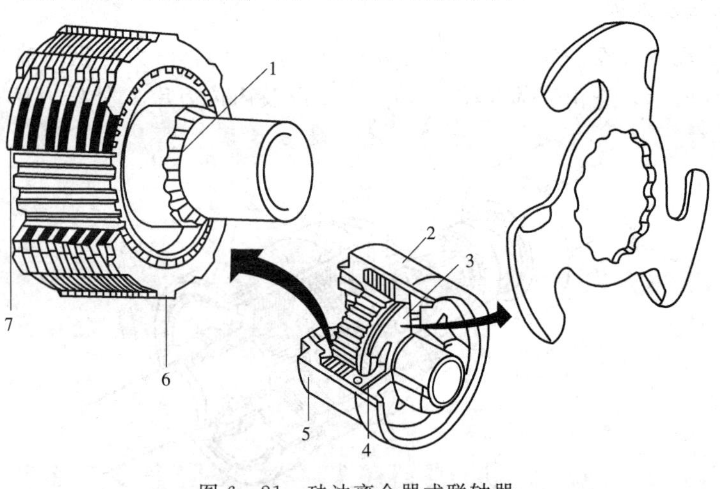

图 6－21　硅油离合器式联轴器

1—三叶形转子安装花键;2—壳体;3—三叶形转子;

4—硅油;5—活塞;6—钢片;7—摩擦片

黏性联轴器传递转矩的能力与硅油密度、黏度、主从动轴之间的转速差、内传力片上的叶片数和半径等参数成正比，而与内外传力片之间的间隙成反比。输入轴与输出轴转速差越大，由输入轴传递到转速低的输出轴的转矩越大。

黏性联轴器作为差速器主要用在全轮驱动汽车的前后桥之间，由于其转矩传递平稳，差速响应特性好，故有些车辆上也将其推广运用在驱动桥的轮间差速器中，可以较明显地提高汽车的驱动性能。前后驱动桥内差速器的黏性联轴器也称作限制滑动式差速器(LSD)。

第三节　半轴与桥壳

一、半轴

半轴是差速器与驱动轮之间传递动力的实心轴，其内端与差速器的半轴齿轮相连，外端与驱动轮轮毂相接。半轴与驱动轮的轮毂在桥壳上的支承形式决定了半轴的受力状态。现代汽车半轴的支承形式有三种，即全浮式支承、半浮式支承和 3/4 浮式支承(如图 6 - 22 所示)。

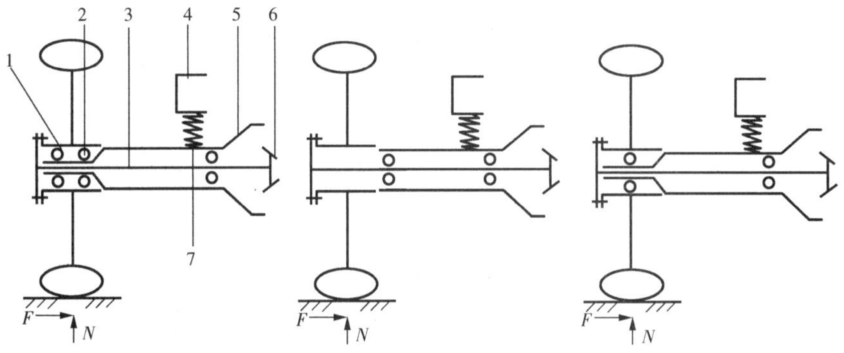

a)全浮式支承　　b)半浮式支承　　c)3/4 浮式支承

图 6 - 22　半轴的支承形式

1—轮毂；2—轮毂轴承；3—半轴；4—车架；5—驱动桥壳；6—半轴齿轮；7—弹簧

全浮式支承对地面反作用力 N 和 F 以及由 F 形成的弯矩均通过桥壳传至车身，故半轴只承受转矩，不承受任何反作用力和弯矩作用，受力状态简单，广泛用于各种载货汽车。

在结构上(如图 6 - 23 所示)，半轴外端锻出的凸缘借助螺栓与轮毂相连。轮毂通过两个跨距较大的圆锥滚子轴承支承在半轴套管上。半轴套管与空心梁压配在一起形成桥壳。半轴内端通过花键与差速器的半轴齿轮相连。这样的连接方式使得半轴易于拆卸，即只需拧下凸缘上的螺栓，便可将半轴抽出，而车轮与桥壳仍能支承住汽车。

半浮式半轴将作用在车轮上的各种反力通过半轴才能传递给驱动桥壳，故此种支承形式只能使半轴内端免受弯矩，而外端却需承受全部弯矩。

在结构上，半轴与桥壳间的支承只靠一个轴承，为使半轴和车轮不致被向外的侧向力拉出，该轴承必须能够承受向外的轴向力。

半浮式支承结构简单，被广泛应用于反力弯矩较小的轿车上。

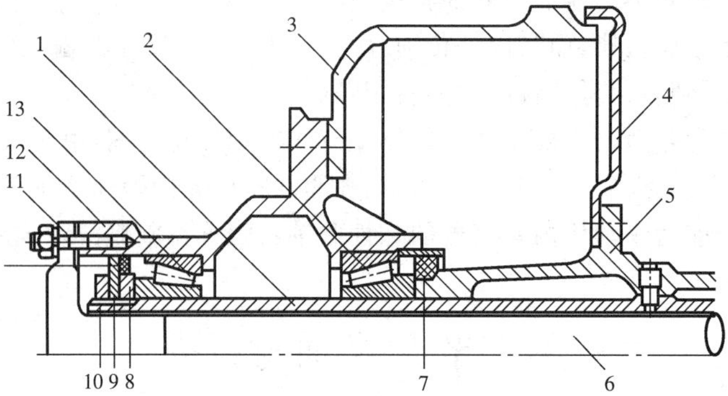

图 6-23　全浮式半轴支承的轮毂部分

1—半轴套管；2—轮毂内侧滚子轴承；3—制动毂；4—车轮底板；5—半轴壳；
6—半轴；7—油封；8—调整螺母；9—锁紧垫片；10—锁紧螺母；
11—轮毂螺栓；12—轮毂；13—轮毂外侧滚子轴承

二、桥壳

驱动桥桥壳具有支承并保护主减速器、差速器和半轴，固定左右驱动轮轴向位置，支承车架和车身，承受车轮传来的各种路面反作用力等作用。因此要求驱动桥壳应具有足够的刚度、尽可能小的质量、便于制造、便于维修等特点。驱动桥壳可分为整体式和分段式桥壳两大类（如图 6-24 所示）。

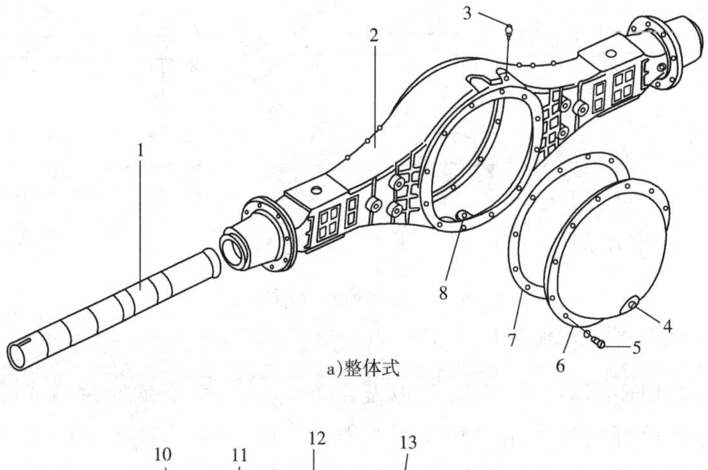

a)整体式

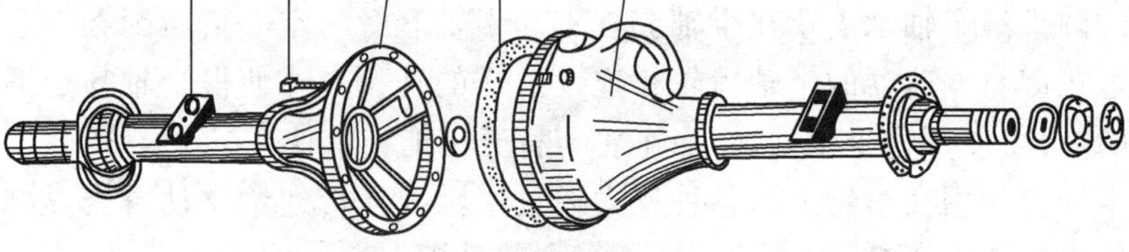

b)分段式

图 6-24　桥壳结构类型

1—半轴套管；2—桥壳；3—通气塞；4—加油孔；5—主减速器盖螺栓；6—主减速器盖；7—密封垫圈；
8—放油孔；9—弹簧座；10—桥壳螺栓；11—左桥壳；12—密封垫圈；13—右桥壳

整体式桥壳具有较大的强度和刚度，便于主减速器装配、调整和维修等优点。在结构上，针对多种不同的制造方法，整体式桥壳有多种不同的形式，常见的有整体铸造式、中段铸造压入钢管式、钢板冲压焊接式等。整体铸造式桥壳刚度大、强度高，易铸造成等强度梁，载荷分配合理，但质量大、对铸造质量要求高，适用于中型、重型载货汽车。中段铸造压入钢管式桥壳重量较轻、工艺简单、便于变型，但刚度较差，适于批量生产的车型。钢板冲压焊接式桥壳重量轻、工艺简单、材料利用率高、抗冲击性好、制造成本低，适于大量生产。

分段式桥壳通常分为两段，由螺栓相连。分段式桥壳比整体式桥壳易于铸造、加工方便，但维修保养不便、易泄漏。

思考题

6-1 驱动桥一般由哪四部分组成？它们各有何作用？

6-2 车辆驱动桥有哪两种类型？它们各有何结构特征？

6-3 主减速器有什么功用？为什么主减速器齿轮大多采用准双曲面齿轮？此种齿轮在使用过程中应注意什么？

6-4 主减速器主动锥齿轮有哪两种典型的支承方式？各有何特点？

6-5 为什么在主减速器装配过程中需要对其采用的圆锥滚子轴承实施预紧装配？如若装配过紧或过松对性能会产生什么影响？

6-6 什么是"双级"主减速器？什么是"双速"主减速器？采用这两种结构形式的目的是什么？

6-7 什么是轮边减速器？它们在大客车和越野车上的作用分别是什么？

6-8 车辆为何要使用差速器？何处需要使用差速器？根据使用目的不同，差速器可分为哪两种类型？

6-9 绘制对称式圆锥齿轮差速器的结构简图，阐述其动力传递方式。

6-10 请阐述差速器的差速原理，并解释普通圆锥行星齿轮差速器的运动特性和转矩分配特性。

6-11 普通圆锥行星齿轮差速器使用性能上的缺陷是什么原因造成的？由此解释高摩擦式和强制锁止式差速器的防滑原理。

6-12 黏性联轴器在结构和性能上有什么特点？

6-13 从支承受力的角度分类，可以将半轴的支承分为哪三种类型？它们分别具有什么特征？

6-14 怎样理解"全浮式半轴易于拆装，无需拆卸车轮便可将半轴取出"这句话？

6-15 驱动桥壳有何作用？可分为哪两大类？各有何特点？

第七章 车 架

车架是整个汽车装配的基础和主要的承载部件，车架的性能直接影响到整车性能的好坏。本章介绍车架的类型、结构和工作原理，要求学生熟练地掌握边梁式车架以及承载式车身的结构和工作原理，了解车架的类型和中梁式车架、综合式车架结构。

汽车车架(frame)是整个汽车的装配基础，汽车绝大多数部件和总成是通过车架来固定其位置的，如发动机、传动系统、悬架、转向系统、驾驶室、车身和货箱等。车架的功用是支承、连接汽车的各总成，使各总成保持正确的相对位置，并承受汽车内外的各种载荷。车架通过悬架和车桥以及车轮相连。

车架需要具有足够的强度、合适的刚度，要求它具有结构简单、重量轻等特点；同时，还应尽可能地降低汽车的重心和获得较大的前轮转向角，以保证汽车行驶时的稳定性和转向灵活性。

目前，汽车车架的结构形式主要有：边梁式车架、中梁式车架(或称脊骨式车架)、综合式车架。有时，单从纵梁形状和结构特点，又可分为周边式车架、X 形车架和梯形车架。

第一节 边梁式车架

边梁式车架是由两根位于两边的纵梁和若干根横梁通过铆接或焊接而连成的坚固的刚性构架。由于边梁式车架便于安装车身和布置总成，有利于汽车改装变型和发展多品种车型的需要，所以被广泛采用。

边梁式车架的纵梁通常用低合金钢板冲压而成，材料一般为 16M 钢。其断面形状有槽形断面、箱形断面、“Z”字形断面和“工”字形断面等几种(如图 7-1 所示)。根据汽车形式和结构布置的要求，纵梁可以在水平面内或纵向平面内做成弯曲的、等截面或非等截面的。纵梁的形式繁多，有前窄后宽结构、前宽后窄结构和前后等宽结构，还有平行式结构和弯曲式结构。此外，在纵梁上还制有很多装置孔，用以安装脚踏板、车身、转向器和悬架总成及其支架。

边梁式车架的横梁不仅用来保证车架的扭转刚度和承受纵向载荷，而且还用来支承汽车上的主要部件。通常载货汽车有 5～8 根横梁，分别布置在安装散热器、发动机、驾驶室、传动轴中间支承、备胎架和钢板弹簧的前后支点处。

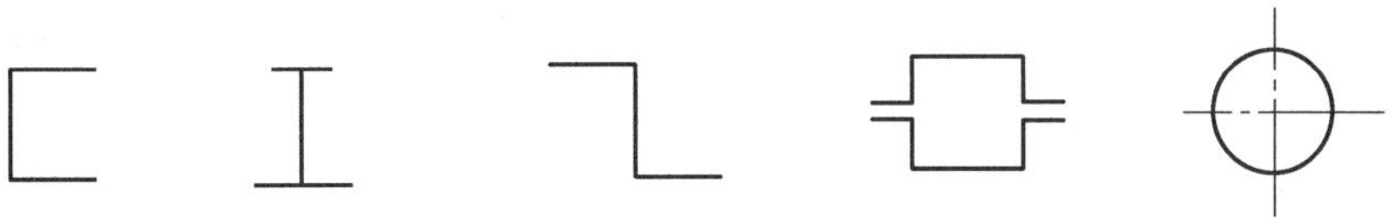

a)槽形　b)工字形　c)Z 字形　d)箱形　e)管形

图 7－1　车架纵(横)梁的剖面形状

载货汽车车架的前端和轿车车架的前后两端装有横梁式的保险杠,以防汽车突然发生碰撞时散热器和翼子板等机件受到损伤;对轿车来说,保险杠还可以起到装饰作用。载货汽车的保险杠上装有挂钩,以便牵引。有些越野汽车的保险杠后面还装有绞盘,以便汽车陷入打滑路段时进行自救。载货汽车和部分大型客车有时要拖带挂车,故在车架的后端一般还装有拖钩。大多数拖钩通过螺旋弹簧与车架横梁弹性相连,并用加强梁和角撑加固。拖钩可以在车架平面内绕轴销摆动,其上装有防脱装置,牵引时拖钩具有缓冲、转向和防脱作用。

图 7－2 所示为东风 EQ1090E 型汽车车架,它由两根纵梁和八根横梁铆接而成,又称

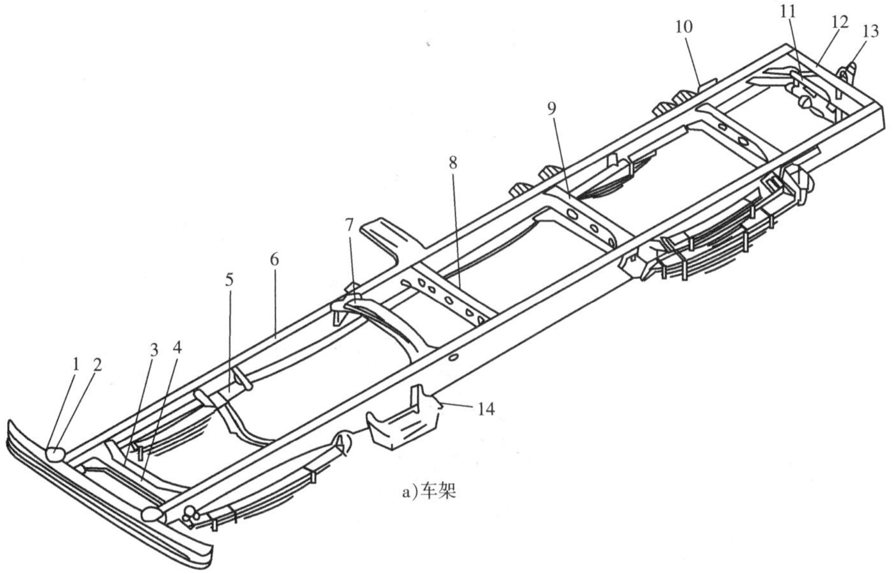

a)车架

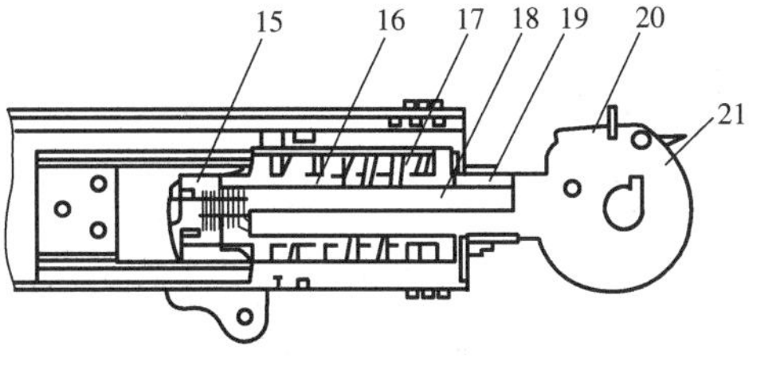

b)拖钩

图 7－2　东风 EQ1090E 型汽车车架

1—保险杠;2—挂钩;3—前横梁;4—发动机前悬置横梁;5—发动机后悬置支架和横梁;6—纵梁;7—驾驶室后悬置横梁;8—第四横梁;9—后钢板弹簧前支架横梁;10—后钢板弹簧后支架横梁;11—角撑横梁组件;12—后横梁;13—拖钩部件;14—蓄电池拖架;15—螺母;16、19—衬套;17—弹簧;18—拖钩;20—锁块;21—锁扣

梯形车架。由于纵梁中部所受弯矩最大,为了使应力分布均匀,同时减小质量,纵梁 6 制成中部断面最高的不等高槽形截面梁。每根纵梁上都开有上百个安装其他机件的孔。前横梁 3 上装有冷却水散热器,横梁 4 作为发动机的前悬支座。为降低发动机高度,改善驾驶员的视野,横梁 4 和 5 均制成下凹形。在横梁 7 的上面装置驾驶室的后悬置,在其下面装置传动轴中间支承。由于传动轴安装位置的需要,横梁 7 制成拱形,其余横梁都做成简单的直槽形。后横梁 12 的中部装有拖带挂车用的拖钩部件 13,因后横梁要承受拖钩传来的很大的作用力,故采用角撑加强。拖钩 18 的尾部支承在两个衬套 16 与 19 上,在两个衬套的凸缘间装有弹簧 17,而在拖钩尾部的端头旋有螺母 15,并用开口销锁住。弹簧 17 用以缓和汽车行驶时所受到的冲击力,此冲击力可能由主车传到挂车,也可能由挂车传到主车,为保持挂车拖架的挂环与拖钩的衔接,拖钩具有可掀转的锁扣 21,其上有带弹簧的锁 20,锁扣可用平头销及开口销固定在闭合位置,此时平头销穿过锁扣与锁块上相重合的小孔。

解放 CA1091 型汽车的车架与东风 EQ1090E 型汽车的车架结构基本相似,但解放 CA1091 型汽车的车架是前窄后宽的结构(如图 7-3 所示),前部宽度缩小是为了给转向轮和转向直拉杆让出足够的空间,从而保证最大的车轮偏转角度。

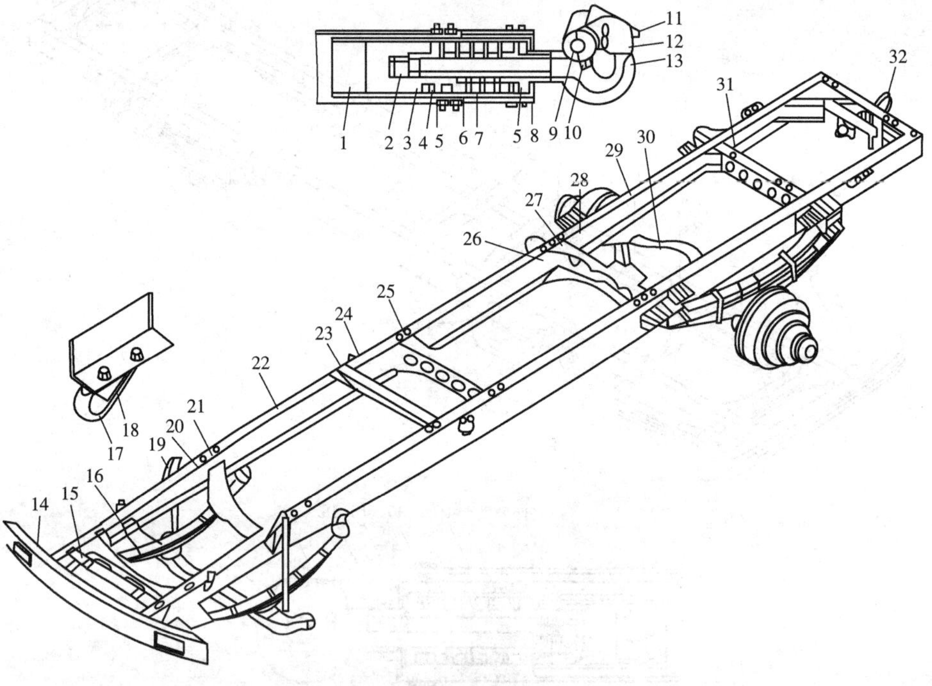

图 7-3 解放 CA1091 型汽车车架

1—角撑;2—拖曳钩螺母;3—后拖钩支承座;4—弹簧座片;5—衬套;6—角撑横梁;7—拖曳钩弹簧;8—后横梁;9—拖曳钩锁扣轴;10—链索总成;11—拖曳钩锁块;12—拖曳钩锁扣;13—拖曳钩;14—前保险杠;15—前横梁 16—发动机前悬置托;17—拖钩;18—拖钩弹簧锁片;19—前减震器上支架;20—发动机后悬置横梁;21—发动机后悬置横梁支架;22—车架纵梁;23—驾驶室后悬置横梁;24—车厢前悬置下支架;25—中横梁;26—后簧前支架垫板;27—后簧前横梁;28—辅助钢板弹簧支架垫板;29—后簧软垫支架;30—后桥;31—后簧后横梁总成;32—拖曳钩总成

对于短而宽的汽车车架，为了降低重心高度和提高车架的扭转刚度，通常制成前窄后宽而后部向上弯曲的车架结构，且两根横梁制成 X 形（X 形车架），如图 7－4 所示。X 形车架一般只用于轿车车架。

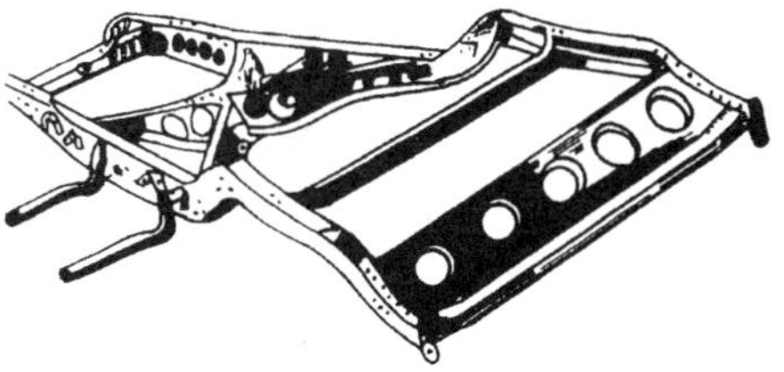

图 7－4 轿车（X 形）车架

第二节 中梁式车架

中梁式车架只有一根位于中央而贯穿汽车全长的纵梁，亦称为脊骨式车架，如图 7－5 所示。中梁的断面可做成管形、槽形或箱形。中梁的前端有伸出的支架，用以固定发动机，而主减速器壳通常固定在中梁的尾端，形成断开式后驱动桥。中梁上悬伸的托架用以支承汽车车身和安装其他机件。若中梁是管形的，传动轴可在管内穿过。图 7－6 所示为具有中梁式车架的轿车底盘。

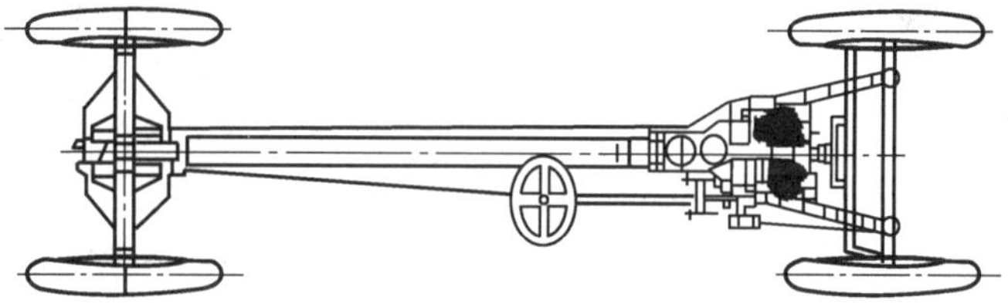

图 7－5 中梁式车架结构

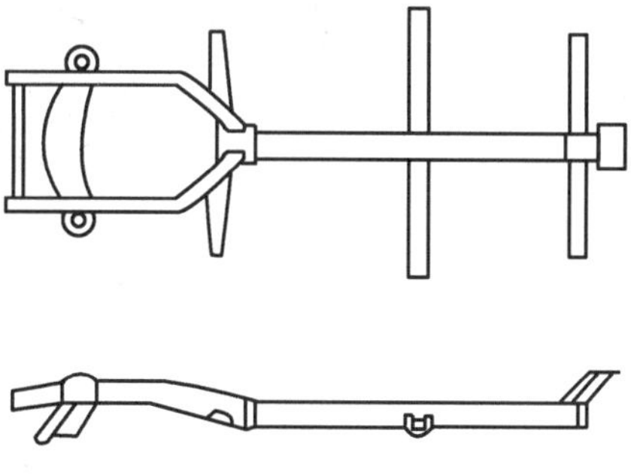

图 7－6 中梁式车架底盘

中梁式车架的优点：有较好的抗扭转刚度和较大的前轮转向角，在结构上允许车轮有较大的跳动空间，便于装用独立悬架，从而提高了汽车的越野性；与同吨位的载货汽车相比，其车架轻，整车质量小，同时质心也较低，故行驶稳定性好；车架的强度和刚度较大；脊梁还能起封闭传动轴的防尘罩作用。中梁式车架的缺点是制造工艺复杂，精度要求高，总成安装困难，维护修理也不方便，故目前应用较少。

第三节 综合式车架

图 7－7 所示的车架是由边梁式和中梁式车架组合构成的，称为综合式车架。车架的前段或后段是边梁式结构，用以安装发动机或后驱动桥；而车架的另一段是中梁式结构，其悬伸出来的支架可以固定车身。传动轴从中梁的中间穿过，使之密封防尘。它同时具有中梁式和边梁式车架的特点，该车架的边梁用以安装发动机，悬伸出来的支架可以固定车身。这种车架实际上属于中梁式架的变型。

随着汽车工业的发展，近年来车架结构形式也出现了多样化和复杂化。图 7－8 所示为桁架式车架，这种立体结构式车架主要用于竞赛汽车及特种汽车。它由钢管组合焊接而成，这种车架兼有车架和车身的作用。

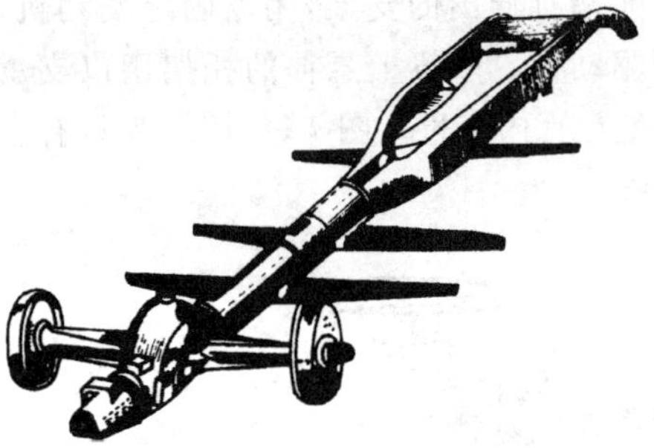

图 7－7 综合式车架

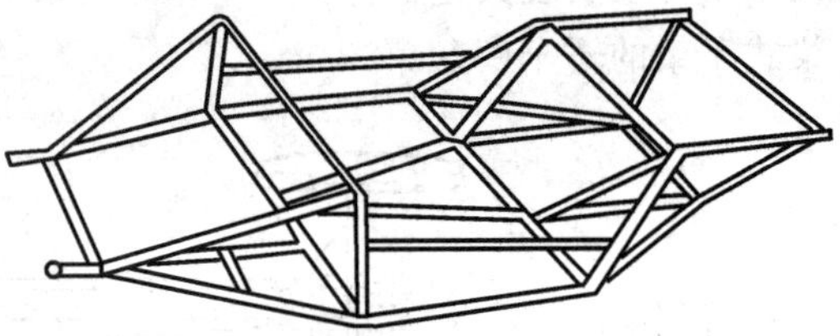

图 7－8 钢管焊接的桁架式车架结构

图 7－9 所示为平台式车架。它是一种将底板从车身中分出来，而与车架组成一个整体的结构，车身通过螺栓与车架相连接。从图 7－9 中可以看出，它是以中梁式车架为基体，在脊柱车架两侧连接车身底板而成为一个平台式车架，也是中梁式车架的一种变型。座椅的金属骨架焊接在车架上，具有较高的刚度。

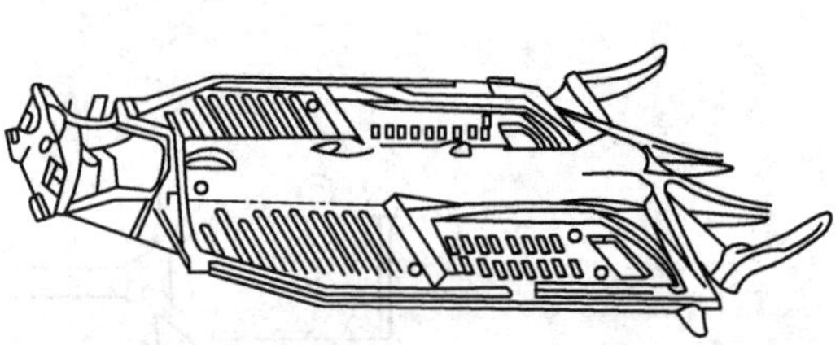

图 7－9 平台式车架

第四节 承载式车身

部分轿车和大型客车取消了车架，而以车身兼带车架的作用，即将所有部件固定在车身上，所有的力也由车身来承受。这种车身称为承载式车身，目前大多数轿车都是采用承载式车身。如上海桑塔纳轿车、一汽大众的捷达和奥迪 100 以及一汽的红旗 CA7220 型轿车等均为此种结构形式。图 7-10 所示为承载式轿车车身壳体零件分解图。图 7-11 所示为大客车整体承载式车身骨架。承载式车身由于无车架，可以减轻整车质量，可以使地板高度降低，使上下车方便。但是传动系和悬架的振动与噪声会直接传入车内，为此，应采取隔音和防震措施。

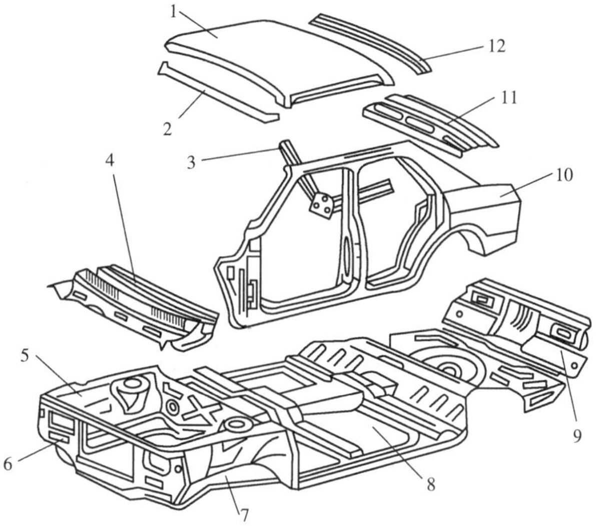

图 7-10　承载式轿车车身壳体零件分解图

1—顶盖；2—前风窗框上部；3—加强撑；4—前围外板；5—前挡泥板；6—散热器框架；7—底板前纵梁；8—底板部件；9—行李箱后板；10—侧门框部件；11—后围板；12—后风窗框上部

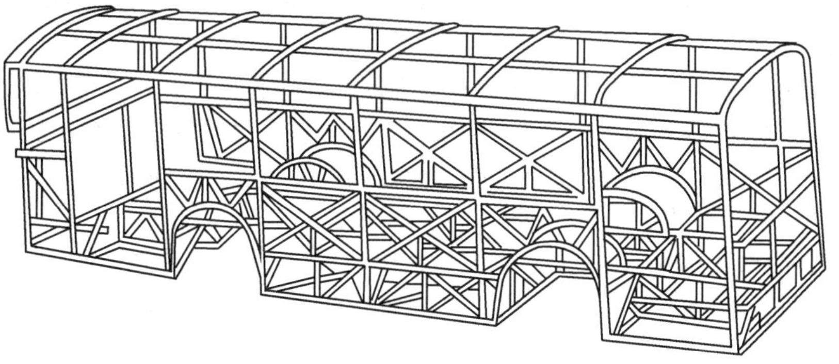

图 7-11　大客车整体承载式车身骨架

思考题

7-1　何谓边梁式车架？为什么这种结构的车架应用更广泛？

7-2　大客车的车架布置有什么特点？为什么？

7-3　为什么轿车多采用承载式车身结构？这种结构的主要优点是什么？

第八章 车桥和车轮

车桥通过悬架和车架(或承载式车身)相连,它的两端安装车轮。车桥的主要作用是传递车架(或承载式车身)与车轮之间各方向的力和力矩。车桥有整体式和断开式两种。车轮通过轮胎和路面间存在的附着作用产生驱动力和制动力。本章介绍转向桥以及转向驱动桥的结构和工作原理、转向轮定位参数、车轮与轮胎的结构以及类型。要求学生熟练地掌握转向桥的结构和工作原理以及转向轮定位参数,了解转向驱动桥的结构、车轮与轮胎的结构以及类型。

第一节 车 桥

车桥(也称车轴)通过悬架与车架(或承载式车身)相连接,两端安装车轮。车架所受的垂直载荷通过车桥传到车轮;车轮上的滚动阻力、驱动力、制动力和侧向力及其弯矩、转矩又通过车桥传递给悬架和车架,故车桥的作用是传递车架与车轮之间的各向作用力及其所产生的弯矩和转矩。

根据悬架的结构形式,车桥可分为整体式和断开式两种。断开式车桥为活动关节式结构,它与独立悬架配合使用;整体式车桥的中部是一个整体的刚性实心或空心梁(轴),它多与非独立悬架配用。大部分现代轿车左右车轮之间实际上没有车桥,而是通过各自的悬架与车架相连接,然而习惯上仍将它们称为断开式车桥。

根据车桥的工作性质,车桥可分为转向桥、驱动桥、转向驱动桥和支持桥四种类型。其中转向桥和支持桥都属于从动桥。一般汽车的前桥多为转向桥,后桥或中、后两桥多为驱动桥。越野汽车和一些轿车的前桥既是转向桥又是驱动桥,故称为转向驱动桥。某些单桥驱动的三轴汽车的中桥或后桥为支持桥。挂车上的车桥都是支持桥。

第二节 转 向 桥

转向桥通常是汽车的前桥,它是利用车桥中转向节的摆动使车轮偏转一定角度,以实现汽车的转向。同时,它还承受垂直载荷、纵向力、侧向力以及这些力造成的力矩。转向桥通常位于汽车的前部,因此也常称为前桥。

转向桥主要由前轴(梁)、转向节、主销和轮毂等四部分组成(如图 8-1 所示)。前轴是转向桥的主体,其断面形状采用"工"字形和管形两种。主销 7 即插入此孔内。中部向下弯曲成凹形,其目的是使发动机位置得以降低,从而降低汽车质心,扩展驾驶员视野,减小传动轴与变速器输出轴之间的夹角。

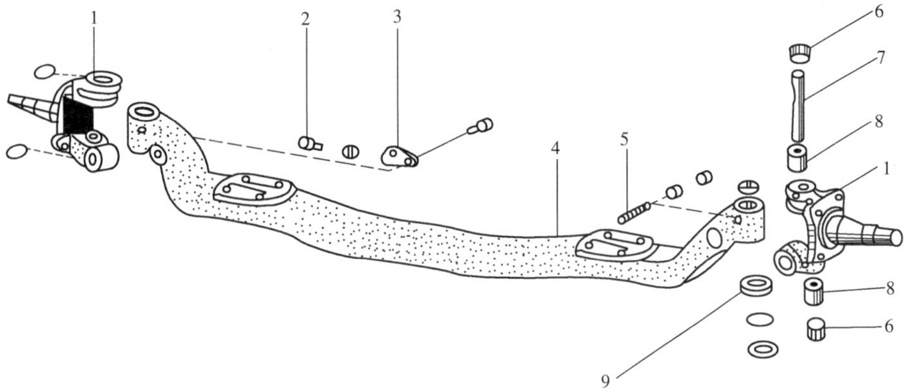

图 8-1 日本丰田戴娜轿车转向桥

1—转向节;2—转向节固定螺栓;3—转向节固定器;4—前轴;
5—主销固定螺栓;6—螺塞;7—主销;8—衬套;9—轴承

一、转向节

转向节 1(如图 8-1 所示)是车轮转向的铰链,它是一个叉形件。上下两叉有安装主销的两个同轴孔,转向节轴颈用来安装车轮。转向节上销孔的两耳通过主销与前轴两端的拳形部分相连,使前轮可以绕主销偏转一定角度而使汽车转向。为了减小磨损,转向节销孔内压入青铜衬套 8,衬套的润滑可用装在转向节上的油嘴注入润滑脂润滑。为使转向灵活,在转向节下耳与前轴拳形部分之间装有轴承 9。在转向节上耳与拳形部分之间还装有调整垫片,以调整其间的间隙。

二、主销

主销的作用是铰接前轴及转向节,使转向节绕着主销摆动以实现车轮的转向。主销 7(如图 8-1 所示)的中部切有凹槽,安装时用主销固定螺栓 5 与它上面的凹槽配合,将主销固定在前轴的拳形孔中。主销与转向节上的销孔是动配合,以便实现转向。主销的常见形式如图 8-2 所示。

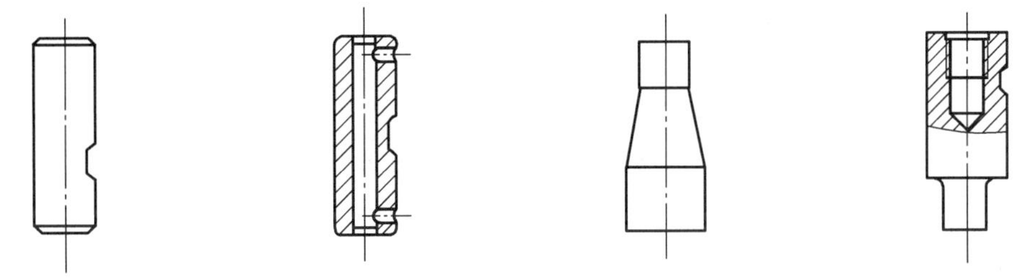

a)实心圆柱形　b)空心圆柱形　c)圆锥形　d)阶梯形

图 8-2 主销的常见形式

三、轮毂

车轮轮毂通过两个圆锥滚子轴承支承在转向节外端的轴颈上。轴承的松紧度可用调整螺母(装于轴承外端)加以调整。轮毂外端用冲压的金属罩盖住,内端装有油封。制动底板与防尘罩一起都固定在转向节上。

图 8－3 所示为北京 BJ1040 型汽车转向桥。前轴 2 是由两个前轴拳形件 7 和一根无缝钢管焊接而成。这种结构可用于轻型汽车,而且不需大型锻造设备来制造前轴。主销推力轴承采用球轴承,可使转向操纵轻便。由转向节上耳油嘴注入的润滑脂,经主销 8 内的轴向和径向油孔进入主销与衬套之间的摩擦表面,使之得到润滑。车轮转角限位螺钉 6 用来限制转向轮最大偏转角。

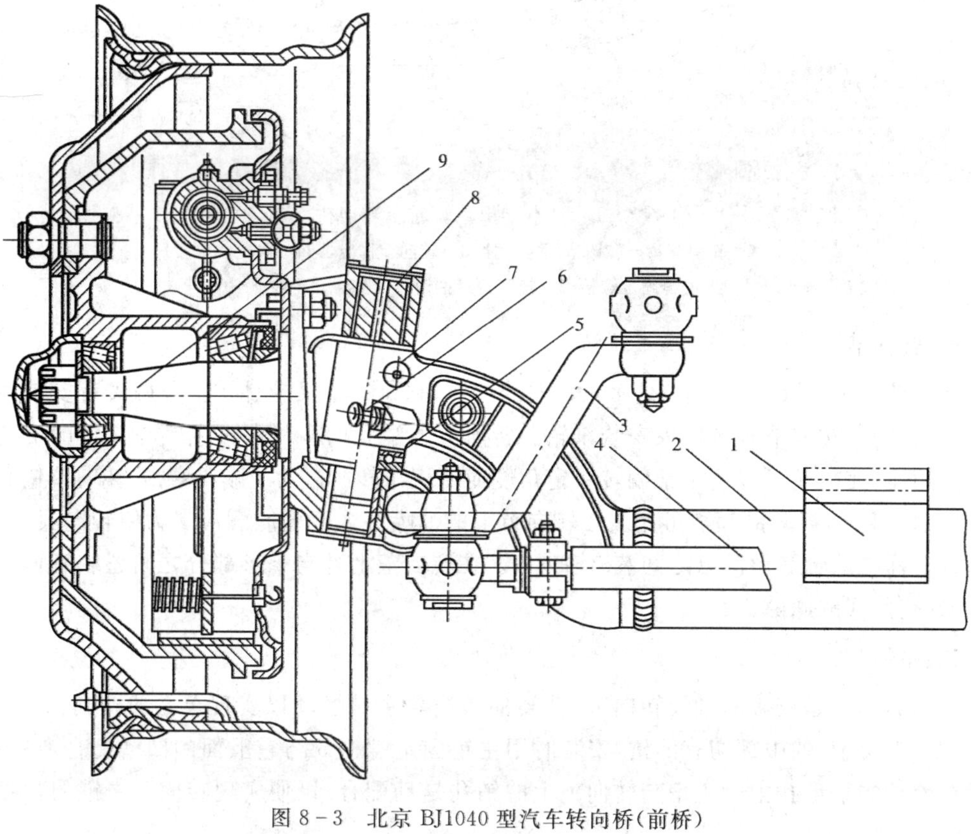

图 8－3　北京 BJ1040 型汽车转向桥(前桥)

1—钢板弹簧座;2—前轴;3—转向节臂;4—转向横拉杆;5—推力轴承;6—车轮转角限位螺钉;7—前轴拳形件;8—主销;9—转向节

第三节　转向轮定位参数

汽车在行驶过程中,总会受到一些外力的干扰。为了保持汽车直线行驶的稳定性、转向的轻便性和减小轮胎与机件间的磨损,转向轮、转向节和前轴三者与车架必须保持一定的相对位置,这种具有一定相对位置的安装称为转向轮定位,也称前轮定位。正确的前轮定位应做到:可使汽车直线行驶稳定而不摆动;转向时转向盘上的作用力不大;转向后转向盘具有自动回正作用;轮胎与地面间不打滑以减少油耗;延长轮胎使用寿命。前轮定位包括主销后倾、主销内倾、前轮外倾及前轮前束。

一、主销后倾

主销装在前轴上后,在纵向平面内,其上端略向后倾斜,这种现象称为主销后倾。在纵向垂直平面内,主销轴线与垂线之间的夹角 γ 叫主销后倾角,如图 8-4 所示。

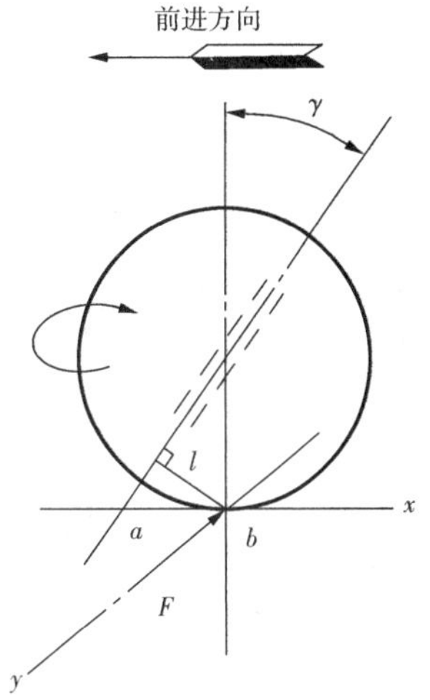

图 8-4　主销后倾示意图

主销后倾后,它的轴线与路面的交点 a 位于车轮与路面接触点 b 之前,这样 b 点到 a 点之间就有一段垂直距离 l。若汽车转弯时(图中所示向右转弯),则汽车产生的离心力将引起路面对车轮的侧向反作用力 F,F 通过 b 点作用于轮胎上,形成了绕主销的稳定力矩 $M=Fl$,其作用方向正好与车轮偏转方向相反,使车轮有恢复到原来中间位置的趋势。即使在汽车直线行驶偶尔遇到阻力使车轮偏转时,也有此种作用。由此可见,主销后倾的作用是保持汽车直线行驶的稳定性,并力图使转弯后的前轮自动回正。后倾角越大,车速越高,前轮的稳定性越强,但后倾角过大会造成转向盘沉重,一般采用 $\gamma<3°$。有些轿车和客车的轮胎气压较低,弹性较大,行驶时由于轮胎与地面的接触面中心向后移动,引起稳定力矩增加,故后倾角可以减小到接近于零,甚至为负值(即主销前倾)。

主销后倾角的获得一般是由前轴、钢板弹簧和车架三者装配在一起时,使前轴断面向后倾斜而形成的。

二、主销内倾

主销安装到前轴上后,在横向平面内,其上端略向内倾斜,这种现象称为主销内倾。在横向垂直平面内,主销轴线与垂线之间的夹角 β 叫主销内倾角,如图 8-5 所示。

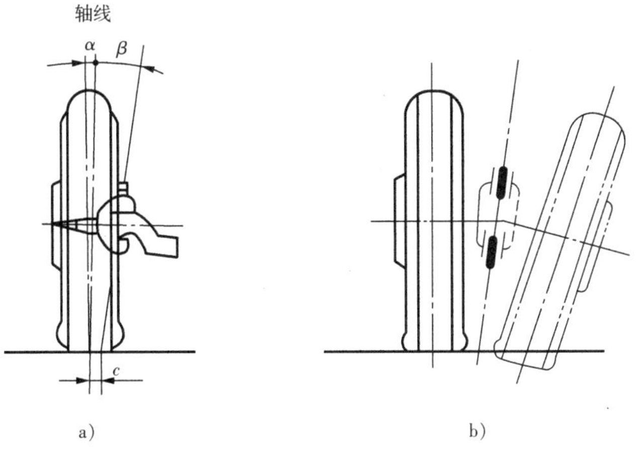

图 8-5　主销内倾示意图

主销内倾后，主销轴线的延长线与地面交点到车轮中心平面与地面交线的距离 c 减小(如图 8－5a 所示)，从而可减小转向时驾驶员加在转向盘上的力，使转向操纵轻便，也可减小从转向轮传到转向盘上的冲击力；与此同时，当车轮转向或偏转时，车轮有向下陷入地平面的倾向(如图 8－5b 所示)，但事实上这是不可能的，而只能使转向轮连同整个汽车前部向上抬起一个相应的高度，这样在汽车本身重力的作用下，迫使车轮自动回到原来的中间位置。由此可见，主销内倾的作用是使前轮自动回正，转向轻便。主销内倾角越大或前轮转角越大，则汽车前部抬起就越高，前轮的自动回正作用就越明显，但转向时转动转向盘费力，转向轮的轮胎磨损增加，一般主销内倾角控制在 5°～8°为宜。

主销内倾角是由前轴在制造时使主销孔轴线的上端向内倾斜而获得的。

主销后倾和主销内倾都有使汽车转向自动回正，保持直线行驶位置的作用。但主销后倾的回正作用与车速有关，而主销内倾的回正作用几乎与车速无关。因此，高速时主销后倾的回正作用起主导地位，而低速时则主要靠主销内倾起回正作用。此外，直行时前轮偶尔遇到冲击而偏转时，也主要依靠主销内倾起回正作用。

三、前轮外倾

前轮安装在车轮上，其旋转平面上方略向外倾斜，这种现象称为前轮外倾。前轮旋转平面与纵向垂直平面之间的夹角 α 称为前轮外倾角，如图 8－5a 所示。

前轮外倾的作用在于提高了前轮工作的安全性和操纵轻便性。由于主销与衬套之间、轮毂与轴承等处都存在间隙，若空车时车轮垂直于地面，则满载后车桥将因承载变形，可能会出现车轮内倾，这样将会加速汽车轮胎的磨损。另外，路面对车轮的垂直反作用力沿轮毂的轴向分力将使轮毂压向轮毂外端的小轴承，加重了外端小轴承及轮毂紧固螺母的负荷，严重时使车轮脱出。因此，为了使轮胎磨损均匀和减轻轮毂外轴承的负荷，安装车轮时预先使车轮有一定的外倾角，以防止车轮出现内倾。前轮外倾角大虽然对安全和操纵有利，但是过大的外倾角将使轮胎横向偏磨增加，油耗增多，一般前轮外倾角为 1°左右。

前轮外倾角是由转向节的结构确定的。当转向节安装到前轴上后，其转向节轴颈相对于水平面向下倾斜，从而使前轮安装后出现前轮外倾。

四、前轮前束

汽车两个前轮安装后，在通过车轮轴线而与地面平行的平面内，两车轮前端略向内束，这种现象称为前轮前束。左、右两车轮间后方距离 A 与前方距离 B 之差($A-B$)称为前轮前束值，如图 8－6 所示。

前轮前束的作用是消除汽车行驶过程中因前轮外倾而使两前轮前端向外张开的不利影响。由于前轮外倾，当车轮在地面纯滚动时，车轮将向外侧方向运动，实际上装在汽车上的两个前轮只能向正前方滚动，当两车轮具有前束时，两车轮在向前滚动时会产生向内侧的滑动。这样，由外倾和前束使两前轮产生的滑动方向相反，可以互相抵消从而使两前轮基本上是纯滚动而无滑动地向前运动。此外，前轮前束还可以抵消滚动阻力造成的使两前轮前部向外张开的作用，使两前轮基本上是平行地向前滚动。

前轮前束可通过改变横拉杆的长度来调整。调整时，根据各厂家规定的测量位置，使两轮前后距离差($A-B$)符合规定的前束值。测量位置除图示的位置外，还可取两车轮钢圈内

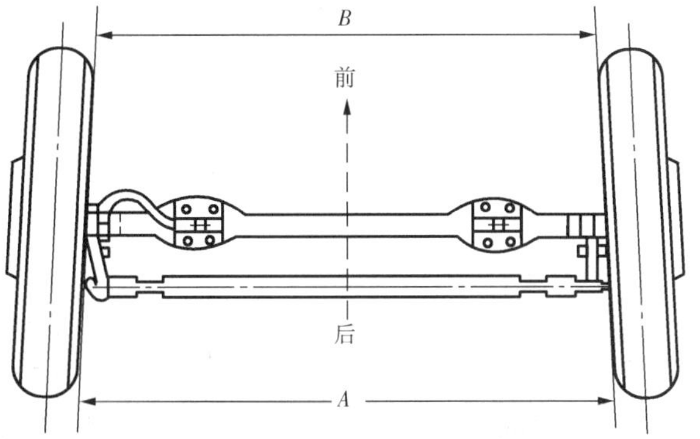

图 8－6　前轮前束(俯视图)

侧面处的前后差值,也可以取两轮胎中心平面处的前后差值。一般前束值为 0～12mm。

五、后轮的外倾角和后轮前束

车轮定性参数通常都对汽车的前转向轮而言的。但是,现代汽车不仅前转向轮有外倾角和前束,而且有些汽车后轮也有外倾角和前束。该车为发动机前置前驱动形式,后轮是从动轮。汽车的驱动力 F 通过纵臂作用于后轴上(图 8－7),如果车轮没有前束角,当汽车行驶时,在驱动力作用下,后轴将产生一定弯曲,使车轮出现前张现象,而预先设置的前束角就是用来抵消这种前张现象的。后轮外倾角有两个作用:①由于外倾角是负值,可增加车轮接地点的跨度,增加汽车的横向稳定性;②负外倾角是用来抵消当汽车高速行驶且驱动力 F 较大时,车轮出现的负前束(前张),以减少轮胎的磨损。该车轮前束角和外倾角均不可调整。

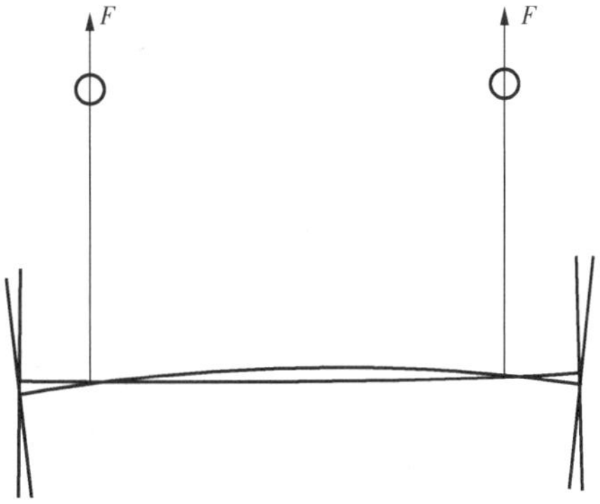

图 8－7　驱动力作用在后轴上的示意图

某些后轮驱动的重型汽车,由于采用独立悬架和脊梁式车架,为了保持加载后汽车行驶时轮胎处于正确的接地位置,减少磨损,后轮也设计成有一定的正外倾角,如太脱拉 138 型汽车。

第四节　转向驱动桥

能实现车轮转向和驱动的车桥称为转向驱动桥,如图 8－8 所示。在结构上,转向驱动桥既具有一般驱动桥所具有的主减速器 1、差速器 3 及半轴 4 和 8,也具有一般转向桥所具有的转向节壳体 11、主销 12 和轮毂 9 等。与单独的驱动桥、转向桥相比,其不同之处是,由于转向的需要,半轴被分为两段,分别叫内半轴 4(与差速器相连接)和外半轴 8(与轮毂连接),二者用等角速万向节 6 连接起来。同时,主销也因此分成上下两段,分别固定在万向节的球形支座 14 上。转向节轴颈 7 做成空心的,以便外半轴从中穿过。转向节的连接叉是球状转向节壳体 11,既满足了转向的需要,又适应了转向节的传力。转向驱动桥广泛地应用到全轮驱动的越野汽车上。

以图 8－9 所示的北京 BJ2020N 型越野汽车为例，说明转向驱动桥的结构。

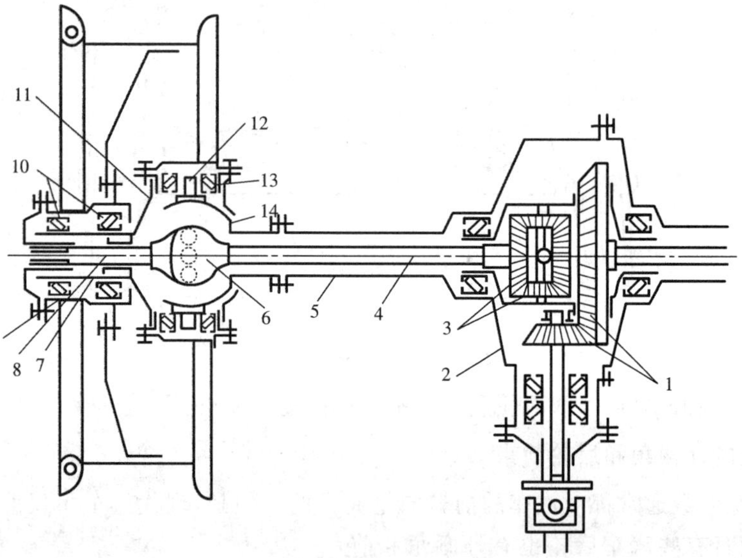

图 8－8　转向驱动桥示意图

1—主减速器；2—主减速器壳；3—差速器；4—内半轴；5—半轴套管；6—等角速万向节；7—转向节轴颈；8—外半轴；9—轮毂；10—轮毂轴承；11—转向节壳体；12—主销；13—主销轴承；14—球形支座

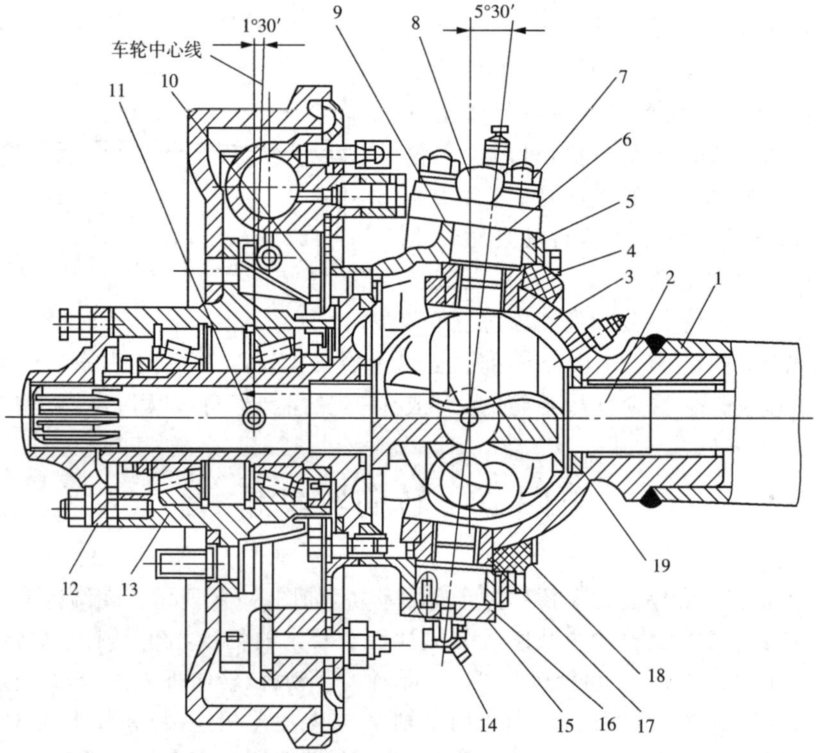

图 8－9　北京 BJ2020N 型越野汽车转向驱动桥

1—半轴套管；2—内半轴；3—球形支座；4—主销座孔；5、16—调整垫片；6—主销；7—锥形衬套；8—转向节臂；9—转向节外壳；10—螺栓；11—转向节轴颈；12—半轴凸缘；13—轮毂；14—止动销；15—下盖；17—主销衬套；18—密封圈；19—止动垫圈

一、驱动部分

桥的中部装有主减速器(未画出)和差速器。内半轴 2 和外半轴通过等角速万向节连接在一起，外半轴的端部制有花键，它和半轴凸缘 12 相啮合。当前桥驱动时，转矩由主减速器、差速器传给内半轴 2、万向节、外半轴和半轴凸缘 12，最后传递到轮毂 13，驱动车轮旋转。

二、转向部分

转向节由转向节轴颈 11 和转向节外壳 9 用螺栓连接成整体。转向节轴颈上装有两个轮毂轴承，以支承轮毂 13；转向节轴颈的内孔壁内压装有衬套，以支承外半轴。在转向节外壳 9 的上、下两端分别装有上、下两段主销 6 的加粗部分，并用止动销 14 止动；在转向节外壳上端还装有转向节臂 8，在转向节外壳下端装有下盖 15。转向节臂和下盖分别通过螺栓和锥形衬套 7 与转向节外壳 9 相连，以便上、下主销密封定位。主销配用带有翻边的青铜主销衬套 17，该衬套分别压入上、下两个主销座孔 4 内，主销座孔又压装在球形支座 3 的上下两端，衬套的翻边起止推作用。润滑脂由上、下油嘴注入后，分别进入主销中心油道，再从两个侧孔出来进入主销与衬套之间，实现润滑。汽车转向时，转向直拉杆拉动转向节臂 8 带动转向节绕主销摆动，这时转向轮即可随之偏转，从而实现汽车的转向。

图 8－10 所示为上海桑塔纳轿车的转向驱动桥总成(图中未画出中间主减速器和差速器)。动力经主减速器和差速器传至传动轴 1 和内等角速万向节 18，经内等角速万向节(球笼式万向节)和外等角速万向节 12 传到外半轴凸缘 4 和车轮 3 上，驱动车轮旋转。

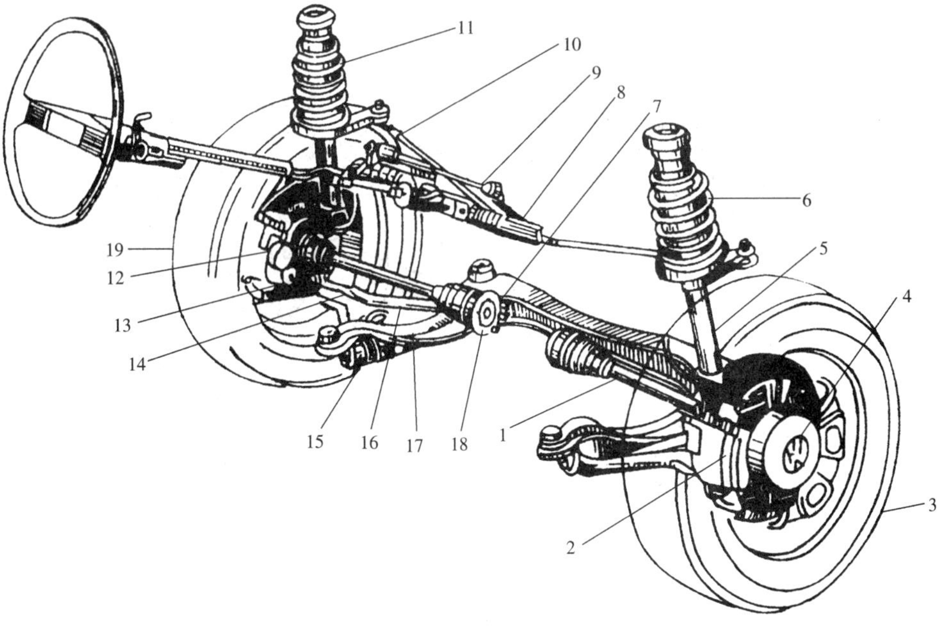

图 8－10　上海桑塔纳轿车转向驱动桥

1—传动轴；2—制动钳；3—车轮；4—外半轴凸缘；5—减震支柱；6、11—减震弹簧；7—悬架臂前端橡胶金属支架；8—齿轮齿条式转向装置；9—转向减震器；10—可调横拉杆；12—外等角速万向节；13—车轮与下悬臂连接螺栓；14—悬挂臂；15—悬挂臂后端橡胶金属轴衬；16—稳定杆；17—发动机悬置；18—内等角速万向节；19—安全转向柱

第五节 支持桥

从动桥是相对于驱动桥而言的。从动桥又分为从动转向桥和从动支持桥。

现代轿车普遍采用发动机前置前轮驱动的布置形式,而后桥无驱动和转向功能的,称为支持桥。

支持桥的结构简单,它主要由若干零件组焊而成的后桥焊接总成、橡胶金属支承座等组成;它起到支承和固定悬架、制动、车身等总成的相关零部件,传递汽车纵向和横向力,推动车轮旋转的作用。

图 8－11 所示为奥迪 100 后支持桥。这种后支持桥采用的是四连杆式非独立悬架,它主要由后车轴 1、纵臂 2、横向推力杆 3、支撑臂 4 以及下端安装于后轴头上的减震器 5 和套装在减震器上的螺旋弹簧 6 等部件所组成。后轴两端连接着轮毂轴,其上装着制动器总成。为使后从动轮行驶稳定和减少轮胎磨损,后轮没有固定不变的车轮前束角和外倾角。

轿车采用前置发动机前桥驱动的布置形式时,其后支持桥可分为非断开式和断开式的。

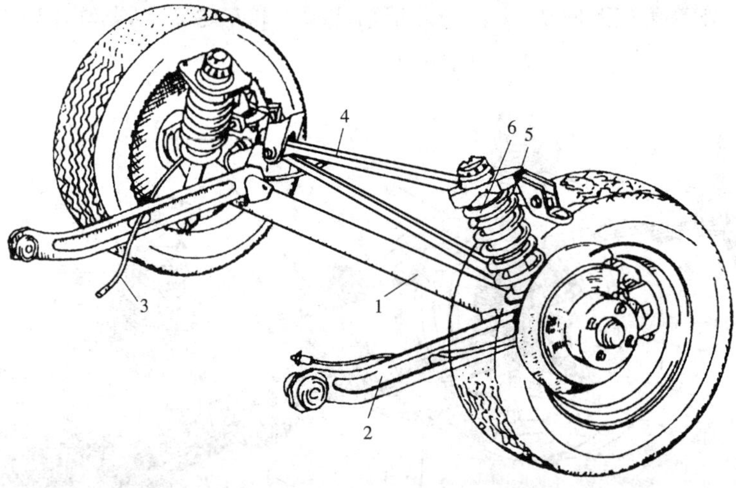

图 8－11 奥迪 100 后支持桥

1－车轴;2－纵臂;3－横向推力杆;4－支撑臂;5－减震器;6－螺旋弹簧

第六节 车轮与轮胎

车轮与轮胎是汽车行驶系统中的主要部件,汽车通过车轮由轮胎直接与地面接触在道路上行驶。其主要功用是:①支承汽车总质量;②吸收和缓和汽车行驶时所受到的路面冲击和震动;③保证轮胎与路面的良好附着性能,以提高汽车的动力性、制动性和通过性;④产生平衡汽车转向行驶时离心力的侧向力，在保证汽车正常转向行驶的同时，通过轮胎产生的自动回正力矩，使汽车保持直线行驶。

一、车轮

车轮是介于轮胎和车桥之间承受负荷的旋转组件，一般由轮毂(hub)、轮辐(轮盘，spoke)和轮辋(rim)所组成。轮毂通过圆锥滚柱轴承套装在车桥或转向节轴颈上。轮辋也叫钢圈，用以安装轮胎，与轮胎共同承受作用在车轮上的负荷，并散发高速行驶时轮胎上产生的热量及保证车轮具有合适的断面宽度和横向刚度。轮辐将轮辋与轮毂连接起来。轮辋与轮辐可以是整体的(不可拆式)，也可以是可拆式的。

1. 车轮的类型

按轮辐的构造，车轮可分为辐板式和辐条式两种。目前，普通级轿车和轻型、中型载货汽车多采用辐板式车轮，而高级轿车、竞赛汽车及重型载货汽车多采用辐条式车轮。

(1)辐板式车轮(disc wheel)

图 8-12 所示为轿车车轮。车轮的轮辋 1 与轮辐 2 可以用铆钉连接，也可以制成一体。轮辐中心有一中心孔，用来将轮辐安装在轮毂 3 上，螺栓内端呈锥形，与轮辐孔的锥面相适应。轮辐靠近中心孔部分略向外鼓起，使得轮辐有些弹性而有助于螺栓的紧固防松。

图 8-13 所示为载货汽车的辐板式车轮。轮辐 2 压成深凹形，以便与轮毂轴承位置相适应，保持车轮平面的适当位置。需要安装双轮胎时，可把两个相同的轮辐并列安装在一个轮毂上。

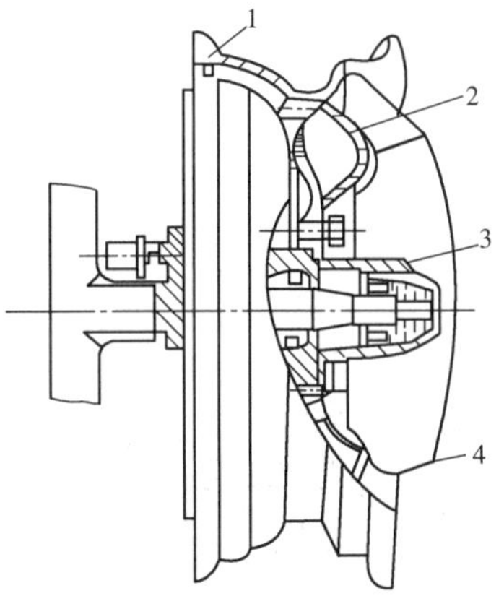

图 8-12　轿车车轮

1—轮辋；2—轮辐；3—轮毂；4—轮毂罩

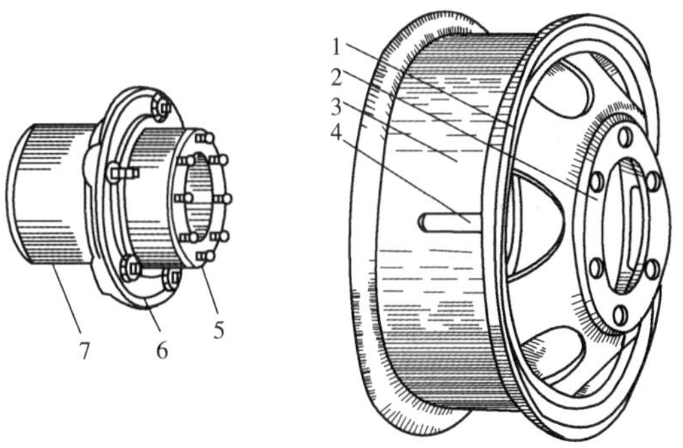

图 8-13　载货汽车辐板式车轮

1—挡圈；2—轮辐；3—轮辋；4—气门嘴伸出孔；5—螺栓；6—凸缘；7—轮毂

轮辐中心制有中心孔，以便安装轮毂 7。中心孔四周有几个大孔，通过螺栓与轮毂固定。这些圆孔边缘和螺栓头部均制成锥形，以便正确地对中。轮辋 3 焊在轮辐上，轮辋上的椭圆孔为气门嘴伸出孔 4。

载货汽车后桥负荷较前桥大得多，为使后轮轮胎不致超载，一般后桥装用双式车轮(如图 8-14 所示)，即把两个相同的车轮并排安装在同一个轮毂上，用特殊的螺栓、螺母套固定，如图 8-15 所示。

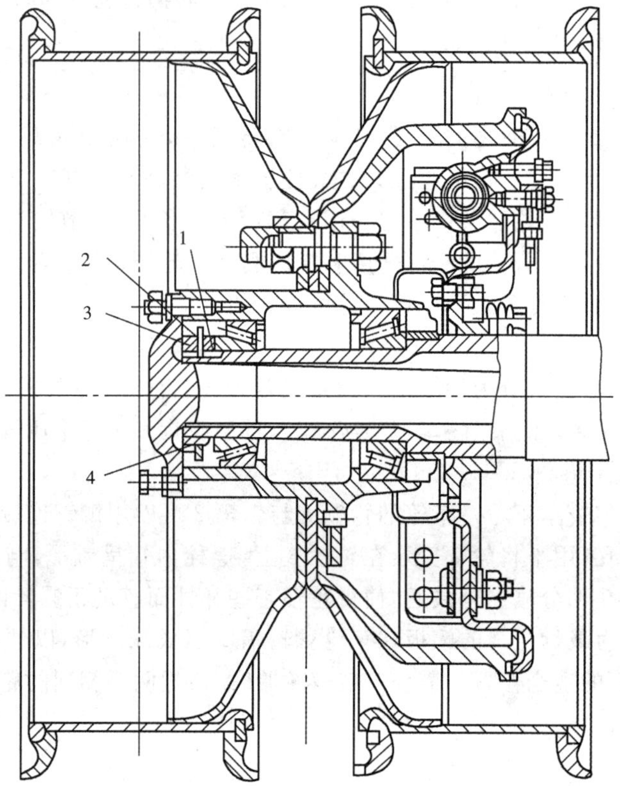

图 8-14　载货汽车双式车轮

1—调整螺母;2—锁止垫片;3—锁紧螺母;4—销钉

这种用特殊的螺栓和螺母套固定的方法,保证了车轮的正确位置,同时在拆卸外车轮时,不致引起内车轮的松脱。

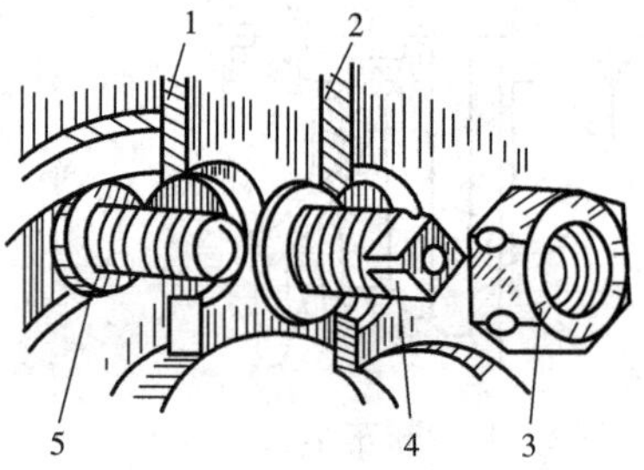

图 8-15　双排车轮的安装

1、2—轮辐;3—螺母;4—螺母套;5—圆柱螺栓

载货汽车左、右两车轮的固定螺栓(母)采用不同的旋紧方向,左侧车轮采用左旋螺纹,右侧车轮采用右旋螺纹。这种安装形式,可以防止车轮在行驶或制动时轮胎螺母自动松脱。轿车可不采用这种安装形式,因为其轮辐较薄,轮胎螺母旋紧后,轮辐在压出的凸起部分弹性边缘会将轮胎螺母卡住。

(2)辐条式车轮(wire wheel)

用于重型载货汽车的辐条式车轮多采用铸造辐条,如图 8-16 所示。其特点是辐条 4 与轮毂 5 铸成一体,与轮辋 1 用衬块 2 及螺栓 3 固定在一起。配合锥面 6 用来保证轮辋 1 与辐条对中。也有采用类似于自行车用的钢丝做辐条的车轮,这种车轮质量小,但价格高,维修安装不便,故常在某些高级轿车及竞赛汽车上使用。

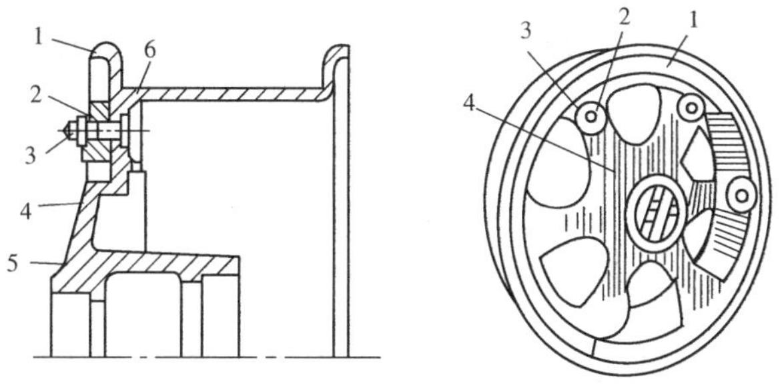

图 8－16　辐条式车轮

1—轮辋；2—衬块；3—螺栓；4—辐条；5—轮毂；6—配合锥面

2. 轮辋的类型

按照轮辋结构特点的不同，轮辋可分为深槽式、平底式和对开式（可拆式）三种形式。

（1）深槽轮辋

深槽轮辋（如图 8－17a 所示）是一种整体轮辋，其结构特点是断面中部有一深凹槽，可使轮胎拆装方便。两侧有带肩的凸缘用来固定轮胎，并与胎圈接触。肩部一般以 5°±1°的倾斜度向中央倾斜。倾斜部分的最大直径是轮胎胎圈与轮辋的接合直径。这种轮辋结构简单、刚度大、质量小，对于尺寸小而弹性大的轮胎最适宜，故适用于轿车或轻型、微型汽车的车轮上。如红旗 CA7560、天津夏利 TJ7100 型轿车及北京 BJ2020N 型越野汽车均装用这种类型的轮辋。

（2）平底轮辋

平底轮辋（如图 8－17b 所示）的结构特点是轮辋断面中部是平直的，一侧有凸缘，另一侧以可拆的挡圈 2 做凸缘。开口的锁圈 3 用来将挡圈 2 固定在轮辋上。安装轮胎时，先将轮胎套在轮辋上，再套上挡圈，并将它向内推，直至越过轮辋上的环形槽，再将开口的弹性锁圈嵌入环形槽中。由于载货汽车多采用较大较硬的外胎，为使其拆装方便，一般多采用平底轮辋。如解放 CA1091 和东风 EQ1090E 型载货汽车均采用这种类型轮辋。

（3）对开式轮辋

对开式轮辋（如图 8－17c 所示）的结构特点是轮辋由内、外两部分组成，用螺栓 6 将两部分连成一体。内、外两部分中，有一部分（往往是内轮辋）与轮辐固连。这种轮辋在拆装轮胎时，只需拆下螺栓 6 即可。如东风 EQ2080 型汽车和延安 SX2150 型越野汽车均采用这种类型轮辋。

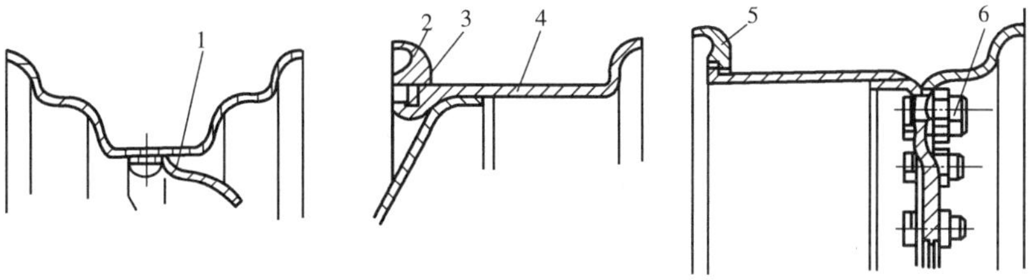

图 8－17　轮辋断面形式

1—轮辐；2、5—挡圈；3—锁圈；4—轮辋；6—螺栓轮辋是轮胎的装配基础，原则上每种轮胎只配用一种标准轮辋，必要时也可用与标准轮辋相接近的容许轮辋。如果轮辋与轮胎配合不当，会造成轮胎早期损坏，特别是被使用在过窄的轮辋上的轮胎。

3. 国产轮辋规格的表示方法

轮辋规格用轮辋名义宽度代号、轮缘高度代号、轮辋结构形式代号、轮辋名义直径代号和轮辋轮廓类型代号来表示，其表示方法为：

数值	(字母)	×或-	数值	(字母)	GB/T2933—1982
轮辋名义宽度代号	轮缘高度代号	轮辋结构形式代号	轮辋名义直径代号	轮辋轮廓类型代号	国标号

(1)轮辋名义宽度代号和轮辋名义直径代号。它们均以英寸(in)表示，一般取两位小数(当新设计轮胎以毫米表示时，轮辋也以毫米数值表示)。

(2)轮缘高度代号。用一个或几个拉丁字母表示，见表 8-1。有些类型的轮辋(平底宽轮辋)，其名义宽度代号也代表了轮缘高度，不再用字母表示。

表 8-1　轮辋轮缘高度代号(mm)

代号	B	C	D	E	F	G	H	J	K	L	P	R	S	T	V	W
尺寸	13.80	15.88	17.45	19.81	22.23	27.94	33.73	17.27	19.26	21.59	25.40	28.58	33.33	38.10	44.45	50.80

(3)轮辋结构形式代号。轮辋的结构形式，根据其主要由几个零件而组成，分为一件式轮辋、二件式轮辋、三件式轮辋、四件式轮辋和五件式轮辋。符号“×”表示一件式轮辋，符号“-”表示两件或两件以上的多件式轮辋。

(4)轮辋轮廓类型代号。其表示方法见表 8-2。

表 8-2　轮辋轮廓类型及代号

轮廓类型	深槽	深槽宽	半深槽	平底	半底宽	全底宽	对开式
代　号	DC	WDC	SDC	FB	WFB	TB	DT

例 1：

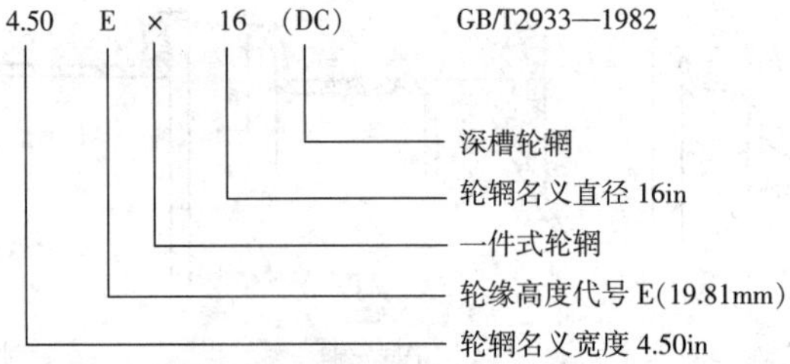

例 2：

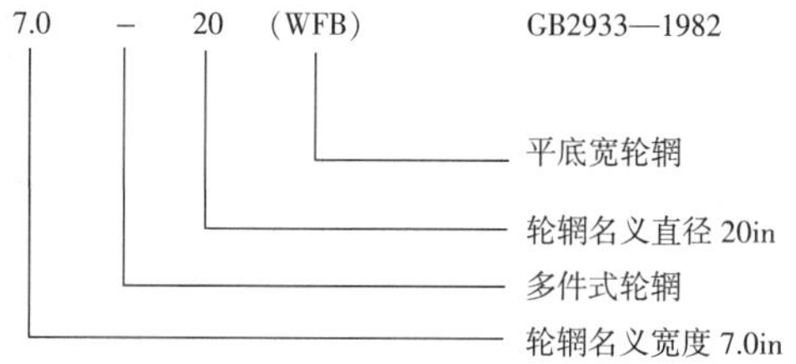

新设计的轮辋表示方法：

轿车　10×3.50C，15×6JJ；

轻型载货汽车　15×5.5J，16.5×6.00，15－5.50F(SDC)；

中型、重型载货汽车　20－7.5，22－8.00V，22.5×8.25。

4. 轮毂

轮毂是连接制动鼓、轮辐和半轴凸缘的重要零件，一般由圆锥滚子轴承套装在轴管或转向节轴颈上。按轮辐的结构形式可分为辐板式车轮轮毂和辐条式车轮轮毂两种。辐板式车轮轮毂拆装方便，一般用于轻型和中型汽车车轮；辐条式车轮轮毂常常将辐条与轮毂铸造成一体，多用于重型车轮。

轮毂内装有轮毂轴承，为使其润滑，可在毂内加少量润滑脂。

二、轮胎

1. 轮胎的作用

轮胎安装在轮辋上，直接与路面接触。其作用是：支承汽车的总质量；与汽车悬架共同吸收和缓和汽车行驶时所受到的冲击和震动，以保证汽车具有良好的乘坐舒适性和行驶平顺性；保证车轮与路面的良好附着而不致打滑，使汽车行驶平稳。

2. 轮胎的类型

汽车轮胎按其用途可分为轿车轮胎和载货汽车轮胎两种。轿车轮胎主要用于轿车的充气轮胎；载货汽车轮胎主要用于载货汽车、客车及挂车上的充气轮胎。

汽车轮胎按胎体结构可分为充气轮胎(pneumatic tire)和实心轮胎(solid tire)。现代汽车绝大多数采用充气轮胎，而实心轮胎目前仅应用在沥青、混凝土路面的干线道路上行驶的低速汽车或重型挂车上。

就充气轮胎而言，按组成结构不同，可分为有内胎轮胎(tube tire)和无内胎轮胎(tubeless tire)两种；按胎内的工作压力大小，可分为高压胎、低压胎和超低压胎三种；按胎体中帘线排列的方向不同，又可以分为普通斜交胎、带束斜交胎和子午线胎(radial tire)；按胎面花纹的不同，还可以分为普通花纹胎、混合花纹胎和越野花纹胎。

(1)有内胎的充气轮胎

这种轮胎由外胎 1、内胎 2 和垫带 3 组成，如图 8－18 所示。外胎是用耐磨橡胶制成强度较高而又有弹性的外壳，直接与地面接触，保护着内胎使其不受损伤。它由胎圈 1、缓冲层 2、胎面 3 和帘布层 4 等组成，如图 8－19 所示。

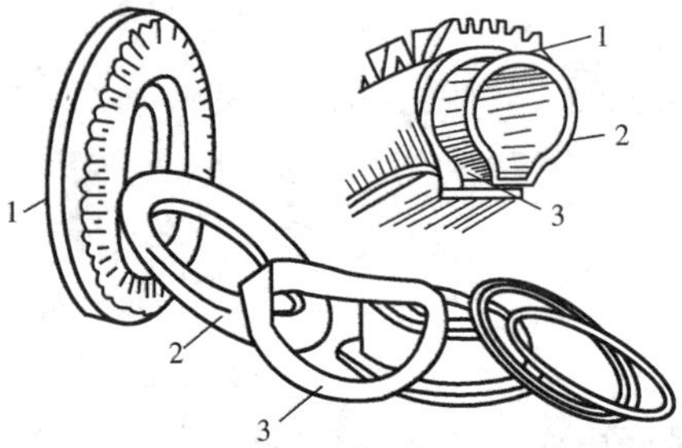

图 8-18　有内胎的充气轮胎组成

1—外胎;2—内胎;3—垫带

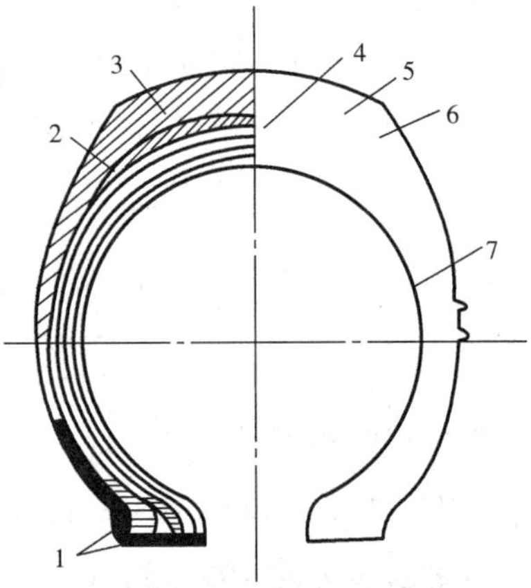

图 8-19　外胎的构造

1—胎圈;2—缓冲层;3—胎面;4—帘布层;5—胎冠;6—胎肩;7—胎侧

胎面是外胎的外表面,包括胎冠 5、胎肩 6 和胎侧 7 三部分。胎冠 5 也称行驶面,它与路面直接接触,承受冲击和磨损,并保护胎体不受机械损伤。为了增加轮胎与路面之间的附着力,防止纵横向滑移,在胎冠 5 上有各种形式的花纹,如图 8-20 所示。胎肩 6 是较厚的胎冠 5 和较薄的胎侧 7 间的过渡部分,一般也有各种花纹以防滑和散热。胎侧 7 是贴在帘布层侧壁的薄橡胶层,其作用是保护胎侧部分的帘布层免受机械损伤及水分侵蚀。胎侧不与地面接触,一般不磨损,但此处承受较大的挠曲变形。

a)普通花纹　b)混合花纹　c)越野花纹

图 8-20　轮胎的花纹

帘布层 4 是外胎的骨架,也称胎体,其主要作用是承受负荷(汽车重力、路面冲击力和内部气压),保持轮胎外缘尺寸和形状。帘布层通常由多层胶化的棉线或其他纤维编织物所叠成,并按一定的角度交叉排列。为使其负荷均匀分布,帘布层数多采用偶数。帘布层数的多少要根据轮胎承受的负荷、内压以及轮胎的类别和用途来确定,一般在外胎表面上注有帘布层数。

缓冲层 2 位于胎面和帘布层之间,质软而弹性大。其作用是加强胎面与帘布层的结合,以缓和汽车在行驶时所受到的不平路面的冲击,以及防止汽车在紧急制动时胎面与帘布层脱离。

胎圈1是帘布层4的根基。它靠胎圈固装在轮辋上。胎圈由钢丝圈、帘布层包边和胎圈包布组成。

内胎是一个环形的橡胶管，上面装有气门嘴，以便充入或排出空气。内胎里充满了一定压力的压缩空气。一般气压在0.5～0.7MPa的轮胎称为高压胎；气压在0.15～0.45MPa的轮胎称为低压胎；气压在0.15MPa以下的轮胎称为超低压胎。目前，轿车、货车几乎全都采用低压胎，因为低压胎弹性好、断面宽，与道路接触面大，壁薄而散热性好，所以提高了汽车的行驶平顺性、转向操纵的稳定性，同时，道路和轮胎本身的寿命也得以延长。但由于橡胶性能的改善，已使轮胎负荷能力大为提高，虽然轮胎气压已在高压胎范围，但轮胎的缓冲性能仍保持原来同规格的低压胎性能，这类轮胎国内外仍将其归于低压胎之列。

垫带是一个环形的橡胶带，它垫在内胎与轮辋之间，保护内胎不被轮辋和胎圈磨坏，并防止尘土及水汽浸入胎内。

① 普通斜交轮胎

帘布层和缓冲层各相邻层帘线交叉，且与胎中心线成小于90°角排列的充气轮胎，称为普通斜交轮胎。图8－21所示为有内胎的普通斜交胎的构造。外胎由胎面3、帘布层1、缓冲层5及胎圈8组成。帘布层是外胎的骨架，用以保持外胎的形状和尺寸，通常由成双数的多层挂胶布（帘布）用橡胶贴合而成。帘布的帘线与轮胎子午断面的交角（胎冠角）一般为52°～54°，相邻层帘线相交排列，帘布层数愈多，强度愈大，但弹性降低，在外胎表面上注有帘布层数。

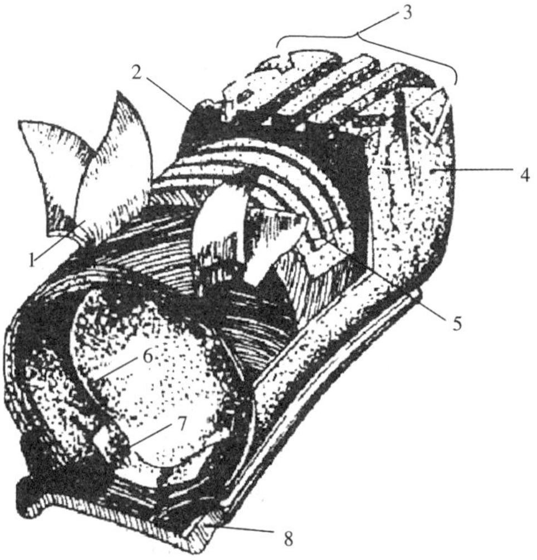

图8－21 有内胎的普通斜交轮胎的构造

1—帘布层；2—胎肩；3—胎冠（胎面）；4—胎侧；5—缓冲层；6—内胎；7—垫带；8—胎圈

帘布由纵向的强韧的经线和放在各经线之间的少数纬线织成。帘线可以是棉线、人造丝线、尼龙线和钢丝。采用人造丝可以使同样尺寸的轮胎增加其载荷容量，因为人造丝的强度和弹性都大。尼龙丝又比人造丝好，耐用性高。因此，当采用人造丝、尼龙丝或钢丝帘线时，在轮胎的承载能力相同的情况下帘布层数可以减小，此时在外胎表面上标注的是层级（相当于棉线帘布层数，而不是实际的帘布层数）。我国已大量采用人造丝和尼龙帘线，近来也开始采用金属丝帘线，但因价高和质脆而没有得到广泛应用。

缓冲层位于胎面与帘布层之间，是用胶片和两层或数层挂胶稀帘布制成，故弹性较大，能缓和汽车在行驶时所受到的不平路面的冲击，并防止汽车在紧急制动时胎面与帘布层脱离。

胎面是外胎最外的一层，可分为胎冠3、胎侧4和胎肩2三部分。胎冠用耐磨的橡胶制成，它直接承受摩擦和作用在轮胎上的全部载荷，能减轻帘布层所受冲击，并保护帘布层和内胎免受机械损伤。为使轮胎与地面有良好的附着性能、防止纵横向滑移等，在胎冠上有着各种形状的凹凸花纹。

胎肩是较厚的胎冠与软薄的胎侧之间的过渡部分,一般也制有花纹,以利于散热。

胎侧橡胶层较薄,它用以保护帘布层侧壁免受潮湿和机械损伤。

胎圈使外胎牢固地装在轮辋上,有很高的刚度和强度,由钢丝圈、帘布层包和胎圈包布组成。

② 子午线轮胎

目前,子午线轮胎得到了越来越广泛的应用。子午线轮胎(如图 8-22 所示)帘布层 2 的帘线与轮胎子午断面接近一致(即与胎面中心线成 90°或接近 90°排列),以带束层 3 箍紧胎体。其特点是帘线的这种排列能使其强度被充分利用,故它的帘布层数比普通轮胎可减少将近一半,最少的只有一层,且没有偶数限制,所以胎体柔软;帘线在圆周方向上只靠橡胶来联系。为了承受汽车行驶时产生的较大切向力,子午线轮胎具有若干层帘线与子午断面呈大角度(交角为 70°~75°)、高强度、不易拉伸的周向环形的类似缓冲层的带束层。同时带束层采用强度高、伸缩率小的帘线材料制成,故带束层像一条刚性环带似的箍在胎体上,极大地提高了胎面的刚度和强度。

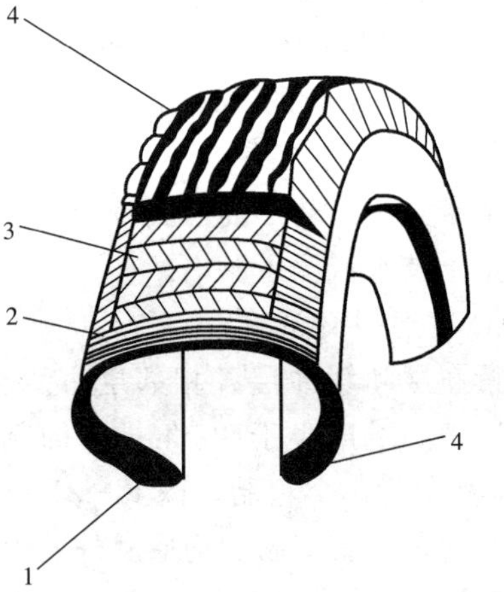

图 8-22　子午线轮胎

1—胎圈;2—帘布层;3—带束层;4—胎冠

子午线轮胎与普通斜交胎相比,其优点是耐磨性好、弹性大、行驶里程长(比普通胎长 50%以上);滚动阻力小、节约燃料(滚动阻力可减小 25%~30%,油耗降低 8%左右);承载能力大、减震性能和附着性能好、胎面耐刺穿和自重轻;等等。但其胎侧易裂口,胎圈易损坏,且侧向稳定性差,成本高。

子午线轮胎使用的轮辋与普通轮胎相同,在使用中,子午线轮胎与普通轮胎不能并装,也不可同轴混装。充气时,一般载货汽车子午线轮胎的内压应比相应的普通轮胎高 0.2MPa 左右。国内外轿车及一些中型载货汽车广泛装用子午线轮胎。

(2)无内胎轮胎

无内胎轮胎(如图 8-23 所示)在外观和结构上与有内胎轮胎相似,所不同的是它没有内胎和垫带,空气直接压入外胎中,其密封性是由外胎和轮辋来保证的。无内胎轮胎的内壁上附加了一层厚 2~3mm 的专门用来封气的橡胶密封层 1,有的还在该层下面贴着一层特殊混合物制成的自粘层。当轮胎穿孔时,自粘层能自行将刺穿的孔黏合,故这种轮胎也称为有自粘层的无内胎轮胎。在胎圈外侧也有一层胎圈橡胶密封层 2,用以增加胎圈与轮辋着合的气密性。轮辋底部是倾斜的,并涂有均匀的漆层。气门嘴 3 直接固定在轮辋 6 的一侧,其间垫以密封用的橡胶密封垫 4,并用螺母旋紧密封。铆接轮辋和辐板的铆钉 7 自内侧塞入,并涂上一层橡胶。

无内胎轮胎的优点是:只在爆破时才会失效,而穿孔时漏气缓慢,胎压不会急剧下降仍能继续行驶;同时因无内胎,故摩擦生热少,散热快,适于高速行驶;此外,它结构简单,质量较小。无内胎轮胎的缺点是:密封层和自粘层易漏气,途中修理较为困难。此外,自粘层只

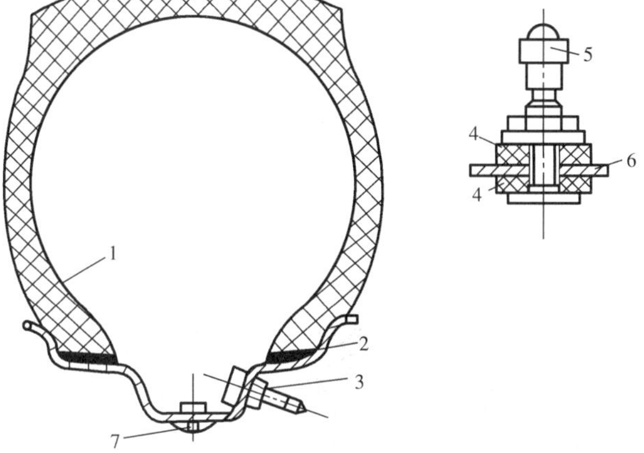

图 8－23　无内胎轮胎

1—橡胶密封层；2—胎圈橡胶密封层；3—气门嘴；4—橡胶密封垫；5—气门嘴帽；6—轮辋；7—铆钉

有在穿孔尺寸不大时方能黏合。天气炎热时由于自粘层可能软化而向下流动从而破坏车轮平衡，因此，一般多采用无自粘层的无内胎轮胎。这种轮胎的外胎内壁只有一层密封层，当轮胎穿孔后，由于其本身处于压缩状态而紧裹着穿刺物，故能长期不漏气，即使将穿刺物拔出，亦能暂时保持胎内气压。无内胎轮胎一般配用深式轮辋，目前在轿车上应用较多。

(3)活胎面轮胎

有些车辆装用了活胎面轮胎，如图 8－24 所示。它由钢丝纤维 1、胎面环 2、凸缘 3、胎体 4 组成；胎体帘布层的帘线通常为子午线排列；具有可以更换的胎面；在胎冠部分，有较厚的橡胶层，并沿轮胎圆周方向制有三条平行沟槽。活胎面由 3 个单独胎面环组成。胎面环有帘线加强层起缓冲作用。加强层由两层钢丝帘布构成，帘线沿圆周方向排列。胎面嵌入胎体上的沟槽内，并依靠胎体充气后产生径向伸张而固着于胎体上。胎体上 3 条沟槽侧面的凸棱可防止胎面环发生侧向位移，胎面环和地面接触的表面有花纹。

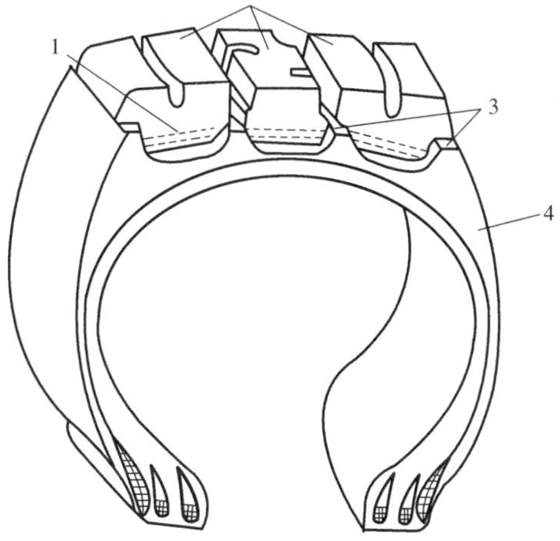

图 8－24　活胎面轮胎

1—钢丝纤维；2—胎面环；3—凸缘；4—胎体

活胎面轮胎最大优点是在花纹严重磨损或磨光后,可以单独更换胎面,也可以根据不同使用条件更换不同花纹的胎面。其缺点是质量较大,使用中可能出现胎体和胎面环之间磨损、胎面环橡胶与钢丝体脱层的现象。

3. 轮胎的花纹

轮胎花纹对轮胎的性能影响很大。目前轮胎花纹主要有普通花纹、混合花纹和越野花纹等,如图 8-25 所示。

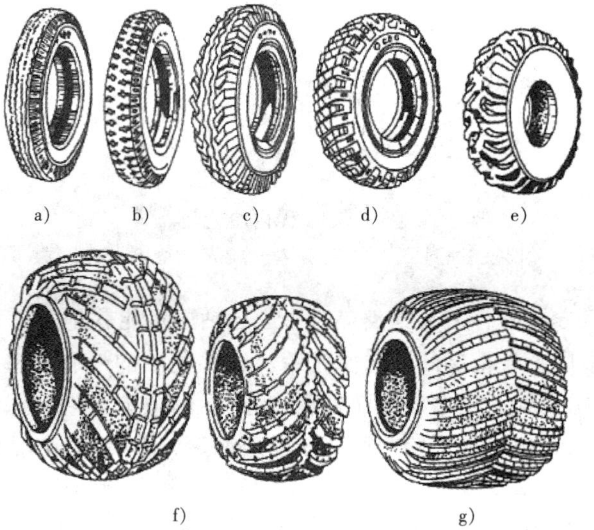

a)　b)　c)　d)　e)　f)　g)

图 8-25　轮胎花纹

普通花纹(如图 8-25a 和图 8-25b 所示)的特点是花纹细而浅,花纹块接地面积大,因而耐磨性和附着性较好,适用于较好的硬路面。其中的纵向花纹(如图 8-25a 所示),轿车、货车均可选用;横向花纹(如图 8-25b 所示)仅用于货车,越野花纹(如图 8-25d 和图 8-25e 所示)特点是凹部深而宽,在软路面上与地面附着性好,越野能力强,适用于矿山、建筑工地以及其他一些松软路面上使用的越野汽车轮胎。当安装人字形越野花纹轮胎时,驱动轮胎面花纹的尖端与旋转方向一致,以免在花纹间被泥土所填塞。越野花纹轮胎不宜在较好的硬路面上使用,否则行驶阻力加大且加速花纹的磨损。混合花纹(如图 8-25c 所示)的特点是介于普通花纹与越野花纹之间,兼顾了两者的使用要求,中部为菱形、纵向为锯齿形或烟斗形花纹,两边为横向越野花纹,是适用于城市、乡村之间的路面上行驶的汽车轮胎。现代货车驱动轮胎也多采用这种花纹。拱形胎花纹(如图8-25f所示)和特种花纹(如图 8-25g 所示),有更宽的断面、更低的接地比压,附着性好。

在路面形成水膜的状态下,利用轮胎花纹排水是很重要的。在积水路面上,如轮胎无花纹,那么外胎面和路面间形成一层水膜,使车轮易于发生打滑现象;若外胎面开有沟槽,路面和胎面之间的水被压入花纹沟槽之中,水就会沿沟槽排出,破坏了水膜。沟槽的深度和形状决定着排水性能。

图 8-26 为轮胎胎面上花纹和沟槽的排列和布置。图中 1 为循环和交叉布置的宽槽,具有较好的排水角,其主要作用是排水好,提高了胎面的附着能力,有效地实现力的传递。图中 2 为浅槽和纵向凸片,可以改善在雪地转弯时的侧向滑移。图中 3 为斜交线槽和十字

凸片的布置，使车辆在高转矩和高侧向力作用下有较好的纵向断面弹性。

轮胎胎面花纹对汽车的使用性能有着重要影响，选用时应给予足够重视和仔细考虑。近年来，轮胎生产厂家也不断地对轮胎花纹进行了研究和开发。

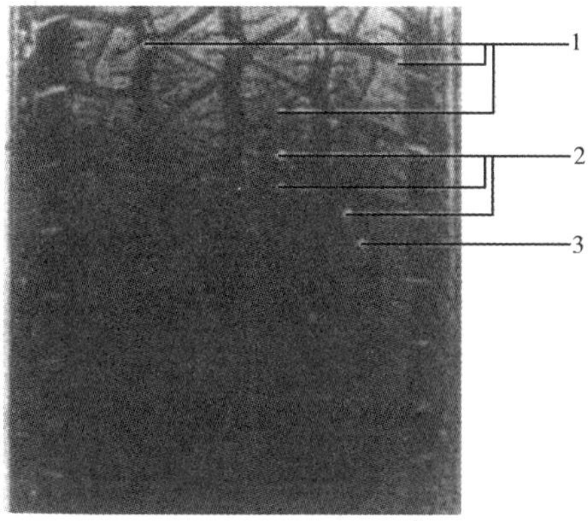

图 8-26　轮胎胎面花纹和沟槽布置

1—循环和交叉布置的宽槽；2—浅槽和纵向凸片；

3—斜交线槽和十字凸片的布置

4. 轮胎的规格

轮胎规格的表示方法基本上分为公制和英制两大系统，目前大多数国家包括我国在内均采用英制表示法。充气轮胎的尺寸标注如图 8-27 所示。

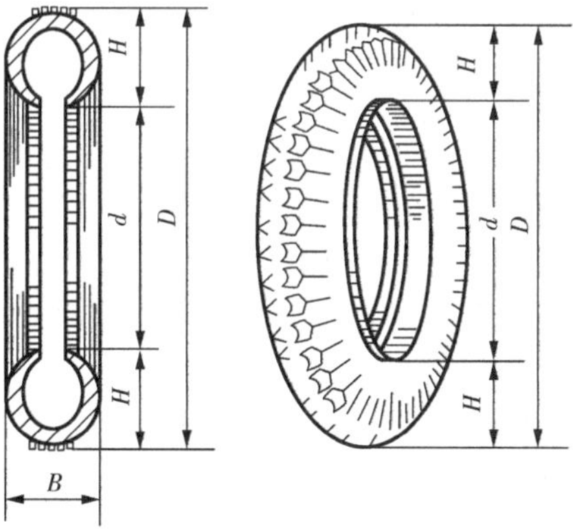

图 8-27　充气轮胎的尺寸标注

D—外直径；*d*—内直径(即轮辋直径)；

B—断面宽度；*H*—断面高度

高压胎用两个数字之间加一乘号来表示，即

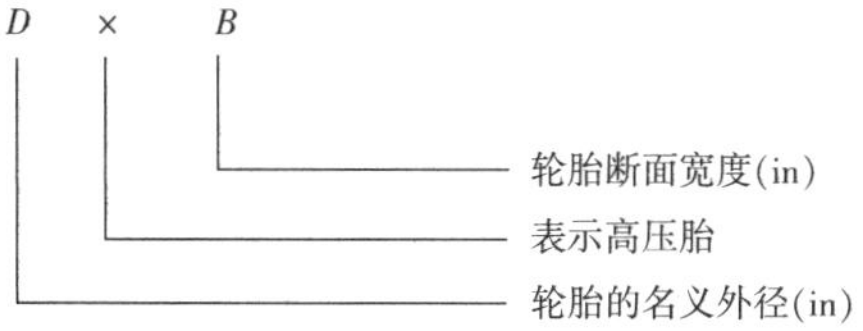

高压胎在汽车上应用较少,汽车上广泛应用的是低压胎。

低压胎亦用两个数字和中间一个对开线分开,即

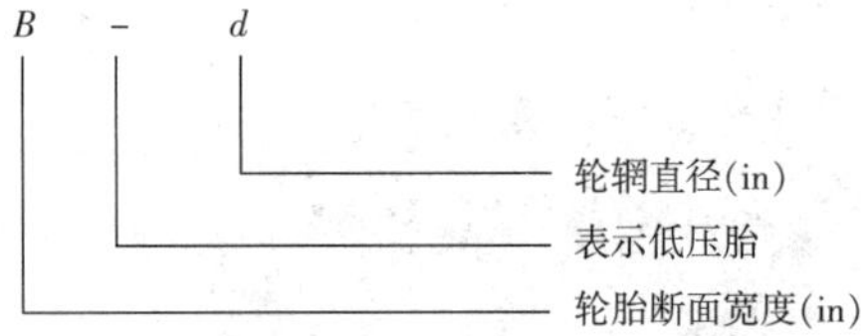

超低压胎的表示方法与低压胎相同。

我国规定,外胎两侧除标有轮胎规格外,还应标出制造厂商标、层级、最大负荷及相应气压、生产编号等。为便于识别胎体帘线,胎侧还标有汉语拼音字母。如 M(或无字)表示棉帘线胎,R 表示人造丝帘线胎,N 表示尼龙胎,Z 表示子午线胎,G 表示钢丝胎,ZG 表示钢丝子午线胎,等等。

美国最新的轮胎系列表示方法,则采用以"扁平率"为基础的"字母-数字"标志,例如,某一轮胎标记为 F78-14。其中 F 表示轮胎的承载能力;第一个数字指"扁平率",为 H/B 高度比,即数字 78 表示轮胎的高度是宽度的 78%,此数值越低,轮胎断面越趋扁平;第二个数字 14,表示轮辋直径是 14in。承载能力的单位为 kg,表示承载能力的字母及承受的载荷如下:A-410、B-445、C-480、D-510、E-540、F-580、G-620、H-685、I-715、K-735、L-760、M-810、N-850、V-295、W-320、Y-350、Z-375。

由于子午线轮胎与"扁平形轮胎"的问世,便出现了新的轮胎尺寸参数符号。美国、日本等国家现采用的最新轮胎尺寸系列就是以高宽比(H/B)作为轮胎分类基础的,称为"扁平率"。

子午线轮胎规格的表示方法是把标志子午胎字样的"R"置于断面宽与轮辋直径之间。一汽捷达王轿车装用的子午线扁平轮胎的型号为 185/60R14,其含义(自左至右):第一个数字 185 表示轮胎宽度 185mm,符号"/"后面的数字 60,即扁平率为 60%,字母"R"表示该轮胎为子午线轮胎,最后一个数字表示轮辋的直径为 14in(356mm)。

5. 轮胎气压监测系统

轮胎气压监测系统(Tire Pressure Monitoring System,简称 TPMS)的功用就是实时监测汽车上所有轮胎的气压和温度,及时发现轮胎漏气现象,防止发生爆胎事故。

目前,轮胎气压监测系统主要有间接式(WSB TPMS)和直接式(PSB TPMS)两种类型。直接式轮胎气压监测系统又有主动式与被动式之分。

(1)间接式轮胎气压监测系统

间接式轮胎气压监测系统是利用汽车 ABS 系统的轮速传感器检测各个车轮的转速,并进行比较和分析,以达到监测胎压的目的。其工作原理是:当汽车行驶时,若某一个轮胎的气压不足或过高时,轮胎的滚动半径就会相应变小或增大,该车轮的转速也随之发生变化。轮胎气压监测系统将各个轮速传感器获取的车轮转速信号进行综合分析,并将车轮转速的变化情况同预先储存的标准值比较,得出轮胎气压不足或过高的判断结果,从而发出报警信号。这种轮胎气压监测系统实际上不是直接监测轮胎的气压,只是通过测量各个车轮的转速及转速差,并经计算而间接获得胎压信号,故称为间接式轮胎气压

监测系统。

间接式轮胎气压监测系统的缺点是判断准确度稍差，当汽车连续向一个方向转弯行驶以及多个轮胎漏气或气压不正常时，报警系统有可能输出错误信号。

(2)直接式轮胎气压监测系统

① 主动式轮胎气压监测系统

主动式轮胎气压监测系统是在每一个车轮的轮辋上或气门嘴根部靠轮胎一侧安装一个压力传感器(如图 8－28 所示)，压力传感器以锂离子电池为电源。工作时压力传感器直接测量轮胎的气压和温度，并将测量结果通过发射器用无线电信号发射到安装在驾驶台的监视器上。监视器随时显示各轮胎的气压和温度，驾驶者可以直观地了解各个轮胎的工作状况，当轮胎气压及温度不正常或有渗漏时，系统就会自动报警。主动式轮胎气压监测系统主要由含发射器的压力传感器(如图 8－29a 所示)、接收器(如图 8－29b 所示)和显示器(如图 8－29c 所示)等组成。

主动式轮胎气压监视系统的优点是技术成熟，测量结果准确直观，可适用于各种轮胎的监视。但由于使用电池，故其存在着电池寿命有限、难以降低压力传感器自身质量等缺憾。

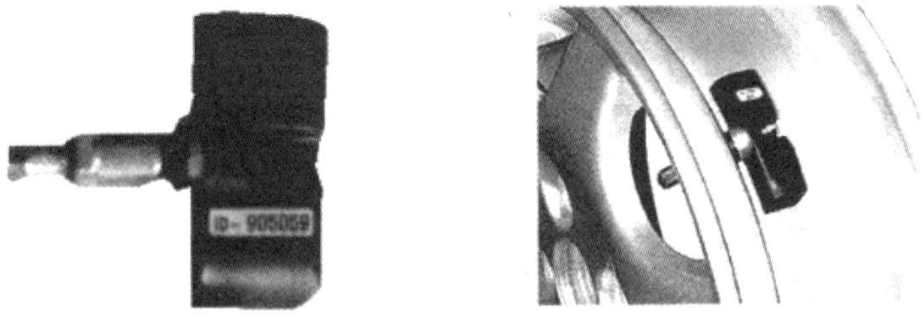

a)传感器与专门气门嘴的安装组合　　b)压力传感器在车轮上的安装

图 8－28　直接式轮胎气压监测系统安装图

a)　　b)　　c)

图 8－29　直接式轮胎气压监测系统组成部件图

② 被动式轮胎气压监测系统

被动式轮胎气压监测系统主要由中央收发器和转发器(气压监测器)组成。其工作原理是：中央收发器既是接收器又是发射器，安装在轮胎里的转发器接收来自中央收发器的信号，并利用这个信号的能量发射一个反馈信号至中央收发器。这就使得安装在轮胎内部的气压监测器发送数据不需要电池，从而解决了主动式轮胎气压监测系统因电池所带来的问题。

目前,直接式轮胎气压监测系统正逐步取代间接式轮胎气压监测系统而成为轮胎气压监测系统的主流。从长远来看,无电池的被动式轮胎气压监测系统以其无可比拟的优点将成为未来轮胎气压监测系统的发展趋势。

思考题

8-1 车桥中整体式桥和断开式桥各有什么特点?为什么整体式桥通常配非独立悬架而断开式桥与独立悬架相配?

8-2 转向轮定位参数有哪些?各有什么作用?主销后倾角为什么在某些轿车上出现负值?前束如何测量和调整?

8-3 转向驱动桥在结构上有什么特点?其转向和驱动两个功用主要由哪些零件实现的?

8-4 为什么辐板式车轮比辐条式车轮在汽车上得到更广泛采用?

8-5 子午线轮胎和普通斜交胎相比,有什么区别和特点?为什么子午线轮胎得到越来越广泛的使用?

8-6 国产轮胎的规格标记方法如何表示?

第九章 悬　架

悬架是车架(或承载式车身)与车桥(或车轮)之间的一切传力连接装置的总称。车架与车桥通过悬架弹性地连接在一起。本章重点介绍了悬架的组成、作用与分类;介绍了独立悬架和非独立悬架的类型、组成和工作原理;简要介绍了电子控制悬架系统。要求学生能熟练掌握悬架的组成、作用和工作原理;掌握弹性元件、减震器的结构、功用和工作原理;一般掌握独立悬架和非独立悬架的类型、组成和工作原理;了解电子控制悬架系统的类型及工作原理。

第一节　概　述

汽车车架或车身若直接安装于车桥上,则会由于道路不平而上下颠簸震动,从而使乘员感到不舒适并造成货物损坏,因此,汽车上必须有悬架装置。汽车悬架是车架或车身与车桥之间一切传力连接装置的统称,它的主要作用是把路面作用于车轮上的垂直反作用力(支承力)、纵向反作用力(驱动力和制动力)和侧向反作用力以及这些反作用力所形成的力矩传递到车架(或承载式车身)上,以保证汽车的正常行驶。

如图 9－1 所示,悬架(suspension)主要由弹性元件 1、导向装置 2、5 和减震器 3 等三部分组成。弹性元件使车架与车桥之间做弹性联系,承受和传递垂直载荷,缓和及抑制不平路面所引起的冲击;导向装置是用来传递纵向力、侧向力及其力矩,并保证车轮相对于车架或车身有一定的运动规律;减震器用以加快震动的衰减,限制车身和车轮的震动。由此可见,上述三个组成部分分别起缓冲、导向和减震作用,三者联合起到共同传力的作用。为防止车身在不平路面行驶时或转向时发生过大的横向倾斜,部分汽车还装有辅助弹性元件横向稳定器(stabilizer anti-roll bar)和平衡杆(stabilizer bar)。任何悬架只要具备上述功用,在结构上并非需要有以上全套装置。如许多汽车上广泛采用的多片钢板弹簧悬架,它既有缓冲、减震的功能,又担负传力和导向的任务,因此,不需要再安装导向机构,甚至不需要减震器(如后悬架)。

根据汽车两侧车轮运动是否相互关联,汽车悬架可分为非独立悬架(rigid axle suspension)和独立悬架(independent suspension)两种形式,如图 9－2 所示。非独立悬架(如图 9－2a 所示)的结构特点是汽车两侧车轮分别安装在一根整体式的车轴两端,车轴则

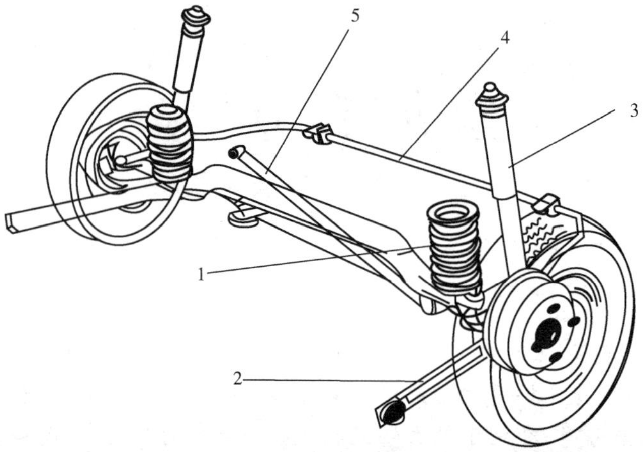

图 9-1 悬架组成示意图

1—弹性元件;2、5—导向装置;3—减震器;4—横向稳定器

通过弹性元件与车架相连接。这种悬架当一侧车轮因道路不平而跳动时,将要影响另一侧车轮,因此称为非独立悬架或相关悬架。独立悬架(如图 9-2b 所示)则是两侧车轮分别安装在断开式的车轴两端,每段车轴和车轮单独通过弹性元件与车架相连。这样当一侧车轮跳动时,对另一侧车轮不产生影响,因此称为独立悬架。

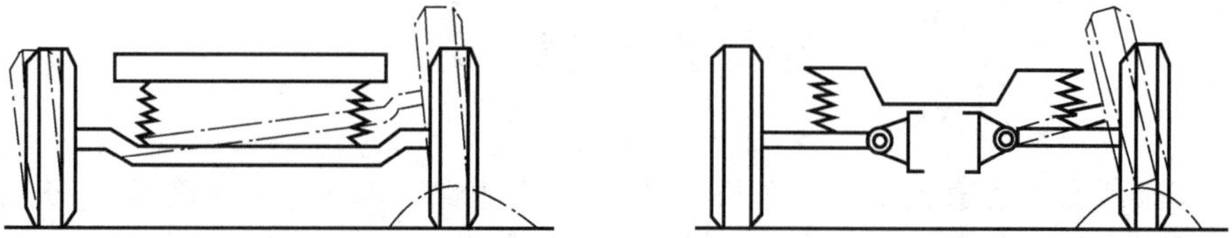

a)非独立悬架　　b)独立悬架

图 9-2 非独立悬架与独立悬架示意图

独立悬架的前轮可调整其定位,故在轿车上被广泛应用;而非独立悬架因结构简单、制造和维修方便,故在中型、重型汽车上被普遍采用。

第二节 弹性元件

汽车悬架所用的弹性元件可分为钢板弹簧、螺旋弹簧、扭杆弹簧、气体弹簧和橡胶弹簧等。一般载货汽车的非独立悬架广泛采用钢板弹簧,大多数轿车的独立悬架应用螺旋弹簧和扭杆弹簧,而在重型载货汽车上气体弹簧得到广泛的应用。

一、钢板弹簧

钢板弹簧是汽车悬架中应用最广泛的一种弹性元件,它是由若干片长度不等、曲率半径不同、厚度相等或不等的弹簧钢片叠合在一起组成的一根近似等强度的弹性梁(如图9-3所示)。

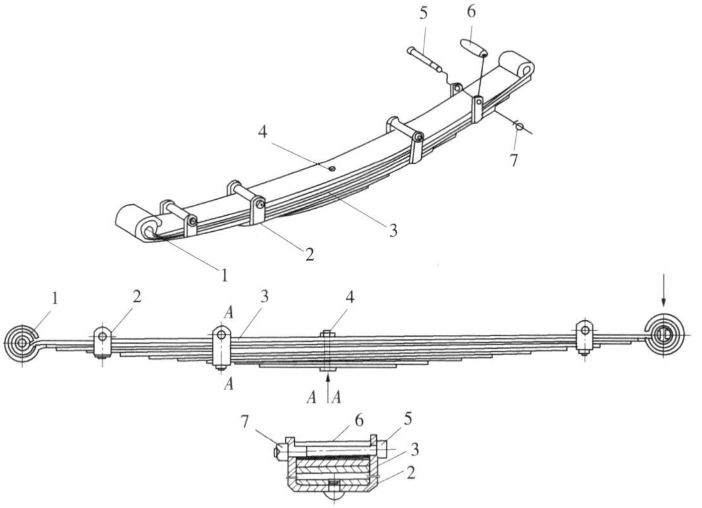

图 9-3　钢板弹簧

1、18—黄油嘴；2、17、21—锁紧螺母；3—防松垫圈；4—开口销；5—带槽口螺母；6、8—避震器垫圈；7—避震器总成；9、10—U；形螺栓；11—钢板弹簧减震垫；12—前钢板弹簧总成；13、23—钢板弹簧销；14、19—衬垫；15—钢板弹簧吊耳；16—锁紧片；20—底板；22—避震器支架

钢板弹簧的中部一般由 U 形螺栓与车桥刚性固定，其两端用钢板弹簧销铰接在车架的支架上。为加强第一片的卷耳，常将第二片末端也弯成卷耳，把第一片卷耳包住。弹簧受压变形时为防止它们之间产生相对滑动，在第一片与第二片卷耳之间留有较大的空隙。在车架加载弹簧变形时，钢板弹簧各片之间产生相对滑动进而产生摩擦，此时钢板弹簧本身具有一定的减震作用。如果钢板弹簧各片之间干摩擦时，轮胎所受到的冲击要直接传给车架，并直接使钢板弹簧各片磨损，故安装钢板弹簧时，应在各片之间涂上适量的石墨润滑脂，并定期保养。

目前一些汽车上采用变厚度的单片或二至三片的钢板弹簧，可以减少片与片间的干摩擦，减少动刚度，还提高使用应力，同时减轻质量。

二、螺旋弹簧

螺旋弹簧（如图 9-4 所示）是前后悬架中最常用的弹簧，它是用弹簧钢卷制而成的，可以做成圆柱形或圆锥形，也可以做成等螺距或变螺距。其中等螺距的螺旋弹簧刚度不变，而圆锥形的或变螺距的螺旋弹簧刚度可变。

螺旋弹簧广泛地应用于前独立悬架。螺旋弹簧与钢板弹簧相比，具有无需润滑、不忌泥污、所占纵向空间不大、弹簧质量小等优点。螺旋弹簧本身没有减震作用，因此在螺旋弹簧悬架中必须另装减震器。此外，螺旋弹簧只能承受垂直载荷，故必须装设导向机构以传递垂直力以外的各种力和力矩。

三、扭杆弹簧

扭杆弹簧总成是用铬钒合金弹簧钢制成，表面经过加工后很光滑。为保护其表面，通常在其上涂有环氧树脂，并包裹一层玻璃纤维，再涂一层环氧树脂，最后涂上沥青和防锈油漆，以防碰撞、刮伤和腐蚀，从而提高扭杆弹簧的使用寿命。

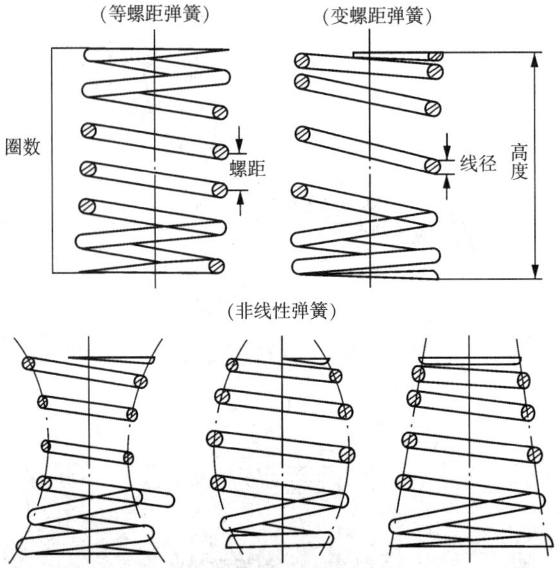

图 9-4　螺旋弹簧

扭杆具有预扭应力,安装时左右扭杆预加扭转的方向都与扭杆安装在车上后承受工作载荷时扭转的方向相同,不能互换,为此,在左右扭杆上刻有"L""R"的标识,以示区别。

扭杆弹簧通常简称为扭杆,它是用自身的扭转弹性抵抗扭曲力的弹簧钢杆。扭杆弹簧的断面一般为圆形,少数为矩形或管形。它的两端可以做成花键、方形、六角形或带平面的圆柱形等,以便将一端固定在车架或车身其他构件上,另一端连接在悬架的摆臂上。扭杆弹簧一般都是纵向安装的,但也有一些是横向安装(如图 9-5 所示)。

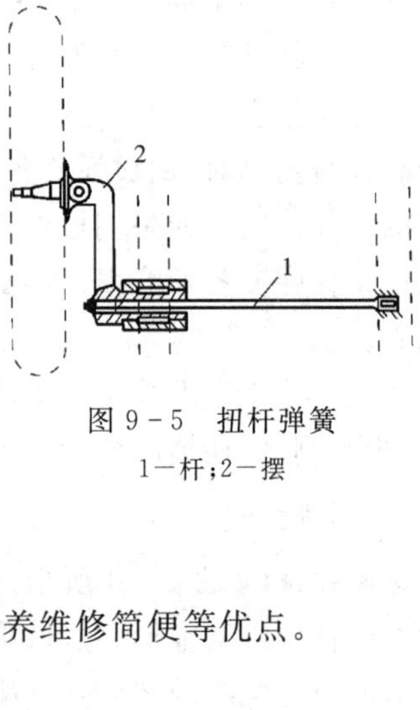

图 9-5　扭杆弹簧

1—杆;2—摆

扭杆本身的扭转刚度虽然是常数,但采用扭杆的悬架刚度却是可变的。若将扭杆的固定端转过一个角度,则摆臂的初始位置将改变,借以调节车架与车轮间的距离,即调节车身高度。

扭杆弹簧与钢板弹簧相比较,具有质量轻、不需润滑、保养维修简便等优点。

四、气体弹簧

气体弹簧是在一个密封的容器中充入压缩气体,利用气体的可压缩性实现其弹簧作用的。这种弹簧的刚度是可变的,因为作用在弹簧上的载荷增加时,容器内的定量气体气压升高,弹簧的刚度增大。反之,当载荷减小时,弹簧内的气压下降,刚度减小,故它具有较理想的弹性特性。

气体弹簧有空气弹簧和油气弹簧两种。

(1)空气弹簧(air spring)。空气弹簧是利用压缩空气实现弹簧作用的。根据压缩空气所用容器的不同,又有囊式和膜式两种形式(如图 9-6 所示)。囊式空气弹簧是由夹有帘线的橡胶气囊和密闭在其中的压缩空气所组成。气囊的内层用气密性好的橡胶制成,而外层则用耐油橡胶制成。气囊一般做成两节，节与节之间围有钢质的腰环，使中间部分不致有径向扩张，并防止两节之间相互摩擦。气囊的上下盖板将气囊密封。膜式空气弹簧的密闭气囊由橡胶膜片和金属压制件组成。

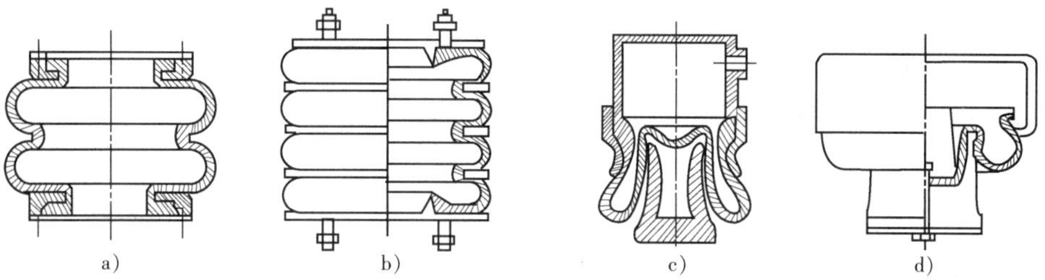

图 9-6　空气弹簧

a)、b)囊式空气弹簧；c)、d)膜式空气弹簧

(2)油气弹簧(hydro-pneumatic spring)。在密闭的容器中充入压缩气体和油液，利用气体的可压缩性实现弹簧作用的装置称油气弹簧。油气弹簧以惰性气体(氮气)作为弹性介质，用油液作为传力介质，一般是由气体弹簧和相当于液力减震器的液压缸所组成的。根据结构的不同，油气弹簧分为单气室、双气室以及两级压力式等三种形式。

单气室油气弹簧又分为油气分隔式和油气不分隔式两种(如图 9-7 所示)，前者可防止油液乳化，且便于充气。单气室油气分隔式油气弹簧(如图 9-7a 所示)，其球形气室固定在工作缸 4 上，其内腔用橡胶油气隔膜 2 隔开，一侧充入高压氮气，构成气体弹簧；另一侧与工作缸的内腔相通，并充满了工作介质(减振油液)，相当于液力减震器。油气隔膜的作用在于把作为弹性介质的高压氮气和工作液分开，以避免工作液乳化，同时也便于充气和保养。在球形气室上装有充气阀，油气弹簧上端的球形气室和下端的活塞分别通过上、下球座固定在车架和车桥上。

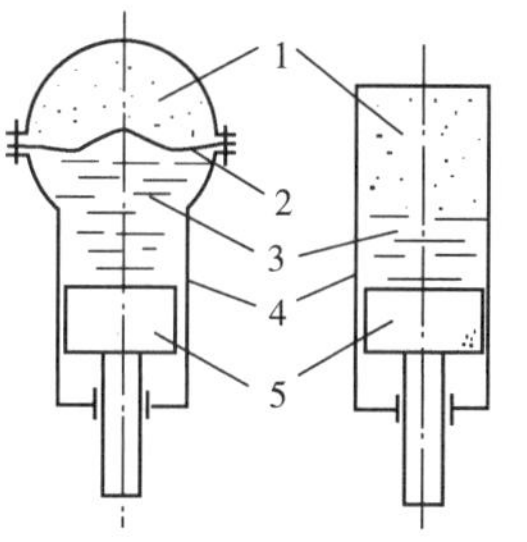

图 9-7　单气室油气弹簧示意图

1—气体；2—油气隔膜；3—油液；
4—工作缸；5—活塞

当载荷增加时，车架与车桥之间的距离缩短，活塞 5 上移使充满工作液的内腔容积减小，迫使工作液推动油气隔膜 2 向具有一定压力的氮气室移动，使气室容积减小，氮气压力升高，弹簧刚度增大，车架下降缓慢。当外界载荷等于氮气压力时，活塞便停止上移，这时车架与车桥的相对位置不再变化，车身高度也不再下降。

当载荷减小时，油气隔膜在高压氮气压力的作用下向油室一侧移动，推动活塞下移，从而使弹簧刚度减小，车架与车桥之间距离变长，车架上升减缓，当外部载荷与氮气压力相平衡时，活塞停止下移，车身高度也不再上升。

由于氮气储存在密闭的球形气室内，其压力随外载荷的大小而变化，故油气弹簧具有变刚度的特性，同时又起液力减震器的作用。

单气室油气不分隔式油气弹簧(如图 9-7b 所示)其缸体 4 的上端和活塞的下端分别固定在车架和车桥上。活塞的上面有一油层，既可以润滑活塞又可以作为气室的密封。油层上方的空间即为高压气室，其中充满高压氮气，气体和工作油液间没有任何隔离装置。当载荷增加时，活塞在工作缸体内向上移动，高压气室容积缩小，氮气被进一步压缩，此时油压升高。当载荷减小时(伸张行程),活塞向下移动,高压气室的容积增大,气体压力和油压都下降。

空气弹簧和油气弹簧都同螺旋弹簧一样,只能承受轴向载荷,因此气体弹簧悬架中必须设置纵向和横向推力杆等导向机构,同时还必须设有减震器。气体弹簧可以通过专门的高度控制阀自动调节气室中的原始充气压力,以调节车身与地面的高度。

五、橡胶弹簧

橡胶弹簧是利用橡胶本身的弹性来缓和冲击、减小震动的。它可以承受压缩载荷与扭转载荷。橡胶弹簧的优点是:单位质量的储能量较金属弹簧多,隔音性能好,工作无噪声,不需要润滑。因橡胶的内摩擦较大,因此橡胶弹簧具有一定的减震能力。汽车挂车上串列式车轴的平衡悬架采用橡胶弹簧作为弹性元件,橡胶弹簧同时受剪切和压缩载荷。通常橡胶弹簧更多用作悬架的副簧和缓冲块(如图 9-8 所示)以发挥它非线性特性的优势。

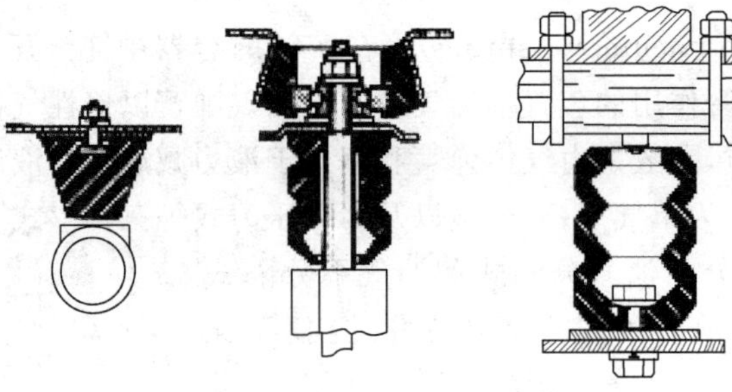

图 9-8 橡胶弹簧(缓冲块)

第三节 减震器

减震器的作用是吸收钢板弹簧起落时车辆的震动,使其迅速恢复平稳的状态,以改善汽车行驶的平稳性。在大多数的汽车悬架系统内都装有减震器。减震器和弹性元件是并联安装的(如图 9-9 所示)。

汽车悬架系统中广泛采用液力减震器。其作用原理是利用液体流动的阻力来消耗震动的能量。当车架与车桥相对运动时,活塞在缸筒内就上下移动,减震器壳体内的油液便反复地从一个内腔通过一些窄小的孔隙流入另一内腔。此时,孔壁与油液间的摩擦及液体分子内摩擦便形成对震动的阻尼,使车身和车架的震动能量转化为热能而被油液和减震器壳体所吸收,最后散到大气中去。减震器的阻尼力大小随车架与车桥的相对运动速度的增减而增减,并且与油液的黏度有关。

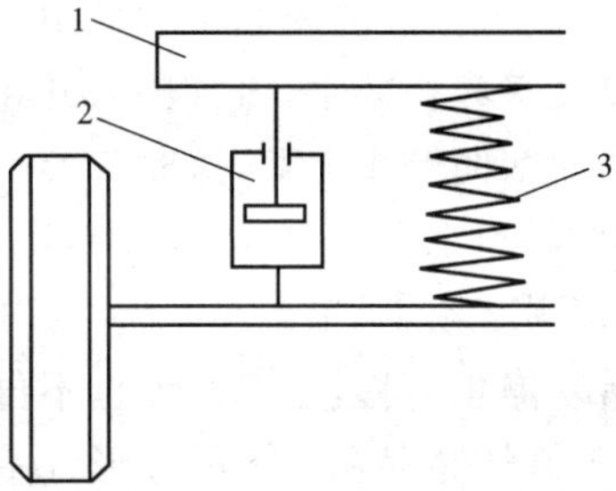

图 9-9 减震器和弹性元件的安装示意图

1—车架;2—减震器;3—弹性元件

减震器的阻尼力越大,震动消除得越快,但却使并联的弹性元件不能充分发挥作用,同时,过大的阻尼力还可能导致减震器连接零件及车架损坏。为解决弹性元件与减震器之间的矛盾，对减震器提出如下要求：

(1)在悬架压缩行程(车桥与车架相互移近的行程)内，减震器阻尼力应较小，以便充分利用弹性元件的弹性来缓和冲击。

(2)在悬架伸张行程(车桥与车架相互远离的行程)内，减震器的阻尼力应较大，以求迅速减震。

(3)当车桥(或车轮)与车架的相对速度较大时，减震器应当能自动加大液流通道截面积，使阻尼力始终保持在一定限度之内，以避免承受过大的冲击载荷。

一、双向作用筒式减震器

如图 9-10 所示为解放 CA1091 的双向作用筒式减震器。它有三个同心钢筒：防尘罩 21、储油缸筒 20 和工作缸筒 19。防尘罩与活塞杆 18 和用于连接车架的上吊环 26 焊接在一起。工作缸筒装于储油缸筒内，并用储油缸筒螺母 27 通过密封圈 25 和导向座 22 压紧。储油缸筒的下端与连接车桥的下吊环 10 焊接在一起。在减震器工作时，这两个缸筒作为一个整体一起随车桥而运动。储油缸筒与工作缸筒之间形成储油腔，内装减震油液，但不装满，工作缸筒内则充满减震油液。活塞杆 18 穿过储油缸筒和工作缸筒密封装置而伸入工作缸筒内，在活塞杆的下端用压紧螺母 9 固定着活塞 4。

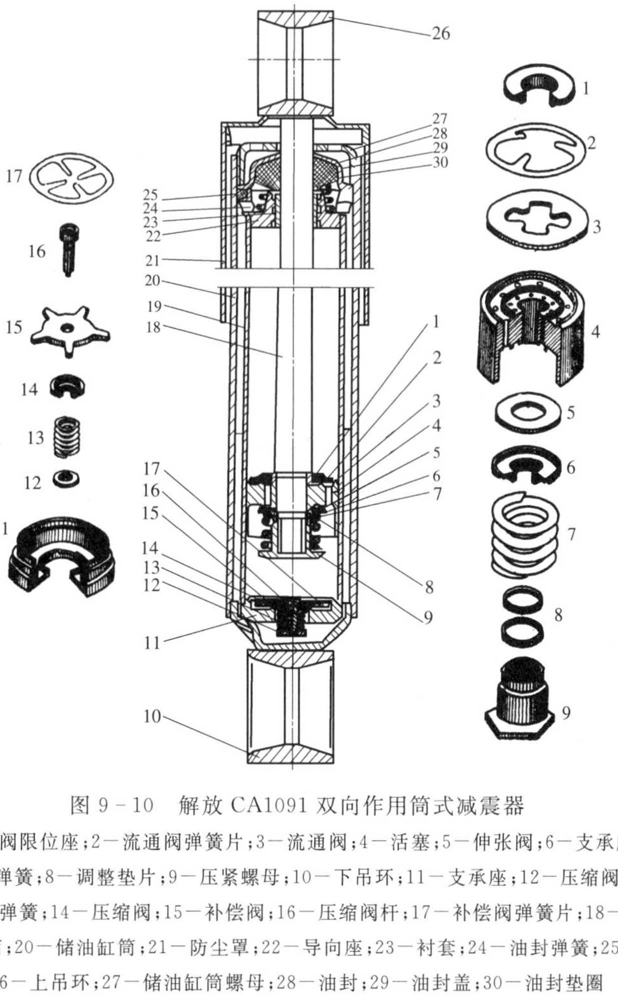

图 9-10 解放 CA1091 双向作用筒式减震器

1—流通阀限位座；2—流通阀弹簧片；3—流通阀；4—活塞；5—伸张阀；6—支承座圈；7—伸张阀弹簧；8—调整垫片；9—压紧螺母；10—下吊环；11—支承座；12—压缩阀弹簧座；13—压缩阀弹簧；14—压缩阀；15—补偿阀；16—压缩阀杆；17—补偿阀弹簧片；18—活塞杆；19—工作缸筒；20—储油缸筒；21—防尘罩；22—导向座；23—衬套；24—油封弹簧；25—密封圈；26—上吊环；27—储油缸筒螺母；28—油封；29—油封盖；30—油封垫圈

活塞 4 的头部有内外两圈沿圆周均布的轴向通孔,外圈孔大、内圈孔小。在外圈大孔上面盖着流通阀 3,并用流通阀弹簧片 2 压紧,再由流通阀限位座 1 限位。在内圈小孔下面,均布着四道小槽,其上面有伸张阀 5 和支承座圈 6。当伸张阀被压紧时便形成四个缺口,该缺口为常通的缝隙,在压缩或伸张行程时,油液均可通过此缺口流动。在伸张阀与压紧螺母 9 之间装有调整垫片 8,用于调整伸张阀弹簧 7 的预紧力。

在工作缸筒下端装有支承座 11,其上端面有两个小缺口被星形补偿阀 15 盖着,形成两道缝隙,作为工作缸筒与储油缸筒之间的常通缝隙。补偿阀中央有孔,孔中装着压缩阀杆 16,杆上有中心孔和旁通孔,其上滑套着压缩阀 14。不工作时,压缩阀在压缩阀弹簧 13 的作用下使其上端面压在补偿阀 15 上,使内部形成锥形空腔。此时,油液经阀杆上的中心孔、旁通孔仅能流到锥形空腔中,而不能进入储油缸筒。支承座 11 上端用翻边的方法将补偿阀弹簧片 17 紧压在压缩阀杆 16 顶端边缘。

由于流通阀和补偿阀的弹簧较软,当车轮跳动较小时,油液从这两个阀和一些孔缝中流过;而伸张阀和压缩阀的弹簧都较硬,预紧力也较大,故车轮剧烈跳动并使油压增大到一定程度时,才能压开它而流过。工作缸筒的上部装有密封装置(橡胶密封圈 25、油封 28、油封盖 29、油封垫圈 30、油封弹簧 24 和储油缸螺母 27 等)和导向座 22。橡胶密封圈 25 用于密封工作缸筒周缘,而橡胶油封 28 用于密封活塞杆。当活塞杆往复运动时,杆上的油液被密封件刮下,经导向座 22 上的径向小孔流回储油缸。导向座 22 用来为活塞杆导向。当双向作用筒式减震器被压缩(车轮靠近车架压缩悬架)时,活塞 4 下移,使其下腔室容积减小,油压升高,油液经流通阀 3 流到活塞上腔室。由于活塞杆 18 占去上腔室一部分容积,故上腔室增加的容积小于下腔室减小的容积,致使下腔室油液不能全部流入上腔室,而多余的油液则压开支承座圈 6 上的压缩阀 14 进入储油缸筒 20。这些阀对油液的节流便造成对悬架压缩运动的阻尼力,由于流通阀和压缩阀的特殊结构(弹簧较软,通道较小),能使油液流动的阻尼力不致过大,所以在压缩行程时能使弹性元件充分发挥它的缓冲作用。当悬架处在伸张行程(车轮离开车架、减震器被拉长)时,活塞上移使其上腔室容积减小、油压升高,流通阀 3 关闭。上腔室内的油液便推开伸张阀 5 流入下腔室。同样由于活塞杆的存在,自上腔室流来的油液不足以充满下腔室所增加的容积,下腔室内产生一定的真空度,这时储油缸筒内的油液在真空度的作用下推开补偿阀 15 流入下腔室进行补充。这些阀的节流作用即构成对悬架伸张运动的阻尼力。由于伸张阀弹簧的刚度和预紧力比压缩阀的大,且伸张行程时油液通道截面也比压缩行程小,所以减震器在伸张行程内产生的最大阻尼力远远超过了压缩行程内的最大阻尼力。减震器这时充分发挥减震作用,保护弹性元件不被拉坏。

二、充气式与阻力可调式减震器

1. 充气式减震器

充气式减震器(如图 9-11 所示)的结构特点是:在减震器缸筒的下部有一个浮动活塞 2,使工作腔形成三个部分。在浮动活塞与缸筒一端形成的腔室中充入高压氮气;浮动活塞的上面是减震器油液,浮动活塞上装有大断面的 O 形密封圈 3,把油和气完全隔开,形成封气活塞;工作活塞 7 上装有随其运动速度大小而改变通道截面积的压缩阀 4 和伸张阀 8,此二阀均由一组厚度相同、直径不等、由大到小而排列的弹簧钢片组成。当车轮跳动时,减震器的工作活塞在油液中往复运动,使工作活塞的上腔与下腔之间产生油压差，压力油便推开压缩阀或伸张阀而来回流动。由于阀对压力油产生较大的阻尼力而使震动衰减。由于下腔高压氮气的存在，便可以利用氮气的膨胀和压缩，借助浮动活塞的上下运动来补偿因活塞杆的进出而引起的缸筒容积的变化，因此不再需要储油腔，当然也就不需要储油缸筒了，所以这种减震器也称为单筒式减震器。而上述的双向作用筒式减震器既有工作缸筒，又有储油缸筒，故亦称双筒式减震器。充气式减震器作为一种新型减震器，与双向作用筒式减震器相比，具有以下优点：①由于采用浮动活塞，不需要储油缸筒，还减少了一套阀门系统，使结构大为减化。②在防尘罩直径相同的条件下，充气式减震器工作缸筒及活塞直径大，可以产生更大的阻尼力。③减震器中的高压氮气能减少车轮遇到冲击力时产生的高频震动，且有助于消除噪声。④充气式减震器由于浮动活塞的存在，消除了油液的乳化现象。充气式减震器的缺点是：对油封要求高；充气工艺复杂，修理困难；当缸筒受到冲击而变形时，减震器就不能工作。

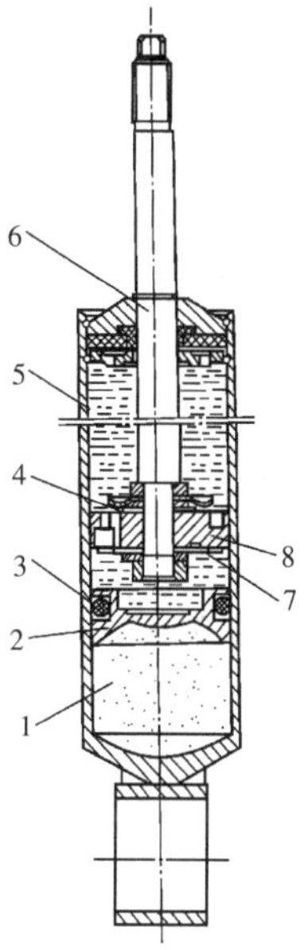

图 9－11　双向作用充气式减震器

1—密封气室；2—浮动活塞；3—O 形密封圈；4—压缩阀；5—工作缸；6—活塞杆；7—工作活塞；8—伸张阀

2. 阻力可调式减震器(adjustable shock absorber)

阻力可调式减震器(如图 9－12 所示)的悬架系统采用了刚度可变的空气弹簧。其工作原理是：当汽车载荷增加时，空气囊中的气压升高，与之相通的气室 1 内的气压也随之升高，促使膜片 2 向下移动与弹簧 3 产生的压力相平衡。同时，膜片带动与它相连的柱塞杆 4 和柱塞 6 下移，因而使得柱塞相对空心连杆 5 上的节流孔 7 的位置发生变化，结果减小了节流孔的通道截面面积，也就是减小了油液流经节流孔的流量，从而增加了油液的流动阻力。

当汽车载荷减小时，柱塞上移，增大了节流孔的通道截面面积，结果减小了油液的流动阻力，达到了随汽车载荷的变化而改变减震器阻力的目的，保证了悬架系统具有良好的震动特性。不少高级轿车上采用了这种阻力可调式减震器。

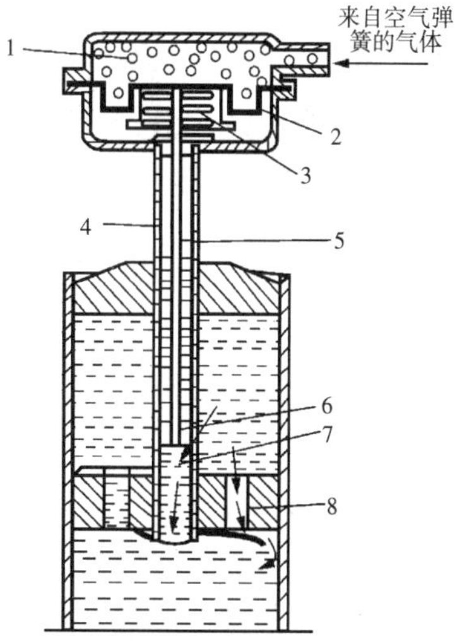

图 9－12　阻力可调式减震器

1—气室；2—膜片；3—弹簧；4—柱塞杆；5—空心连杆；6—柱塞；7—节流孔；8—活塞

第四节　非独立悬架

一般载货汽车均采用钢板弹簧作为弹性元件的非独立悬架，因为钢板弹簧既有缓冲、减震的功能，又能起传力和导向的作用，可以使得悬架结构大为简化，而采用螺旋弹簧或气体弹簧则需要有较复杂的导向机构。

一、纵置板簧式非独立悬架

如图 9－13 所示为日本日野 K2 型汽车的后悬架示意图。它采用纵置板簧式非独立悬架结构。在板簧式非独立悬架中，钢板弹簧一般是纵向安置的，它与车桥的连接绝大多数是用两个 U 形螺栓 10，将钢板弹簧的中部刚性地固定在车桥上部。钢板弹簧两端通过钢板弹簧销 4、13 与车架支座活动铰接，以起到传力和导向作用。

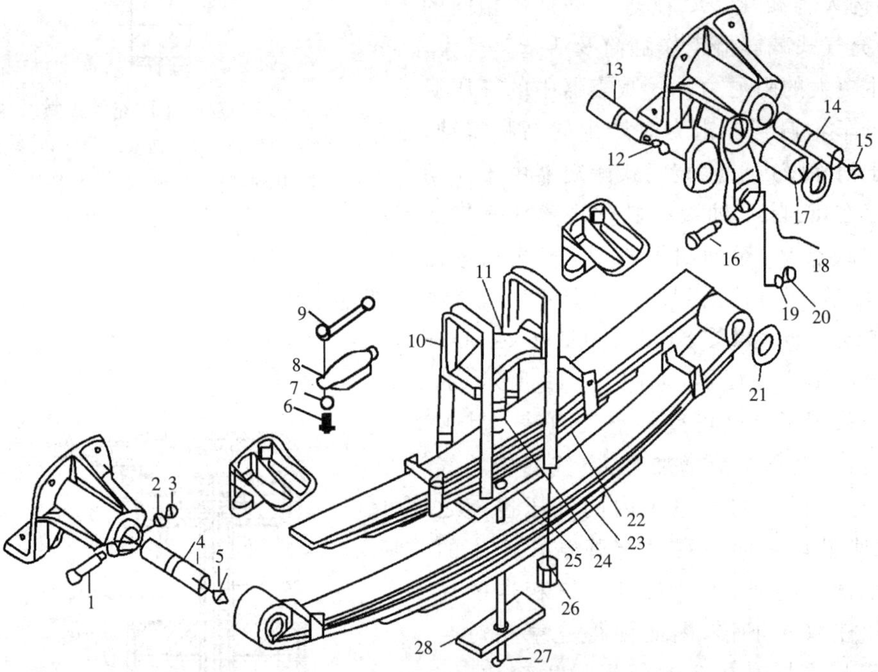

图 9－13　日本日野 K2 型汽车后悬架示意图

1、6、16－螺栓；2、22、26－螺母；3、7、20－防松垫圈；4、13、14－钢板弹簧销；5、12、15－黄油嘴；8－橡胶限制件；9－底座固定件；10－U 形螺栓；11、32－钢板弹簧减震垫；17－衬垫；18－钢板弹簧吊耳总成；21、28－衬垫；22－后副钢板弹簧总成；23－后主钢板弹簧总成；24、27－中心螺栓；25－后钢板弹簧座

由于载货汽车后悬架装载质量变化较大，则为了保持悬架的频率不变或变化不大，一般在后悬架中采用后副钢板弹簧总成 22。副钢板弹簧总成一般装在主钢板弹簧总成上方，当后悬架负荷较小时，仅由主钢板弹簧起作用。在负荷增加到一定程度时，副钢板弹簧总成与车架上的支架接触，开始起作用。此时，主、副钢板弹簧一起工作，一起承受载荷而使悬架刚度增大，保证车身振动频率不会因载荷增加而变化过大。

钢板弹簧变形时，为保证车架两端与钢板弹簧连接的卷耳间的距离有伸缩的余地，钢板弹簧后端与车架的连接通常采用了以下几种结构形式：

(1)吊耳支架式，解放 CA1091 型载货汽车前悬架采用；

(2)滑板支承式，东风 EQ1090E 型载货汽车前悬架采用；

(3)橡胶块支承式，一汽早期生产的 2.5t 越野汽车前悬架采用。

二、螺旋弹簧非独立悬架

螺旋弹簧非独立悬架一般只用作轿车的后悬架示意图。如图 9－14a 所示为一汽奥迪 100 型汽车后悬架。如图 9－14b 所示为后悬架的放大图。减震器 8 下端是吊耳，通过螺栓 6、自锁螺母 16 和后桥相连。减震器外面装有防尘罩 11，保护套下端装有弹簧下座 9，保护套上端装有限位块。减震环(图中未画出)、弹簧上座 14 和螺旋弹簧 10 就固定在弹簧上、下座 14 和 9 之间。弹簧上座上端有座圈孔，弹簧上座橡胶支承 13 就装在里边。减震器 8 的活塞杆由弹簧上座和弹簧上座橡胶支承 13 中间的通孔穿出，然后将自锁螺母 15 拧入减震器活塞杆上的螺纹，将活塞杆上部固定在弹簧上座 14 上。弹簧上座法兰上有四个螺栓孔，以便通过螺栓、自锁螺母 15 固定在和车身相连的连接件 12 上。后悬架中，导向元件横向推力杆 5，下连后桥，上连车身，用来传递车桥和车身之间的横向作用力及其力矩。加强杆 4 也是下连车桥，上连车身，此杆的作用是加强横向推力杆的安装强度，并可减轻车重和使车身受力均匀。

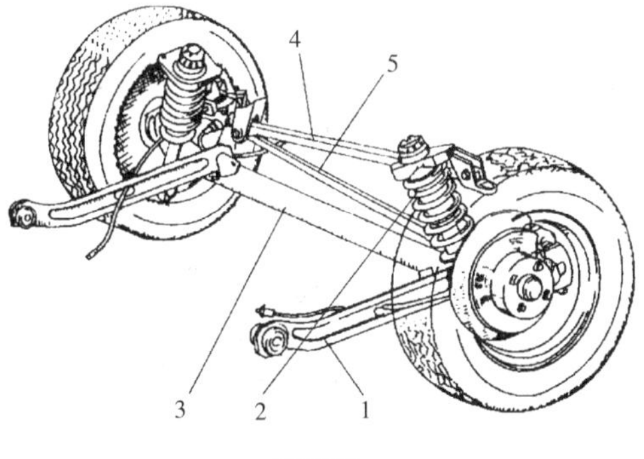

a)后悬架

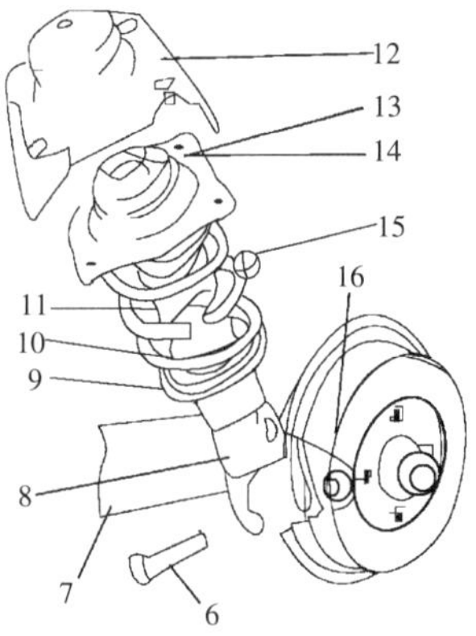

b)后悬架放大图

图 9－14　一汽奥迪 100 型轿车后悬架示意图

1－纵摆臂；2－后悬架；3－后桥；4－加强杆；5－横向推力杆；6－螺栓；
7－后桥；8－减震器；9－弹簧下座；10－螺旋弹簧；11－防尘罩；12－连接件；
13－弹簧上座橡胶支承；14－弹簧上座；15、16－自锁螺母

三、空气弹簧非独立悬架

如图 9－15 所示为空气弹簧非独立悬架示意图。囊式空气弹簧 5 的上、下端分别固定在车架和车桥上。从压气机 1 产生的压缩空气经油水分离器 10 和压力调节器 9 进入储气筒 8，压力调节器可使储气筒中的压缩空气保持一定的压力。储气筒 6 通过管路与两个空气弹簧相通。储气筒和空气弹簧中的空气压力由车身高度控制阀 3 控制。空气弹簧和螺旋弹簧一样只能传递垂直力，其纵向力和横向力及其力矩也是由纵向推力杆和横向推力杆(图中未画)来传递。采用空气弹簧悬架时，可以通过车身高度控制阀来改变空气弹簧内的空气压力，从而自动调节车身高度，以保证车身高度不因载荷变化而变化。

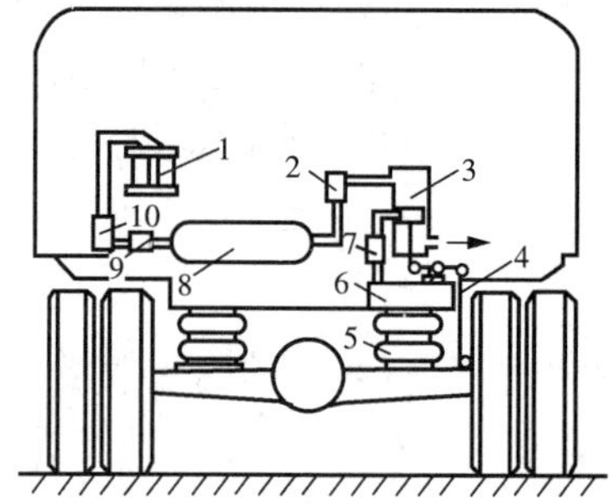

图 9-15　空气弹簧非独立悬架示意图

1—压气机；2、7—空气滤清器；3—车身高度控制阀；4—控制杆；

5—空气弹簧；6—储气筒；8—储气筒；9—压力调节器；10—油水分离器

四、油气弹簧非独立悬架

如图 9-16 所示为上海 SH3540 型汽车的油气弹簧非独立悬架示意图。油气弹簧 1 的两端分别固定在前桥上的支架 10 和纵梁上的支架 2 上。左、右两侧各有一根下纵向推力杆 11，装在前桥 6 和纵梁 4 之间。一根上纵向推力杆 8 安装在前桥上的支架 9 和纵梁 4 的内侧支架上。上、下两纵向推力杆构成平行四边形，它既可传递纵向力，承受制动力引起的反作用力矩，又可保证车轮上下跳动时主销后倾角不变，有利于汽车操纵的稳定性。一根横向推力杆 3 装在左侧纵梁与前桥右侧的支架上，传递侧向力。在两纵梁下面装有缓冲块 7，以避免在很大的冲击载荷下前桥直接碰撞车架。采用油气弹簧的非独立悬架具有变刚度特性，特别适用在道路条件和装载条件都很恶劣的工地和矿山大型自卸汽车上。

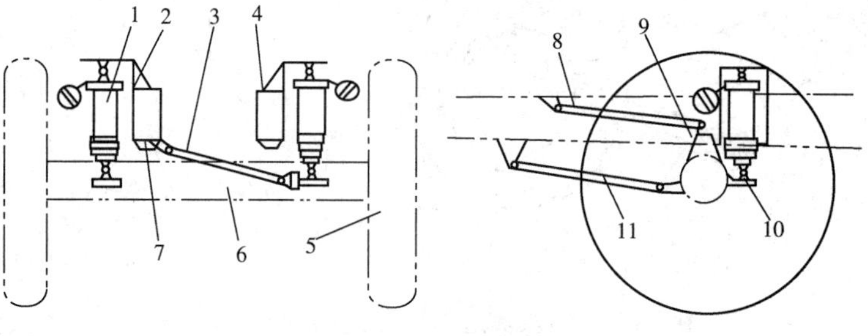

图 9-16　上海 SH3540 型汽车前轮油气悬架示意图

1—油气弹簧；2、9、10—支架；3—横向推力杆；4—纵梁；5—车轮；6—前桥；

7—缓冲块；8—上纵向推力杆；11—下纵向推力杆

第五节　独立悬架

独立悬架的结构特点是两侧的车轮各自独立地与车架或车身弹性连接(如图 9-2b 所示)。与非独立悬架相反，独立悬架很少用钢板弹簧作为弹性元件，而多采用螺旋弹簧和扭杆弹簧作为弹性元件，因而具有导向机构。独立悬架具有以下优点：①悬架弹性元件的变形在一定的范围内，两侧车轮可以单独运动而互不影响，这样可减少车架和车身在不平道路上行驶时的震动，而且有助于消除转向轮不断偏摆的现象。②减轻了汽车上非弹簧承载部分的重量(非簧载重量)，从而减小了悬架所受到的冲击载荷，可以提高汽车的平均行驶速度。③由于采用断开式车桥，发动机位置可降低和前移而使汽车重心下降，有利于提高汽车行驶的稳定性，同时车轮有较大的上下运动空间，悬架刚度可设计得较小，使车身振动频率降低，从而改善行驶平顺性。④可保证汽车在不平道路上行驶时，车轮与路面有良好的接触，增大了驱动力。此外具有特殊要求的某些越野汽车采用独立悬架后，可增大汽车的离地间隙，提高了汽车的通过性能。

独立悬架按车轮的运动形式可分为横臂式独立悬架（车轮在汽车横向平面内摆动的悬架）、纵臂式独立悬架（车轮在汽车纵向平面内摆动的悬架）、烛式独立悬架和麦弗逊式独立悬架（车轮沿主销移动的悬架）四种类型（如图 9－17 所示）。

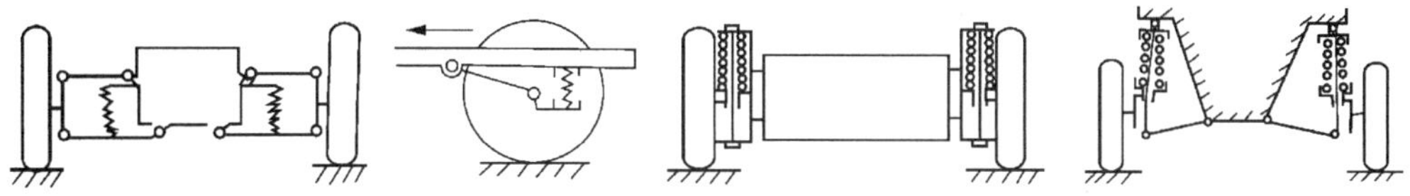

a)横臂式独立悬架　b)纵臂式独立悬架　c)烛式独立悬架　d)麦弗逊式独立悬架

图 9－17　独立悬架分类示意图

一、横臂式独立悬架

横臂式独立悬架分为单横臂式独立悬架和双横臂式独立悬架两种。

1. 单横臂式独立悬架

如图 9－18 所示为德国戴姆勒-奔驰轿车采用的单横臂式后独立悬架示意图。在该结构中，后桥半轴套管 8 是断开的，主减速器 5 的左侧有一个单铰链 4，半轴可绕其摆动。在主减速器上面安装着可调节车身水平位置的油气弹性元件 2，它和螺旋弹簧 7 一起承受并传递垂直力。作用在车轮上的纵向力主要由纵向推力杆 6 承受。中间支承 3 不仅可以承受侧向力，而且还可以部分地承受纵向力。当车轮上下跳动时，为避免干涉，其纵向推力杆的前端用球铰链与车身连接。采用单横臂式独立悬架的车轮上下运动时，车轮平面将产生倾斜而改变轮距的大小，并使主销内倾角及车轮外倾角均发生较大变化。轮距变化使轮胎产生横向滑移，破坏轮胎与地面的附着，因此在转向轮中这种悬架很少采用。

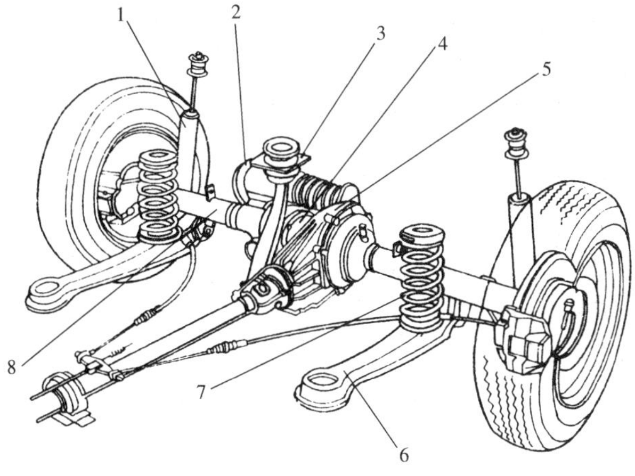

图 9－18　单横臂式后独立悬架示意图

1－减震器；2－油气弹性元件；3－中间支承；4－单铰链；
5－主减速器；6－纵向推力杆；7－螺旋弹簧；8－半轴套管

2. 双横臂式独立悬架

如图 9－19 所示为双横臂式独立悬架示意图。这种悬架的两个横臂长度可以相等，也可以不等。等臂长的双横臂式独立悬架在车轮上下跳动时，虽然车轮平面不发生倾斜，却会使轮距发生较大的变化(如图9－19a 所示)，这将使车轮产生横向滑移。不等臂长的双横臂式独立悬架若两臂长度选择合适，则可以使主销角度与轮距的变化均不过大(如图 9－19b 所示)。因此不等长的双横臂式独立悬架在轿车的前轮上应用较为广泛。如图 9－20 所示为一种典型的不等长双横臂式独立悬架。

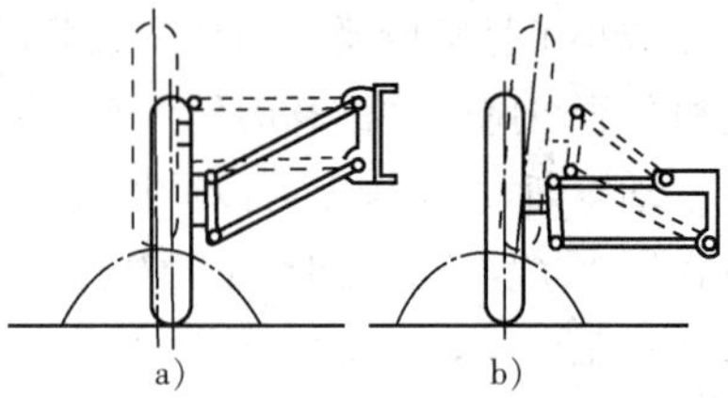

图 9－19　双横臂式独立悬架示意图

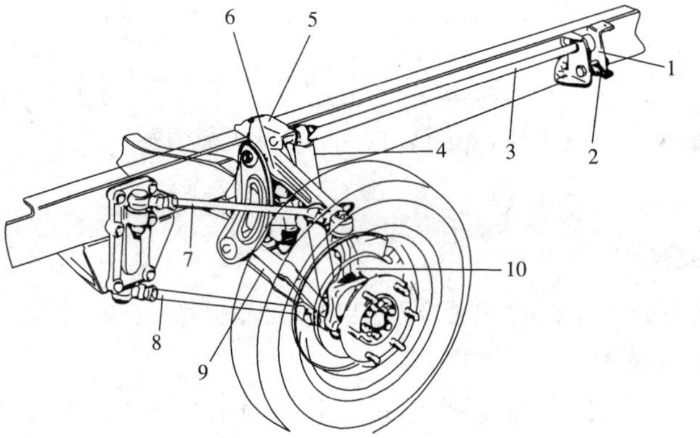

图 9－20　不等长双横臂式独立悬架示意图

1－扭杆弹簧固定支架；2－扭杆弹簧预加载荷调整螺栓；3－扭杆弹簧；4－减震器；5－减震器上支架；6－上横臂；7－上支撑杆；8－下支撑杆；9－下横臂；10－转向节

图 9－21 所示为我国一汽生产的红旗 CA7560 型轿车前悬架示意图。

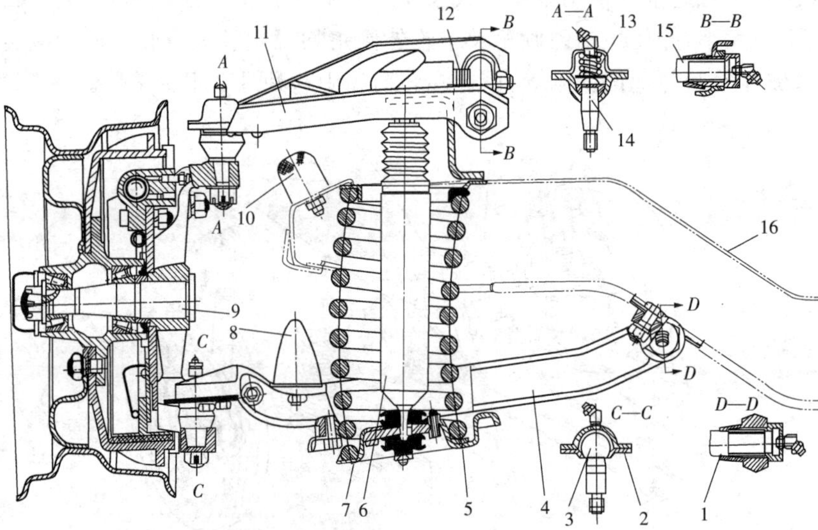

图 9－21　红旗 CA7560 型轿车前悬架

1－下摆臂轴；2－垫片；3－下球头销；4－下摆臂；5－螺旋弹簧；6－筒式减震器；7－橡胶垫圈；8－下缓冲块；9－转向节；10－上缓冲块；11－上摆臂；12－调整垫片；13－弹簧；14－上球头销；15－上摆臂轴；16－车架横梁

二、纵臂式独立悬架

1. 单纵臂式独立悬架

单纵臂式独立悬架在车轮上下运动时，主销后倾角会产生很大变化，故一般不用在前悬架中(如图 9 - 22 所示)。

如图 9 - 23 所示为法国雷诺- 5 型轿车装用的单纵臂式扭杆弹簧后独立悬架结构示意图。悬架的纵臂 4 是一箱形构件，一端用花键与车轮的心轴 5 连接，而另一端与套管 1 固装成一体。扭杆弹簧 2 装在套管内，其外端用花键固定在套管内的花键套中，扭杆的另一端借花键与车架的另一侧纵梁连接。套管 1 的两端用宽橡胶衬套 3 支承在车架梁上套筒中，并以此为活动铰链。当车轮上下跳动时，纵臂以套管和扭杆的轴线为中心摆动，使扭杆弹簧产生扭转变形以缓和不平路面产生的冲击。

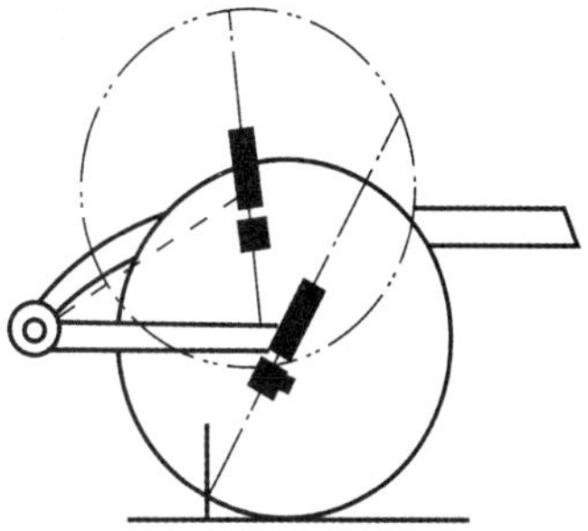

图 9 - 22　单纵臂式前独立悬架示意图

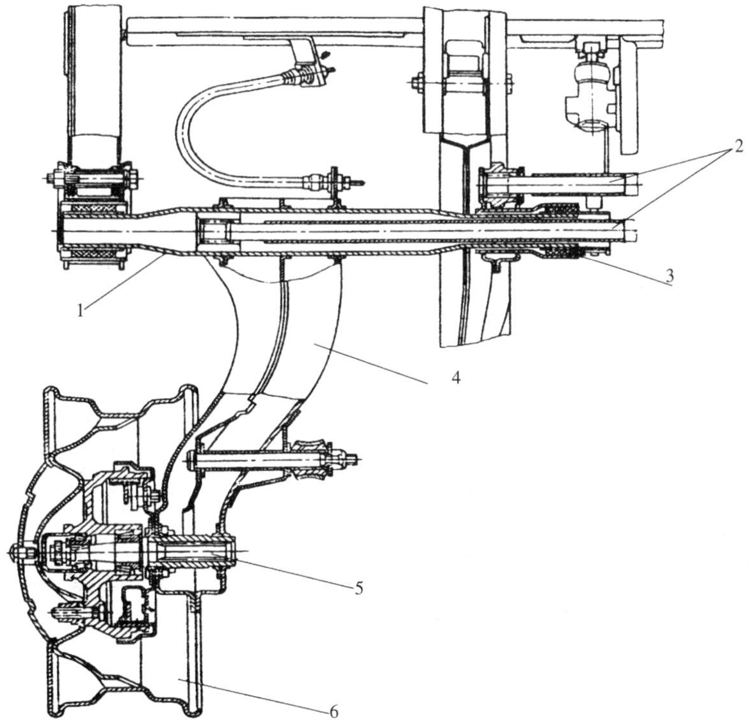

图 9 - 23　雷诺- 5 型轿车的后悬架

1—套管；2—扭杆弹簧；3—橡胶衬套；4—纵臂；5—心轴；6—车轮

2. 双纵臂式独立悬架

这种悬架的两个纵臂长度一般做成相等，形成平行四连杆机构。这样可使车轮上下运动时，主销后倾角不变，因而这种形式的悬架适用于转向轮。

如图 9 - 24 所示为双纵臂扭杆弹簧式前独立悬架示意图。两根纵臂 1 的后端与转向节铰接，前端则通过各自的摆臂轴 2 支承在车架横梁 5 内部的衬套 3 中。摆臂轴与纵臂 1 刚性地连接，扭杆弹簧 4 由若干片矩形断面的薄弹簧钢片叠加而成。扭杆弹簧 4 外端插入摆臂轴 2 的矩形孔内，中部用螺钉 6 使之与管形横梁 5 相固定。这种悬架两侧车轮共用两根扭杆弹簧。

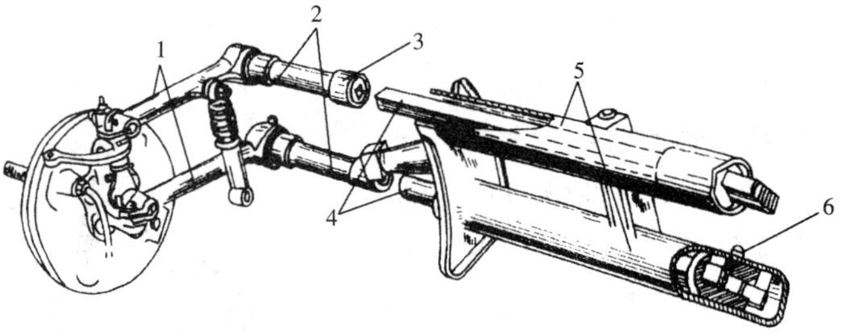

图 9 - 24　双纵臂式扭杆弹簧式前独立悬架

1—纵臂；2—摆臂轴；3—衬套；4—扭杆弹簧；5—横梁；6—螺钉

三、车轮沿主销移动的悬架

车轮沿主销移动的悬架包括两种形式：一种是车轮沿固定不动的主销轴线移动的烛式独立悬架；另一种是车轮沿摆动的主销轴线移动的麦弗逊式独立悬架。

1. 烛式独立悬架(sliding pillar type)

烛式独立悬架的车轮沿固定不动的主销轴线移动(如图 9 - 25 所示)。主销 1 刚性地固定在车架上，转向轮、转向节则装在套筒 3 上。这种悬架的主销定位角不变化，使汽车转向操纵及行驶稳定性较好，但侧向力全部由套在主销 1 上的套筒 3 和主销承受，套筒与主销之间的摩擦阻力大，磨损严重。

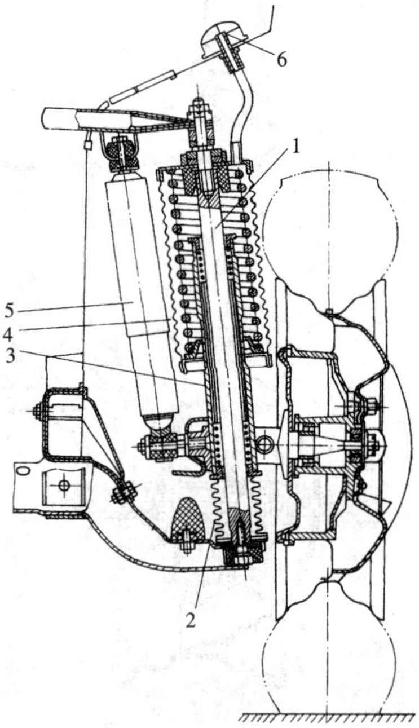

图 9 - 25　烛式悬架

1—主销；2—防尘罩；3—套筒；

4—防尘罩；5—减震器；6—通气管

2. 麦弗逊式悬架(macpherson type)

这种悬架是车轮沿摆动的主销轴线移动，如图9 - 26所示，筒式减震器 7 为滑动立柱，横摆臂 12 的内端通过铰链 10 与车身相连，其外端通过球铰链 15 与转向节 8 相连。减震器的上端通过带轴承的隔震块总成 2(可看作减震器的上铰链点)与车身相连，减震器的下端与转向节相连。车轮所受的侧向力通过转向节大部分由横摆臂承受。因此，这种结构形式较烛式悬架在一定程度上减少了滑动摩擦和磨损。筒式减震器上铰链的中心与横摆臂外端的球铰链中心的连线为主销轴线。此结构也为无主销结构。当车轮上下跳动时，因减震器的下支点随横摆臂摆动，故主销轴线的角度是变化的，显然车轮是沿着摆动的主销轴线运动。因此，这种悬架变形时，使主销的定位角和轮距都有些变化。合理地调整杆系的布置，可使车轮的这些定位参数变化极小。这种悬架的突出优点是两前轮内侧空间较大，便于发动机等机件的布置。一汽奥迪

100、捷达、高尔夫、奇瑞旗云及上海桑塔纳型轿车均采用麦弗逊式独立悬架。

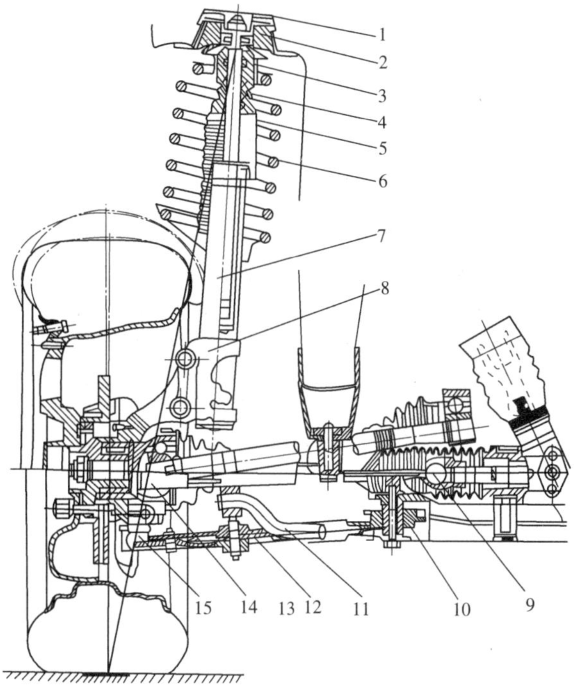

图 9－26　捷达轿车前独立悬架(麦弗逊式)

1—连接板总成(汽车翼子板)；2—带轴承的隔震块总成；3—螺旋弹簧上托盘；4—前缓冲块；5—防尘罩；6—螺旋弹簧；7—筒式减震器；8—转向节；9—转向拉杆内铰链；10—横摆臂内铰链；11—横向稳定器；12—横摆臂；13—橡胶缓冲块；14—传动轴；15—横摆臂球铰链

第六节　多轴汽车的平衡悬架

多轴汽车的全部车轮如果都是单独刚性地悬挂在车架上，则在不平道路上行驶时将不能保证所有的车轮同时接触地面(如图 9－27a 所示)。当有弹性悬架而道路不平度较小时，虽然不一定会出现悬空现象，但各个车轮间的垂直载荷分配比例会有很大的改变。当车轮垂直载荷小甚至为零时，车轮对地面的附着力也将随之变小甚至等于零。在这种情况下，转向车轮将使汽车操纵能力大大降低以致失去操纵，驱动车轮也不能产生足够的(甚至为零)驱动力。

一个车轮上垂直载荷减小，将引起其他车轮上垂直载荷的增加，严重时还会发生车桥及车轮超载的危险。为解决这一问题，理论上，全部车轮均应采用独立悬架，可以保证所有车轮与地面的良好接触，但将使汽车结构变得相当复杂。为此，常采用多轴汽车的平衡悬架解决这一问题。如将两个车桥(如三轴汽车的中桥和后桥)装在两根平衡杆的两端，而将平衡杆中部与车架铰链(如图 9－27b 所示)。这样，当一个车桥抬高将使另一车桥降低。如果平衡杆两臂等长，则两个车桥上的垂直载荷在任何情况下都会相等，故不可能发生如图9－28a所示的情况。这种能保证中、后桥车轮垂直载荷相等的悬架，称为平衡悬架。

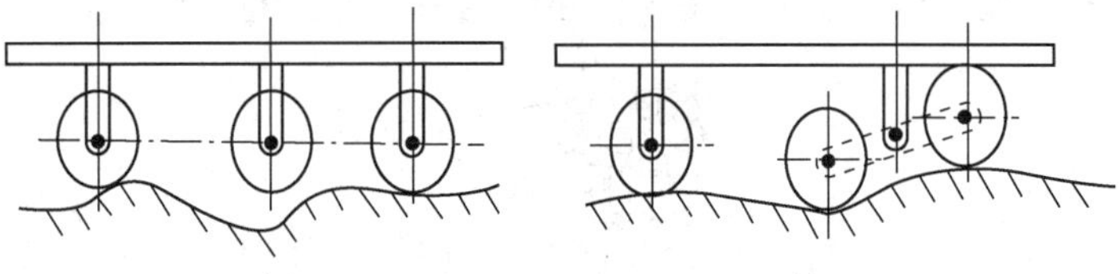

图 9-27　三轴汽车在不平道路上行驶情况示意图

钢板弹簧平衡悬架在三轴和四轴越野汽车中获得了普遍的应用。如图 9-28 所示为三轴汽车的中、后驱动桥平衡悬架。车架固装在心轴 4 上,心轴的两端用圆锥滚子轴承装在可动的心轴轴承毂 5 上。在心轴轴承毂的上方装置纵向钢板弹簧 2,钢板弹簧两端抵住半轴套管座架 6 上。采用平衡悬架,可使中桥、后桥形成一个总的支承机构,能连同钢板弹簧一起绕心轴转动。另外,钢板弹簧变形时,中、后桥能各自单独移位,适应行驶在不平道路上的需要。平衡悬架满足中桥、后桥载荷平均分配的条件,增强了汽车的行驶性能。

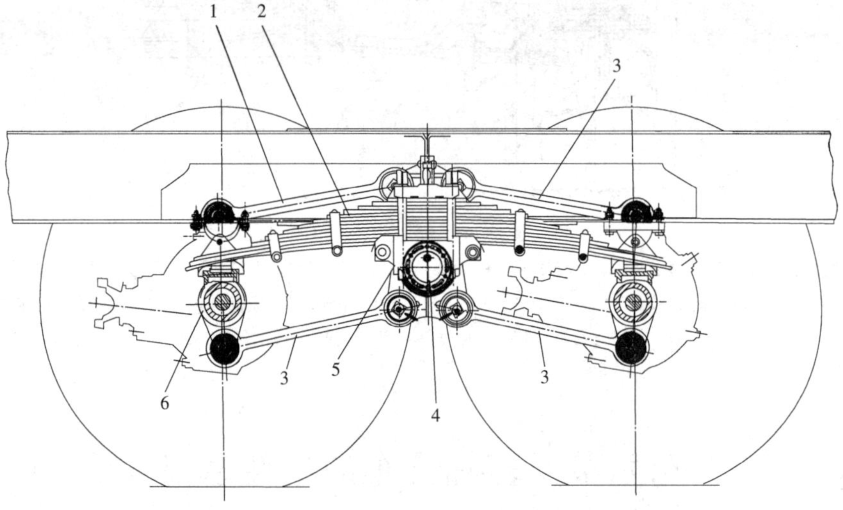

图 9-28　三轴汽车中桥、后桥平衡悬架

1、3—反作用杆;2—钢板弹簧;4—心轴;5—心轴轴承毂;6—半轴套管座架

第七节　电子控制悬架系统

前面介绍的传统悬架系统,其刚度和阻尼是按经验或优化设计的方法确定的,根据这些参数设计的悬架结构,在汽车行驶过程中,其性能是不变的,也是无法调节的。传统的悬架系统只能保证在特定的道路状态和行驶速度下性能达到最佳,导致汽车行驶的平顺性和乘坐舒适性受到一定影响,传统的悬架系统又被称为被动悬架。如果悬架的刚度和阻尼特性能根据汽车的行驶条件(车辆的运动状态和路面状况及载荷等)动态自适应调节,使悬架系统始终处于最佳减震状态,则称为主动悬架。主动悬架系统按其是否包含动力源可分为全

主动悬架(有源主动悬架)系统和半主动悬架(无源主动悬架)系统两大类。

全主动悬架(简称主动悬架)就是根据汽车的运动状态和路面状况,适时地调节悬架的刚度和阻尼,使其处于最佳减震状态。

全主动悬架是在被动悬架系统(弹性元件、减震器、导向装置)中附加一个可控制作用力的装置。它通常是由执行机构、测量系统、反馈控制系统和能源系统四个部分组成。执行机构的作用是执行控制系统的指令,一般为力发生器或转矩发生器(液压缸、汽缸、伺服电动机、电磁阀等);测量系统的作用是测量系统的各种状态,为控制系统提供依据,包括各种传感器;控制系统的作用是处理数据和发出各种控制指令,其核心部件是电子计算机;能源系统的作用是为以上各部分提供能量。装备电子控制悬架系统,汽车能根据行驶路面状况、行驶速度和载荷变化情况,通过电子控制单元(EMS ECU)来控制相应的执行元件,自动调节车身高度、悬架刚度和阻尼系数,改善汽车的平顺性和操纵稳定性。当汽车转弯、加速和制动时,乘员能够感到悬架较为坚硬,而在正常行驶时能够感到悬架比较柔软。电子控制悬架系统还能平衡地面反力,将其对车身的影响减小到最低程度。

主动悬架系统的组成及工作原理:各种车型的主动悬架虽有一定的区别,但其基本结构和工作原理都是一样的。主要由前/后车身高度传感器、方向盘转向和转角传感器、节气门位置传感器和车速传感器、控制开关、电子调节悬架电控单元(EMS ECU)和执行器等组成。车身高度传感器采集前后车身的高度信号,方向盘转向和转角传感器采集汽车行驶方向信号,节气门位置传感器采集驾驶员加、减速信号,车速传感器采集汽车行驶速度信号。传感器和控制开关向 EMS ECU 输入车身以及汽车行驶的状态信息,EMS ECU 接受传感器和控制开关输入的电信号,并向执行元件发出控制命令。执行元件产生一定的机械动作,从而改变车身高度、弹簧刚度和减震器的阻尼力。

图 9-29 为丰田汽车电子控制悬架系统(TEMS)结构图,其各部件的功用见表 9-1 所列。

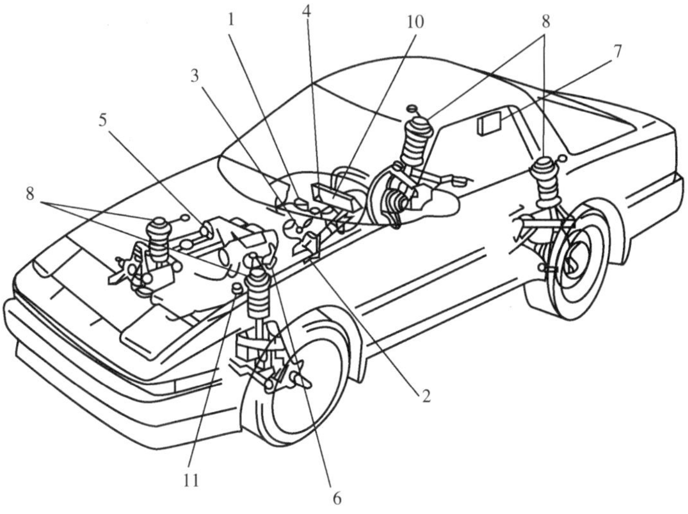

图 9-29 丰田汽车电子控制悬架系统结构图

表 9-1 电子控制悬架各部件功用

序　号	部　件	功　　用
1	选择器开关	由两个按钮(NORMAL 标准和 SPORT 跑车)组成。驾驶员用这两个按钮选择阻尼力方式
2	转向传感器	检测方向盘转向的方向和方向盘的最大转角
3	停车灯开关	将制动信号传送至 TEMS ECU
4	车速传感器	将车速信号传送至 TEMS ECU
5	节气门位置传感器(发动机 ECU)	检测节气门开度并将信号经发动机 ECU 传送至 TEMS ECU
6	空挡启动开关(仅限 A/T 车辆)	传送信号,通知 TEMS ECU 什么时间换挡在"N"或"P"位
7	TEMS ECU	根据来自各传感器的信号,按照所选择方式控制减震器的阻尼力
8	执行器	根据来自 TEMS ECU 的信号,执行器驱动减震器控制杆(旋转滑阀),从而改变阻尼力
9	减震器	减震器内置旋转滑阀,分三级改变阻尼力
10	TEMS ECU 指示灯	指示所选择减震器的阻尼力(软、中、硬)
11	检查连接器	检查转向传感器电路和阻尼力

主动悬架系统有车高调整、阻尼力调整和弹簧刚度调整三个基本调整功能。根据基本功能的不同,电子控制悬架系统主要有以下几种类型:①电子控制变高度空气弹簧悬架系统;②电子控制变刚度空气弹簧悬架系统;③电子控制变阻尼悬架系统。

一、电子控制变高度悬架系统

1. 变高度控制悬架系统的组成

车身高度控制系统的主要功用是当车内乘员或载荷变化时,自动调节车身高度,使汽车行驶姿态稳定,从而提高乘坐的舒适性。汽车采用的车身高度控制系统的组成如图 9-30 所示,它由四只高度传感器(安装在每个减震器下面)、控制开关、电控单元 EMS ECU、高度调节执行器(包括四个气压缸、两只高度控制电磁阀、空气压缩机、干燥器和空气管路)等组成。

2. 变高度控制悬架系统的控制过程

变高度控制悬架系统在汽车乘员或载荷变化时,能够自动调节车身高度。当乘员或载荷增加时,系统将自动调高车身高度;反之,当乘员或载荷减小时,系统将自动调低车身高度。变高度控制悬架系统的控制过程如图 9－31 所示。

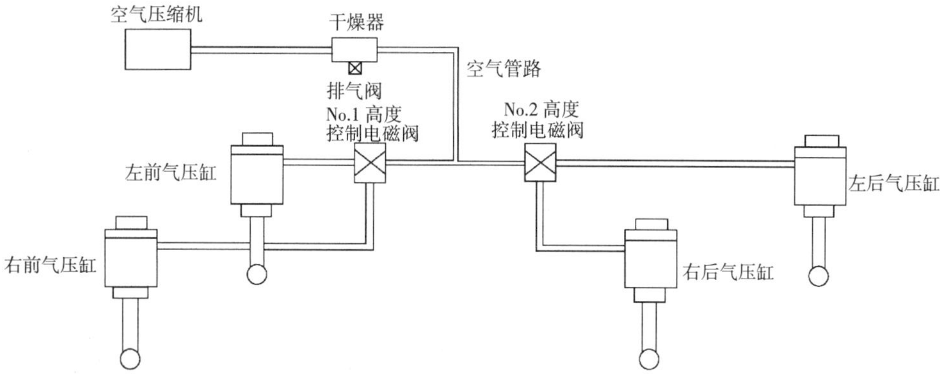

图 9－30 车身高度控制系统结构图

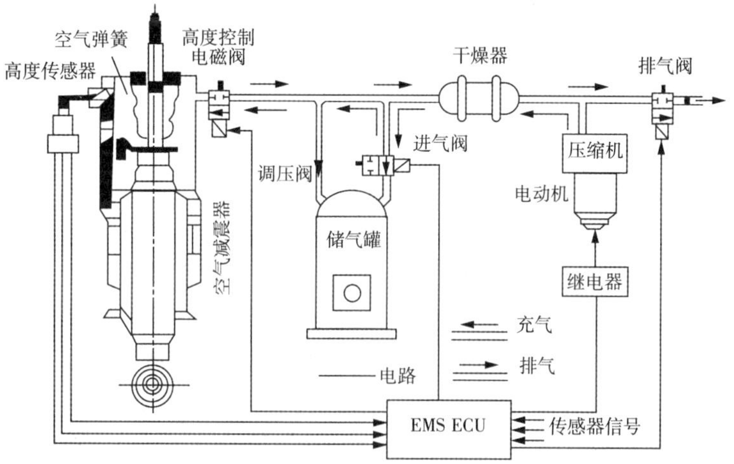

图 9－31 车身高度控制系统工作原理图

(1)车身高度不变时悬架系统的控制过程。当车身高度传感器输入 EMS ECU 的信号表示车身高度在设定范围内时，EMS ECU 将发出指令使空气压缩机停止转动，空气减震器内空气量保持不变，车身高度保持在正常位置。

(2)车身高度降低时悬架系统的控制过程。当汽车乘员或载荷增加使车身高度“偏低”或“过低”时，高度传感器将向 EMS ECU 输入车身“偏低”或“过低”的信号。EMS ECU 接收到车身高度降低的信号时，立即向压缩机继电器高度控制电磁阀发出电路接通指令，在接通高度控制空气压缩机继电器电路使压缩机运转的同时，接通高度控制电磁阀线圈电路使电磁阀打开，压缩空气进入空气弹簧的气压腔(气室)，气压腔充气量增加便使车身高度上升。空气压缩机继电器触点接通时，直流电机带动空气压缩机运转，从压缩机输出的压缩空气进入干燥器干燥后进入储气筒，储气筒的气体压力由调压阀进行调节。

(3)车身高度升高时悬架系统的控制过程。当汽车乘员或载荷减少使车身高度“偏高”或“过高”时，高度传感器将向 EMS ECU 输入车身升高的信号。EMS ECU 接收到车身高度升高的信号时，立即向空气压缩机继电器发出电路切断指令，并向排气阀和高度控制电磁阀发出电路接通指令，压缩机继电器触点迅速断开使电动机电路切断而停止运转，排气阀和高度控制电磁阀线圈电路接通使电磁阀打开,空气从减震器气压腔,经高度控制电磁阀、空气软管、干燥器、排气阀排出,气压腔空气量减少使车身高度降低。

(4)系统保护措施。从减震器中放出的空气经过干燥器时,带走了干燥剂中的湿气。这样,干燥剂经过一段时间使用后不会被湿气浸透。这种保护干燥剂的再生干燥系统为许多空气悬架系统所采用。干燥器中空气的最小压力保持在55～165kPa,从而保证系统中有一定量的空气。这样在乘员或载荷减少使减震器伸长时,空气弹簧的气压腔不致凹瘪。为了防止悬架系统正常运动时电控单元升高或降低车身,在高度传感器发出车身高度变化信号7～13s以后,电控单元才向执行元件发出控制信号。在这段时间内,如果高度传感器没有输入信号,系统就不会改变车身高度。

另一个预防措施是电控单元控制空气压缩机一次运转时间最长不超过2min,排气电磁阀打开最长时间不超过1min,这样可以防止在系统泄漏时压缩机不停地工作,并阻止排气孔不停地放气。

在行李箱中设有一个高度控制自动切断(ON/OFF)开关。当车身高度上升到极限值时,高度控制自动切断(ON/OFF)开关将切断系统控制电路,使高度调节系统停止工作,防止后部车身升高过多或拖车时发生意外。

二、电子控制变刚度悬架系统

1. 变刚度悬架系统的组成

在汽车的每个车轮上都安装有空气弹簧和普通减震器,通过改变空气弹簧气压腔中的压缩空气压力(实际上是改变空气密度),即可改变空气弹簧悬架的刚度。变刚度空气弹簧悬架系统由高度传感器、控制开关、EMS ECU、刚度调节器(气压缸、高度电磁阀、空气压缩机、干燥器和空气管路)等组成。由此可见,变刚度空气弹簧悬架系统与变高度空气弹簧悬架系统的组成基本相同,主要区别在于空气弹簧气压缸的内部结构及调节机构有所不同。

变刚度空气弹簧气压缸中的空气弹簧气压腔分为主、辅两个气压腔,并在主气压腔与辅气压腔之间设有一个由步进电机驱动的空气调节阀。主、辅气压腔设计成为一体,不仅节省空间,而且重量减轻。悬架上端与车身相连,下端与车轴相连,随着车身与车轮的相对运动,主气压腔的容积将不断变化。因此,只要调节主气压腔的空气量(即空气压力和密度),即可调节空气弹簧的刚度。如果主气压腔与辅气压腔之间的气体可以流动,那么改变主、辅气压腔之间气体通路的大小,使主气压腔被压缩的空气量发生变化,就可改变空气弹簧悬架的刚度。

2. 空气弹簧悬架刚度的调节原理

在汽车行驶过程中,为了防止或抑制车身出现“点头”“侧倾”“后坐”等现象,需要调节相应悬架的高度和减震器的阻尼力。当汽车紧急制动时,为了抑制点头现象,EMS ECU将根据制动灯开关接通信号和车速传感器提供的车速高低信号,向前空气弹簧执行元件发出指令使其气压升高,增大前空气弹簧的刚度,同时控制后空气弹簧执行元件使后空气弹簧放气,减小其刚度。当控制单元计算的车速变化量表明无需抗点头控制时,就使前后空气弹簧恢复到原来的压力。

三、电子控制变阻尼悬架系统

1. 变阻尼悬架系统的组成

在电子控制悬架系统中,变阻尼悬架系统应用最为广泛。变阻尼悬架系统与空气弹簧悬架系统相比，最突出的优点是重量轻，因空气弹簧悬架系统需要空气压缩机、气压缸和干燥器，使整车重量大大增加，而变阻尼悬架系统只增加了电子控制元件和可变减震器阻尼的执行元件，重量较轻。变阻尼电子控制悬架系统由车速传感器、转向盘转角与转动方向传感器、节气门位置传感器、减震器工作模式选择开关（在仪表盘上）、制动灯开关、空挡启动开关（自动变速器汽车装用）、电控单元 EMS ECU 和阻尼力调节执行器等组成，其结构和位置如图 9－32 所示。

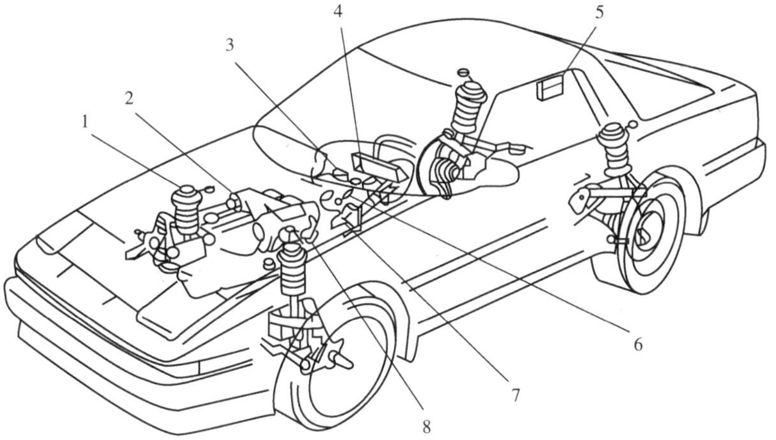

图 9－32 电子控制变阻尼悬架系统结构图

1—变阻尼执行元件；2—节气门位置传感器；3—工作模式选择开关；4—车速传感器；5—EMS ECU；6—制动灯开关；7—方向盘转角与转动方向传感器；8—空挡启动开关

2. 变阻尼悬架系统的控制原理与控制过程

节气门位置传感器的信号并不是直接传递给悬架系统的电控单元，而是首先传递给发动机电控单元，再由发动机电控单元向悬架系统电控单元发送指令。变阻尼悬架系统采用的控制方式分为以下三种：

(1)根据汽车行驶状况进行控制；

(2)根据驾驶员选择的运行模式进行控制；

(3)根据汽车行驶状况和驾驶员选择的运行模式进行控制。

汽车行驶过程中，变阻尼悬架系统的控制过程是通过选择减震器阻尼的工作模式进行的。电子控制悬架系统减震器阻尼的工作模式选择开关又称为运行模式选择开关，用于选择减震器阻尼的工作模式。驾驶员根据行驶需要选择不同的工作模式，减震器阻尼就处于相应的工作状态。减震器阻尼的状态一般设有“标准”“中等硬度”和“坚硬”三种形式。

当分别选择“标准”“中等硬度”和“坚硬”工作模式时，EMS ECU 就根据传感器和控制开关信号确定阻尼为“标准”“中等硬度”和“坚硬”三种相应状态，汽车在行驶过程中由于转弯、加速和制动所需要的合适阻尼力就可以得到自动调节，从而改善了不同工作条件下汽车的平顺性和操纵稳定性。工作模式选定后，通过悬架系统指示灯显示在汽车仪表盘上。当减震器处于“柔软”阻尼状态时，控制左边一只指示灯发亮；当减震器处于“中等硬度”阻尼状态时，控制左边和中间两只指示灯发亮；当减震器处于“坚硬”阻尼状态时，三只指示灯全部发亮。如果悬架系统有故障时，指示灯将会闪烁，提示驾驶员系统有故障，显示 EMS ECU

具有自诊断的功能。

四、变高度变刚度变阻尼悬架系统

汽车电子控制悬架系统有高度可变、刚度可变和阻尼力可变三种结构。在实际使用过程中,往往采用两种或两种以上的组合,即变高度变刚度变阻尼悬架系统。

1. 变高度变刚度变阻尼悬架系统的组成

在汽车电子控制悬架系统中,往往同时使用空气弹簧和变阻尼减震器。减震器的弹性元件用于支承汽车的质量,减震器控制系统用于调节减震器的阻尼,空气弹簧用于调节车身高度和刚度。如图 9-33 所示为变高度变刚度变阻尼的电子控制悬架系统。

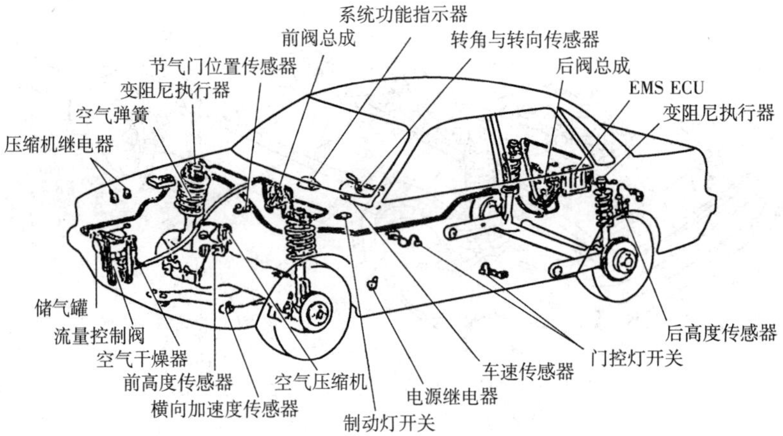

图 9-33 汽车变高度变刚度变阻尼悬架系统结构图

电子控制悬架系统的控制单元从各种传感器和控制开关接收信息,包括控制模式选择开关、方向盘转角与转向传感器、横向加速度传感器(侧向惯性力传感器)、节气门位置传感器、车速传感器、制动灯开关、车身高度传感器、车高选择开关、门控灯开关、倒车灯开关、前照灯开关、空气供给系统的压力传感器和压力开关等。依据这些信息,EMS ECU 能够知道驾驶员所选择或希望的车身高度、刚度、减震器的阻尼、汽车的转向方向及转向角度、转弯时侧向惯性力的大小、汽车是否在加速、驾驶员是否在踩制动踏板、实际车身高度、车门是否打开、汽车是否倒车行驶、前照灯是否接通等信息,并控制执行元件执行相应的动作,从而达到自动控制车身高度、刚度和减震器阻尼的目的。

2. 变高度变刚度变阻尼悬架系统的控制过程

在电子控制变高度变刚度变阻尼悬架系统的汽车上,驾驶员能够选择的车身高度工作模式有“高位”和“自动”两种状态,能够选择的减震器阻尼工作模式有“运动”“自动”和“柔软”三种模式。

当驾驶员选择车身高度为“自动”状态时,控制单元能根据道路状况决定空气弹簧高度。按一下仪表盘上的高度选择按钮,就可将悬架设置在“高位”状态,并给空气弹簧充气,使车身高度升高。当汽车在坏路面上行驶时,为了防止车身底部碰撞路面,应当选择“高位”工作模式。

当减震器阻尼工作模式选择在“运动”模式时,控制单元将使减震器阻尼在任何情况下都很“坚硬”。当选择在“自动”模式时，控制单元根据传感器和开关信号，可将减震器阻尼调节为“坚硬”“中等硬度”或“柔软”状态。当系统处于“自动”模式时，若再按“自动”按钮，系统将以“中等硬度”状态工作。当选择“柔软”模式工作时，控制单元能改变减震器阻尼大小，使之在“坚硬”“中等硬度”和“柔软”之间变换，选择“柔软”模式工作减震器阻尼硬度要比“自动”模式稍微软一些。

3. 变高度变刚度变阻尼悬架系统的显示功能

电子控制悬架系统具有多种控制功能，并设有模式选择开关。工作模式选定后，通过悬架系统指示灯显示在汽车组合仪表盘中央。工作状态显示如图 9－34 所示。

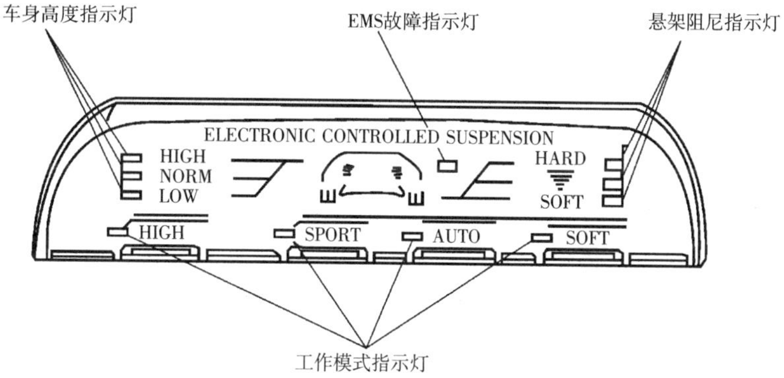

图 9－34 变高度变刚度变阻尼悬架系统工作状态显示图

左边一组(三个指示灯)为车身高度指示灯，三个指示灯旁边分别标有“HIGH”(高)、“NORM”(正常)和“LOW”(低)标记，表示车身(空气弹簧)的状态。右边一组(三个指示灯)为减震器阻尼指示灯，上面一个指示灯旁边标有“HARD”(坚硬)标记，下面一个指示灯旁边标有“SOFT”(柔软)标记，表示减震器阻尼的状态。在“车身高度选择开关”左上方设有一个指示灯，标记为“HIGH”(高)，若驾驶员选择空气弹簧为“高位”模式时，则此灯发亮。在“减震器工作模式选择开关”上方都设有相应的指示灯，分别标有“SPORT”(运动)、“AUTO”(自动)和“SOFT”(柔软)，用以显示驾驶员选择的减震器阻尼工作模式。在面板中间偏右位置设有一个悬架系统故障指示灯，该指示灯未作任何标记。当控制单元检测到电子控制悬架系统发生故障时，将发出指令使故障指示灯发亮。

第八节 半主动悬架

从行驶舒适性和安全性出发，希望悬架的弹簧刚度和减震器的阻尼力能随汽车行驶状态而变化，使悬架总是处在最优状态附近，为此人们力图能根据汽车行驶状态改变悬架的弹簧刚度和减震器的阻尼力。悬架参数(弹簧刚度和减震器阻尼力)能够改变的悬架为半主动悬架。半主动悬架系统的一般工作原理为：半主动悬架系统可以根据路面的作用力和车身的响应，对悬架参数进行控制，使车身的震动响应始终被控制在某个范围内。

图 9－35 所示为半主动悬架系统的工作原理。

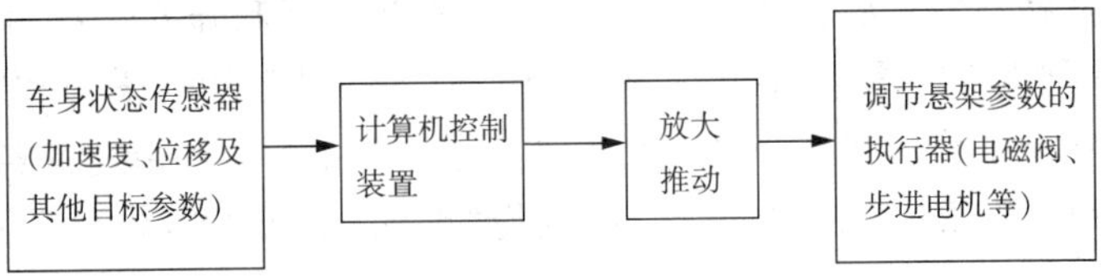

图 9-35　半主动悬架系统的工作原理

汽车在行驶过程中,当车轮受到地面冲击而向上跳动时,悬架弹簧收缩并且吸收强大的能量。冲击过后悬架弹簧通过伸张试图释放存储的能量,从而使车身发生上下震动,减震器的功用就是通过对此时车身运动产生阻尼力,使震动能量迅速消散、减小甚至消除车身的震动;另外,在转弯行驶、紧急制动和急加速等行驶状态下,汽车行驶姿势发生变化,给行驶安全性和操纵稳定性带来不利影响,此时也可以通过改变减震器的阻尼力,使汽车保持稳定的行驶姿势。

汽车上装用的普通减震器为伸张型减震器,减震器为一密闭缸筒,其中有一带阻尼孔的活塞,将减震器缸筒分为上、下两个腔,车身上下震动时,带动活塞上下运动,减震器内油液通过阻尼孔从一腔进入另一腔。这样,通过阻尼孔对油液的阻尼作用产生阻尼力,汽车的震动能量由油液吸收变成热能散发掉,从而使汽车震动迅速衰减。但由于减震器活塞上阻尼孔的面积为定值,故阻尼力随震动速度而变化的规律不变,因此很难满足现代轿车的乘坐舒适性和操纵稳定性的要求。

为满足乘坐舒适性的要求,近年来,许多高级轿车采用了减震器阻尼力控制系统。所谓减震器阻尼力控制系统是根据汽车负荷、行驶路面条件和汽车行驶状态(加速、减速或转弯等)来控制减震器的阻尼力,使汽车在整个行驶范围内和各种行驶状态下,减震阻尼力在两段(软、硬)或三段(软、普通和硬)之间变换,而且最近大多数阻尼力控制系统允许连续变换减震器的阻尼力,并且各种传感器和执行器采用了压电阻元件,提高了系统的响应性。

现代汽车中采用的阻尼力控制系统有很多种。例如,阿姆斯特朗专利有限公司推出的自适应型悬架控制系统(简称 AAS);福特公司的霄鸟 Turbo 轿车配置的行驶平顺性程控悬架系统(简称 PRC);日产公司研制开发的一种超声悬架系统(简称 SSS)。

减震器阻尼力控制功能有如下几种:

(1)防车尾下蹲控制。当汽车急速起步或急加速时,由于惯性力及驱动力的作用,使车尾下蹲。防车尾下蹲控制是要使车尾下沉量控制到最小程度,以保持车身的稳定。

(2)防止换挡冲击控制。汽车在换挡过程中,使驱动轮上的驱动力在较短的时间内发生较大的变化,使汽车车身产生纵向摇动。防止换挡冲击控制,就是要汽车在自动换挡时使车身纵向摇动幅度控制到最小,并减小换挡时对汽车的冲击力。

(3)防止车头下沉控制。汽车在高速行驶中进行紧急制动时,由于惯性力和车轮与地面之间附着力的作用,使汽车车头下沉,防止汽车车头下沉就是要使车头下沉量尽可能小。

(4)防横摇控制。汽车急转弯时,由于离心力的作用,使汽车车身向一侧倾斜,转弯结束时会使汽车车身产生横向摇动。防横摇控制能减小由于离心力所引起的车身向转弯半径外侧倾斜的程度,从而防止车身横向摇动的产生。

(5)汽车高速行驶时车身下降控制。汽车高速行驶时,该控制功能使汽车车身高度降低,减小空气阻力,提高轮胎与路面之间的附着力,确保汽车高速行驶的稳定性。

现代汽车中采用的阻尼力控制系统有很多种。下文介绍自适应阻尼控制系统(ADS)。梅赛德斯-奔驰(Mercedes - Benz)轿车装配了一种称为自适应阻尼控制的悬架系统(ADS),其组成及车上布置如图 9 - 36 所示。

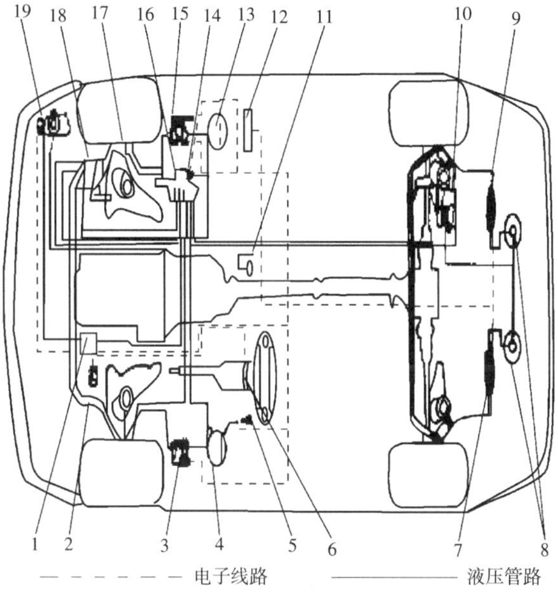

图 9 - 36 自适应阻尼控制系统

1—串联式液压泵;2—车身加速度传感器;3—左前侧阻尼阀;4—左前侧压力储压器;5—ADS 指示灯;6—转角传感器;7—左后侧阻尼阀;8—后侧压力储压器;9—右后侧阻尼阀;10—后轴水平控制阀;11—ADS 模式选择开关;12—ADS 电子控制装置;13—右前侧压力储压器;14、15—右前侧阻尼阀;16—阀体;17—悬架加速度传感器;18—前轴水平控制阀;19—油平面开关

ADS 用于自动调节减震器阻尼力以适应路面变化,它将五个传感器的信号输入电子控制装置,并根据汽车行驶状况调节减震器的阻尼特性(四段)。当汽车进行避障行驶时,也可保持良好的乘坐舒适性。如图 9 - 37 所示,此系统主要包括减震器、传感器、电子控制装置(ECU)、阻尼阀和串联式液压泵等。

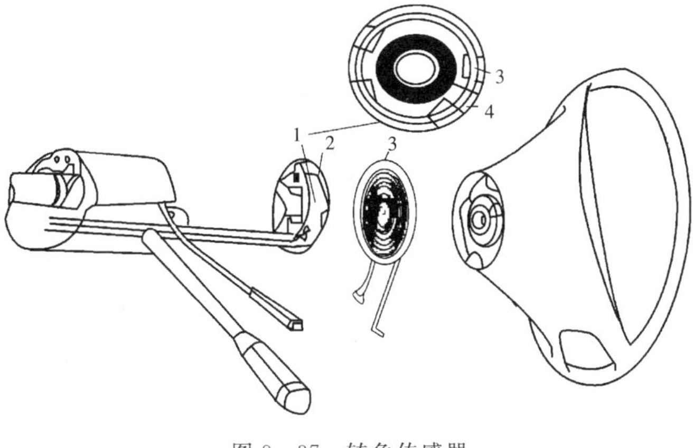

图 9 - 37 转角传感器

1—转向传感器;2—霍尔效应传感器;3—塑料集电环;4—磁铁

(1)减震器装于汽车悬架支柱中,油液的阻尼作用实际上是产生在一独立电磁阀内,电磁阀用一高压油管与悬架支柱连接,专用减震器不能与早期车型上的减震器互换。

(2)五个传感器检测汽车车轮和车身的垂直加速度、车速(使用 ABS 车速传感器)、转向盘转角和汽车负荷等信息,并输入电子控制装置,电子控制装置分析处理传感器输入信号,确定出汽车在一定行驶条件下所需的最佳减震器阻尼力,然后向电磁阀发出控制信号以调节减震器的阻尼力。

加速度传感器:加速度传感器用于测量车轮和车身的垂直加速度,以确定汽车行驶路面状况。加速度传感器本质上是一个应变仪,传感器内有一重物悬挂于一小弹簧上,此重物的位移对应于汽车的位移。通过测量重物的移动速度(或上下方向的加速度),再通过应变仪转变为电信号后输入电子控制装置。电子控制装置将此信号转变为垂直加速度(即路面不平度),并根据此垂直加速度,计算出汽车行驶在该路面上所需最佳的减震器阻尼力,并向电磁阀发出控制信号,改变减震器的阻尼力。

转角传感器:转角传感器由一带 72 块磁铁的圆盘、两个霍尔效应传感器和一微型计算机组成(如图 9-38 所示)。每块磁铁都具有很强的磁场,微型计算机根据此强磁场来判断转向盘是位于直线行驶位置,还是向左或向右转动。转角传感器将转向盘位置信号输送给 ADS 电子控制装置。

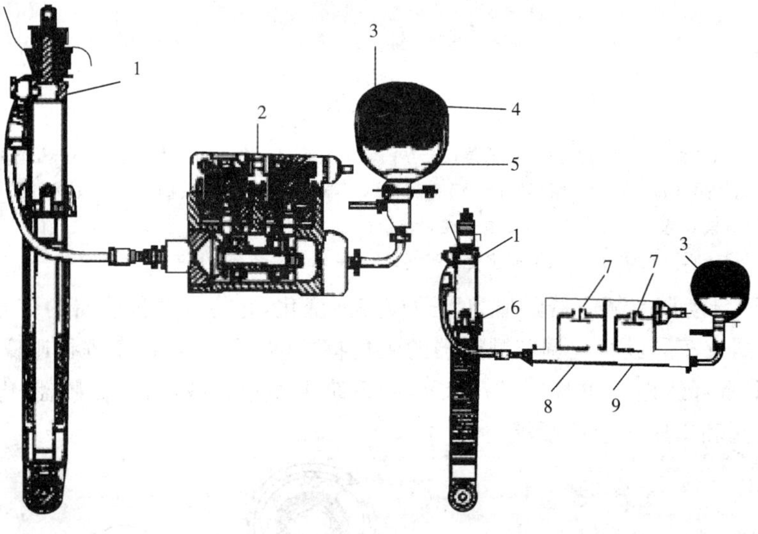

图 9-38　悬架支柱、阻尼阀及压力蓄压器

1—悬架支柱;2—阻尼阀;3—蓄压器;4—氨气腔;5—油腔;6—活塞;7—电磁阀;8、9—阻尼活塞

(3)电子控制装置。ADS 电子控制装置(ECU)是一控制整个系统的微型计算机。使用预先编好的程序对传感器的输入信号进行计算,计算结果与存储在计算机内的数据进行比较,并立刻向各阻尼阀发出控制指令。ADS 的 ECU 接收采自 ABS 电子控制装置的车速信号,ADS 车速传感器位于汽车左前轮。

ECU 的电压来自过电压保护继电器,ECU 与车载诊断装置装在一起,即使电源中断,储存器内存储的系统故障信息也不会丢失。

(4)阻尼阀。阻尼阀安装于悬架支柱和蓄压器之间,并通过液压油管分别与悬架支柱和蓄压器连接在一起,用于根据控制指令来调节减震器的阻尼力(如图 9-38 所示)。它包括两个电磁阀和两个阻尼活塞，两个电磁阀具有相同的流量，但两个阻尼活塞的节流孔大小不同，通过转换电磁阀为 ON 或 OFF，油液流经不同硬度的弹簧和不同大小的通道，弹簧盘越硬，减震器的阻尼力越大。如果 ADS 系统不工作，电磁阀则不通电流，在弹簧作用下保持关闭状态，使油液流经两个阻尼活塞，减震器阻尼力为最大。

(5)串联式液压泵。液压泵用于为系统建立油压，ADS 液压泵与动力转向液压泵组合在一起，形成一个串联式液压泵。其中径向活塞向车身高度控制系统和 ADS 系统供油，叶片泵向动力转向系统供油。串联式液压泵固定在发动机上并由传动带驱动，两个液压泵用一根轴驱动。径向活塞泵的偏心轴与叶片泵的驱动轴通过一销钉连接。超负荷时销钉被切断，从而保证动力转向叶片泵继续工作。

(6)其他装置。ADS 系统还有一些其他装置，它们在车身高度控制系统中都起着一定作用。塑料储油罐位于发动机室右前方，储油罐的油尺上有 MAX 和 MIN 标记，用于检查油平面。当储油罐油平面不足时，ADS 电子控制装置可通过储油罐上的开关来判断，并显示在 ADS 指示灯上。前、后悬架的承载件包括螺旋弹簧、蓄压器和减震器。蓄压器为圆形，由一膜片分成上、下两腔，上腔为高压氮气腔，下腔为高压油腔。减震器及蓄压器内的油压，随着汽车负荷和悬架的压缩或伸张而变化，这样，油压作用在膜片上使上腔内的氮气压力也随汽车和悬架的压缩或伸张而变化。

通过增加或减少悬架支柱中的油液量，使悬架支柱伸长或压缩，从而达到使车身上升或下降的目的。前悬架支柱同时还具有车轮导向作用，所以支柱油封承受着较高负荷。支柱油封分为低压油封和高压油封两种，从高压油封泄漏的油液通过一个回油管道流回油箱。

ADS 系统与车高控制系统虽然共用一些零件，但两者是相互独立的。系统工作原理如图 9-39 所示。

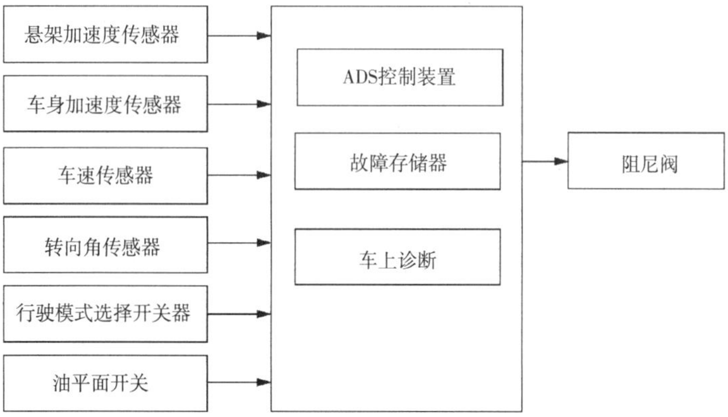

图 9-39　ADS 系统工作原理

打开点火开关，仪表板上的 ADS 指示灯亮，发动机启动后指示灯熄灭。如果系统出现电路故障，发动机运转时 ADS 指示灯就亮，同时自动关闭 ADS 系统，并将减震器阻尼力设置为最大。驾驶员可通过控制开关来选择运行模式：舒适(COMFORT)或运动(SPORT)。在运动(SPORT)运行模式时，仪表板上红色指示灯亮。正常情况下，汽车直线行驶于平直路面时，减震器阻尼力设置为软(SOFT)。当遇到不平路面时，ADS 系统自动提高减震器的阻尼力，使汽车的上下颠簸减小到最低；当传感器检测到汽车转弯或避障行驶时，减震器阻尼力也增加，以保持车身的平稳。当系统出现故障时，减震器阻尼力将自动变为最大，从而保证了汽车的安全行驶。

减震器阻尼力的变化，由一个位于悬架支柱和压力蓄压器之间的阻尼阀控制，阻尼阀又由电子控制装置进行控制。每个阻尼阀含有两个电磁阀，根据两个电磁阀不同的开闭组合，使减震器阻尼力可以在四个不同状态之间进行切换：硬(FIRM)、正常(NORMAL)、软(SOFT)和舒适(COMFORT)。当汽车行驶状态突然变化时(如汽车避障行驶)，可使减震器的阻尼力迅速切换为最理想的阻尼力设置。为监测汽车水平加速度，ADS电子控制装置根据车速信号(来自ABS车速传感器)计算出汽车的加速度或减速度，根据车速及转向盘转角信号计算出汽车的横向加速度(横向力)。根据计算出的加速度，ADS电子控制装置实时向各轴上的阻尼阀发出控制信号，以调节减震器的阻尼力。ADS电子控制装置可分别独立控制各车轴的阻尼阀。突然加速、紧急制动或汽车负荷增加时，减震器的阻尼力也被调节为合适的值。系统运行过程中，电子控制装置(ECU)控制整个系统的同时还不断检查系统各项功能，将检查到的故障存储于存储器内，如果系统故障影响了汽车的安全行驶，系统将自动关闭并把故障显示在仪表板显示器上，此时全部四个车轮减震器阻尼力都转换为最大，并且系统的非正常状态工作将显示给驾驶员。

思考题

9-1 汽车上为什么设置悬架总成？它一般由哪几部分组成？各部分的作用是什么？

9-2 汽车悬架中的减震器与弹性元件为什么要并联安装？对减震器有哪些要求？

9-3 双向作用筒式减震器的压缩阀、伸张阀、流通阀和补偿阀各起什么作用？压缩阀和伸张阀的弹簧为什么较强？预紧力为什么较大？

9-4 常用的弹性元件有哪几种？试比较它们的优缺点。

9-5 钢板弹簧上的弹簧夹起什么作用？安装时应注意什么？

9-6 按电子控制悬架系统的功能分类，电子控制悬架系统主要有哪几种类型？

9-7 电子控制悬架系统的功用是什么？

9-8 电子控制悬架系统采用的控制方式有哪几种？

第十章　汽车转向系统

汽车转向系统是一套用来改变或恢复汽车行驶方向的专设机构，转向系统的好坏直接影响汽车的操控性能。本章着重介绍了转向系统的作用、组成与分类；详细说明了机械转向系统和动力转向系统的工作原理；简单介绍了电动助力转向及四轮转向系统。要求学生能熟练掌握转向系统的组成、作用和工作原理；掌握转向器、转向操纵机构和转向传动机构的结构、功用和工作原理；一般掌握动力转向器、转向油罐和转向液压泵的类型、组成和工作原理；了解电动助力转向及四轮转向系统的工作原理。

第一节　概　述

汽车在行驶过程中，需按驾驶人员的意志改变汽车行驶方向，即汽车转向。就轮式汽车而言，实现汽车转向的方法是驾驶人员通过一套专设的机构，使汽车转向桥（一般是前桥）上的车轮（转向轮）相对于汽车纵轴线偏转一定角度。在汽车直线行驶时，转向轮往往也会受到路面侧向干扰力的作用，自动偏转而改变行驶方向。此时，驾驶人员也可以利用这套机构使转向轮向相反的方向偏转，从而使汽车恢复原来的行驶方向。这一套用来改变或恢复汽车行驶方向的专设机构，称为汽车转向系统。因此，汽车转向系统的功用是保证汽车能按驾驶人员的意志进行转向行驶。

一、汽车转向系统的类型和组成

汽车转向系统可按转向能源的不同，分为机械转向系统和动力转向系统两大类。机械转向主要是由转向操纵机构、转向器和转向传动机构三大部分组成，动力转向还包括动力系统。

机械转向系统是依靠驾驶员的手力转动转向盘，经转向器和转向传动机构使转向轮偏转。动力转向系统是在机械转向的基础上，加装动力系统，并借助此系统来减轻驾驶员的手力。动力转向包括液压式动力转向和电控式动力转向。

液压式动力转向已在汽车上广泛应用。近年来，电控式动力转向也得到了较快发展。

1. 机械转向系统

机械转向系统以驾驶员的体力作为转向能源，其中所有传力件都是机械的。它由转向操纵机构（转向盘、转向轴、转向节、转向传动轴）、转向传动机构（转向摇臂、转向直拉杆、转向节臂、转向节、梯形臂、转向横拉杆)组成。图 10-1 所示为一种典型机械转向系统的组成和布置示意图。

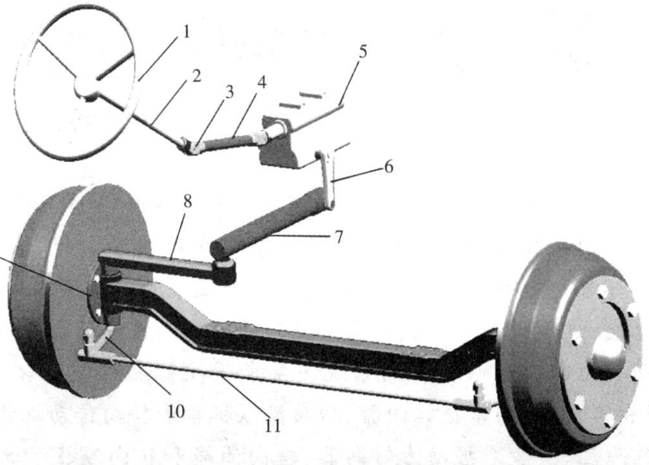

图 10-1 机械转向系统的组成和布置示意图

1—转向盘;2—转向轴;3—转向万向节;4—转向传动轴;5—转向器;6—转向摇臂;
7—转向直拉杆;8—转向节臂;9—左转向节;10—梯形臂;11—转向横拉杆

当汽车转向时,驾驶员对转向盘 1 施加一个转向力矩。该力矩通过转向轴 2、转向万向节 3 和转向传动轴 4 输入转向器 5,经转向器放大后的力矩和减速后的运动传到转向摇臂 6,再经过转向直拉杆 7 传给固定于左转向节 9 上的转向节臂 8,使左转向节 9 和它所支承的左转向轮偏转。为使右转向节及其支承的右转向轮随之偏转相应角度,还设置了转向梯形。转向梯形由固定在左、右转向节上的梯形臂 10 和两端与梯形臂做球铰链连接的转向横拉杆 11 组成。

目前,国内外生产的许多新车型在转向操作机构中采用了万向传动装置(转向万向节和转向传动轴),这有助于转向盘和转向器等部件的通用化和系列化。只要适当改变转向万向传动装置的几何参数,便可满足各种变型车的总布置要求。即使在转向盘与转向器同轴线的情况下,其间也可采用万向传动装置,以补偿由于部件在车上的安装误差和安装基体(驾驶室、车架)的变形所造成的两者轴线的不重合。

2. 动力转向系统

动力转向系统是将发动机或电动机的动力作为主要转向能源的转向系。在正常情况下,汽车转向系所需的能量只有一小部分由驾驶员提供,而大部分能量则由发动机通过转向加力装置提供。但在转向加力装置失效时,一般还应当能由驾驶员独立承担汽车转向任务。因此,动力转向系统是在机械转向系统的基础上加设一套转向加力装置而形成的。

如图 10-2 所示为一种典型液压动力转向系统的组成示意图。其中属于转向加力装置的部件是:转向油罐 6、转向油泵 5、转向油管 4 以及位于整体式转向器 10 内部的转向控制阀及转向动力缸等。当驾驶员逆时针转动转向盘 1(左转向)时,转向摇臂 9 带动转向直拉杆 11 前移。转向直拉杆 11 的拉力作用于转向节臂 7,并依次传到梯形臂和转向横拉杆 8,使之右移。与此同时,转向器输入轴还带动转向器内部的转向控制阀转动,使转向动力缸产生液压作用力,帮助驾驶员转向操纵。这样,为了克服地面作用于转向轮上的转向阻力矩,驾驶员需要加于转向盘上的转向力矩比用机械转向系统中所需的转向力矩小得多。

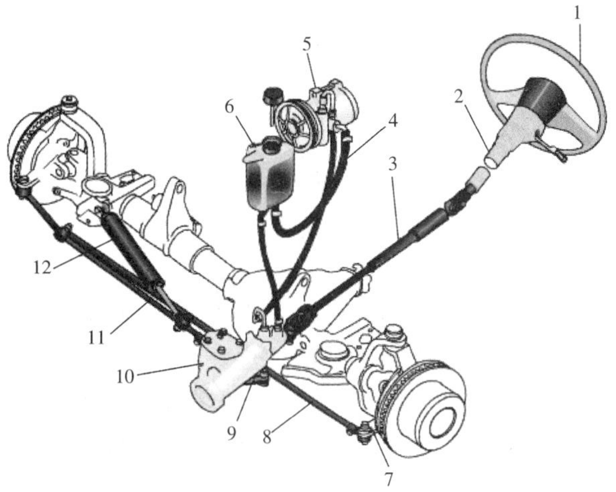

图 10-2　液压动力转向系统的组成示意图

1—转向盘;2—转向轴;3—转向中间轴;4—转向油管;5—转向油泵;6—转向油罐;
7—转向节臂;8—转向横拉杆;9—转向摇臂;10—整体式转向器;11—转向直拉杆;12—转向减震器

二、两侧转向轮偏转角之间的理想关系式

为了避免在汽车转向时产生的路面对汽车行驶的附加阻力和轮胎过快磨损,要求转向系统能保证在汽车转向时所有车轮均做纯滚动。显然,这只有在所有车轮的轴线都相交于一点时方能实现,此交点 O 称为转向中心。对于两轴汽车,如图 10-3 所示,内转向轮偏转角 β 应大于外转向轮偏转角 α。在车轮为绝对刚体的假设条件下,角 α 与 β 的理想关系式应为

$$\cot\alpha=\cot\beta+B/L$$

式中,B 为两侧主销轴线与地面相交点之间的距离;L 为汽车轴距。为此,必须精心确定转向传动机构中转向梯形的几何参数。但是迄今为止,所有汽车的转向梯形实际上都只能是在一定的车轮偏转角范围内,使两侧车轮偏转角的关系大体上接近于理想关系。

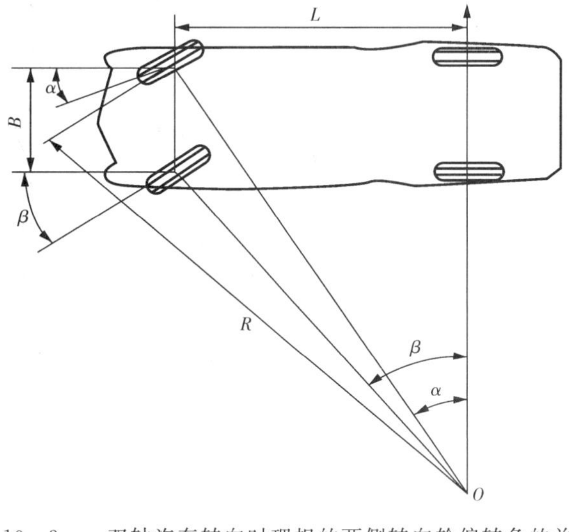

图 10-3　双轴汽车转向时理想的两侧转向轮偏转角的关系

由转向中心 O 到外转向轮与地面接触点的距离,称为汽车转弯半径 R。转弯半径 R 越小,则汽车转向所需场地就越小。由图 10-3 可知,当外转向轮偏转角达到最大 $\alpha_{\max}$ 时,转弯半径 R 为最小。在图示的理想情况下,最小转弯半径 $R_{\min}$ 与外转向轮最大偏转角 $\alpha_{\max}$ 的关系为

$$R_{\min}=L/\sin\alpha_{\max}$$

对于只用前桥转向的三轴汽车,由于中轮和后轮的轴线总是平行的,故不存在理想的转向中心。计算转弯半径时,可以用一根与中、后轮轴线等距离的平行线作为假想的与原三轴汽车相当的双轴汽车的后轮轴线。

对于用第一、第三两车桥转向的三轴汽车,可以以第二桥车轮轴线为基线,分别利用上式求出第一桥和第三桥两侧车轮偏转角之间的理想关系式,作为设计上述两车桥的转向梯形的依据,如图 10-4a 所示。对于利用第一、第二两车桥转向的四轴汽车,可以以第三、第四两桥轴线之间的中间平行线为基准,分别求出这两个转向桥两侧车轮偏转角的近似理想关系,如图 10-4b 所示。显然,对上述两种汽车,都可得到下列理想的或近似理想的关系式

$$\cot\alpha_1=\cot\beta_1+B/L_1$$

$$\cot\alpha_2=\cot\beta_2+B/L_2$$

在图 10-4 中,若 $L_1=L_2=L/2$,则应有

$$\alpha_1=\alpha_2=\alpha;\beta_1=\beta_2=\beta$$

且最小转弯半径

$$R_{\min}=L/2\sin\alpha_{\max}$$

即如图 10-3 所示汽车的转弯半径,仅为同轴距的前轮转向双轴汽车的转弯半径的 1/2。

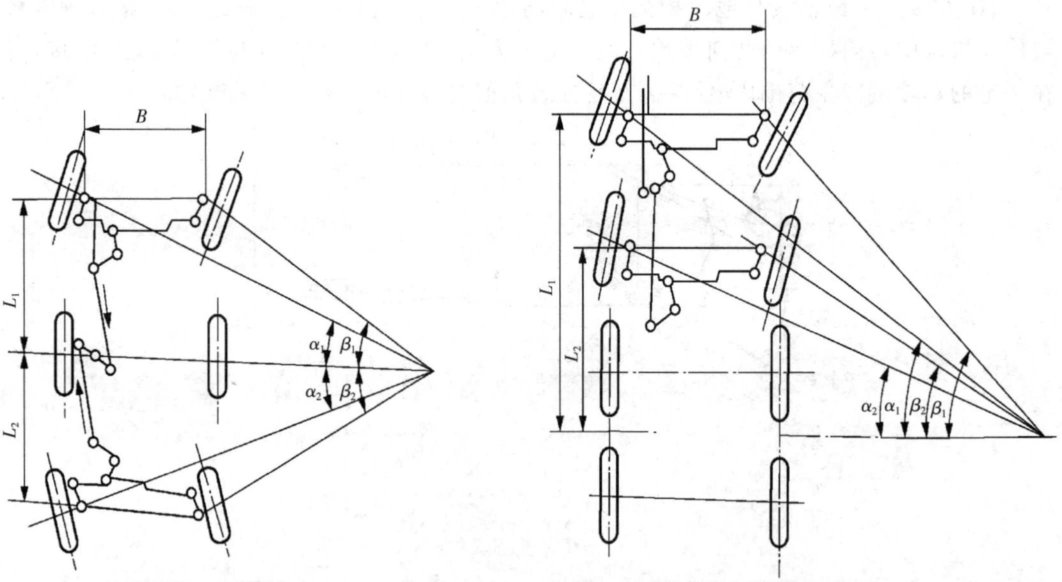

a)三轴汽车一、三桥转向　　b)四轴汽车双前桥转向

图 10-4　多轴汽车转向示意图

三、转向系统角传动比

转向盘的转角增量与相应的转向摇臂转角增量之比 $i_{\omega 1}$ 称为转向器角传动比；转向摇臂转角增量与转向盘所在一侧的转向节相应的转角增量之比 $i_{\omega 2}$ 称为转向传动机构角传动比；转向盘转角增量与同侧转向节相应转角增量之比 i_{ω} 则称为转向系统角传动比，显然，$i_{\omega 1}=i_{\omega 2}=i_{\omega}$。另外，两个转向轮所受到的转向阻力与驾驶员作用在转向盘上的手力之比 i_{p} 称为转向系统的力传动比，它与角传动比 i_{ω} 成正比。

转向系统角传动比 i_{ω} 越大，则为了克服一定的地面转向阻力矩所需的转向盘上的转向力矩便越小，从而在转向盘直径一定时，驾驶员应加于转向盘的手力也越小。但 i_{ω} 过大，将导致转向操纵不够灵敏，即为了得到一定的转向节偏转角，所需的转向盘转角过大。因此，选取 i_{ω} 时应适当兼顾转向省力和转向灵敏的要求。

对于一般汽车而言，转向传动机构角传动比 $i_{\omega 2}$ 大约为 1。在转向过程中，$i_{\omega 2}$ 虽然会随转向节转角不同而有所变化，但一般变化幅度不大。货车的转向器角传动比 $i_{\omega 1}$ 约为 16～32，轿车约为 12～20。由此可知，转向系统角传动比 i_{ω} 主要取决于转向器角传动比 $i_{\omega 1}$。有些转向器角传动比 $i_{\omega 1}$ 是常数，有些则是可变的。转向盘转角较小时，转向阻力较小，$i_{\omega 1}$ 取小一些可以使转向灵敏；转向盘转角较大时（如低速急转弯工况），$i_{\omega 1}$ 应大一些，以保证转向轻便。

采用传动比可变的转向器只能在一定程度上改善转向“轻”与“灵”之间的矛盾。因此，采用动力转向系统已成为发展趋势。

汽车的转向操纵性能并不完全取决于转向系统，还与行驶系统有关。汽车在直线行驶中，转向轮会受到偶然出现的地面侧向反力而发生意外偏转，因而使汽车意外地转向。为了使汽车能稳定地保持直线行驶方向，要求转向轮偶然发生偏转后能立即自动回到相应于直线行驶的中立位置。此外，悬架导向机构的结构和布置以及轮胎的径向和侧向刚度都对汽车的转向操纵性有很大影响。

第二节　转向器及转向操纵机构

一、转向器的传动效率及转向盘自由行程

1. 转向器的概述

转向器是转向系统的减速传动装置，一般有 1～2 级减速传动副。其功能是将转向盘的转动变为齿条轴的直线运动或转向摇臂的摆动，降低运动速度，增大转向力矩并改变转向力矩的传动方向。转向器输出端的运动形式有两种，一种是线位移（如齿轮齿条式转向器），另一种是角位移（如循环球式、曲柄指销式转向器）。

2. 转向器传动效率

转向器的输出功率与输入功率之比称为转向器传动效率。在功率从转向轴输入、由转向摇臂输出的情况下求得的传动效率称为正效率；而传动方向与上述相反时求得的效率，则称为逆效率。逆效率很高的转向器很容易将经转向传动机构传来的路面反力传到转向盘上，故称为可逆式转向器。可逆式转向器有利于汽车转向结束后转向轮和转向盘的自动回

正,但也能将坏路面对车轮的冲击力传到转向盘,发生“打手”情况。逆效率很低的转向器称为不可逆式转向器。不平路面对转向轮的冲击载荷输入到这种转向器,即由其中各传动零件(主要是传动副)承受,而不会传到转向盘上。路面作用于转向轮上的回正力矩同样也不能传到转向盘,这就使得转向轮自动回正成为不可能。此外,道路的转向阻力矩也不能反馈到转向盘上,使得驾驶员不能得到路面反馈信息,丧失“路感”,无法据此调节转向力矩。

逆效率略高于不可逆式的转向器称为极限可逆式转向器,其反向传力性能介于可逆式和不可逆式之间,而接近于不可逆式。采用这种转向器时,驾驶员能有一定的“路感”,转向轮自动回正也可实现,而且只有在路面冲击很大时,才能部分地传到转向盘。现代汽车上一般不采用不可逆式转向器。经常在良好路面上行驶的汽车,多采用可逆式转向器。极限可逆式转向器多用于中型以上越野汽车和矿用自卸汽车。

3. 转向盘自由行程

在整个转向系中,各传动件之间必然存在着装配间隙,而且这些间隙将随着零件的磨损而增大。在转向盘转动过程的开始阶段,驾驶员对转向盘所施加的力矩很小,此时只是用来克服转向系统内部的摩擦,使各传动件运动到其间的间隙完全消除,故可以认为这一阶段是转向盘空转阶段。此后,才需要对转向盘施加更大的转向力矩,以克服经车轮传到转向节上的转向阻力矩,从而实现各转向轮的偏转。转向盘在空转阶段中的角行程称为转向盘自由行程。转向盘自由行程对于缓和路面冲击及避免使驾驶员过度紧张是有利的,但不宜过大,以免影响灵敏性。一般来说,转向盘从相应于汽车直线行驶的中间位置向任一方向的自由行程最好不超过 10°～15°。当零件磨损严重到使转向盘自由行程超过 25°～30°时,必须调整。

二、转向器

转向器结构形式很多,但目前成熟并被广泛采用的有齿轮齿条式、循环球式和蜗杆曲柄指销式等几种。

1. 齿轮齿条式转向器

齿轮齿条式转向器具有结构简单、紧凑,质量轻,刚性大,转向灵敏,制造容易,成本低,正、逆效率都高以及便于布置等优点,特别适合与烛式或麦弗逊式悬架配用,因此,目前它在轿车和微型、轻型货车上得到了广泛的应用。例如,长安悦翔、一汽大众、一汽的红旗 CA7220 型轿车、奥迪 100 型轿车、捷达轿车、上海桑塔纳轿车、天津夏利轿车以及天津 TJ1010 型微型货车和南京依维柯轻型货车等,都采用了齿轮齿条式转向器。如图 10-5 所示为红旗 CA7220 型轿车的齿轮齿条式转向器。

作为传动副主动件的转向齿轮 1 安装在壳体 10 中,与水平布置的转向齿条 2 相啮合。弹簧 3 通过压块 6 将齿条压靠在转向齿轮 1 上,以保证无间隙啮合。弹簧的预紧力可用调整螺钉 4 调整。

如图 10-6 所示为红旗 CA7220 型轿车转向器的布置图,在转向齿条的中部用螺栓与转向拉杆的托架 10 连接,转向左、右横拉杆 11、9 的外端与转向节臂 13 相连。当转动转向盘时,转向齿轮转动,使与之啮合的转向齿条沿轴线移动,从而使左、右横拉杆带动左、右转向节转动,使转向轮偏转,实现汽车转向。为了避免转向轮摆振,在该结构中装有转向减震器 8。

采用齿轮齿条式转向器省略了转向摇臂和转向直拉杆,使转向传动机构简化。齿轮齿

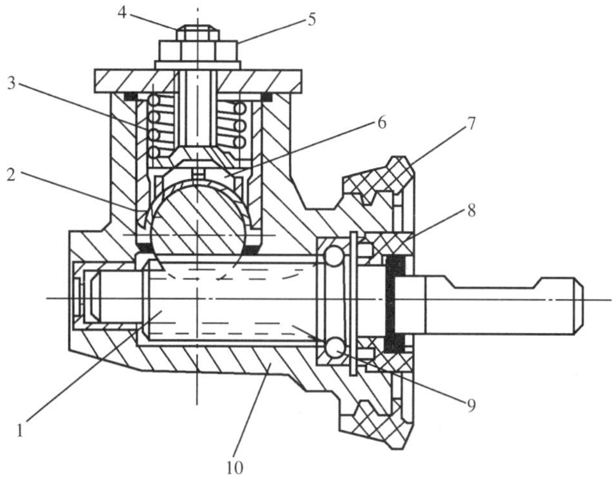

图 10-5　齿轮齿条式转向器

1—转向齿轮；2—转向齿条；3—弹簧；4—调整螺钉；5—锁紧螺母；6—压块；7—防尘罩；8—油封；9—轴承；10—壳体

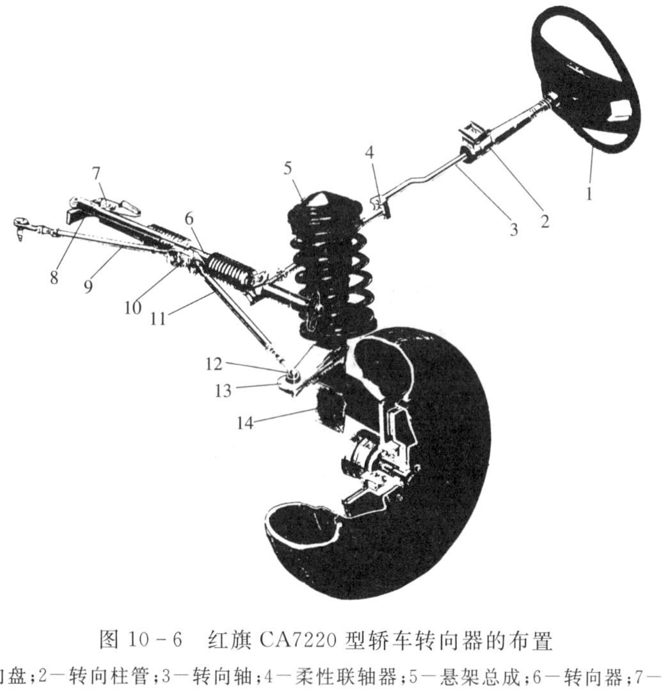

图 10-6　红旗 CA7220 型轿车转向器的布置

1—转向盘；2—转向柱管；3—转向轴；4—柔性联轴器；5—悬架总成；6—转向器；7—支架；8—转向减震器；9—右横拉杆；10—托架；11—左横拉杆；12—球铰链；13—转向节臂；14—转向节

条无间隙啮合无须调整，而且逆传动效率很高。故多用于前轮为独立悬架的轻型及微型轿车和货车上，这也是它目前在轿车和微、轻型载货汽车上应用日趋广泛的原因之一。

2. 循环球式转向器

循环球式转向器由螺杆和螺母共同形成的螺旋槽内装有钢球构成的传动副，以及螺母上齿条与摇臂轴上齿扇构成的传动副组成。循环球式转向器也是目前国内外汽车上应用较多的一种结构形式。循环球式转向器中一般有两级传动副，第一级是螺栓螺母传动副，第二级一般采用齿条齿扇传动副。如解放 CA1040 系列轻型载货汽车、北京 BJ1041 型、北京 BJ2023 型、解放 CA1091 型和黄河 JN1181C13 型等汽车的转向器。

如图 10－7 所示为解放 CA1040 系列轻型载货汽车的循环球-齿条齿扇式转向器。转向螺杆 3 的轴颈支承在两个推力角接触球轴承 2 上。轴承预紧度可用调整垫片 9 调整。转向螺母 4 外侧的下平面上加工成齿条,与齿扇轴 20 上的齿扇啮合。可见,转向螺母既是第一级传动副的从动件,也是第二级传动副(齿条齿扇传动副)的主动件(齿条)。通过转向盘和转向轴转动转向螺杆时,转向螺母不能转动,只能轴向移动,并驱动齿扇。

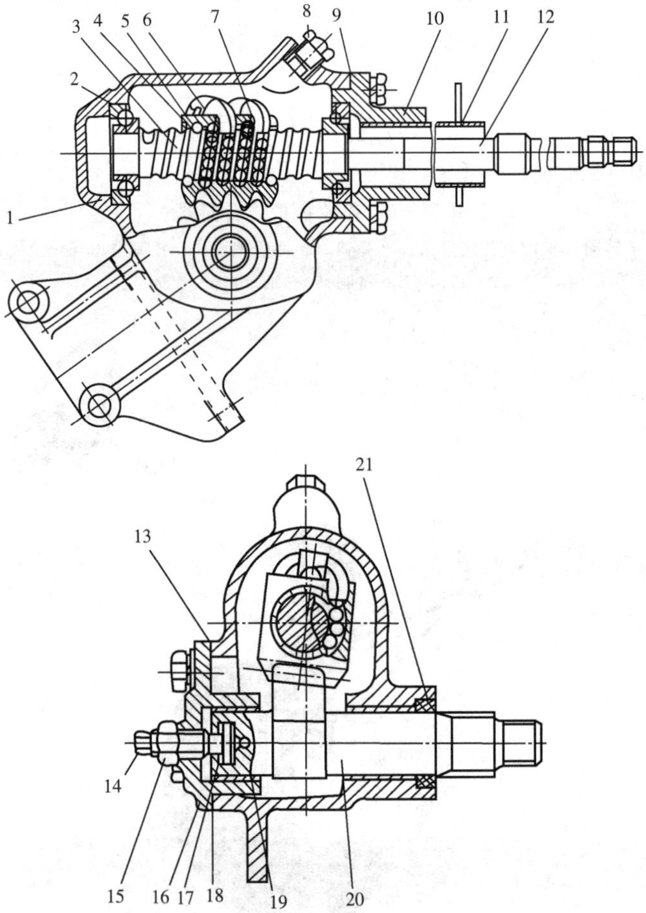

图 10－7　解放 CA1040 系列轻型载货汽车转向器

1—转向器壳体;2—推力角接触球轴承;3—转向螺杆;4—转向螺母;5—钢球;6—钢球导管卡;7—钢球导管;8—六角头锥形螺塞;9—调整垫片;10—上盖;11—转向柱管总成;12—转向轴;13—转向器侧盖衬垫;14—调整螺钉;15—螺母;16—侧盖;17—孔用弹性挡圈;18—垫片;19—摇臂轴衬套;20—齿扇轴摇臂轴;21—油封

为了减少转向螺杆和转向螺母之间的摩擦,两者之间的螺纹以沿螺旋槽滚动的许多钢球 5 代之,使滑动摩擦变为滚动摩擦。转向螺杆和螺母上都加工出断面轮廓为两段或三段不同心圆弧组成的近似半圆的螺旋槽。两者的螺旋槽能配合形成近似圆形断面的螺旋管状通道。螺母侧面有两对通孔,可将钢球从此孔塞入螺旋形通道内。两根 U 形钢球导管 7 的两端插入螺母侧面的两对通孔中,导管内也装满了钢球。这样,两根导管和螺母内的螺旋管状通道组合成两条各自独立的封闭的钢球“流道”。

转向螺杆转动时，通过钢球将力传给转向螺母，使螺母沿轴向移动。同时，在螺杆与螺母两者和钢球间的摩擦力偶作用下，所有钢球便在螺旋管状通道内滚动，形成“球流”。钢球在管状通道内绕行后，流出螺母而进入导管的一端，再由导管另一端流回螺旋管状通道。因此，在转向器工作时，两列钢球只是在各自的封闭流道内循环，而不致脱出。

与齿条相啮合的齿扇，其齿厚是在分度圆上沿齿扇轴线按线性关系变化的，即为变厚齿扇。只要使齿扇轴 20 相对于齿条做轴向移动，就能调整两者的啮合间隙。调整螺钉 14 旋装在侧盖 16 上，齿扇轴内侧端部有切槽，调整螺钉的圆形端头嵌入此切槽中。将调整螺钉旋入，啮合间隙减小；反之，啮合间隙增大。

循环球式转向器的正传动效率很高(可达 90%～95%)，故操作轻便，使用寿命长，工作平稳、可靠。但其逆效率也很高，容易将路面冲击力传到转向盘。不过，对于前轴载质量不大而又经常在平坦路面上行驶的汽车而言，这一缺点影响不大。因此，循环球式转向器广泛应用于各类各级汽车。

3. 蜗杆曲柄指销式转向器

蜗杆曲柄指销式转向器的传动副以转向蜗杆为主动件，其从动件是装在摇臂轴曲柄端部的指销。转向蜗杆传动时，与之啮合的指销即绕摇臂轴轴线做圆弧运动，并带动摇臂轴转动。如图 10－8 所示为东风 EQ1090E 型汽车的蜗杆曲柄双指销式转向器。具有梯形截面螺纹的转向蜗杆 3 支承于转向器壳体 10 两端的两个角接触球轴承 5 上。转向器盖上装有调整螺塞 7，用以调整上述两轴承的紧度，调整后用螺母 6 锁紧。

蜗杆与两个锥形的指销 2 相啮合。两个指销均用双列圆锥滚子轴承支于摇臂轴 1 内端的曲柄上，其中靠指销头部的一列无内座圈滚子直接与指销轴颈接触。这样，所受剪切载荷最大的这段轴颈的直径可做得大一些，以保证指销有足够的强度。指销装在滚动轴承上可以减轻蜗杆和指销的磨损，并提高传动效率。螺母用以调整轴承的紧度，以使指销能自由转动且无明显的轴向间隙为宜。

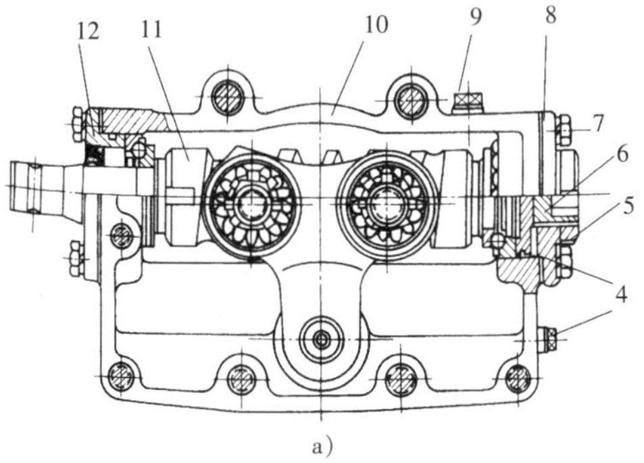

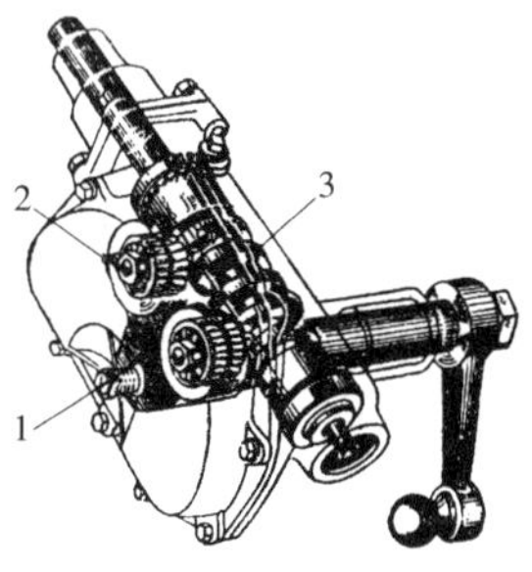

图 10－8　蜗杆曲柄双指销式转向器

1—摇臂轴；2—指销；3—蜗杆；4—放油螺塞；5—角接触球轴承；6—螺母；7—调整螺塞；8—下盖；9—加油螺塞；10—转向器壳体；11—转向蜗杆；12—上盖

摇臂轴用粉末冶金衬套支承在壳体中。指销同蜗杆的啮合间隙用侧盖上的调整螺钉调整，调整后用螺母锁紧。

双指销式转向器在中间及其附近位置时,其指销均与蜗杆啮合,故每个指销所受载荷较单指销式转向器的指销载荷小,因而工作寿命较长。当摇臂轴转角相当大时,一个指销与蜗杆脱离啮合,另一指销仍保持啮合,因此,双指销式的摇臂轴转角范围较单指销式的大,但双指销式结构较复杂,对蜗杆的加工精度要求也较高。

三、转向操纵机构

转向操纵机构由转向盘、转向轴、转向管柱等组成,它的作用是将驾驶员转动转向盘的操纵力传给转向器。

1. 转向盘

转向盘构造如图 10-9 所示,由轮缘 1、轮辐 2、轮毂 3 组成。轮辐有二、三或四根辐条。轮毂孔具有细牙内花键,以此与转向轴连接。转向盘内部由成形的金属骨架构成。骨架外面一般包有柔软的合成橡胶、树脂或包皮革,这样可有良好的手感,而且还可防止手心出汗时握转向盘打滑。

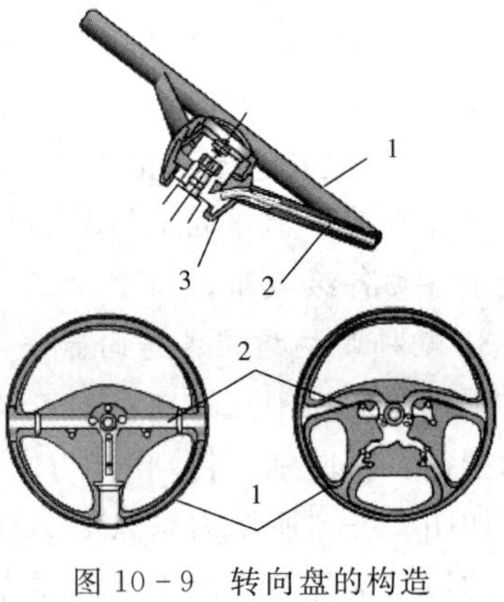

图 10-9 转向盘的构造

1—轮缘;2—轮辐;3—轮毂

转向盘在驾驶室内安放的位置与各国交通法规有关。包括我国在内的大多数国家规定车辆右侧通行,相应地应将转向盘安置在驾驶室左侧。这样,驾驶员的左方视野较广阔,有利于两车安全交会。相反,在一些规定车辆左侧通行的国家使用的汽车上,转向盘则应安置在驾驶室右侧。

当汽车发生碰撞时,从安全性考虑,不仅要求转向盘应具有柔软的外表皮,起到缓冲作用,而且还要求转向盘在撞车时,其骨架能产生一定变形,以吸收冲击能量,减轻驾驶员受到的伤害。

转向盘上都装有喇叭按钮,有些轿车的转向盘上还装有车速控制开关和撞车时保护驾驶员的安全气囊装置。

2. 转向轴

转向轴是将驾驶员作用于转向盘的转向操纵力矩传给转向器的传力轴,它的上部与转向盘固定连接,下部装有转向器。

3. 转向轴和转向柱管的吸能装置

转向轴是连接转向盘和转向器的传动件,并传递它们之间的转矩。转向柱管安装在车身上,支承着转向盘。转向轴从转向柱管中穿过,支承在柱管内的轴承和衬套上。

近年来,由于公路路面的改善和汽车车速的提高,许多国家都制定了严格的安全法规。对于轿车,除要求装有吸能式转向盘外,还要求转向柱管也必须备有缓和冲击的吸能装置。转向轴和转向柱管的吸能装置有多种形式,其基本结构原理是,当受到巨大冲击时,转向轴产生轴向位移,使支架或某些支承件产生塑性变形,从而吸收冲击能量。

有一种可分离式安全转向操纵机构,其转向管柱分为上下两段,当发生撞车时,上下两段相互分离或相互滑动,从而可有效地防止转向盘对驾驶员的伤害,但转向操纵机构本身不包含有吸能装置。

如图 10-10 所示,钢球滚压变形式结构的转向管柱分为上、下两段,上转向管柱比下转向管柱稍细，可套在下转向管柱的内孔里，二者之间压入带有塑料隔圈的钢球。隔圈起钢球保持架的作用，钢球与上、下转向管柱压紧并使之结合在一起。在撞车时，上、下管柱在轴向相对移动，这时钢球边转动边在上、下转向管柱的壁上压出沟槽，从而消耗了撞击能量。当汽车撞车时，下转向管柱向上移动，在第一次冲击力的作用下限位块首先被剪断并消耗能量，与此同时转向管柱和转向轴都做轴向收缩。当受到第二次冲击力时，上转向轴下移，压缩波纹管使之收缩变形并消耗冲击能量。

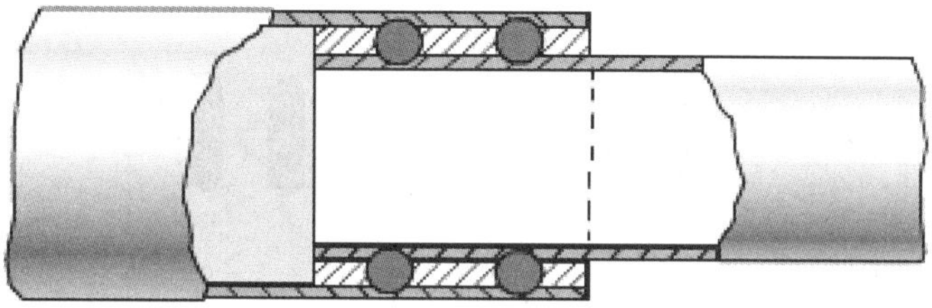

图 10－10　可分离式安全转向操纵机构转向管柱示意图

如图 10－11 所示是汽车上装用的吸能装置，当人体冲撞到转向盘上的力超过允许值时，则网格状转向柱管的网格部分将被压缩而产生塑性变形，吸收冲击能量，以减轻对人体的伤害。

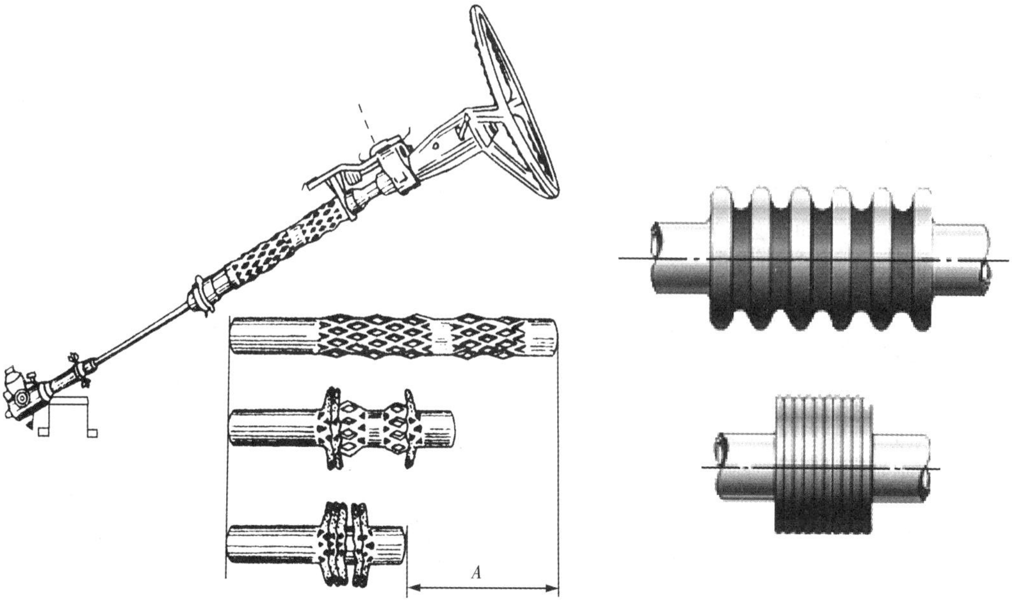

a)网络状转向柱管　　b)波纹管式转向柱管

图 10－11　网络状转向柱管吸能装置示意图

第三节　转向传动机构

转向传动机构的功用是将转向器输出的力和运动传到转向桥两侧的转向节，使两侧转向轮偏转,并使两轮偏转角按一定关系变化,以保证汽车转向时车轮与地面的相对滑动尽可能小。转向传动机构的组成和布置,因转向器位置和转向轮悬架类型不同而异。

一、与非独立悬架配用的转向传动机构

1. 转向传动机构的组成与布置

如图 10－12 所示,与非独立悬架配用的转向传动机构,主要包括转向摇臂 2、转向直拉杆 3、转向节臂 4 和转向梯形臂 5。

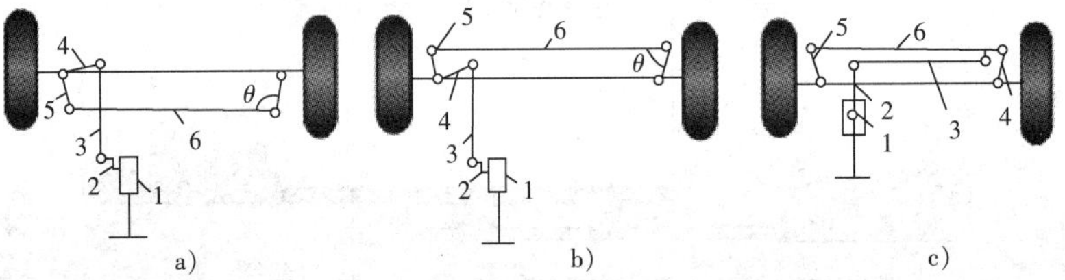

图 10－12　与非独立悬架配用的转向传动机构示意图

1—转向器;2—转向摇臂;3—转向直拉杆;4—转向节臂;5—梯形臂;6—转向横拉杆

在前桥仅为转向桥的情况下,由转向横拉杆 6 和左、右梯形臂 5 组成的转向梯形一般布置在前桥之后。当转向轮处于与直线行驶相应的中立位置时,梯形臂与横拉杆在与道路平行的平面(水平平面)内的交角 θ 大于 90°。在发动机位置较低或转向桥兼充驱动桥的情况下,为避免运动的干涉,往往将转向梯形布置在前桥之前。此时,上述夹角 θ 小于 90°。若转向摇臂不是在汽车纵向平面内前后摆动,而是在与道路平行的平面内左右摆动(如北京 BJ202N 型汽车),则可将转向直拉杆 3 横置,并借球头销直接带动转向横拉杆 6,使两侧梯形臂转动。

2. 转向摇臂

转向摇臂是转向器传动副与横向直拉杆的传动件,主要由如图 10－13 所示部件组成。它的作用是把转向器输出的力和运动传给直拉杆或横拉杆,进而推动转向轮偏转。

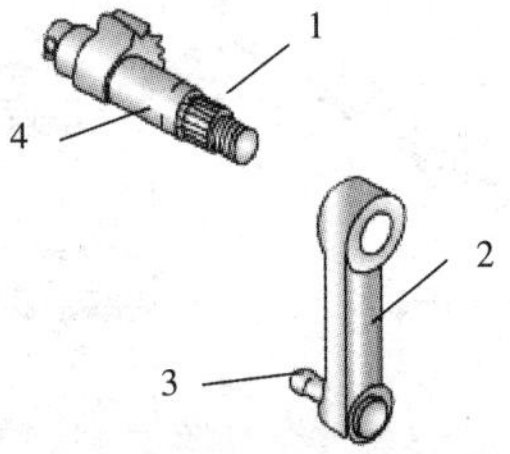

图 10－13　转向摇臂图示

1—带锥度的三角形齿形花键;2—转向摇臂;3—球头销;4—摇臂轴

3. 转向直拉杆

转向直拉杆的作用是将转向摇臂传来的力和运动传给转向梯形臂(或转向节臂)。它所受的力既有拉力,也有压力,因此直拉杆都是采用优质特种钢材制造的,以保证工作可靠。直拉杆的典型结构如图 10－14所示。在转向轮偏转或因悬架弹性变形而相对于车架跳动时,转向直拉杆与转向摇臂及转向节臂的相对运动都是空间运动,为了不发生运动干涉,上述三者间的连接都采用球销。图中直拉杆体 9 是一段两端扩大的钢管。其前端带有球头销 2,球头销的尾端可用螺母 1 固定于转向节臂的端部。两个球头座 5 在压缩弹簧 6 的作用下,将球头销的球头夹持住。为保证球头与座的润滑,可从油嘴 8 注入润滑脂,使其充满直拉杆体端部管腔。供球头拆装时出入的孔口用耐油橡胶防尘垫 3 封盖。

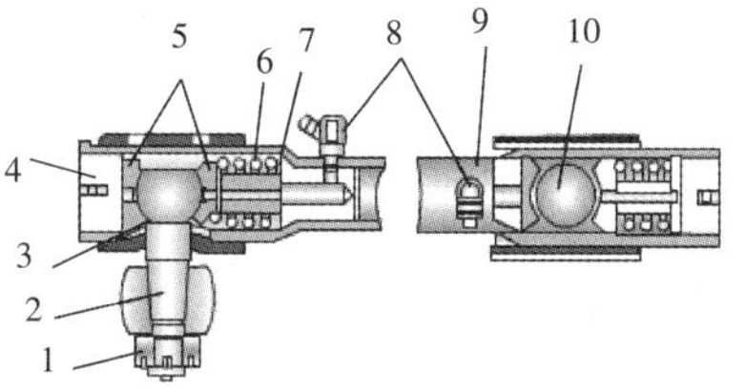

图 10－14　汽车转向直拉杆示意图

1—螺母；2—球头销；3—橡胶防尘垫；4—螺塞；5—球头座；6—弹簧；
7—弹簧座；8—油嘴；9—直拉杆杆体；10—球头销（接摇臂）

压缩弹簧 6 随时补偿球头与座的磨损，保证两者之间无间隙，并可缓和经车轮和转向节传来的路面冲击。弹簧预紧力可用端部螺塞 4 调节，调好后须用开口销固定螺塞位置。当球头销作用在内球头座上的冲击力超过压缩弹簧的预紧力时，弹簧边进一步变形而吸收冲击能量。弹簧变形增量受到弹簧座 7 自由端的限制，这就可以防止弹簧超载，并保证在弹簧折断的情况下球头销不致从管腔中脱出。

直拉杆后端可以嵌装转向摇臂球头销 10。这一端的压缩弹簧也装在球头座后方。这样，两个压缩弹簧可分别在沿轴线的不同方向上起缓冲作用。自球头销 2 传来向后的冲击力由前压缩弹簧承受。当球头销受到向前的冲击力依次经前球头座、前端部螺塞 4、直拉杆体 9 和后端部螺塞传给后压缩弹簧。

4. 转向横拉杆

转向横拉杆是联系左、右梯形臂并使其协调工作的连接杆，转向横拉杆是转向梯形机构的底边。如图 10－15 所示为解放 CA1091 型汽车转向横拉杆，转向横拉杆由横拉杆体和旋

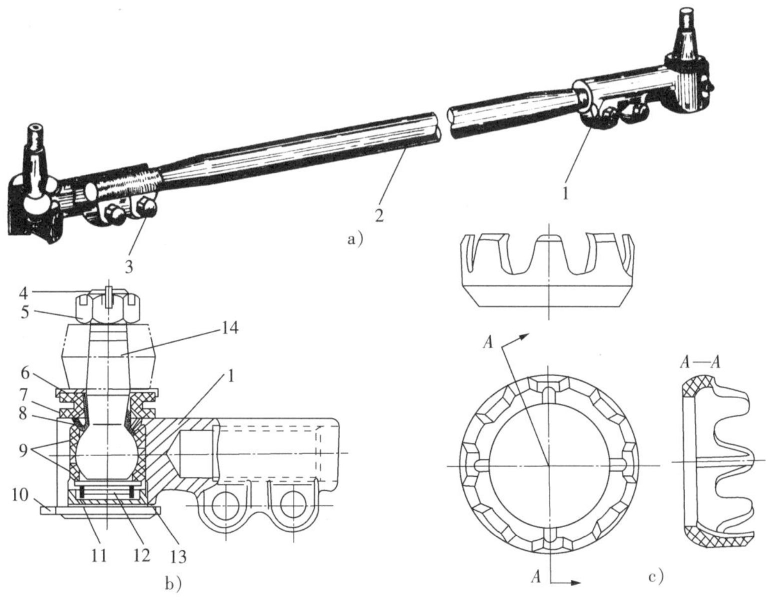

图 10－15　解放 CA1091 型汽车转向横拉杆

1—横拉杆接头；2—横拉杆体；3—夹紧螺栓；4—开口销；5—槽型螺母；6—防尘垫座；
7—防尘垫；8—防尘罩；9—球头座；10—限位销；11—螺塞；12—弹簧；13—弹簧座；14—球头销

装在两端的横拉杆接头组成。两端的接头结构相同,其中,球头销的尾部与梯形臂相连。上、下球头座用聚甲醛制成,有很好的耐磨性。装配时,两球头座的凹凸部相互嵌合。弹簧保证两球头座与球头紧密接触,并起缓冲作用,其预紧力由螺塞调整。

两接头借螺纹与横拉杆连接。接头螺纹部分有切口,故有弹性。接头旋装到横拉杆体后,用夹紧螺栓夹紧。横拉杆体两端的螺纹,一端为右旋,一端为左旋。因此,在旋松夹紧螺栓以后,转动横拉杆体,即可改变转向横拉杆的总长度,从而可调整转向轮前束。横拉杆在汽车行驶过程中反复承受拉力和压力,因此多用高强度冷拉钢管制造。

5.转向减震器

随着车速的提高,现代汽车的转向轮有时会产生摆振(转向轮绕主销轴线往复摆动,甚至引起整车车身的震动),这不仅影响汽车的稳定性,而且还影响汽车的舒适性、加剧前轮轮胎的磨损。在转向传动机构中设置转向减震器是克服转向轮摆振的有效措施。转向减震器的一端与车身(或前桥)铰接,另一端与转向直拉杆(或转向器)铰接。转向减震器的结构,如图 10-16 所示,其工作原理与悬架减震器类似,但两者特性不同。转向减震器在压缩和伸张时的特性是相同的,即对称的。

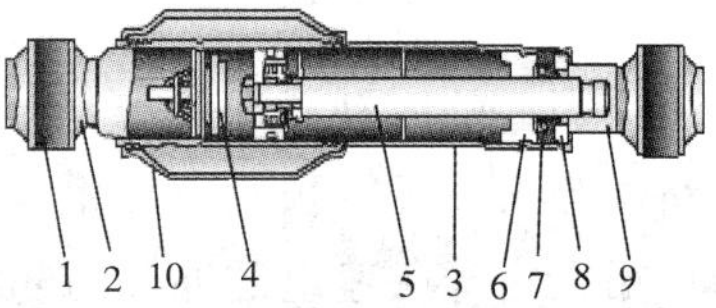

图 10-16 转向减震器结构图

1—连接环衬套;2—连接环橡胶套;3—油缸;4—压缩阀总成;5—活塞及活塞杆总成;6—导向座;7—油封;8—挡圈;9—轴套及连接环总成;10—橡胶储液缸

二、与独立悬架配用的转向传动机构

当转向轮采用独立悬架时,每个转向轮分别相对于车架独立运动,因而转向桥必须是断开式的。与此相应,转向传动机构中的转向梯形也必须分成两段或三段,并且由在平行于路面的平面中摆动的转向摇臂直接带动后通过转向直拉杆带动。如图 10-17 所示为几种与独立悬架配用的转向传动机构示意图。如图 10-17a、b 所示为与循环球式转向器配用的转向机构布置方案,如图 10-17c、d 所示为与齿轮齿条式转向器配用的转向机构布置方案。这几种结构方案都在汽车转向传动机构中得到了应用。

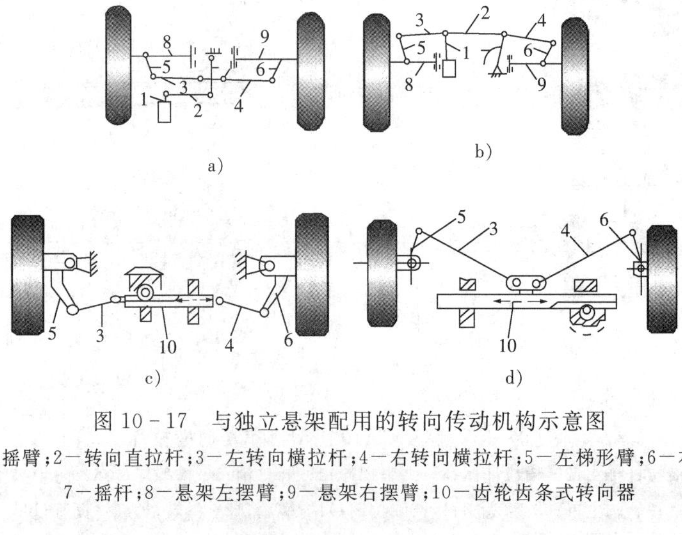

图 10-17 与独立悬架配用的转向传动机构示意图

1—转向摇臂;2—转向直拉杆;3—左转向横拉杆;4—右转向横拉杆;5—左梯形臂;6—右梯形臂;7—摇杆;8—悬架左摆臂;9—悬架右摆臂;10—齿轮齿条式转向器

第四节 动力转向器

动力转向系是以驾驶员体力和发动机动力为转向能源，在机械式转向系的基础上加装一套转向加力装置构成的。为了减小驾驶员转动转向盘的力，减轻驾驶员的劳动程度，在汽车转向系上使用了转向加力装置。这种装置对大型、重型车辆尤其重要，否则，驾驶员将难以在路况差的道路上转动转向盘。

按传能介质不同，转向加力装置有气压式和液压式两种。气压能或液压能由发动机驱动空气压缩机或油泵获得，在转向中提供大部分的转向能量，驾驶员只需用很小的力操控装置。动力转向器的加力装置要十分可靠，且即使有故障，驾驶员也能靠体能控制转向器。

气压转向加力装置主要应用于部分前轴最大轴载质量为3～7t并采用气压制动系统的货车和客车。装载质量特大的货车也不宜采用气压转向加力装置，因为气压系统的工作压力较低（一般不高于0.7MPa）。用于这种重型汽车上时，其部件尺寸将过于庞大。液压转向加力装置的工作压力可高达10MPa以上，故其部件尺寸很小。液压式动力转向器由于用较小的油泵就能产生较大的液压力，且工作时无噪声，工作滞后时间短，还能吸收来自不平路面的冲击，因此液压转向加力装置已在很多汽车上获得广泛应用。本节所讨论的转向加力装置只限于液压式的。

一、液压转向加力装置

液压转向加力装置有常压式和常流式两种。

1. 常压式液压转向加力装置

常压式液压转向加力装置示意图如图10-18所示。在汽车直线行驶、转向盘保持中立位置时，转向控制阀5处于关闭位置。转向液压泵3输出的压力油充入蓄能器2，当蓄能器压力增长到规定值后，液压泵即自动卸荷空转，从而蓄能器压力得以限制在该规定值以下。当转动转向盘时，机械转向器6即通过转向摇臂等杆件使转向控制阀转入开启位置。此时，蓄能器中的压力油即通过油道流入转向动力缸4中活塞两侧工作腔中的一个，使动力缸产生液压作用力。该作用力作用在转向传动机构上，以助机械转向器输出力之不足。转向盘一停止，转向控制阀便随之回到关闭位置。于是，转向加力作用停止。由此可见，无论转向盘处于中立位置还是转向位置，也无论转向盘保持静止还是运动状态，该系统工作管路中总是保持高压。

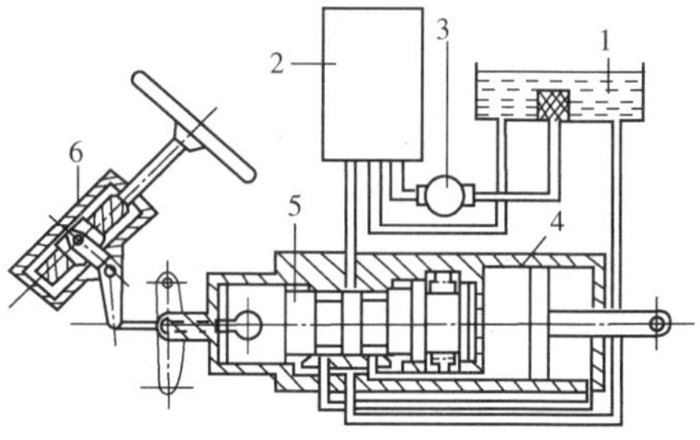

图10-18 常压式液压转向加力装置示意图

1—转向油罐；2—蓄能器；3—转向液压泵；4—转向动力缸；5—转向控制阀；6—机械转向器

2. 常流式液压转向加力装置

常流式液压转向加力装置示意图如图10-19所示。不转向时，转向控制阀6保持开启。转向动力缸8的活塞两边的工作腔，由于都与低压回油管路相通而不起作用。转向液压泵2输出的油液流入转向控制阀，又由此流回转向油罐1。因转向控制阀的节流阻力很小，故液压泵输出压力也很低，液压泵实际上处于空转状态。当驾驶员转动转向盘，通过机械转向器7使转向控制阀处于与某一转弯方向相对应的工作位置时,转向动力缸的相应工作腔与回油管路隔绝,转而与液压泵输出管路相通,而动力缸的另一腔则仍然通回油管路。地面转向阻力经转向传动机构传到转向动力缸的推杆和活塞上,形成比转向控制阀节流阻力高得多的液压泵输出管路阻力。于是,转向液压泵输出压力急剧升高,直到足以推动转向动力缸活塞为止。转向盘停止转动后,转向控制阀随即回到中立位置,使动力缸停止工作。

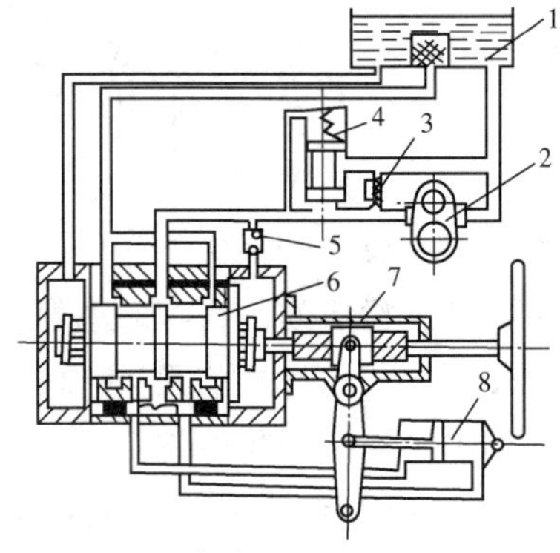

图 10-19　常流式液压转向加力装置示意图

1—转向油罐;2—转向液压泵;3—溢流阀;4—流量控制阀;5—单向阀;6—转向控制阀;7—机械转向器;8—转向动力缸

常压式的优点在于有蓄能器积蓄液压能,可以使用流量较小的转向液压泵,而且还可以在液压泵不运转的情况下保持一定的转向加力能力,使汽车有可能继续行驶一定距离。这一点对重型汽车而言尤为重要。常流式的优点则是结构简单,液压泵寿命长,泄漏较少,消耗功率也较少。因此,目前只有少数重型汽车(如法国贝利埃 T25 型、美国 WABC0120C 型等自卸汽车)采用常压式转向加力装置,而常流式转向加力装置则广泛应用于各种汽车。

二、整体式动力转向器

整体式动力转向器的机械转向器、转向动力缸和转向控制阀是一个整体。目前,在国产轿车上几乎毫无例外地采用了转阀式的整体式动力转向器。例如,一汽生产的红旗 CA7220 型、一汽大众生产的奥迪、捷达以及上海大众生产的桑塔纳 2000 轿车,皆为这种结构形式。如图 10-20 所示为桑塔纳 2000 轿车上采用的带整体式动力转向器的转向加力装置示意图。齿轮齿条式机械转向器、转向动力缸和控制阀设计成一体,组成整体式动力转向器,其控制阀为转阀。转向动力缸活塞 12 与转向齿条 1 制成一体。活塞 12 将转向动力缸 3 分成左右两腔。扭杆 7 的前端用销与转向齿轮连接,后端与阀芯连接,而阀芯又与转向轴的末端固定在一起,因而转向轴可通过扭杆带动转向齿轮转动。当汽车直线行驶时,转向控制阀(转阀)处于中立位置,由转向油罐 14、转向液压泵(叶片泵)13、流量控制阀(节流阀)4 和 5 组成的供能装置输出的油液,流入转阀进油口进入阀腔。由于转阀处于中立位置,它使动力缸的两腔相通,则油液经回油管路 15 流回转向油罐 14。因此,转向动力缸完全不起作用,该转向加力装置为常流式转阀整体式动力转向器。

当刚一开始转动转向盘,转向轴连同阀芯被顺时针转动时,因为受到转向节臂传来的路面转向阻力,动力缸活塞和转向齿条暂时都不能运动,所以转向齿轮暂时也不能随转向轴转动。这样,由转向轴传到转向齿轮的转矩只能使扭杆 7 产生少许的扭转变形,使转向轴(即阀芯)得以相对转向齿轮(即阀套)转过不大的角度,从而转阀使动力缸左腔成为高压的进油腔,右腔则成为低压的回油腔。作用在动力缸活塞上向右的液压作用力帮助转向齿轮迫使转向齿条开始右移,转向轮开始向右偏转。同时,转向齿轮本身也开始与转向轴同向转动。只要转向盘继续转动,扭杆 7 的扭转变形便一直保持不变,转向控制阀所处的右转向位置也不变。一旦转向盘停止转动,动力缸暂时还继续工作,导致转向齿轮继续转动,使扭杆的扭

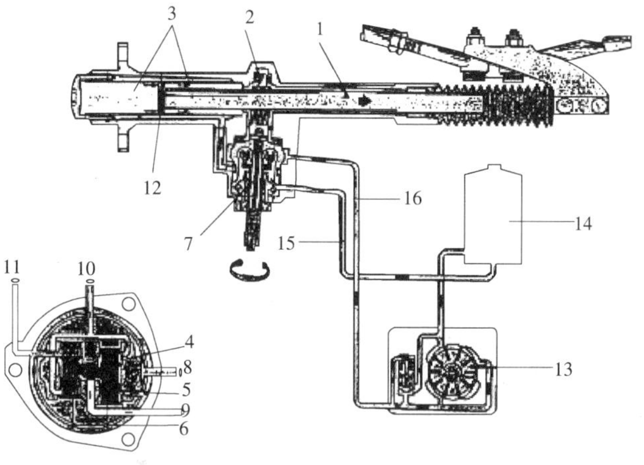

图 10－20　桑塔纳 2000 型轿车动力转向系统工作原理

1—齿条；2—齿轮；3—工作油缸；4—回流节流阀；5—出油节流阀；6—柱塞阀芯；
7—扭杆；8—进油口；9—出油口；10—通向工作缸右边；11—通向工作缸左边；
12—活塞；13—转向液压泵(叶片泵)；14—转向油罐；15—回油管路；16—进油管路

转变形减小，直到扭杆恢复自由状态，控制阀(转阀)回到中立位置，动力缸停止工作为止。此时，转向盘即停驻在某一位置上而不动，则车轮转角也就保持一定。若转向盘继续转动时，则转向动力缸又继续工作。这种转向动力缸随转向盘的转动而工作，又随转向盘停止转动而停止加力的作用，称为转向加力装置的随动作用。

对于上述动力转向器，若转向盘逆时针转动时，扭杆、转阀阀芯的转动方向以及动力缸活塞移动的方向均与前述相反，则转向轮向左偏转。

如图 10－21 所示为叶片式转向油泵，其由泵体、转轮、叶片、定子、转子等构成。泵体上的油腔为长圆形，转轮上有径向槽，叶片可在槽内滑动。

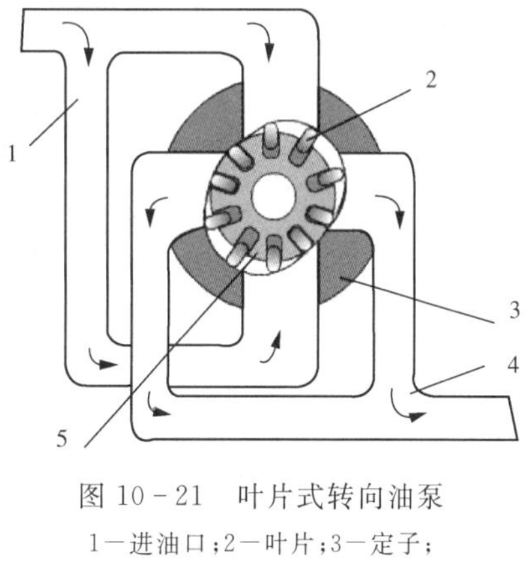

图 10－21　叶片式转向油泵

1—进油口；2—叶片；3—定子；
4—出油口；5—转子

发动机带动转轮旋转，叶片转至油腔短轴处时，缩回槽中。在向长轴处转时，逐渐从槽中伸出，使叶片外端总是压在腔体的内表面上。叶片在从短轴处转到长轴处时，转轮、叶片和油腔体间形成的容积逐渐增大，故产生负压，将油液吸入。从长轴转到短轴时，形成的容积逐渐减小，将油液加压排出。

若油道阻塞，油管内压力太高，使油泵负荷太高，则安全阀打开，使油液卸压流回储油罐，保护油泵不因超载而被破坏。若输出油液流量太大，则流量控制阀打开，使部分油液流回储油罐。

三、半整体式动力转向器

半整体式动力转向器(又称半分开式)的机械转向器和转向控制阀是一个整体，转向动力缸独立。重庆四川汽车厂红岩 CQ261 型军用越野汽车的液压转向加力装置就是半整体式动力转向器，如图 10－22 所示。它是由机械转向器 5 和转向控制阀 4 组合成一个

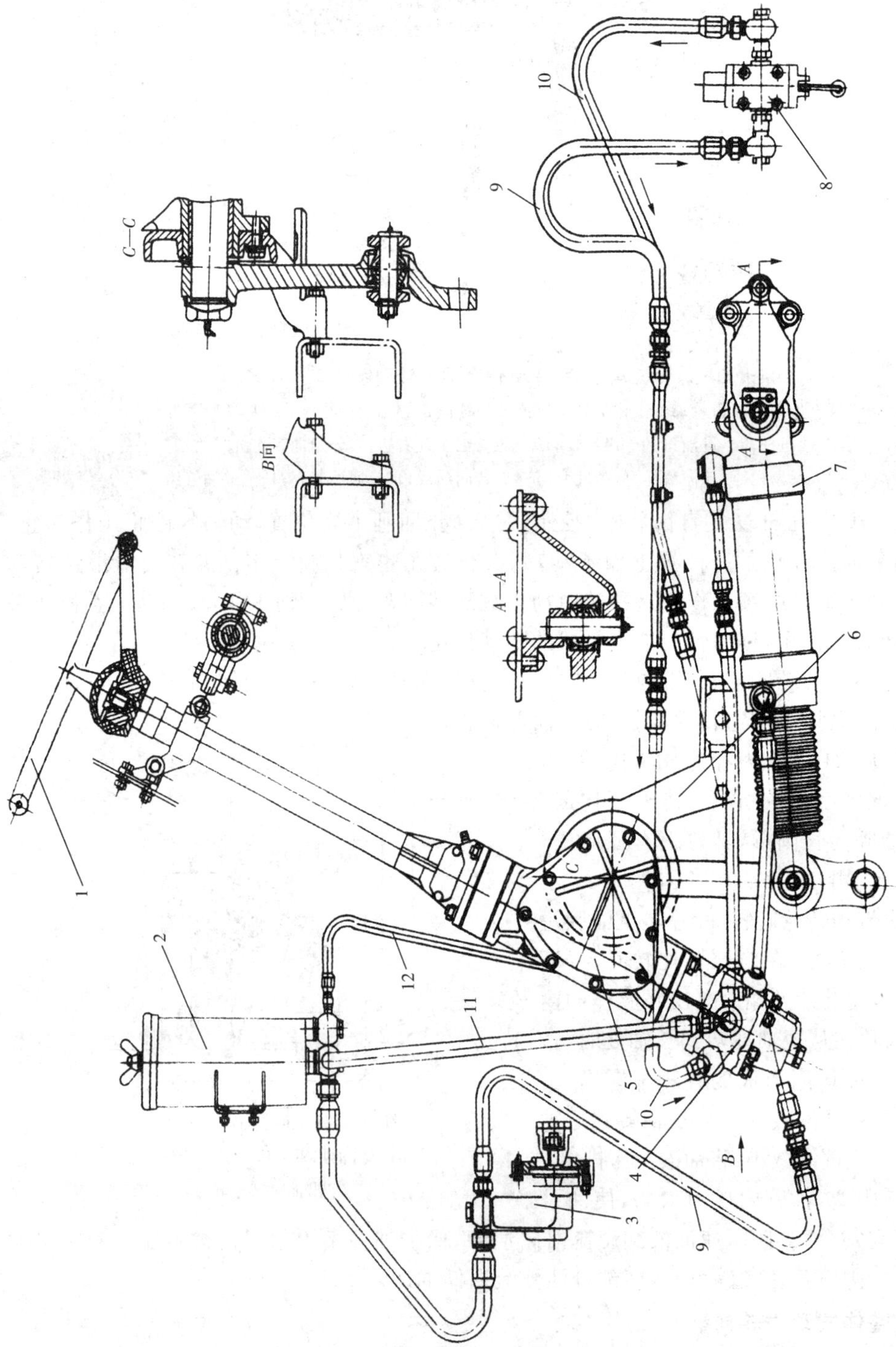

图 10-22 红岩 CQ261 型汽车转向加力装置的布置

1—转向盘;2—转向液压泵;3—转向液压泵;4—转向控制阀;5—机械转向器;6—支架;7—转向动力缸;
8—备轮架操纵阀;9—备轮架操纵阀输入管路;10—转向控制阀输入管路;11—回油管路;12—漏泄回油管路

部件——半整体式动力转向器，转向动力缸则是独立部件。该装置与备(用车)轮架液压升降装置共用一套由转向油罐2和内装流量控制阀及溢流阀的转向液压泵3组成的供能装置。转向液压泵输出的压力油先经输入管路9流到手控制式备轮架操纵阀8。由此可以流入备轮架升降装置动力缸，或者经输入管路10和转向控制阀4流入转向动力缸。因为更换车轮只能在车辆停驻时进行，所以在汽车行驶时，备轮架操纵阀总是处于备轮架升降装置不工作的中立位置，使转向液压泵与备轮架升降液压系统隔绝，而与转向控制阀输入管路10接通。

机械转向器部分为循环球滑块曲柄式，第一级传动副是转向螺杆和转向螺母，其间用独立的双流道循环钢球隔开，使转向灵活、磨损小。第二级传动副为转向螺母和指销曲柄摇臂轴，指销头部为球状，轴部以锥形销固定在曲柄上，不能转动。柱状的转向螺母外圆有环槽，转向时，指销在环槽轴线方向做弧线运动，迫使转向螺母一边轴向移动，一边转动。利用摇臂轴左端紧固的转向摇臂的摆动，通过转向直拉杆实现汽车的机械转向。转向摇臂中部，用剖分球头销连接转向动力缸内的推杆。转向时，压力油经转向控制阀进入动力缸左腔或右腔，推动活塞移动推杆，为转向摇臂的摇动助力，减小驾驶员的操作力。若助力转向失效，机械转向仍然有效。由于这些摇臂的摆动，推杆在移动时，还会迫使动力缸摆动，因此动力缸与车架也必须活络连接。备胎架操纵阀平时只起通道作用，将备胎架操纵阀输入管路和转向控制阀输入管路连接起来。换备胎时，手动操纵阀接通备胎架操纵阀输入管路和备胎架动力缸输入管路，使换取备胎省力。

图10－23为半整体式滑阀式动力转向器结构和原理图。如图10－23a所示，阀体上有

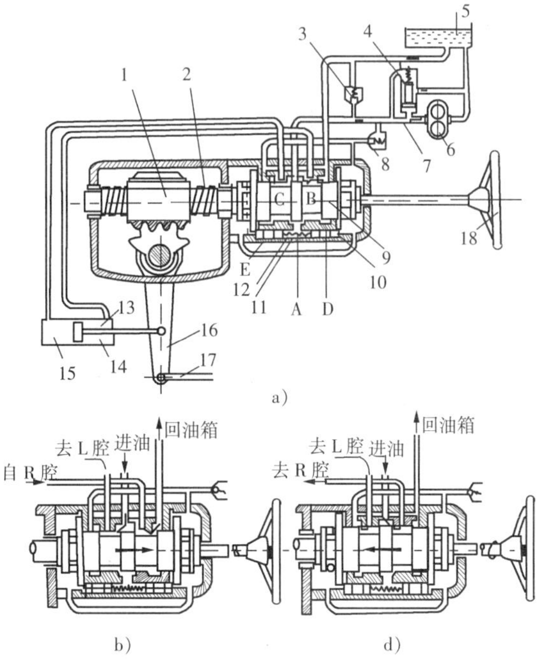

图10－23　半整体式滑阀式动力转向结构和工作原理

1—转向螺母；2—转向螺杆；3—安全阀；4—溢流阀；5—油箱；6—齿轮油泵；

7—进油道量孔；8—单向阀；9—滑阀；10—反作用柱塞；11—阀体；12—回位弹簧；

13—R腔；14—动力缸；15—L腔；16—转向垂臂；17—纵拉杆；18—转向盘

三道环槽 A、D 和 E。A 与发动机带动的油泵出油道相通，是总进油道，D、E 与油箱相通，是回油道。A、D 间有油道通动力缸右腔 R，A、E 间有油道通动力缸左腔 L，滑阀上的环槽 B 和 C 也分别通动力缸的 R 和 L 腔。汽车直线行驶时，滑阀 9 处于中间位置，液压压力油从 A 进入，一路经 B 和 D，另一路经 C 和 E 流回油箱 5。如图 10－23b 所示，汽车右转行驶，转向螺杆 2 使转向垂臂 16 右摆，同时滑阀 9 右移，A 与 C、B 与 D 分别相通，C 与 E、A 与 B 分别隔断。压力油从 A 经 C 进入 L 腔 15，推动动力缸 14 活塞右移，对右转助力，R 腔 13 的油则经 B 和 D 流回油箱 5。如图 10－23c 所示，汽车左转向行驶，转向垂臂 16 左摆，滑阀 9 左移，A 与 B，C 与 E 分别相通，压力油从 A 经 B 进入 R 腔 13，对左转向助力，L 腔 15 油经 C 和 E 流回油箱 5。

第五节　转向油罐和转向液压泵

一、转向油罐

转向油罐的作用是存储、滤清并冷却液压转向加力装置的工作油液(一般是锭子油或透平油)。转向油罐一般是单独安装，但也有直接安装在转向液压泵上的。如图 10－24 所示为一种中重型汽车转向油罐的构造。中心油管接头座 13 专门用以装接转向控制阀的回油管路。另外两油管接头座 12 则分别装接转向液压泵的进油管和半整体式动力转向器的漏泄回油管路。中心油管接头座下部有滤芯密封圈 11，上部旋装着中心螺栓 16。滤芯 10 套装在中心螺栓上，而且由锁销 5 限位的弹簧 7 压住。罐盖 3 靠翼形螺母压紧。

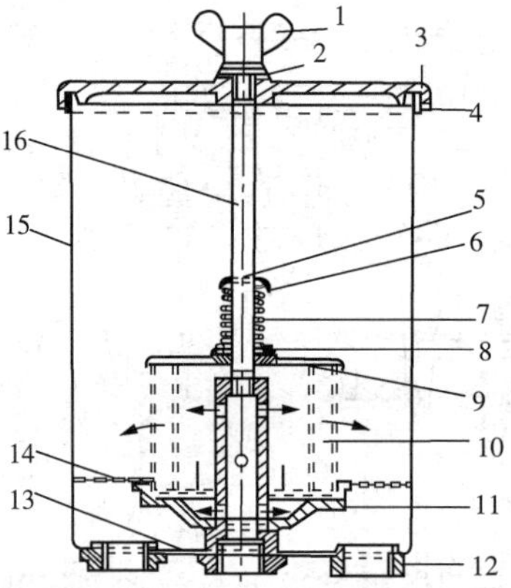

图 10－24　转向油罐

1—翼形螺母；2—垫圈；3—罐盖；4—罐盖密封环；5—锁销；6、8—弹簧座；7—弹簧；9—橡胶密封垫；10—滤芯；11—滤芯密封圈；12—油管接头座；13—中心油管接头座；14—滤网片；15—罐体；16—中心螺栓

由转向控制阀和转向动力缸流回来的油液，通过中心油管接头座的径向油孔流入滤芯内部的空腔，经滤清后进入储液腔，准备供入转向液压泵。滤芯弹簧 7 的预紧力不大，故当滤芯弹簧堵塞而回油压力略有增高时，便在液压作用下升起，让油液不经过滤清便进入储液腔，以免液压泵进油不足。滤网片 14 用以防止油液乳化。

二、转向液压泵

转向液压泵是液压转向加力装置的供能装置，其作用是将输入的机械能转换为液压能输出。在转向液压泵只受发动机驱动的情况下，一旦发动机停止运转，液压泵即无压力油输出。这对前轴(转向轴)最大载质量在 25t 以上的重型汽车是极为不利的，因为驾驶员的体力根本不能胜任使法向载荷大的转向轮偏转的任务。为了确保转向加力装置的工作可靠性，有些重型汽车在转向液压泵的驱动装置中采用自由轮机构，使转向液压泵在正常情况下受发动机驱动，而在发动机转速过低甚至熄火时，脱离发动机，被以较高速度滑行的汽车驱动。另外一些重型汽车，为了同样目的而加装了一个应急转向液压泵，与主转向液压泵并联。应急转向液压泵可以借蓄电池通过直流电动机驱动。在后一情况下，当主液压泵工作正常时，应急转向液压泵卸荷空转；主液压泵一旦停止运转，应急转向液压泵即可在应急阀的控制下，代替主液压泵向转向加力液压系统供油。

转向液压泵的结构形式有齿轮式、叶片式、转子式和柱塞式等。在国内外汽车动力转向系统中应用最多的是外啮合齿轮式转向液压泵。如图 10－25 所示为一款汽车的外啮合齿轮式转向液压泵的结构。液压泵顶部的右孔口为进油孔，左孔口为出油口。主动齿轮 14 和从动齿轮 13 均与轴制成一体。两者的轴颈借轴套支承在泵体 10 和泵盖 18 上。左侧两轴套 11 的轴向位置是固定的；右侧两轴套 12 和 15 则可以轴向浮动，称为浮动轴套。

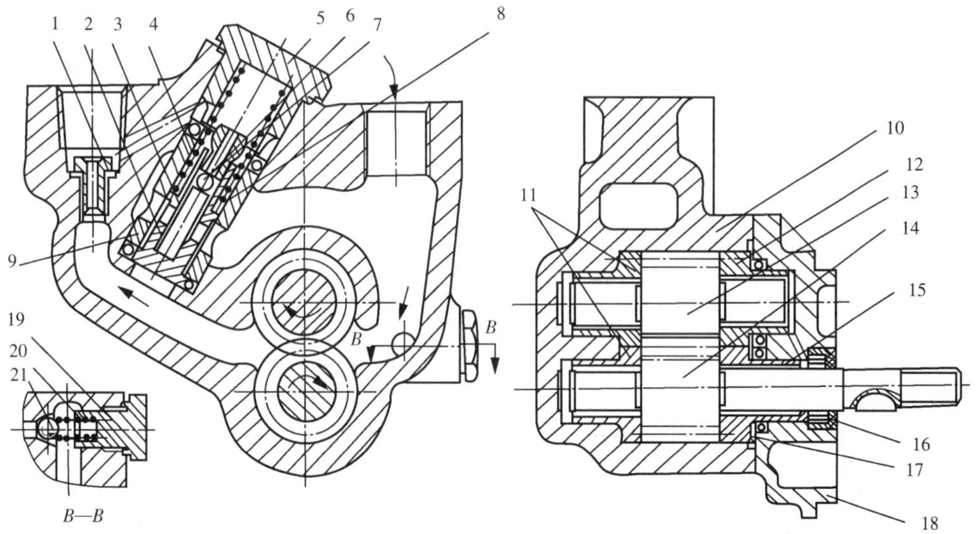

图 10－25　外啮齿轮式转向液压泵

1－量孔；2－流量控制阀柱塞；3－溢流阀弹簧；4－溢流阀弹簧座；5、19－螺塞；6－溢流阀阀门；7－溢流阀座；8－流量控制阀弹簧；9－流量控制阀；10－泵体；11－轴套；12、15－浮动轴套；13－从动齿轮；14－主动齿轮；16－油封；17－弹簧片；18－泵盖；20－单向阀弹簧；21－单向阀阀门

一般齿轮液压泵不用带凸缘的浮动轴套，而用普通衬套作为齿轮轴的轴承。在此情况下，齿轮端面与其相对运动件泵体、泵盖之间必须留有一定的轴向间隙。齿轮泵各处的间隙都将导致油液漏泄，而齿轮端面处的轴向间隙对漏泄量的影响最大。而且，随着零件的磨损和液压泵工作压力的升高，轴向间隙和漏泄量将急剧增加，使得液压泵的容积效率(实际流量与理论流量的比值)降低，而且输出压力可能达不到工作要求的值。这是影响齿轮液压泵

工作压力提高的主要因素之一。限制齿轮液压泵的轴向间隙,以提高液压泵的溶剂效率和工作压力的较先进的措施之一就是采用浮动轴套。

在如图 10-25 所示的转向液压泵中,浮动轴套凸缘的背面与泵盖 18 之间留有一个密闭空间,经泵体上的小油孔(图中未标出)与泵腔中压力较高的区域相通,其中还装有弹簧片17,液压泵不工作时,浮动轴套在弹簧片的作用下压靠着齿轮端面。液压泵开始运转后,泵腔液压作用力便使浮动轴套外移少许,形成轴向间隙,但此时浮动轴套凸缘背面也受到液压作用力。因为在设计上保证了浮动轴套背面的液压作用力与弹簧力之和大于其正面液压作用力,所以当液压泵压力升高而使轴向间隙增大时,浮动轴套可在液压和弹簧作用下内移,对间隙增量加以补偿。液压泵压力越高,这一补偿作用越强。这就是对齿轮液压泵轴向间隙的"液压补偿"方法。零件磨损所致的间隙增量则由弹簧片随时补偿。

每个齿轮两轴颈的端面处各有一个漏泄油腔。这四个油腔借泵体上的孔道和齿轮 13 中心孔道相互连通。自齿轮端面处的轴向间隙漏泄出来的油液,在润滑各摩擦面之后流到这些油腔中。漏泄油腔中的压力受控于阀门21、弹簧 20 和螺塞 19 组成的单向阀。单向阀进油口与固定轴套 11 一侧的漏泄油腔相通,出油口则与液压泵进油腔连通。当漏泄油腔压力高达一定值时,单向阀即开启,使液压泵内部润滑循环油路接通。

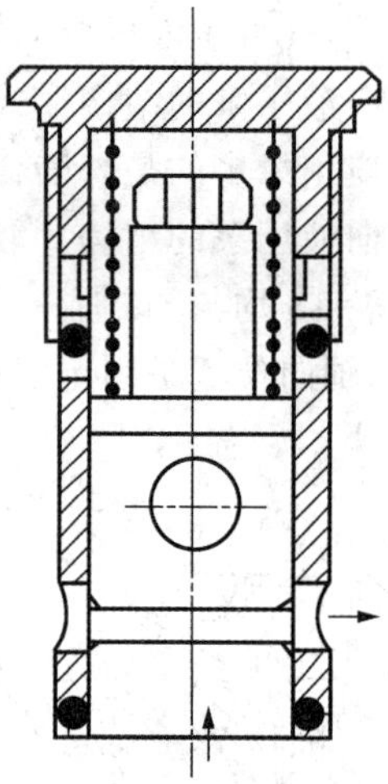
图 10-26 流量控制阀工作示意图

转向液压泵流量与齿轮转速(从而与发动机转速)成正比。转向液压泵一般设计要求是,即使在发动机怠速运转时,其流量也能保证急速转向所需的动力缸活塞最大移动速度。这样,当发动机转速高时,液压泵流量将过大,导致液压泵消耗功率过多和油温过高。为此,转向加力装置中必须设置流量控制阀,以限制转向液压泵最大流量。转向液压泵的输出压力取决于液压系统的负荷(即动力缸活塞所受的运动阻力)。在转向阻力矩过大时动力缸和液压泵均将超载而导致零件损坏。因此,液压系统中还必须装设用以限制系统最高压力的溢流阀。

该液压泵内部装有流量控制阀和溢流阀。差压式的流量控制阀装在液压泵进油腔和出油腔之间,与液压泵齿轮副并联。溢流阀位于流量控制阀内。流量控制阀 9 内的柱塞 2 在弹簧 8 的作用下处于极限位置。柱塞下方通液压泵出油腔,上方通液压泵出油口。在液压泵出油腔与出油口之间有量孔 1,当油液自出油腔以一定速度流过量孔时,由于量孔的节流作用,量孔外侧的出油口压力低于量孔内侧的出油腔压力。液压泵流量越大(即通过量孔的流速越高),则量孔内、外压力差越大。在液压泵流量增大到规定值时,使柱塞 2 两端压力差的作用足以克服弹簧 8 的预紧力,并进一步压缩弹簧,将柱塞向上推到柱塞下密封环带高于径向油孔的下边缘时,液压泵出油腔即与进油腔连通。于是,出油腔中的一部分油液便经流量控制阀流到进油腔,因而经量孔输出的流量便减小,重新切断进油腔到出油腔的通路。这样,转向液压泵的流量便被限制在 9.5~16.0L/min。流量控制阀工作示意图如图 10-26 所示。

溢流阀座 7(如图 10-25 所示)借螺纹固定在流量控制阀的柱塞上。阀门 6 及弹簧 3 所处的柱塞内腔与液压泵进油腔相通，阀门上方油腔经泵体内的油道通向量孔外的出油口。液压泵输出压力升高到规定的最高值时，溢流阀开启，将出油口与进油腔接通，使出油口压力降低。图10-27所示为溢流阀工作示意图。

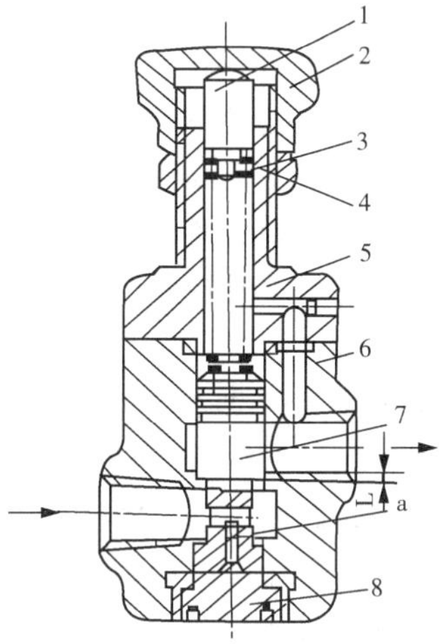

图10-27 溢流阀工作示意图

1—调节杆；2—调节螺帽；3—调节弹簧；4—锁紧螺母；5—阀盖；6—阀体；7—阀芯；8—底盖

为了保证出油的连续性，齿轮式液压泵总是将齿轮设计成在一对轮齿脱离啮合之前，下一对轮齿即已进入啮合。两对同时啮合的轮齿啮合线之间的密闭空间容积先是缩小，继而又增大。在该空间缩小的阶段中，其中的油压剧增，对齿轮造成很大的径向力。为了改善这一情况，在各个轴套的正面加工出卸荷槽。齿轮式液压泵的齿轮齿顶圆上的压力分布不均匀，而且不能相互平衡。这一不平衡的径向力不仅影响轴套寿命，而且也限制了液压泵压力的提高。一般齿轮式液压泵的最高压力多为6～7MPa，但也有高达14～16MPa的。上述齿轮泵为溢流阀所限定的最高压力约为7MPa。

第六节 电动助力转向及四轮转向系统

一、电动助力转向系统概述

电动助力转向(Electric Power Steering，简称EPS)系统是一种直接依靠电动机提供辅助转矩的动力转向的动力系统，是为了满足人们对驾驶轻便性的要求而产生的。它可以根据不同的使用工况控制电动机提供不同的辅助转矩，这也符合当今电控技术与汽车技术相结合的趋势。

电动助力转向系统主要包括机械式转向器、转矩传感器、减速机构、离合器、电动机、电子控制单元(ECU)和车速传感器等。如图10-28所示为电动助力转向系统的示意图。

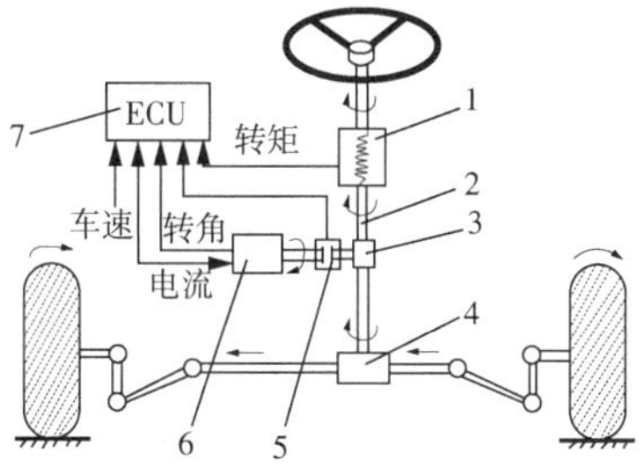

图10-28 电动助力转向系统的示意图

1—转矩传感器；2—转向轴；3—减速机构；4—齿轮齿条转向器；5—离合器；6—电动机；7—电子控制单元(ECU)

转矩传感器 1 通过扭杆连接在转向轴 2 中间。当转向轴转动时,转矩传感器开始工作,把两段转向轴在扭杆作用下产生的相对转角转变成电信号传给电子控制单元(ECU)7,ECU 根据车速传感器和转矩传感器的信号决定电动机 6 的旋转方向和助力电流的大小,并将指令传递给电动机,通过离合器 5 和减速机构 3 将辅助动力施加到转向系统(转向轴)中,从而完成实时控制的助力转向。它可以方便地在不同车速下提供不同的助力效果,保证汽车在低速转向行驶时轻便灵活,高速转向行驶稳定可靠。因此,EPS 系统助力特性的设置具有较高的自由度。

相比传统液压动力转向系统,电动助力转向系统具有以下优点:

(1)只在转向时电机才提供助力,可以显著降低燃油消耗。传统的液压助力转向系统由发动机带动转向油泵,不管转向或者不转向都要消耗发动机部分动力。而电动助力转向系统只是在转向时才由电机提供助力,不转向时不消耗能量。因此,电动助力转向系统可以降低车辆的燃油消耗。

(2)转向助力大小可以通过软件调整,能够兼顾低速时的转向轻便性和高速时的操纵稳定性,回正性能好。传统的液压助力转向系统所提供的转向助力大小不能随车速的提高而改变,这样就使得车辆虽然在低速时具有良好的转向轻便性,但在高速行驶时转向盘太轻,产生转向“发飘”的现象,驾驶员缺少显著的“路感”,降低了高速行驶时车辆的稳定性和驾驶员的安全感。电动助力转向系统提供的助力大小可以通过软件方便地调整。在低速时,电动助力转向系统可以提供较大的转向助力,提供车辆的转向轻便性;随着车速的提高,电动助力转向系统提供的转向助力可以逐渐减小,转向时驾驶员所需提供的转向力将逐渐增大,这样驾驶员就感受到明显的“路感”,提高了车辆稳定性。

(3)结构紧凑,质量轻,生产线装配好,易于维护保养。电动助力转向系统取消了液压转向油泵、油缸、液压管路、油罐等部件,而且电机及减速机构可以和转向柱、转向器做成一个整体,使得整个转向系统结构紧凑。由于质量轻,在生产线上的装配性好,因此节省装配时间,易于维护保养。

(4)通过程序的设置,电动助力转向系统容易与不同车型匹配,可以缩短生产和开发的周期。

由于电动助力转向系统具有上述多项优点,因此近年来它获得了越来越广泛的应用。但是,由于使用了电动机和减速机构等部件,增加了系统的成本;另外,减速机构、电机等部件产生的摩擦力和惯性力可能会影响转向特性(例如:产生过多转向),或者改变转向盘的自动回正作用以及它的阻尼特性等。因此,正确匹配整车性能至关重要。

由此可见,EPS 系统尤其适合使用在对空间、质量要求更高的小排量发动机的微型车上。自从 1988 年 2 月日本铃木公司的 Cervo 轿车装备了 EPS 系统后,其他一些微型车(如大发公司的 Mira 微型汽车和三菱公司的 Mini 汽车等)也开始装备 EPS 系统。

二、EPS 系统的类型

根据电动机布置位置的不同,EPS 系统可以分为以下三种类型:转向轴助力式、齿轮助力式和齿条助力式,如图 10-29 所示。

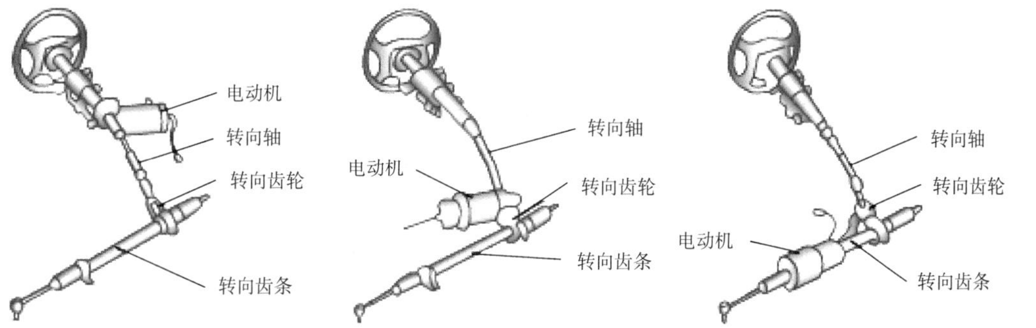

a)转向轴助力式　　b)齿轮助力式　　c)齿条助力式

图 10－29　EPS 系统的类型

转向轴助力式 EPS 系统的电动机固定在转向轴一侧，并装有一个电磁控制的离合器，通过减速机构与转向轴相连，直接驱动转向轴助力转向。例如，Alto 轿车就采用了这种类型和布置方式，其控制单元安装在驾驶员座椅下。

齿轮助力式 EPS 系统的电动机和减速机构与小齿轮相连，直接驱动齿轮助力转向。例如，在 Mini 微型汽车上，转速传感器、电动机和减速机构以及离合器集成在一起，电动机直接通过减速机构驱动齿轮轴助力。它的控制单元安装在前排乘客一侧。

齿条助力式 EPS 系统的电动机和减速机构则直接驱动齿条提供助力。例如，在大发微型汽车中，转矩传感器是单独安装在转向小齿轮附近，而电动机和减速机构集成在一起安装在小齿轮另一面的齿条上，电动机的动力直接作用到齿条上。控制单元则安装在乘员一侧仪表板的后面。

EPS 系统是根据车速进行控制的，随着车速的提高它所提供的辅助转向力就逐渐减小。根据提供辅助转向力的车速范围不同，EPS 系统可以分为全速助力型和低速助力型。Mira 汽车在所有的车速范围内都提供转向助力，而奥拓和 Mini 汽车则只在低速范围内提供助力。奥拓和 Mini 汽车的助力车速上限分别是 45km/h 和 30km/h。

低速助力型系统的成本低，但在不同车速下，即有助力和没有助力的情况下转向路感会有所不同。尤其是处于辅助动力系统开始作用的车速附近时，对转向手感会有显著的影响。

三、EPS 系统的关键部件

1. 转矩传感器

转矩传感器是测量驾驶员作用在转向盘上力矩的大小与方向的，有的转矩传感器还能够测量转向盘转角的大小和方向。转矩测量系统比较复杂且成本较高，所以精确、可靠、低成本的转矩传感器是决定 EPS 系统能否占领市场的关键因素之一。

转矩传感器有接触式和非接触式两种。如图 10－30 所示为一种接触式转矩传感器，它在转向轴 1 与转向小齿轮 5 之间安装了一个扭杆 2。当转向系统工作时，利用滑环 6 和电位计 4 测量扭杆的变形量并转换为电信号，通过信号输出端 3 将信号输出并转换得到所产生的转矩。如图 10－31 所示为非接触式转矩传感器，其中有两对磁极环 4，当输入轴 1 与输出轴 3 之间发生相对运动时，磁极环之间的空气间隙发生变化，从而引起电磁感应系数的变化，在线圈 2 中产生感应电压，并将电压信号转换为转矩信号。非接触式转矩传感器的优点是体积小、精度高，缺点是成本高。

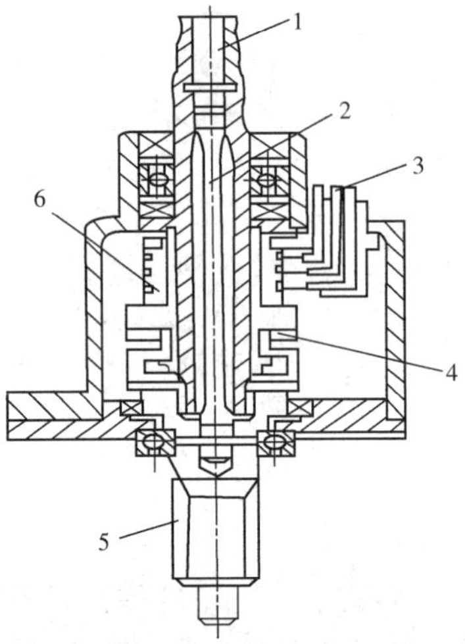

图 10-30　接触式转矩传感器

1—转向轴;2—扭杆;3—信号输出端;
4—电位计;5—转向小齿轮;6—滑环

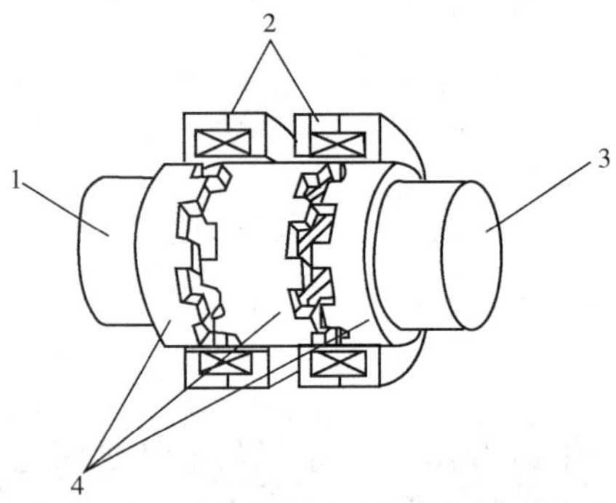

图 10-31　非接触式转矩传感器

1—输入轴;2—线圈;3—输出轴;4—磁极环

汽车的行驶速度也是 EPS 系统的控制信号,它是由车速传感器来测量的。

2. 电动机

电动机是 EPS 系统的动力源,其功能是根据电子控制单元的指令输出适当的辅助转矩。目前采用较多的是永磁式直流电动机,它分为有刷式和无刷式两种。电动机对 EPS 系统的性能有很大影响,所以 EPS 系统对电动机有很高的要求,不仅要求转矩大、转矩波动小、转动惯量小、尺寸小、质量轻,而且要求可靠性高、易控制。为此,设计时常针对 EPS 系统的特点,对电动机的结构做一些特殊处理,如沿转子的表面开出斜槽或旋槽,定子磁极设计成不等厚等。

3. 减速机构

EPS 系统的减速机构与电动机相连,起降速增扭作用。常采用蜗轮蜗杆机构、滚珠螺杆螺母机构和行星齿轮机构等。蜗轮蜗杆减速系统一般应用在转向轴助力式 EPS 系统上,而行星齿轮减速机构则被应用在齿条助力式 EPS 系统和齿轮助力式 EPS 系统上。如图10-32所示蜗轮蜗杆机构中,蜗杆 5 与电动机 3 的输出相连,通过蜗轮 6 和蜗杆的啮合传动将电动机的转矩作用到转向轴 1 上,以实现转向助力。该 EPS 系统还采用了离合器 4,它装在减速机构与电动机之间,其作用是保证 EPS 系统只在设定的行驶车速范围内起作用。当车速达到界限值时,离合器分离,电动机停止工作,转向系统成为手动转向系统。此时,系统不再受电动机部件惯性力的影响。另外,当电动机发生故障时,离合器将自动分离。

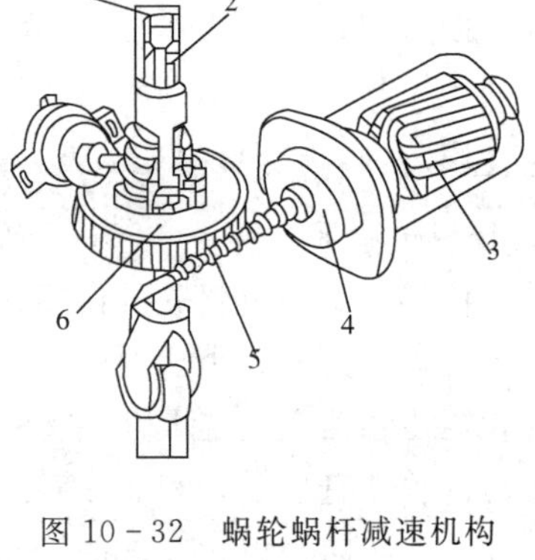

图 10-32　蜗轮蜗杆减速机构

1—转向轴;2—扭杆;3—电动机;
4—离合器;5—蜗杆;6—蜗轮

4. 电子控制单元

电子控制单元(ECU)的功能是根据转矩传感器和车速传感器传来的信号，进行逻辑分析与计算后发出指令，控制电动机和离合器的动作。EPS 系统控制原理图如图 10－33 所示。

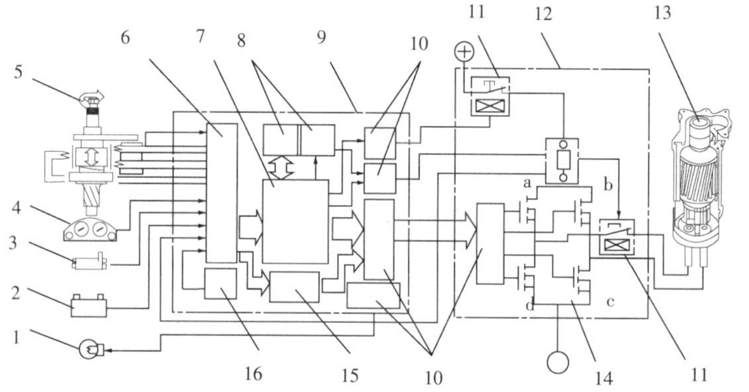

图 10－33 EPS 系统控制原理图

1—警示灯；2—蓄电池；3—车速传感器；4—转矩传感器；5—转速传感器；6—接口电路；7—微处理器；8—监测电路；9—电控单元；10—驱动电路；11—继电器；12—功率放大器 13—电动机；14—场效应管桥式电路；15—转矩校验电路；16—稳压电路

ECU 还有安全保护和自我诊断功能。通过采集发动机的电流、发动机的电压、发动机工况等信号，判断其系统工作状况是否正常。一旦系统工作异常，将自动取消助力作用，同时还将进行故障诊断分析。ECU 通常是一个 8 位单片机系统，也有采用数字信号处理器(Digital Signal Processing，简称 DSP)作为控制单元的。控制单元和控制算法也是 EPS 系统的关键之一。控制系统应具有很强的抗干扰能力，以适应汽车多变的行驶环境。控制算法应快速、正确，满足实时控制的要求，并能有效地实现理想的助力规律与特性。

目前 EPS 系统主要应用在微型车上，其低速转向操纵力在泊车过程中被显著地降低，这一优点已经得到用户的广泛认可。在 EPS 系统未来的发展中，一方面要提高控制性能，改善转向路感，以适应中高级轿车的需求；另一方面要降低成本，提高可靠性和耐久性，并充分发挥 EPS 系统的优点，使它适用于更广泛的车型。

四、四轮转向系统

目前的轿车转向分为前轮转向(Two Wheel Steering，简称 2WS)和四轮转向(Four Wheel Steering，简称 4WS)，前者普遍使用，后者是近年出现的一种新技术，主要应用在一些比较高级和新型的轿车上。所谓四轮转向(4WS)，是指后轮也和前轮相似，具有一定的转向功能，不仅可以与前轮同方向转向，也可以与前轮反方向转向。其主要目的是增强轿车在高速行驶或者在侧向风力作用下的操纵稳定性，改善低速时的操纵轻便性，在轿车高速行驶时便于由一个车道向另一个车道的移动调整，以及减小调头时的转弯半径。

四轮转向系统中若后轮的转向与前轮的转向方向相反，则称逆相控制模式。其转弯半径比两轮转向的转弯半径小，这就提高了汽车停车或在狭小空间转向的机动性，适于汽车低速行驶。若后轮的转向与前轮的转向方向相同，则称同相控制模式。其转弯半径比两轮转向的转弯半径大,但汽车在转向时车身与行驶方向的偏转角小,这样,减小了汽车调整行驶转向时的旋转和侧滑,提高了操纵稳定性,适于汽车的高速行驶。

(1)四轮转向的种类

按照后轮转向机构控制和驱动方式的不同,四轮转向可分为机械式、液压式、电控机械式、电控液压式和电控电动式等几种类型,如下所示:

- 四轮转向
  - 非电控式四轮转向
    - 机械式四轮转向
    - 液压式四轮转向
  - 电控式四轮转向
    - 电控机械式四轮转向
    - 电控液压式四轮转向
    - 电控电动式四轮转向

目前使用最广泛的 4WS 系统为电控液压式,主要用于前轮采用液压助力转向系统的汽车中。电控电动式四轮转向系统,取消了前后轮之间的传动轴、绳索、液压管道等部件,大大简化了后轮转向机构,并且能够实现前后轮转向角关系的精确控制。

(2)电控电动四轮转向系统的组成

如图 10－34 所示为电动四轮转向系布置示意图。前后轮转向器均为电动助力,两转向器之间无任何机械连接装置。

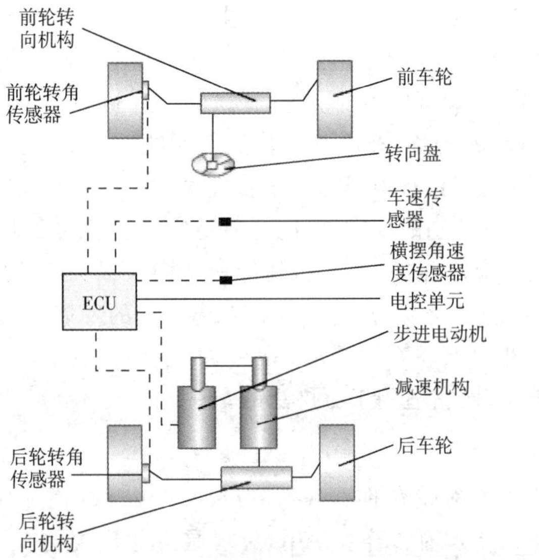

图 10－34　电动四轮转向系统布置示意图

该转向系包括微机控制单元(ECU)、前后轮转向执行机构、前轮转角传感器、后轮角传感器、车速传感器等。后轮转向执行器包括一个通过循环球螺杆机械驱动转向齿轮的电动机。执行器内的复位弹簧在点火开关关闭时或四轮转向系统失效时将后轮推到直线行驶位置。一个主后轮转向角传感器和一个副后轮转角传感器安装在后轮转向执行器的顶端。

思考题

10－1　汽车转向系的功用是什么？汽车转向时，若使四轮都做纯滚动，应满足什么条件？

10－2　简述汽车转向系的基本工作原理。

10－3　对汽车转向系有哪些要求？影响转向性能的因素有哪些？

10－4　汽车转向系分为哪几类？各由哪几部分组成？

10－5　转向操纵机构主要有哪些部件？

10－6　简述齿轮齿条转向器的基本结构和工作原理。

10－7　简述循环球转向器的基本结构和工作原理。

10－8　简述蜗杆曲柄指销式转向器的基本结构和工作原理。

10－9　转向传动机构主要有哪些部件？

10－10　简述整体式动力转向器的工作原理。

10－11　简述半整体式动力转向器的工作原理。

10－12　电动助力转向系统是如何分类的？与液压助力式相比较有哪些优点？

10－13　动态转向系统有哪些优越性？

10－14　四轮转向系统有哪些优越性？

第十一章 汽车制动系统

本章要求学生掌握汽车制动系的功用、工作原理、类型；掌握各种形式制动器(鼓式制动器、盘式制动器)的性能特点和结构原理；了解驻车制动系统结构和布置，掌握真空增压器的结构及其工作原理，掌握真空助力器的结构和工作原理；掌握液压制动传动机构的组成和布置；熟悉 ABS 的组成和工作原理。

第一节　概　述

随着汽车行驶速度的不断提高，要使行驶中的汽车减速或停车，就必须强制地对汽车施加一个与汽车行驶方向相反的力，这个力叫作制动力。汽车制动系统(braking system)就是产生制动力的装置。

一、制动系统的工作原理

汽车制动系统的工作原理可用如图 11-1 所示的简单的液压制动系统工作原理示意图来说明。一个以内圆柱面为工作表面的金属制动鼓 8 固定在车轮轮毂上，随车轮一同旋转。在固定不动的制动底板 11 上有两个支承销 12，支承着两个弧形制动蹄 10 的下端。制动蹄的外圆柱面上装有摩擦片 9。制动底板上还装有液压制动轮缸 6，用油管 5 与装在车架上的液压制动主缸 4 相连通。主缸活塞 3 可由驾驶员通过制动踏板机构来操纵。

制动系统不工作时，制动鼓的内圆柱面与制动蹄摩擦片的外圆柱面之间保持一定的间隙，使车轮和制动鼓可以自由旋转。要使行驶中的汽车减速，驾驶员应踩下制动踏板 1，通过推杆 2 和主缸活塞 3，使制动主缸 4 内的油液在一定压力的作用下流入轮缸，并通过两个轮缸活塞 7 推动两制动蹄 10 绕支承销 12 转动，使其摩擦片压紧在制动鼓的内圆柱面上。这样，不旋转的制动蹄就对旋转着的制动鼓作用一个摩擦力矩 M_{μ}，其方向与车轮旋转方向相反。制动鼓将该力矩 M_{μ} 传到车轮后，由于车轮与路面间有附着作用，车轮对路面作用一个向前的周缘力 F_{μ}，同时路面也对车轮作用着一个向后的反作用力，即制动力 F_B。制动力越大，则汽车减速度也越大。当放开制动踏板时，制动蹄回位弹簧 13 即将制动蹄拉回原位，摩擦力矩 M_{μ} 和制动力 F_B 消失，制动作用即行终止。

如图 11-1 所示制动系统中，由制动鼓 8、带摩擦片 9 的制动蹄 10 等构成的对车轮施加制动力矩(摩擦力矩 M_{μ})以阻碍其转动的部件，称为制动器。

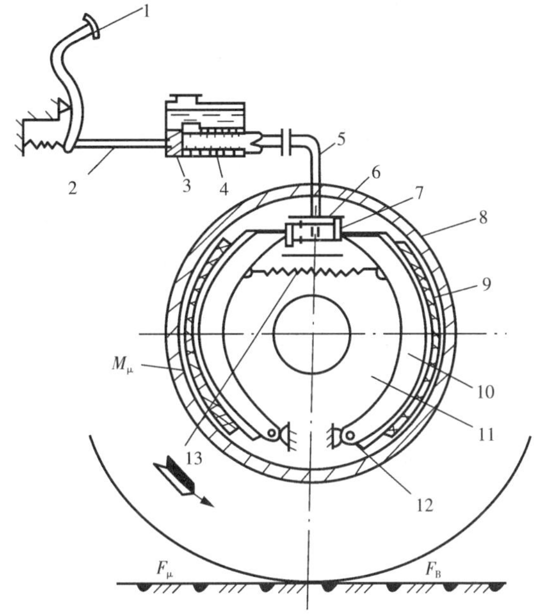

图 11－1　液压制动系统工作原理示意图

1—制动踏板；2—推杆；3—主缸活塞；4—制动主缸；5—油管；6—制动轮缸；7—轮缸活塞；8—制动鼓；9—摩擦片；10—制动蹄；11—制动底板；12—支承销；13—制动蹄回位弹簧

显然，阻碍汽车运动的制动力 F_B 不仅取决于制动力矩 M_μ，还取决于轮胎与路面间的附着条件。如果完全丧失附着，则这种制动系统不可能产生制动汽车的效果。

二、制动系统的组成

制动系统是由制动器和制动驱动机构组成的。制动器是指产生阻碍车辆运动或运动趋势的力（制动力）的部件，其中也包括辅助制动系统中的缓速装置。制动驱动机构包括供能装置、控制装置、传动装置、制动力调节装置以及报警装置、压力保护装置等附加装置。供能装置供给、调节制动所需能量并改善传能介质状态。控制装置产生制动动作并控制制动效果，如图 11－1 所示的制动踏板机构即是最简单的一种控制装置。传动装置将制动能量传输到制动器，即如图 11－1 所示的制动主缸 4 和制动轮缸 6。

三、制动系统的类型

1. 按制动系统的功用分类

（1）行车制动系统：使行驶中的汽车降低速度甚至停车的一套专门装置，它是在行车过程中经常使用的装置。

（2）驻车制动系统：使已停驶的汽车驻留原地不动的一套装置。

（3）第二制动系统：在行车制动系统失效的情况下，保证汽车仍能实现减速或停车的一套装置。在许多国家的制动法规中规定，第二制动系统也是汽车必须具备的。

（4）辅助制动系统：在汽车下长坡时用以稳定车速的一套装置。例如，经常行驶在山区的汽车，若单靠行车制动系统来达到下长坡时稳定车速的目的，则可能导致行车制动系统的制动器过热而降低制动效能，甚至完全失效。

2. 按制动系统的制动能源分类

（1）人力制动系统：以驾驶员的人力作为唯一制动能源的制动系统。

(2)伺服制动系统:兼用人力和发动机动力进行制动的制动系统。

(3)动力制动系统:完全靠由发动机的动力转化而成的气压或液压形式的势能进行制动的制动系统。

按照制动能量的传输方式,制动系统又可分为机械式、液压式、气压式和电磁式等。同时采用两种以上传能方式的制动系统,称为组合式制动系统。

其传动装置采用单一的气压或液压回路的制动系统为单回路制动系统。在这种制动系统中,只要有一处损坏而漏气(油),整个系统即失效。我国自1988年1月1日开始,规定所有汽车必须采用双回路制动系统。在双回路制动系统中,所有行车制动器的气压或液压管路分属于两个彼此隔绝的回路。

第二节 制动器

汽车制动器除各种缓速装置以外,几乎都是利用固定元件与旋转元件工作表面的摩擦产生制动力矩的摩擦制动器。一般制动器都是通过其中的固定元件对旋转元件施加制动力矩,使后者的旋转角速度降低,同时依靠车轮与路面的附着作用,产生路面对车轮的制动力,以使汽车减速。

凡利用固定元件与旋转元件工作表面的摩擦作用产生制动力矩的制动器,都称为摩擦制动器。目前,各类汽车所用的摩擦制动器可分为鼓式和盘式两大类,前者摩擦副中的旋转元件为制动鼓,其工作表面为圆柱面;后者的旋转元件则为圆盘状的制动盘,以端面为工作表面。

旋转元件固装在车轮或半轴上,制动力矩分别直接作用于两侧车轮上的制动器,称为车轮制动器。旋转元件固装在传动系统的传动轴上,制动力矩需经过驱动桥再分配到两侧车轮上的制动器,则称为中央制动器。车轮制动器一般用于行车制动,也有兼用于第二制动(或应急制动)和驻车制动。中央制动器一般只用于驻车制动和缓速制动。

一、鼓式制动器

鼓式制动器是利用制动蹄片挤压制动鼓而获得制动力的,可分为内张式和外束式两种。内张鼓式制动器是以制动鼓的内圆柱面为工作平面,在现代汽车上广泛使用;外束鼓式制动器则是以制动鼓的外圆柱面为工作表面,目前只用作极少数汽车的驻车制动器。

鼓式制动器根据制动蹄张开装置(也称促动装置)形式的不同,可分为轮缸式制动器和凸轮式制动器,如图11-2所示。轮缸式制动器以液压制动轮缸作为制动蹄促动装置,多为液压制动系统所采用;凸轮式制动器以凸轮作为促动装置,多为气压制动系统所采用。

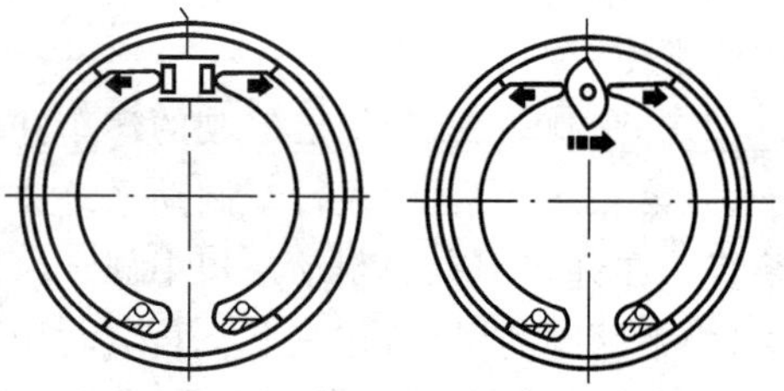

a)轮缸式　　b)凸轮式

图11-2　制动器促动装置的形式

1. 轮缸式制动器

轮缸式制动器按制动蹄的受力情况不同,可分为领从蹄式、双领蹄式(单向作用、双向作用)、双从蹄式、自增力式(单向作用、双向作用)等类型,如图 11-3 所示。

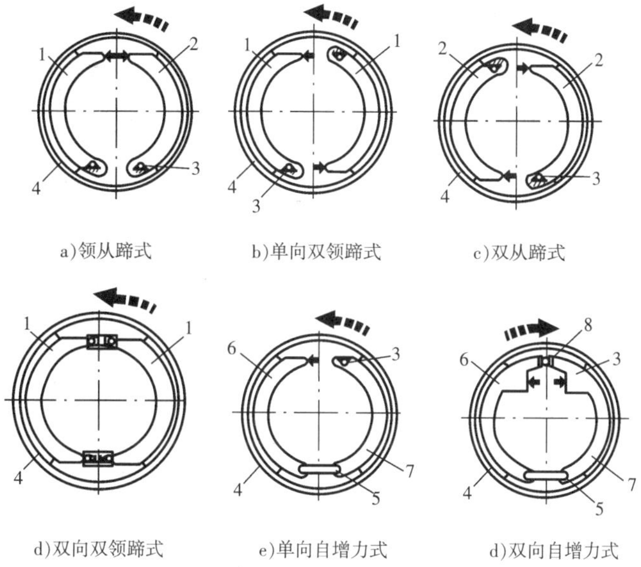

图 11-3 各种鼓式制动器的示意图

1—领蹄;2—从蹄;3—固定支承销;4—制动鼓;5—传力杆;
6—第一制动蹄;7—第二制动蹄;8—双向支承销

(1)领从蹄式制动器

领从蹄式制动器的结构如图 11-4 所示。制动底板 5 固定在后桥壳或前桥转向节凸缘上,在制动底板的下部装有两个偏心的调整螺钉 1,两个制动蹄 11、12 的下端有孔,套装在偏心调整螺钉上,并用锁止螺母 3 锁止。制动底板的中部装有两制动蹄托架 4,以限制制动蹄的轴向位置。制动蹄上端用回位弹簧 10 拉靠在制动轮缸 9 的顶块上。制动蹄的外圆面上,用埋头螺钉铆接着用石棉和铜丝压制成的摩擦片 8。作为制动蹄促动装置的制动轮缸也用螺钉固装在制动底板上。制动鼓固装在车轮轮毂的凸缘上,随车轮一起转动。

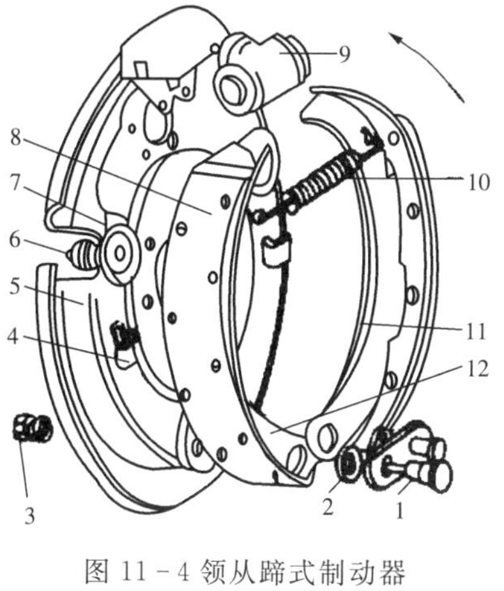

图 11-4 领从蹄式制动器

1—偏心调整螺钉;2—垫圈;3—锁止螺母;4—托架;5—制动底板;6—偏心轮调整螺钉;
7—偏心轮;8—摩擦片;9—制动轮缸;10—回位弹簧;11、12—制动蹄如图 11－5 所示为领从蹄式制动器的制动蹄受力示意图，制动轮缸 7 中的直径相等的活塞可在轮缸内轴向浮动，制动时两轮缸活塞对两制动蹄所施加的作用力 F（也称促动力）总是相等的。

设汽车前进时制动鼓的旋转方向如图中箭头所示，这时制动鼓称为正向旋转。制动时，前制动蹄 1 和后制动蹄 2 在相等促动力 F 的作用下，分别绕各自的支承点 3 和 4 张开直到紧压在制动鼓 6 上。此时，旋转着的制动鼓即对两制动蹄分别作用着法向反作用力 N_1 和 N_2，以及相应的切向反作用力（即摩擦力）T_1 和 T_2。假定这些力的作用点和方向如图 11－5 所示，且两制动蹄上这些力分别与各自支承点 3 和 4 的支反力 S_1 和 S_2 相平衡。

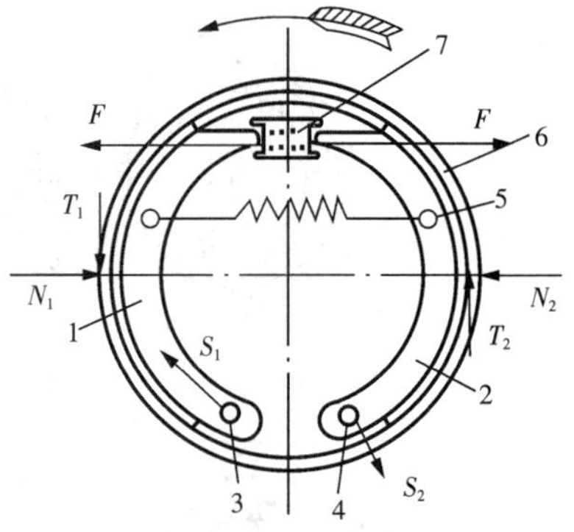

图 11－5　领从蹄式制动器的制动蹄受力图

1—领蹄；2—从蹄；3、4—支点；5—回位弹簧；6—制动鼓；7—轮缸

前制动蹄上的力 T_1 与 F 绕其支承点所产生的力矩是同向的。所以力 T_1 作用的结果是使制动蹄 1 在制动鼓上压得更紧，这表明前制动蹄具有“增势”作用。这种张开时的转动方向与制动鼓旋转方向相同的制动蹄称为“领蹄”或“助势蹄”(leading shoe)。与之相反，力 T_2 作用的结果是使后制动蹄有放松制动鼓的趋势，故其具有“减势”作用。这种张开时的转动方向与制动鼓旋转方向相反的制动蹄称为“从蹄”或“减势蹄”(trailing shoe)。显然，当汽车倒行，即制动鼓反向旋转时，前制动蹄变为从蹄，后制动蹄变为领蹄。这种在制动鼓正、反向旋转时，都有一个领蹄和一个从蹄的制动器即称为领从蹄式制动器。

由上可知，虽然领蹄和从蹄所受促动力相等，但受到的法向力 N_1 和 N_2 却不相等，即 $N_1>N_2$，相应地 $T_1>T_2$，故两制动蹄对制动鼓所施加的制动力矩也不相等。一般制动领蹄的制动力矩为从蹄的 2～2.5 倍。显然，在两制动蹄摩擦片工作面积相同的情况下，领蹄摩擦片上的单位压力较大，因而磨损较为严重。这种制动鼓所受两制动蹄法向力不能互相平衡的制动器属于非平衡式制动器。领从蹄式制动器制动效能比较稳定，结构简单可靠，便于安装，广泛用作货车的前、后轮制动器和轿车的后轮制动器。

如图 11－6 所示为北京 BJ2020N 型汽车后轮制动器，它采用的制动器即是按照如图 11－5 所示方案设计的领从蹄式制动器。

(2)双领蹄式制动器

在制动鼓正向旋转时，两制动蹄均为领蹄的制动器称为双领蹄制动器。如图 11－7 所示的北京 BJ2020N 型汽车的前轮制动器即采用双领蹄制动器。

两制动蹄各用一个单活塞式制动轮缸 2 促动，且两套制动蹄、制动轮缸、支承销和调整凸轮等在制动底板上的布置是中心对称的，以代替领从蹄式制动器中的轴对称布置。在汽车前进时，两制动蹄均为领蹄；但在倒车时，两制动蹄均变为从蹄。由此可见，这种双领蹄式制动器具有单向作用，在前进时制动效能好，倒车时制动效能大大下降，且不便安装驻车制动器，故一般不用作后轮制动器；但两制动蹄片受力相同，磨损均匀，且制动蹄片作用于制动鼓的力量是平衡的，即单向作用双领蹄制动器属于平衡式制动器。

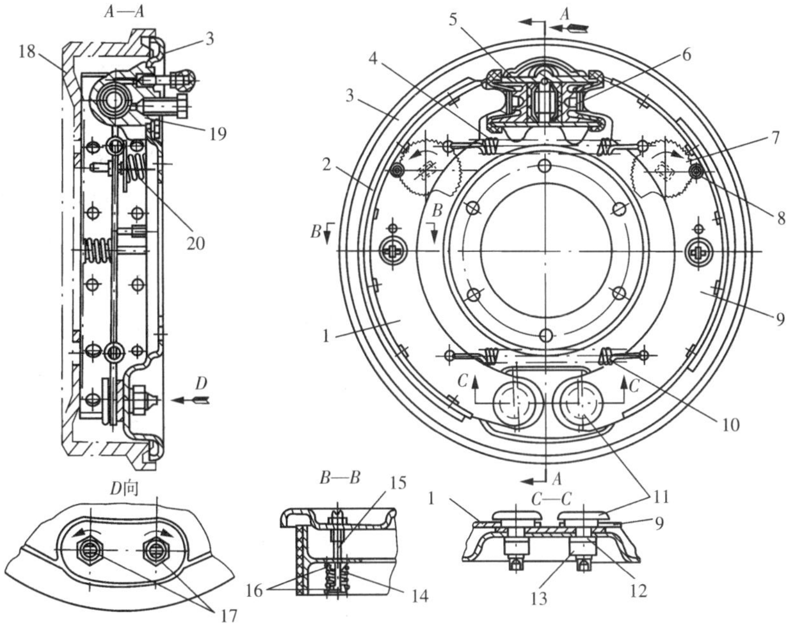

图 11－6 北京 BJ2020N 型汽车后轮制动器(领从蹄式)

1—前制动蹄;2—摩擦片;3—制动底板;4、10—制动蹄回位弹簧;5—制动轮缸活塞;6—活塞顶块;7—调整凸轮;8—调整凸轮锁销;9—后制动蹄;11—支承销;12—弹簧垫圈;13—螺母;14—制动蹄限位弹簧;15—制动蹄限位杆;16—弹簧盘;17—支承销内端面上的标记;18—制动鼓;19—制动轮缸;20—调整凸轮压紧弹簧

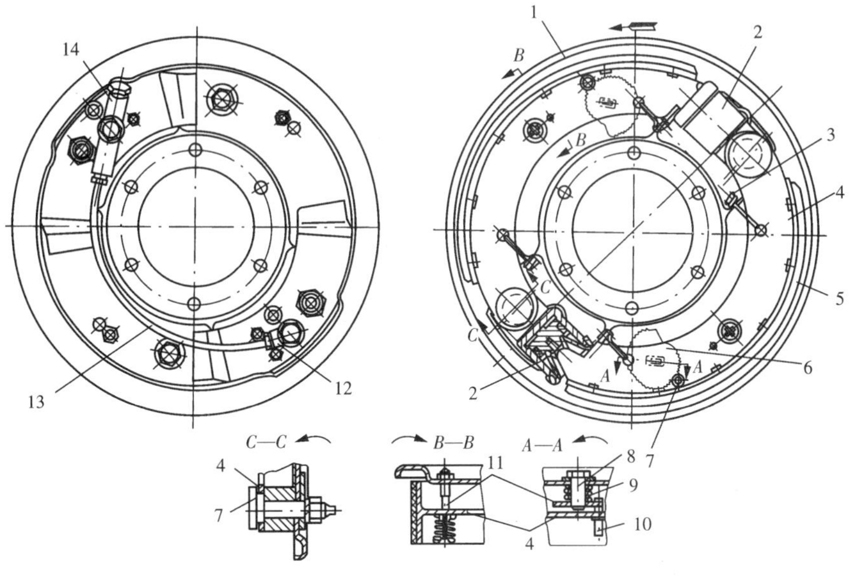

图 11－7 北京 BJ2020N 型汽车前轮制动器(单向双领蹄式)

1—制动底板;2—制动轮缸;3—制动蹄回位弹簧;4—制动蹄;5—摩擦片;6—调整凸轮;7—支承销;8—调整凸轮轴;9—弹簧;10—调整凸轮锁销;11—制动蹄限位杆;12、14—油管接头;13—轮缸连接油管

如果能使单向作用双领蹄制动器的两制动蹄的支承销和促动力作用点位置互换，那么在倒车制动时就可以得到与前进制动时相同的制动效果。双向作用双领蹄制动器(dual two leading shoe brake)的设计就是基于此设想，该类制动器的制动蹄在制动鼓正、反向旋转时均为领蹄。

双向作用双领蹄制动器不论汽车前行或倒退，两制动蹄总是领蹄，制动效能不变，一般用作中、轻型货车及部分轿车的前、后制动器。但用作后轮制动器时，须另设中央停车制动器。如图 11－8 所示的红旗 CA7560 型轿车的前后轮制动器即采用双领蹄制动器。制动底板 3 上的所有固定元件，如制动蹄、制动轮缸、回位弹簧等都是成对的，而且既是按轴对称，又是按中心对称布置。两制动蹄端采用浮动支承，且支点的轴向位置也是浮动的。双向作用双领蹄制动器属于平衡式制动器。

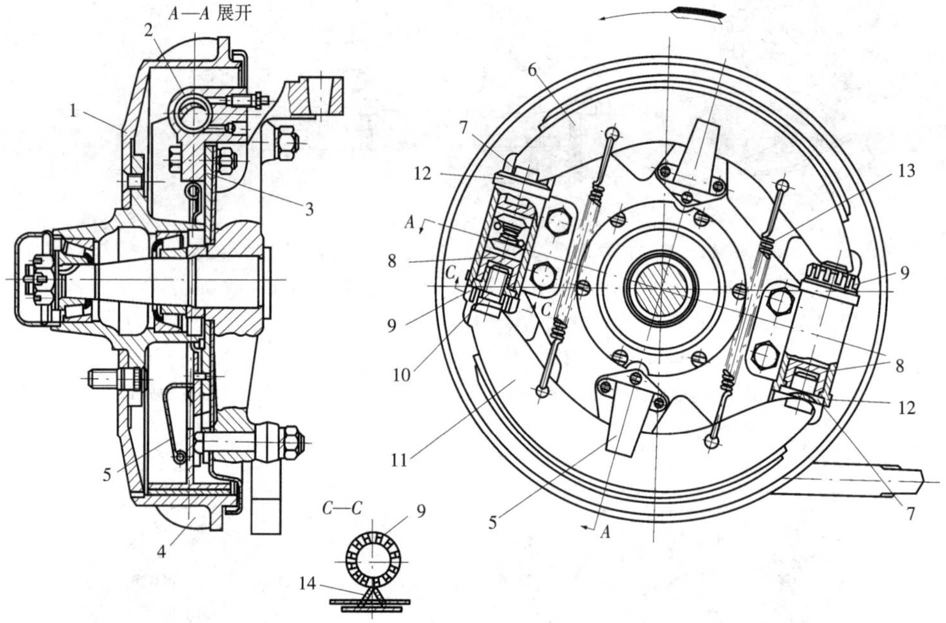

图 11－8　红旗 CA7560 型轿车前后轮制动器(双向双领蹄式)

1－制动鼓；2－制动轮缸；3－制动底板；4－制动鼓散热肋片；5－制动蹄限位片；6－上制动蹄
7－支座；8－轮缸活塞；9－调整螺母；10－可调支座；11－下制动蹄；12－防护套；13－回位弹簧；14－锁片

若将装有双领蹄制动器的汽车左、右两侧车轮制动器对调安装，便成为在制动鼓正向旋转时两制动蹄均为从蹄的双从蹄式制动器。显然，双从蹄式制动器的前进制动效能低于领从蹄式制动器和双领蹄式制动器，但其制动效能对摩擦因数变化的敏感程度较小，即具有良好的制动效能稳定性，只在少数保证制动可靠性的高级轿车上采用。

(3)自增力式制动器

自增力式制动器可分为单向自增力式(uni-serve brake)和双向自增力式(dual-serve brake)两种，在结构上只是制动轮缸中的活塞数目不同而已。单向自增力制动器只在汽车前进时起自增力作用，使用单活塞制动轮缸；双向自增力制动器在汽车前进或倒车制动时都能起自增力作用，使用双活塞制动轮缸。

自增力式制动器的增力原理是利用可调顶杆体浮动铰接的制动蹄来代替固定的偏心

销式制动蹄，利用前蹄的助势推动后蹄，使总的摩擦力矩得以增大，起到自动增力的作用。

如图 11－9 所示为单向自增力制动器。第一制动蹄 1 和第二制动蹄 6 的上端被各自的制动蹄回位弹簧 2 拉拢，并以铆于腹板上端两侧的夹板 3 的内凹弧面支靠着支承销 4。两制动蹄下端以凹入的平面分别浮动支承在可调顶杆体两端的直槽底面上，并用拉紧弹簧 8 拉紧。

如图 11－10 所示为双向自增力制动器。制动蹄的上端两侧铆有夹板 4，用前后蹄回位弹簧 6 和 3 将夹板拉靠在支承销上，两制动蹄的下端由拉紧弹簧 8 拉靠在可调顶杆体 9 两端直槽的底平面上。可调顶杆体是浮动的。制动轮缸处于支承销稍下的位置。

在基本结构参数和制动轮缸工作压力相同的条件下，自增力式制动器由于对摩擦助势作用的利用，制动效能最好，但其制动效能对摩擦因数的依赖性最大，因而其稳定性最差。此外，在制动过程中自增力式制动器制动力矩的增长在某些情况下显得过于急速，因此，单向自增力式制动器只用于中、轻型汽车的前轮，而双向自增力式制动器由于可兼用作驻车制动器而广泛用于轿车后轮。

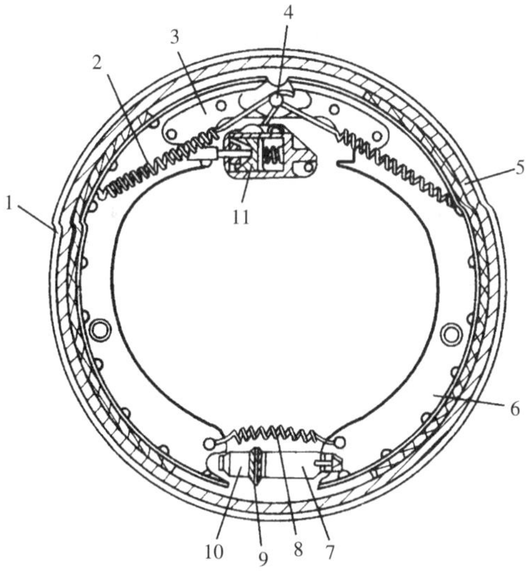

图 11－9　单向自增力式制动器

1—第一制动蹄；2—制动蹄回位弹簧；3—夹板；4—支承销；5—制动鼓；6—第二制动蹄；7—可调顶杆体；8—拉紧弹簧；9—调整螺钉；10—顶杆套；11—制动轮缸

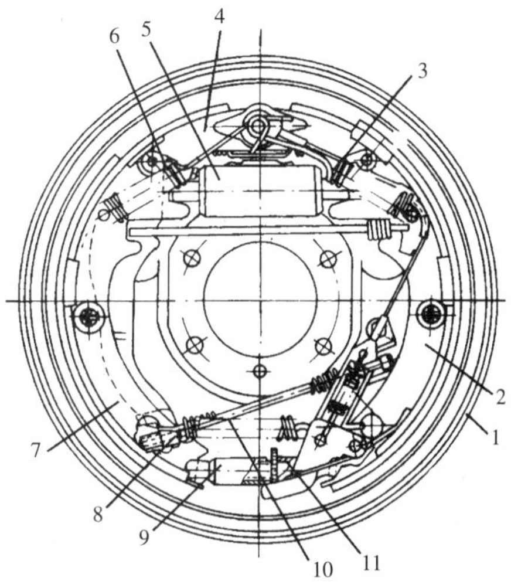

图 11－10　双向自增力式制动器

1—制动底板；2—后制动蹄；3—后蹄回位弹簧；4—夹板；5—制动轮缸；6—前蹄回位弹簧；7—前制动蹄；8—拉紧弹簧；9—可调顶杆体；10—调整螺钉；11—可调顶杆套

2. 凸轮式制动器

目前，几乎所有国产汽车和部分国外汽车的气压制动系统中，都采用凸轮促动的车轮制动器，而且几乎都设计成领从蹄式。凸轮促动的双向自增力式制动器只宜用作中央制动器。

如图 11－11 所示的东风 EQ1090E 型汽车的前轮制动器即采用凸轮制动器。工作表面对称的制动凸轮轴 4 与凸轮轴制成一体。制动蹄 2 在不制动时由回位弹簧 3 拉靠在制动凸轮上。制动凸轮轴通过支座10固定在制动底板7上,其尾部花键轴插入制动调整臂5的花键孔中。

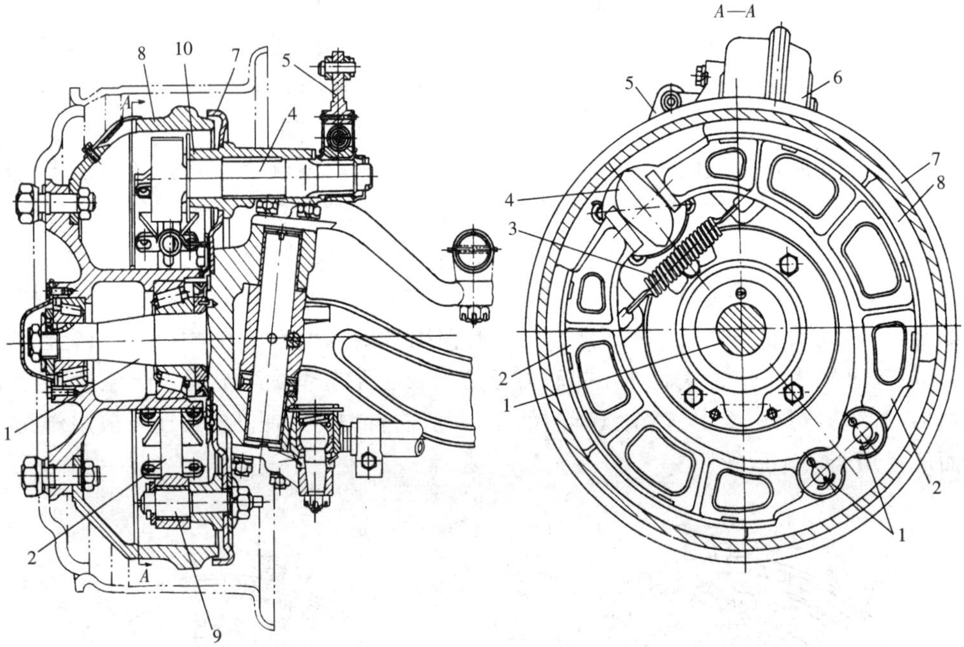

图11-11　东风EQ1090E型汽车的前轮制动器(凸轮制动器)

1—转向节轴颈;2—制动蹄;3—回位弹簧;4—制动凸轮轴;5—制动调整臂;
6—制动气室;7—制动底板;8—制动鼓;9—支承销;10—制动凸轮轴支座

制动时,制动调整臂在弹簧制动气室6的推动下,带动制动凸轮轴转动,推动两制动蹄压靠在制动鼓8上。由于凸轮轮廓的中心对称性,凸轮只能绕固定的轴线转动而不能移动,另外两制动蹄的结构和安装还具有轴对称性,所以当凸轮转过一定角度时,两制动蹄净位移是相等的。可见两制动蹄对制动鼓施加压紧力的大小,完全取决于凸轮对制动蹄推力的大小,以及凸轮的轮廓形状和凸轮所转过的角度。但是,制动鼓对制动蹄片的摩擦使得领蹄端部力图离开制动凸轮,同时又使从蹄端部更加靠紧制动凸轮。这就是说,凸轮对从蹄的促动力大于对领蹄的促动力。因此,虽然领蹄有增势作用,从蹄有减势作用,但正是这种差别造成了制动效能高的领蹄的促动力小于制动效能低的从蹄的促动力,从而使得两制动蹄制动力矩相等。这种制动器由于结构上不是中心对称的,两制动蹄作用于制动鼓的法向反力虽然大小相等,但却不在一条直线上,不可能相互平衡,故这种制动器仍然属于非平衡式制动器。

二、盘式制动器

盘式制动器摩擦副中的旋转元件是以端面工作的金属圆盘,称为制动盘。摩擦元件从两侧夹紧制动盘而产生制动,如11-12所示。固定元件则有多种结构形式,大体上可将盘式制动器分为钳盘式和全盘式两类。

1. 钳盘式制动器

在钳盘式制动器中,由工作面积不大的摩擦块与其金属背板组成制动块。每个制动器中一般有2～4块。这些制动块及其促动装置都装在横跨制动盘两侧的夹钳形支架中，称为制动钳。钳盘式制动器散热能力强，热稳定性好，故广泛应用于大多数轿车和轻型货车上。

钳盘式制动器按制动钳的结构形式可分为定钳盘式和浮钳盘式两种。

(1)定钳盘式制动器

如图 11－13 所示为定钳盘式制动器的结构示意图。制动盘 1 固定在轮毂上，制动钳 5 固定在车桥上，既不能旋转也不能沿制动盘轴向移动。制动钳内装有两个制动轮缸活塞 2，分别压住制动盘两侧的制动块 3。当驾驶员踩下制动踏板使汽车制动时，来自制动主缸的制动液被压入制动轮缸，制动轮缸的液压上升，两轮缸活塞在液压作用下移向制动盘，将制动块压靠到制动盘上，制动块夹紧制动盘，产生阻止车轮转动的摩擦力矩，实现制动。

图 11－12 盘式制动器

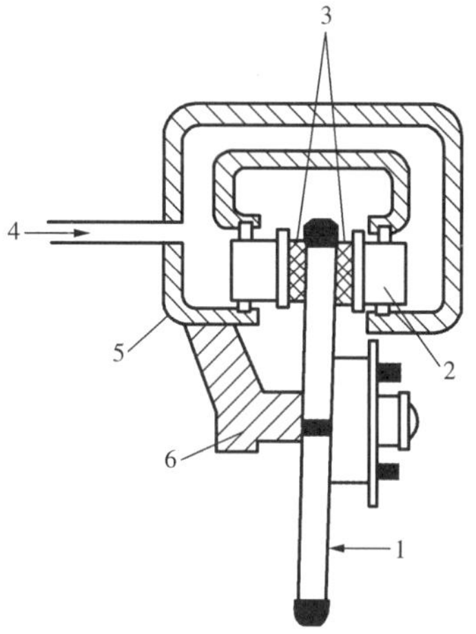

图 11－13 定钳盘式制动器示意图

1—制动盘；2—活塞；3—制动块；
4—进油口；5—制动钳；6—车桥

(2)浮钳盘式制动器

顾名思义，浮钳盘式制动器的制动钳是浮动的，可以相对于制动盘轴向移动。如图 11－14 所示为浮钳盘式制动器的结构示意图。制动钳 1 一般设计成可以相对于制动盘 4 轴向移动。在制动盘的内侧设有液压油缸 9，外侧的固定制动块 5 附装在钳体上。制动时，制动液被压入油缸中，在液压作用下活塞向左移动，推动活动制动块也向左移动并压靠到制动盘上，于是制动盘给活塞一个向右的反作用力，使活塞连同制动钳体整体沿导向销 2 向右移动，直到制动盘左侧的固定制动块 5 也压到制动盘上。这时两侧制动块都压在制动盘上，制动块夹紧制动盘，产生阻止车轮转动的摩擦力矩，实现制动。

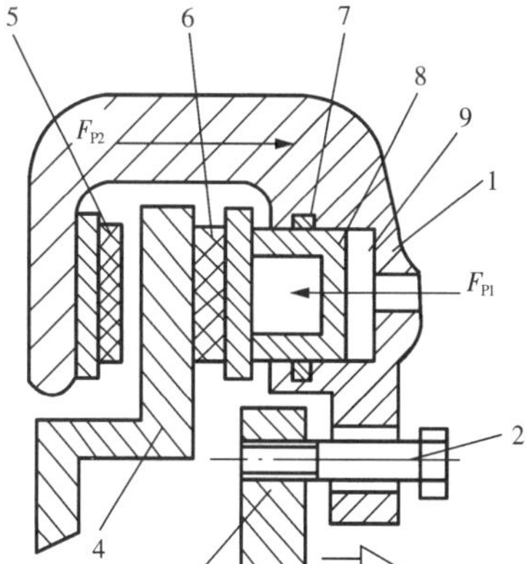

图 11－14 浮钳盘式制动器示意图

1—制动钳；2—导向销；3—制动钳支架；
4—制动盘；5—固定制动块；6—活动制动块；
7—活塞密封圈；8—活塞；9—液压油缸

2. 全盘式制动器

如图 11－15 所示为全盘式制动器的结构示意图。在重型载货汽车上,要求有更大的制动力,因此采用全盘式制动器。全盘式制动器摩擦副的固定元件和旋转元件都是圆盘形的,分别称为固定盘和旋转盘。制动盘的全部工作面可同时与摩擦片接触,其结构原理与摩擦离合器相似。

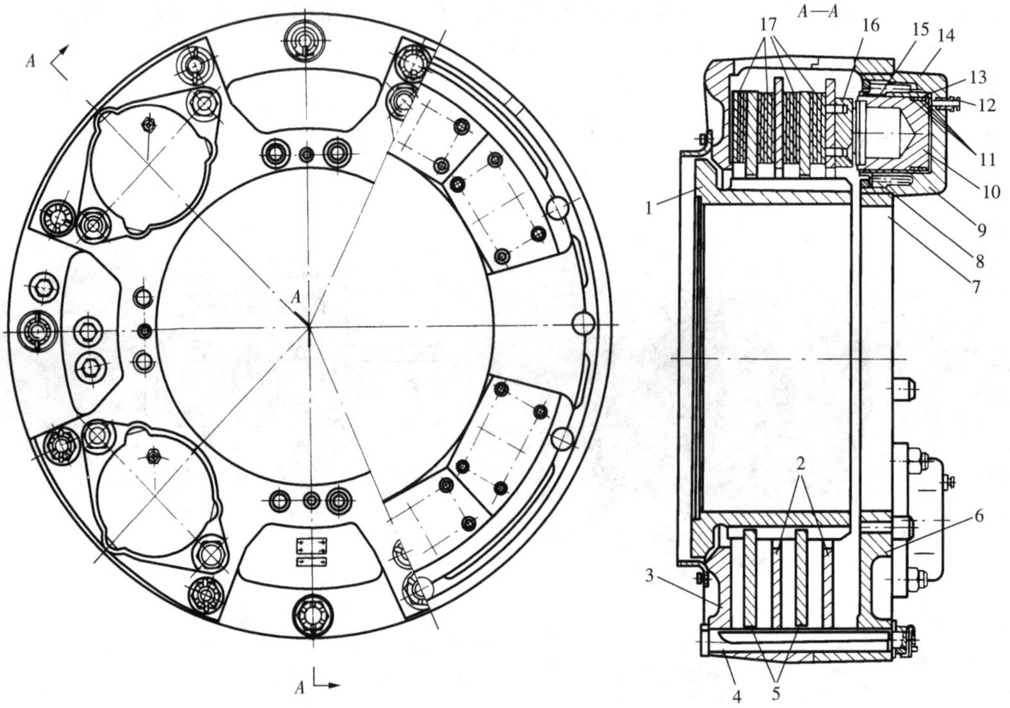

图 11－15 全盘式制动器示意图

1—旋转花键毂;2—固定盘;3—外侧壳体;4—带键螺栓;5—旋转盘;6—内侧壳体;7—调整螺圈;8—活塞套筒回位弹簧;9—活塞套筒;10—活塞;11—活塞密封圈;12—放气阀;13—套筒密封圈;14—液压缸体;15—固定弹簧盘;16—垫块;17—摩擦片

盘式制动器与鼓式制动器相比,其优点是盘式制动器工作表面为平面,两面传热,圆盘容易冷却,不易发生较大变形,制动效能较稳定,长时间使用后制动盘因高温膨胀使制动作用增强;而鼓式制动器单面传热,内外两面温差较大,导致制动鼓容易变形,同时长时间制动后,制动鼓因高温而膨胀,制动效能减弱。另外,盘式制动器结构简单,维修方便,易实现制动间隙自动调整。

盘式制动器的不足之处在于摩擦片直接作用在圆盘上,无自动摩擦增力作用,制动效能较低,所以用于液压制动系统时若所需制动促动管路压力较高,需另行装设动力辅助装置;用于驻车制动时,加装的驻车制动传动装置比鼓式制动器要复杂,因而在后轮上的应用受到限制。

第三节 人力制动系统

人力制动系统的制动能源仅仅是人力,按其传动装置的结构形式可分为机械式和液压式两种。机械式广泛应用于驻车制动系统，液压式则用于行车制动系统。

一、机械式驻车制动系统

驻车制动的作用是：汽车停驶后使汽车可靠停车，防止汽车自动滑行；汽车在坡道起步时，协同离合器、节气门踏板等使汽车顺利起步；在行车制动失效后临时使用或配合行车制动器进行紧急制动。

驻车制动系统必须可靠地保证汽车原地停驻，并在任何情况下不致自行滑行，而这一点只有机械锁止方法才能实现，因此驻车制动系统多采用机械式传动装置。

驻车制动器又称手制动器或手刹，按其安装位置的不同可分为中央制动式和车轮制动式两种。中央制动式的驻车制动器安装在变速器或分动器之后；车轮制动式的驻车制动器与行车制动系统共用一套制动器总成，只是传动机构相互独立（如红旗 CA7220 型、奥迪 100 型和桑塔纳等车）。

按结构形式的不同，驻车制动器主要有鼓式和蹄盘式两种。鼓式制动器可采用自增力式制动器，外形尺寸小，便于调整，停车后无制动热负荷，目前应用广泛。

机械式驻车制动系统的控制装置和传动装置主要由杠杆、拉杆、轴、摇臂等机械零件组成。

如图 11－16 所示为红旗 CA7220 型轿车的制动系统示意图，其中驻车制动系统是机械式的，与行车制动系统共用后轮制动器。在驻车制动时，驾驶员将驻车制动操纵杆 7 向上扳起，通过一系列杆件将驻车制动操纵缆绳 9 拉紧，从而对两后轮制动器进行驻车制动。此时由于驻车制动操纵杆上棘爪的单向作用，使棘爪与棘爪齿板啮合，操纵杆不能反转，整个机械驻车制动杆系被可靠地锁止在制动位置。欲解除驻车制动，须先将操纵杆 7 扳起少许，再压下操纵杆端头的压杆按钮，通过棘爪压杆使棘爪离开棘爪齿板，然后放松操纵杆端按钮，使棘爪得以将整个机械驻车制动杆系锁止在解除制动的位置。

鼓式驻车制动器的基本结构与行车制动系统中的鼓式制动器相同，常用的有凸轮张开式和自动增力式两种。如图 11－17 所示为东风 EQ 1090E 型汽车凸轮张开式驻车制动器

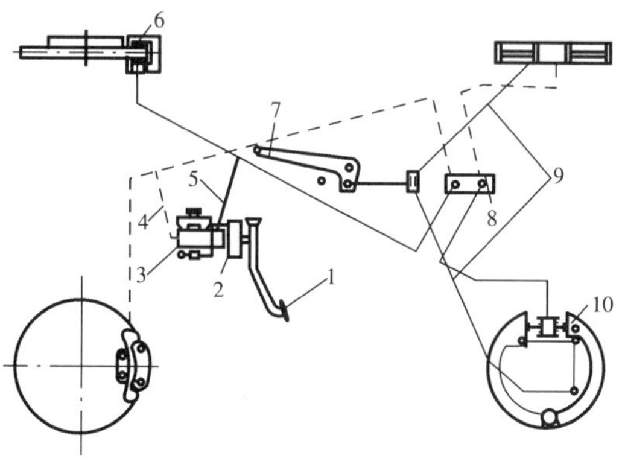

图 11－16　红旗 CA7220 型轿车的制动系统示意图

1—制动踏板；2—真空助力器；3—制动主缸；4、5—制动管路；6—盘式制动器；7—驻车制动操纵杆；8—感载比例阀；9—驻车制动操纵缆绳；10—鼓式制动器

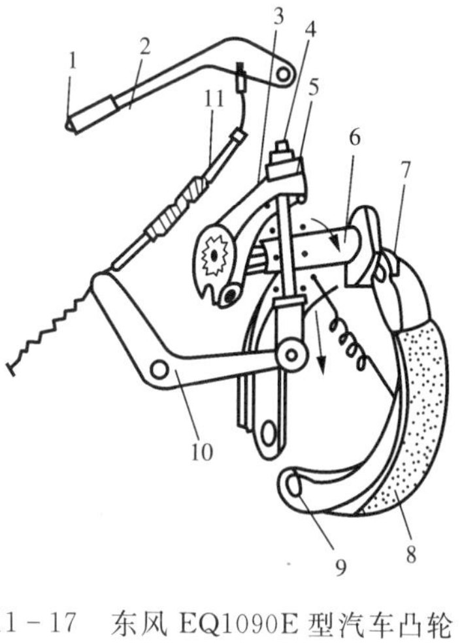

图 11－17　东风 EQ1090E 型汽车凸轮张开式驻车制动器示意图

1—按钮；2—操纵杆；3—摆臂；4—拉杆；5—调整螺母；6—凸轮轴；7—滚轮；8—制动蹄；9—偏心支承销；10—摇臂；11—拉丝软轴

结构示意图。制动鼓通过螺栓与变速器输出轴的凸缘盘紧固在一起,制动底板固定在变速器后端壳体上。驻车制动时,拉动操纵杆 2,通过拉丝软轴 11 使摇臂 10 绕支承销顺时针转动,拉杆通过摇臂带动凸轮轴转动,使两制动蹄张开而产生制动,用棘爪和齿扇锁住操纵杆,保持制动状态。解除制动时,按下棘爪按钮,将操纵杆推向前面的极限位置,两制动蹄片在回位弹簧作用下回位,解除制动。

二、人力液压制动系统

人力液压制动系统利用制动液,将制动踏板力转换为液压力,通过管路传到车轮制动器,再将液压力转变为使制动蹄张开的机械推力。液压制动系统常用于轿车和轻型车上,可分为单回路、双回路等类型。其中单回路液压制动系统已被淘汰,目前应用最多的是双回路液压制动系统,该制动系统在汽车上的布置如图 11－18 所示。

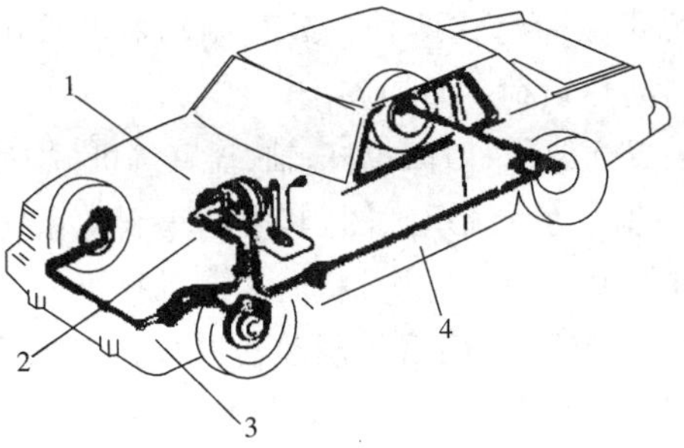

a)前后分开式

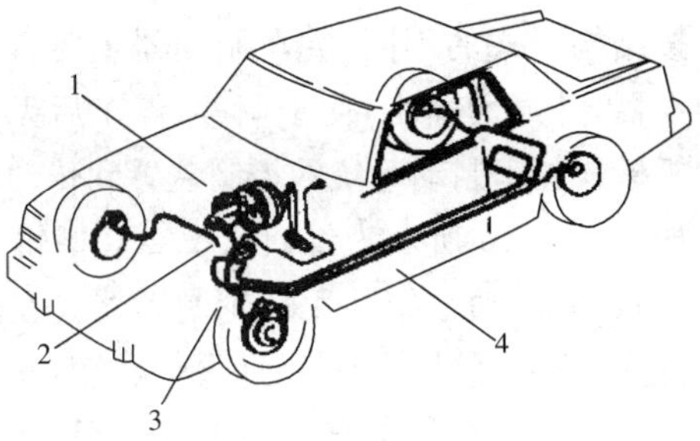

b)对角线分开式

图 11－18　液压制动系在汽车上的布置

1—制动主缸;2、3、4—制动管路

双回路液压制动系统利用相互独立的双腔制动主缸,通过两套独立管路,分别控制两桥或三轮的车轮制动器。其特点是若其中一套管路发生故障而失效时,另一套管路仍能继续起制动作用,从而提高了汽车制动的可靠性和行车安全性。

如图 11－19 所示,双回路液压制动系统由制动主缸(制动总泵)、液压管路、后轮鼓式制动器中的制动轮缸(制动分泵)、前轮钳盘式制动器中的液压缸等组成。制动主缸的前后腔分别与前后轮制动轮缸之间通过油管连接,并充满制动液。真空助力器以发动机进气支管或独立安装的真空泵的真空吸力为动力源,产生一个与制动踏板同向的制动力协助人力进行制动。制动调节阀调节进入前后制动轮缸的液压大小。

如图 11－19 所示,踩下制动踏板 4,制动主缸 2 利用主缸活塞的移动将制动液压入制动轮缸 9,从而使轮缸活塞移动,将前轮制动器的制动块推向制动盘,后轮制动器的制动蹄推向制动鼓。在制动器间隙消失并开始产生制动力矩时,液压与踏板力方能继续增长直到完全制动。在此过程中,由于液压作用,油管弹性膨胀变形和摩擦元件弹性压缩变形,踏板和轮缸活塞都可以继续移动一段距离。放开踏板,制动块回位,制动蹄和轮缸活塞在回位弹簧作用下回位,将制动液压回制动主缸,制动作用解除。

双回路液压制动系统在各类汽车上的布置方案各不相同,如图 11－20 所示。

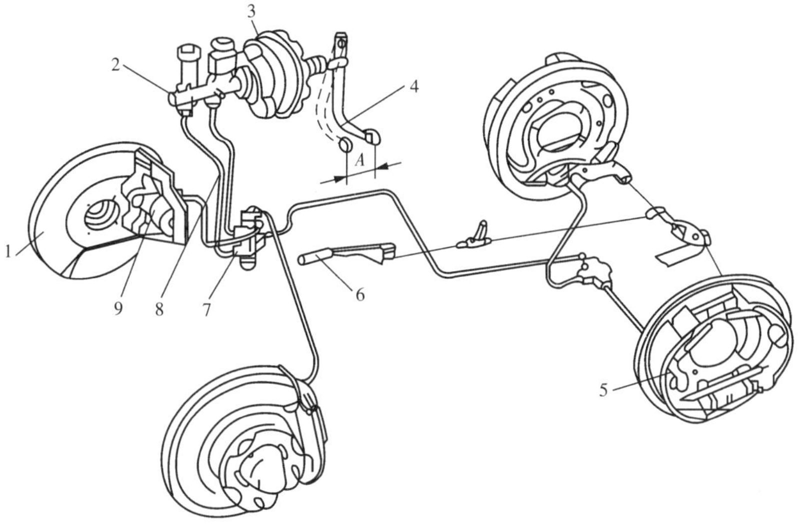

图 11－19　双回路液压制动系统的基本组成

1－前轮车轮制动器；2－制动主缸；3－真空助力器；4－制动踏板；5－后轮车轮制动器；
6－驻车制动操纵手柄；7－制动调节阀；8－油管；9－制动轮缸

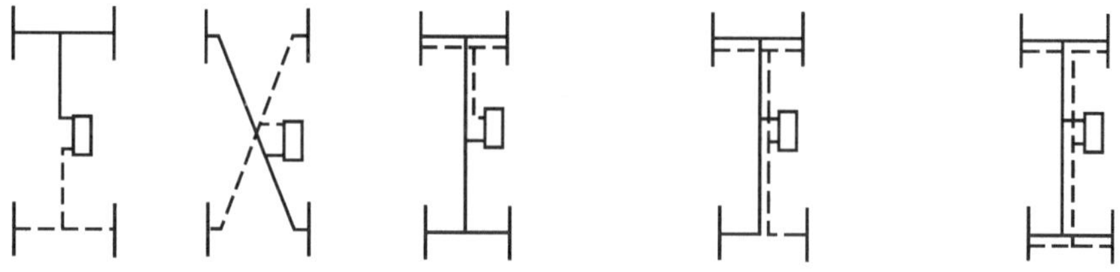

a)一轴对一轴(II)型　b)交叉(X)型　c)一轴半对半轴(HI)型　d)半轴一轮对半轴一轮(LL)型　e)双半轴对双半轴(HH)型

图 11－20　双回路液压制动系的布置方案

各布置方案的特点如下：

(1)一轴对一轴(II)型：前轴(桥)制动器与后轴(桥)制动器各有一套管路。该布置方案最简单，可与单轮缸鼓式制动器配合使用，在发动机前置后轮驱动的汽车上得到广泛应用，如南京依维柯、广州标致等汽车；其缺点是当一套管路失效时，前后桥制动力分配关系被破坏。

(2)交叉(X)型：一轴的一侧车轮制动器与另一轴对角车轮制动器同属一套管路。该布置方案中任一管路失效时，剩余的总制动力都能保持管路正常时总制动力的一半，而且前后桥制动力分配关系不发生改变，有利于提高制动稳定性。该布置方案多用于发动机前置前轮驱动的轿车上，如上海桑塔纳、奥迪 100、神龙富康、天津夏利等轿车。

(3)一轴半对半轴(HI)型：每侧前轮制动器的半数轮缸和全部后轮制动器轮缸同属一套管路，其余的前轮轮缸则属于另一套管路。

(4)半轴一轮对半轴一轮(LL)型：两侧前轮制动器的半数轮缸和一个后轮制动器分别属于相互独立的两套管路。

(5)双半轴对双半轴(HH)型：前、后轮制动器的半数轮缸分别属于相互独立的两套管路。在以上布置方案中,HI 型、LL 型、HH 型较为复杂,在汽车上应用较少;II 型、X 型由于优点较多而被广泛应用。

1. 制动主缸

制动主缸属于单向作用活塞式液压缸,它的作用是将踏板机构输入的机械能转换成液压能。制动主缸分单腔式和双腔式两种,分别用于单回路和双回路液压制动系统。

如图 11－21 所示为串联式双腔制动主缸的结构示意图。该类制动主缸用在双回路液压制动系统中,相当于两个单腔制动主缸串联在一起而构成。制动主缸的壳体内装有前缸活塞 7、后缸活塞 12 及前缸弹簧 21、后缸弹簧 18。前缸活塞用密封圈 19 密封;后缸活塞用密封圈 16 密封,并用挡圈 13 定位。两个储液筒分别与前腔 B、后腔 A 相通,通过各自的出油阀 3 与前、后制动轮缸相通,前缸活塞靠后缸活塞的液力推动,而后缸活塞直接由推杆 15 推动。

制动主缸在不工作时,前、后腔内的活塞头部与皮碗正好位于各自的旁通孔 10 和补偿孔 11 之间。前缸活塞回位弹簧的弹力大于后缸活塞回位弹簧的弹力,以保证两个活塞不工作时都处于正确的位置。

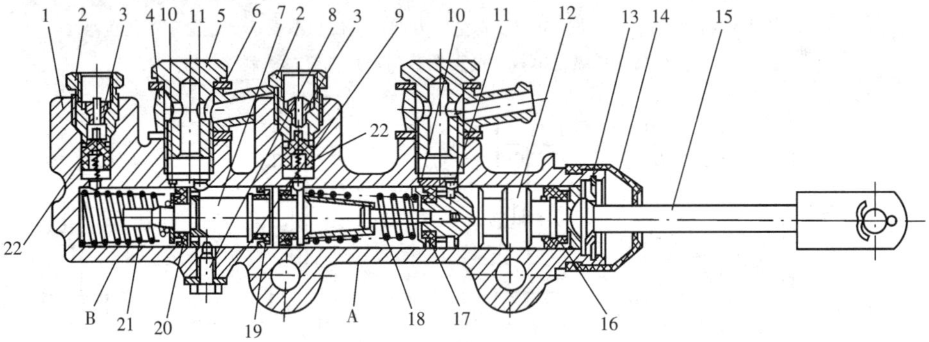

图 11－21　串联式双腔制动主缸的结构示意图

1—制动主缸缸体;2—出油阀座;3—出油阀;4—进油管接头;5—空心螺栓;6—密封垫;7—前缸活塞;8—定位螺钉;9—密封垫;10—旁通孔;11—补偿阀;12—后缸活塞;13—挡圈;14—护罩;15—推杆;16—后缸密封圈;17—后活塞皮碗;18—后缸弹簧;19—前缸密封圈;20—前活塞皮碗;21—前缸弹簧;22—回油阀;A—后腔;B—前腔

制动时,驾驶员踩下制动踏板,踏板力通过传动机构传给推杆 15,并推动后缸活塞 12 向前移动,皮碗盖住旁通孔后,后腔压力升高。在后腔液压和后缸弹簧力的作用下,前缸活塞 7 向前移动,前腔压力也随之提高。当继续向下踩制动踏板时,前、后腔的液压继续提高,使前、后制动器产生制动。

解除制动时,驾驶员松开制动踏板,在前、后活塞弹簧的作用下,制动主缸中的活塞和推杆回到初始位置,管路中的油液推开回油阀 22 流回制动主缸,从而制动作用消失。

若前腔控制的回路发生故障时,前缸活塞不产生液压力,但在后缸活塞液力作用下,前缸活塞被推至最前端,后腔产生的液压力仍能使后轮产生制动;若后腔控制的回路发生故障时,后腔不产生液压力,但后缸活塞在推杆作用下前移,并与前缸活塞接触而推动前缸活塞前移,前腔仍能产生液压力使前轮产生制动。由此可见,当双回路液压制动系统中任何一套管路失效,制动主缸仍能工作,只是所需的踏板行程增大而已。

2. 制动轮缸

制动轮缸的作用是将从制动主缸输入的液压能转变为机械能，以使制动器进入工作状态。制动轮缸有单活塞式和双活塞式两种。单活塞式制动轮缸主要用于双领蹄式和双从蹄式制动器，而双活塞式制动轮缸应用较广，既可用于领从蹄式制动器，又可用于双向双领蹄式制动器及双向自增力式制动器。

如图 11－22 所示为北京 BJ2020N 型汽车双领蹄前制动器配用的单活塞式制动轮缸。液腔密封件采用装在活塞导向面上切槽内的密封圈 4。进油间隙借活塞端面的凸台保持。

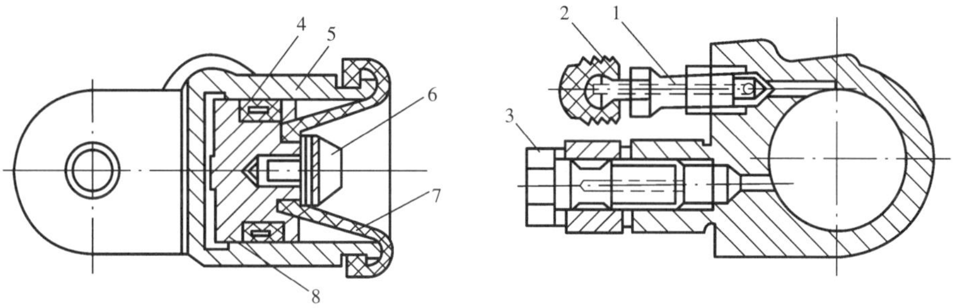

图 11－22 单活塞制动轮缸结构示意图

1—放气阀；2—橡胶护罩；3—进油管接头；4—密封圈；5—缸体；6—顶块；7—防护罩；8—活塞

如图 11－23 所示为解放 CA1040 系列轻型货车后轮制动器采用的双活塞式制动轮缸。缸体 1 用螺栓固定在制动底板上，缸内有两个活塞 2，两者之间的间隙形成轮缸内腔。每个活塞上装有一个皮圈 3，以使内腔密封。制动时，制动液自油管接头和进油孔 10 进入内腔，活塞在液压作用下外移，通过顶块 5 和支承盖 7 推动制动蹄，使车轮制动。防护罩 6 除防尘外，还可防止水分进入，以免活塞和轮缸生锈而卡住。

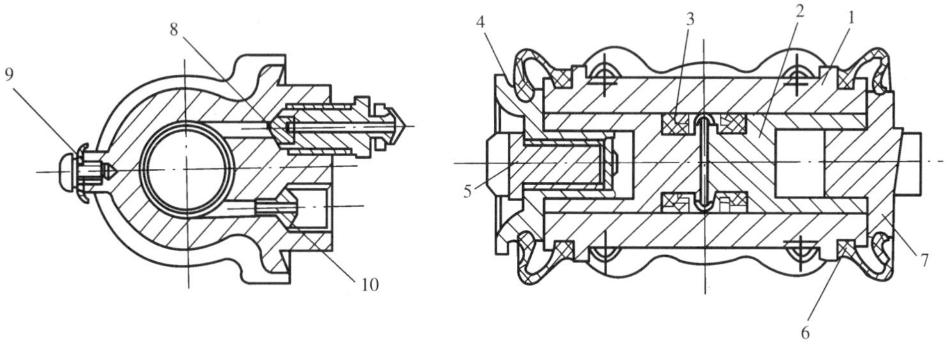

图 11－23 双活塞制动轮缸

1—缸体；2—活塞；3—皮圈；4—调整轮；5—调整螺钉(顶块)；6—防护罩；
7—支承盖；8—放气螺钉；9—调整轮锁片；10—进油孔

3. 真空助力器

真空助力器装在制动踏板和制动主缸之间，利用真空度对制动踏板进行助力，其控制装置是利用制动踏板机构直接操纵的。如图 11－24 所示为一汽红旗 CA7220 型轿车的真空助力式液压制动系统示意图。该系统采用的是交叉型(X)或对角线布置的双回路液压制动系统。

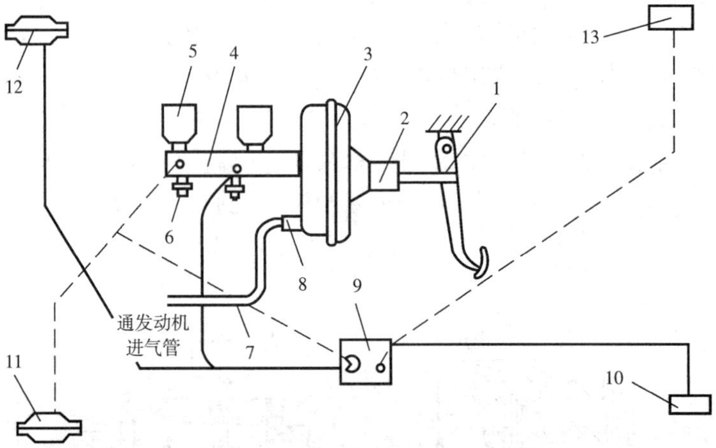

图 11-24　真空助力式液压制动系统

1—制动踏板机构;2—控制阀;3—伺服气室;4—制动主缸;5—储液罐;6—制动信号灯液压开关;
7—真空供能管路;8—单向阀;9—感载比例阀;10—左后轮缸;11—左前轮缸;12—右前轮缸;13—右后轮缸

真空助力器主要由真空伺服气室和控制阀组成,如图 11-25a 所示。真空伺服气室由前壳体 1 和后壳体 19 组成,两者之间夹装有伺服气室膜片 20,将伺服气室分成前、后两腔。前腔经真空单向阀 9 通向发动机进气歧管(即真空源),外界空气经过滤环 11 和毛毡过滤环 14 滤清后进入伺服气室后腔。后腔膜片座 8 的毂筒中装有控制阀 6。控制阀由空气阀 10 和真空阀 9 组成,其结构图部分放大后如图 11-25b、c 所示,空气阀与控制阀推杆 12 固装在一起,控制阀推杆借调整叉 13 与制动踏板机构连接。伺服气室膜片座 8 上有通道 A 和 B,通道 A 用于连通伺服气室前腔和控制阀,通道 B 用于连通伺服气室后腔和控制阀。真空伺服气室工作时产生的推力,同踏板力一样,直接作用在制动主缸推杆 2 上。

真空助力器不工作时,空气阀 10 和控制阀推杆 12 在控制阀推杆弹簧 15 的作用下,离开橡胶反作用盘 7,处于右端极限位置,并使真空阀 9 离开膜片座 8 上的阀座,即真空阀处于开启状态。而真空阀又被阀门弹簧 16 压紧在空气阀上,即空气阀处于关闭状态。此时伺服气室的前后两腔相互连通,并与大气隔绝。在发动机工作时,前后两腔内都能产生一定的真空度。

制动时,踩下制动踏板,来自踏板机构的控制力推动控制阀推杆 12 和控制阀柱塞 18 向前移动,在消除柱塞与橡胶反作用盘 7 之间的间隙后,再继续推动制动主缸推杆 2,主缸内的制动液以一定压力流入制动轮缸,此力为制动踏板机构所给。与此同时,在阀门弹簧 16 的作用下,真空阀 9 也随之向前移动,被弹簧 16 压紧在空气阀座 10 上,靠在膜片座的阀座上,从而使通道 A 和 B 隔绝,即伺服气室的前腔和后腔隔绝,进而空气阀离开真空阀而开启,空气经过滤环 11、毛毡过滤环 14、空气阀的开口和通道 B 充入伺服气室后腔。随着空气的充入,在伺服气室膜片 20 的两侧出现压力差而产生推力,此推力通过膜片座 8、橡胶反作用盘 7 推动制动主缸推杆 2 向前移动,此力为压力差所给。此时,制动主缸推杆上的作用力为踏板力和伺服气室反作用盘推力的总和,使制动主缸输出的压力成倍增长。

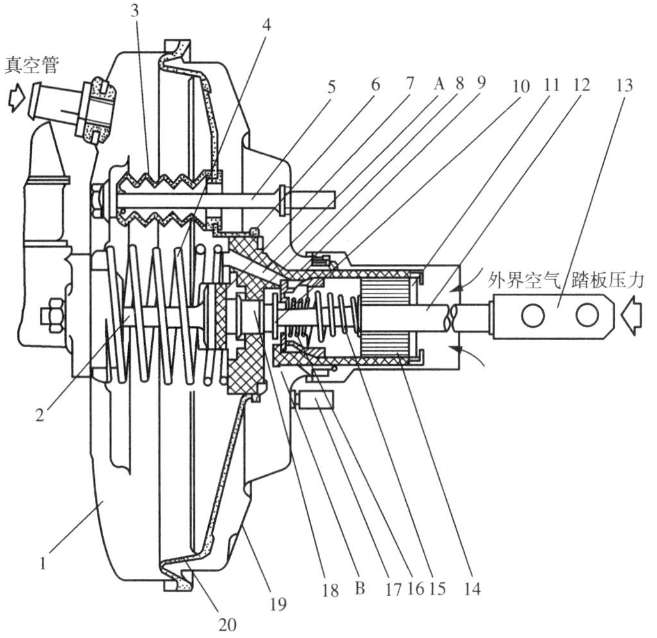

a)真空助力器

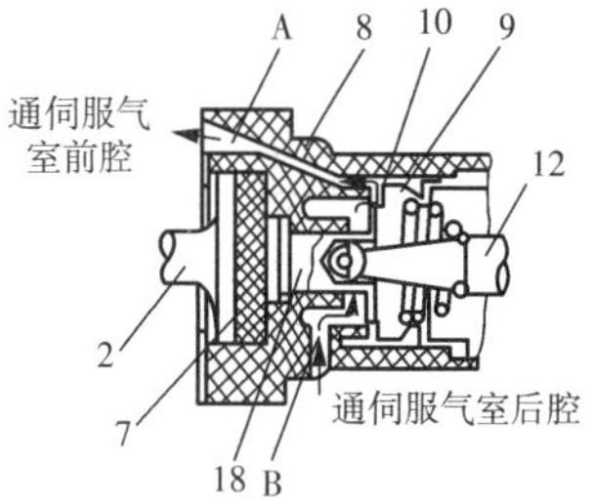

b)控制阀

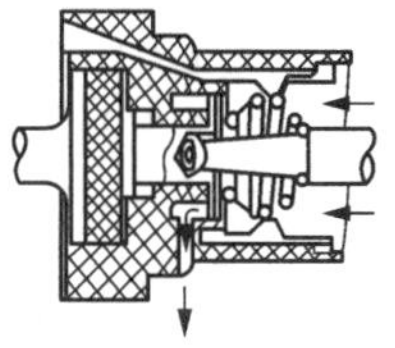

c)控制阀

图 11－25　真空助力器示意图

1—伺服气室前壳体；2—制动主缸推杆；3—导向螺栓密封套；4—膜片回位弹簧；5—导向螺栓；6—控制阀；7—橡胶反作用盘；8—伺服气室膜片座；9—真空阀；10—空气阀；11—过滤环；12—控制阀推杆；13—调整叉；14—毛毡过滤环；15—控制阀推杆弹簧；16—阀门弹簧；17—螺栓；18—控制阀柱塞；19—伺服气室后壳体；20—伺服气室膜片；A、B—通道

解除制动时，控制阀推杆弹簧 15 使控制阀推杆和空气阀向右移动，真空阀离开膜片座上的阀座而开启。伺服气室的前后两腔相通，且均为真空状态。膜片座和膜片在膜片回位弹簧的作用下回位，制动主缸解除制动作用。

若真空助力器失效或真空管路无真空度时，控制阀推杆将通过空气阀直接推动膜片座和制动主缸推杆移动，使制动主缸产生制动压力，但作用在踏板上的力要增大。

4. 真空增压器

真空增压器装在制动主缸之后，利用真空度对制动主缸输出的制动液进行增压，其控制装置是利用制动踏板机构通过主缸输出的液压间接操纵的。如图 11－26 所示为南京跃进 NJ061A 型汽车的真空增压式液压制动系统示意图。该系统是在人力液压制动系统的基础上，加装一套由供能装置(发动机进气管 12、真空单向阀 11、真空罐 10)、控制装置(控制阀 6)、传动装置(伺服气室 8、辅助缸 5)等组成的真空增压系统。

真空增压器主要由真空伺服气室、控制阀和辅助缸三部分组成，如图 11－27 所示。伺服气室膜片 19 将伺服气室分成左、右两腔。左腔 C 经伺服气室前壳体 17 端面接头(图中已剖去)通过真空管与真空罐相连接，且经由辅助缸 10 中的孔道与控制阀下腔 B 相通。右腔 D 则经通气管 16 与控制阀上腔 A 相通。伺服气室膜片中央经膜片托盘 21 等与推杆 14 紧固在一起。在控制阀中，空气阀 1 和真空阀 3 组成阀门组件，空气阀座在控制阀体上，真空阀座在膜片座上。控制阀活塞 6 与膜片座连成一体，可在控制阀缸中上下移动。辅助缸 10

的内腔被辅助缸活塞 7 分成两部分，左腔通过出油接头 9 通向前、后轮制动轮缸或安全缸，右腔经进油接头 13 与制动主缸相通。

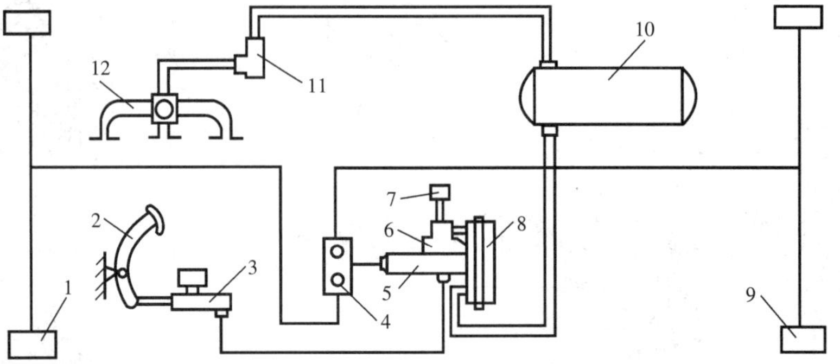

图 11 - 26　NJ1061A 型汽车真空增压式液压制动系统

1—前制动轮缸；2—制动踏板机构；3—制动主缸；4—安全缸；5—辅助缸；6—控制阀；7—进气滤清器；8—真空伺服气室；9—后制动轮缸；10—真空罐；11—单向阀；12—发动机进气管

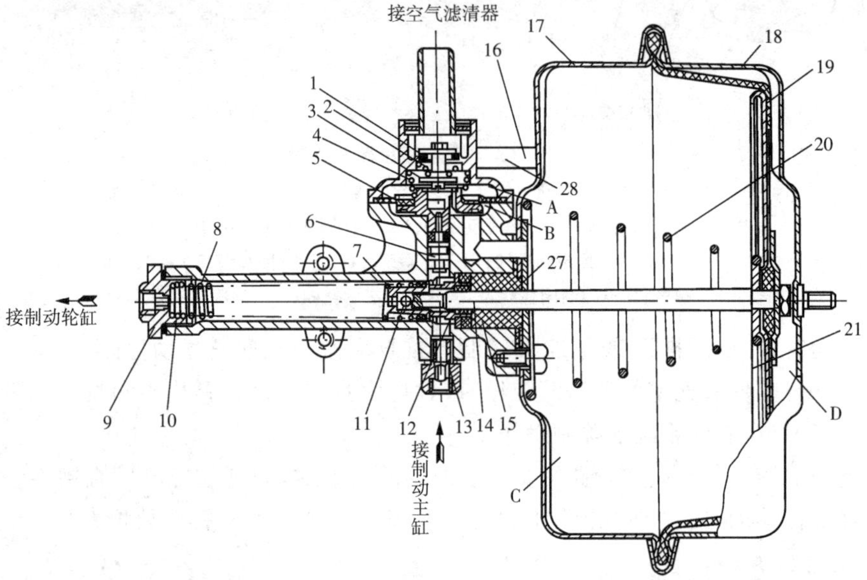

图 11 - 27　真空增压器

1—空气阀；2—阀门弹簧；3—真空阀；4—控制阀膜片回位弹簧；5—控制阀膜片；6—控制阀活塞；7—辅助缸活塞；8—辅助缸活塞回位弹簧；9—辅助缸出油接口；10—辅助缸；11—球阀；12—活塞限位阀；13—辅助缸进油接口；14—推杆；15—密封圈座；16—通气管；17—伺服气室前壳体；18—伺服气室后壳体；19—伺服气室膜片；20—伺服气室膜片回位弹簧；21—膜片托盘接制动轮缸

真空增压器不工作时，伺服气室膜片回位弹簧 20 使膜片处于图示最右端位置。在阀门弹簧 2 和控制阀膜片回位弹簧 4 的作用下，空气阀 1 关闭，增压器与大气隔绝；真空阀 3 则开启，使 A、B、C、D 腔相互连通并具有相同的真空度。辅助缸活塞回位弹簧 8 将辅助缸活塞推靠在活塞限位阀 12 上。

制动时，踩下制动踏板，制动液从制动主缸流入辅助缸，开始时球阀 11 处于开启状态，所以制动液也可由辅助缸活塞上的孔进入前、后各制动轮缸。此时，轮缸压力等于主缸压力。与此同时，输入到辅助缸的制动液还作用在控制阀活塞 6 上，推动膜片座上移，真空阀 3 的开度逐渐减小直至关闭，使控制阀上腔 A 和下腔 B 隔绝，然后将空气阀 1 打开。于是空气便经空气滤清器流入控制阀上腔 A 和伺服气室右腔 D(如图 11－28a 所示)，使其中的压力升高，降低了真空度；而此时控制阀下腔 B 和伺服气室左腔 C 中的真空度则保持不变。在 C、D 两腔压力差的作用下，伺服气室膜片 19 带动推杆 14 向左移动，使球阀抵靠在辅助缸活塞的阀座上而关闭，并使制动主缸与辅助缸左腔隔绝。此时，从制动主缸传来的液压作用力和推杆力都作用在辅助缸活塞上，因此辅助缸左腔和各制动轮缸的压力高于制动主缸压力，这样就起到了增压作用。随着 A、D 两腔中真空度的降低，控制阀的膜片及阀门组件逐渐下移。当 A、D 两腔中真空度降低到一定数值时，空气阀关闭而使真空度保持在某一稳定值。该稳定值的大小取决于制动主缸的压力，而制动主缸的压力又取决于踏板力和踏板行程。所以，此时驾驶员作用在踏板上的力将对制动强度起决定作用。

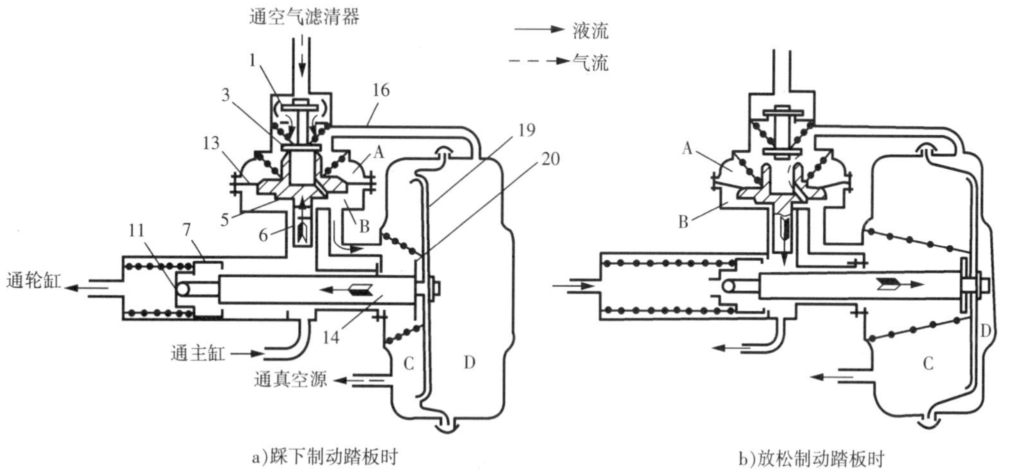

图 11－28　真空增压器工作原理示意图

(图注同图 11－27)

当放松制动踏板时，制动踏板回升一定距离，制动主缸压力下降，制动阀平衡状态被破坏，控制阀活塞 6 及膜片座 5 下移，真空阀开启，于是 A、D 两腔的压力降低，C、D 两腔的压力差要减少，辅助缸输出压力也就保持在较低值，增压作用降低，从而使制动强度减弱。当制动踏板完全放松时，所有运动件在各自回位弹簧的作用下回复原位(如图 11－27b 所示，相关图注与图 11－28 中的相应序号相同)，A、B 和 C、D 四腔又都具有一定的真空度，为下次制动做好准备。

若真空增压器失效或管路漏气而无真空度时，辅助缸中的球阀将保持开启，使制动主缸与制动轮缸之间的油路畅通。整个系统还可以同人力液压制动系统一样工作，只是所需的踏板力要大一些。

第四节　伺服制动系统

伺服制动系统是在人力液压制动系统的基础上加设一套动力伺服系统形成的，即兼用人力和发动机作为制动能源的制动系统。在正常情况下，制动能量大部分由动力伺服系统供给；而在动力伺服系统失效时，还可全靠驾驶员供给(即由伺服制动转变成人力制动)。

按伺服系统的输出力作用部位和对其控制装置的操纵方式不同，伺服制动系统可分为增压式(间接操纵式)和助力式(直接操纵式)两类。前者中的伺服系统控制装置用制动踏板机构直接操纵，其输出力也作用于液压主缸，以助踏板力之不足；后者中的伺服系统控制装置用制动踏板机构通过主缸输出的液压操纵，且伺服系统的输出力与主缸液压共同作用于一个中间传动液缸(辅助缸)，使该液缸输出到轮缸的液压远高于主缸液压。

伺服制动系统又可按伺服能量的形式分为真空伺服式、气压伺服式和液压伺服式三种，其伺服能量分别为真空能(负气压能)、气压能和液压能。

一、助力式伺服制动系统

1. 真空助力伺服制动系统

国产的红旗 CA7220 型轿车、奥迪 100 型轿车、一汽大众的捷达轿车、北京切诺基越野汽车以及上海桑塔纳轿车等，都采用了真空助力伺服制动系统。真空助力式制动系统在前文已经介绍，在此不再赘述。

2. 气压助力伺服制动系统

图 11－29 为气压助力伺服(直接操纵气压伺服)制动系统示意图。液压和气压系统都是双回路式。

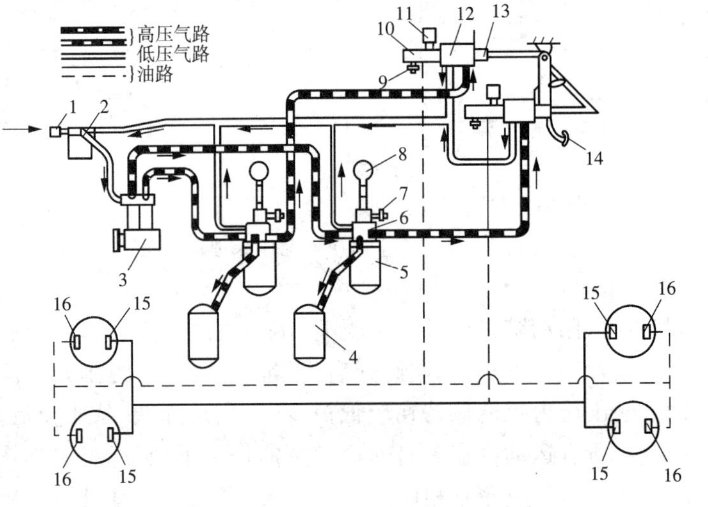

图 11－29　气压助力伺服制动系统示意图

1—空气滤清器；2—防冻器；3—空压机；4—副储气筒；5—主储气筒；6—调压阀；7—低压报警灯开关；8—压力表；9—制动信号灯开关；10—制动主缸；11—储液罐；12—气压伺服气室；13—控制阀；14—制动踏板机构；15、16—制动轮缸

外界空气经空气滤清器 1 和防冻器 2 被吸入空压机 3。空压机两个汽缸的出气管路分别通向两个主储气筒 5 顶端的调压阀 6。压缩空气经调压阀中的单向阀充入主储气筒。在主储气筒压力升高到 0.85～0.9MPa 时，位于调压阀内的副储气筒充气阀方开启，副储气筒 4 因而开始被充气。当主、副储气筒压力升高到 1.0～1.2MPa 时，调压阀便起作用，使空压机的出气管路与回气管路连通。于是，来自空压机的压缩空气不再进入主、副储气筒，而是

经回气管路流回空压机的进气口，空压机因而卸荷空转。在储气筒压力降低到 0.8MPa 时，调压阀又使回气管路与空压机出气管路隔绝，从而恢复充气。

主储气筒压力高于副储气筒时，气压伺服气室 12 由主储气筒供气。若主储气筒压力低于副储气筒，后者即向前者充气，并对气压伺服气室供气。

当储气筒气压因耗气过多或漏气而降低到 0.5～0.6MPa 时，低压报警灯开关 7 即接通，开亮低压报警灯，此时应立即停车检查。

空压机卸荷空转时输出的空气，以及解除制动时自气压伺服气室排出的空气，都由回气管路引入防冻器，由此再流入空压机进气口。采用这种封闭式循环气路，可消除排气噪声。但在空压机不运转时，上述各处排出的空气则通过防冻器中的排气阀经空气滤清器排入大气。

两个单腔制动主缸 10 分别接装在两个由气压伺服气室 12 和控制阀 13 组成的气压助力器上。它们可由制动踏板机构 14 通过平衡杠杆操纵。

气压制动系统的供能装置包括：

① 产生气压能的空压机和储存气压能的储气筒。

② 将气压限制在安全范围内的调压阀及溢流阀。

③ 改善传能介质(空气)状态的进气滤清器、排气滤清器、管道滤清器、油水分离器、空气干燥器以及防冻器等。

④ 在一个回路失效时用以保护其余回路，使其中气压可以不受损失的多回路压力保护阀等部件。

气压制动系统的控制装置包括：

① 制动阀。制动阀是气压行车制动系统的主要控制装置，用以保证随动作用和足够强的踏板感，即在输入压力一定的情况下，使其输出压力与输入的控制信号——踏板行程和踏板力，成一定的递增函数关系。制动阀输出压力可以作为促动管路压力直接输入作为传动装置的制动气室，但必要时也可作为控制信号输入另一控制装置(如继动阀)。

② 手控制动阀。手控制动阀可用于控制汽车的驻车制动和第二制动(或应急制动)，以及挂车的驻车制动。因为对驻车制动没有渐进控制的要求(过去对应急制动也没有这个要求)，所以仅仅用以控制驻车制动的手控制动阀实际上只是一个气开关。

③ 快放阀与继动阀(加速阀)。储气筒和制动气室一般只是通过制动阀(含手控制动阀，下同)用管路连接的。这样，储气筒向制动气室充气以及制动气室内压缩空气排入大气，都必须迂回流经制动阀。在储气筒、制动气室都与制动阀相距较远的情况下，这种迂回充气和排气将导致制动和解除制动的滞后时间过长，不利于汽车的及时制动和制动过后的及时加速。继动阀也称加速阀，它的作用也是使压缩空气不流经制动阀而直接充入制动气室，以缩短供气路线，减少制动滞后时间。

气压制动系统的执行装置是制动气室。制动气室是气压制动系统的主要传能装置，它将压缩空气的压力转变成制动凸轮的机械力。制动气室按活塞结构形式分为膜片式、活塞式和复合式，其中最常用的是膜片式制动气室。

解放 CA1091 型汽车和东风 EQ1090E 型汽车都采用膜片式制动气室。东风 EQ1090E 型汽车的膜片式制动气室如图 11－30 所示。夹布层橡胶膜片 1 的周缘用卡箍 7 夹紧在壳体 3 和盖 2 的凸缘之间。盖与膜片之间为工作腔，借橡胶软管与由制动阀接出的钢管连通，膜片右方则通大气。弹簧 4 通过焊接在推杆 5 上的支承盘 10 将膜片推到图示的左极限位置。推杆的外端借连接叉 6 与制动器的制动调整臂相连。

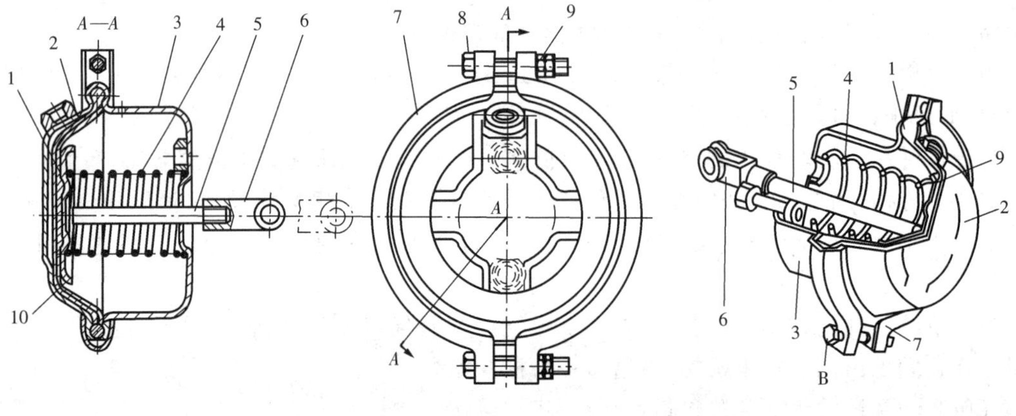

a)结构图 b)轴侧图

图 11-30 膜片式制动气室

1—橡胶膜片;2—盖;3—壳体;4—弹簧;5—推杆;6—连接叉;7—卡箍;8—螺栓;9—螺母;10—支承盘

踩下制动踏板时,压缩空气自制动阀充入制动气室工作腔,使膜片向右拱,将推杆推出,使制动调整臂和制动凸轮转动而实现制动。放开制动踏板,工作腔则经由制动阀的排气口通大气。膜片与推杆都在弹簧 4 的作用下回位而解除制动。

二、增压式伺服制动系统

增压伺服制动系统比人力液压制动系统多一套真空伺服系统,包括由发动机进气管(真空源)、真空罐等部件组成。柴油机进气管中一般无节气门,管中真空度不高,因而柴油车要采用真空伺服制动时,必须装设有发动机驱动的真空泵,或在进气管中加装引射器作为真空能源。

增压伺服制动系统的特点是制动踏板机构控制制动主缸,主缸输出的液压传递到辅助缸,并对伺服系统进行控制,伺服系统的输出力与主缸液压共同作用于辅助缸,辅助缸输出到轮缸的液压远高主缸液压。

1. 真空增压伺服制动系统

真空增压伺服制动系统的组成如图 11-31 所示。

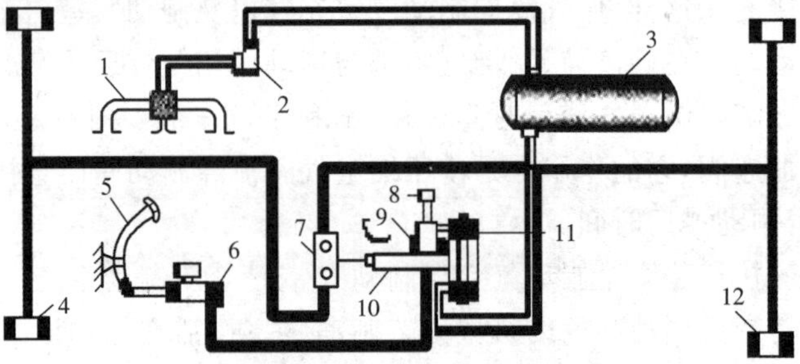

图 11-31 真空增压伺服制动系统示意图

1—发动机进气歧管;2—真空单向阀;3—真空罐;4—前制动轮缸;5—制动踏板机构;6—制动主缸;7—安全缸;8—透气滤清器;9—控制阀;10—辅助缸;11—真空伺服气室;12—后制动轮缸

通常辅助缸、真空伺服气室和控制阀组合装配成一个部件，称为真空增压器。真空增压器是真空增压伺服制动系统的核心部件。发动机工作时，在进气管中的真空度作用下，真空罐中的空气经真空单向阀被吸入发动机，因而罐中也产生并积累一定的真空度，作为制动伺服的能源。

踩下制动踏板时，制动主缸的输出液压首先传入辅助缸，由此一面作为制动促动压力传入制动轮缸，一面又作为控制压力输入控制阀。控制阀在主缸液压控制下，使真空伺服气室的工作腔通真空罐或通大气，真空伺服气室输出力与自主缸传来的液压作用力一同作用于辅助缸活塞，因而辅助缸输送至轮缸的压力高于主缸压力。

2. 气压增压伺服制动系统

气压增压伺服制动系统的组成和工作原理与真空增压伺服制动系统（如图 11－32 所示）基本相同，所不同的是气压增压是利用高压空气产生助力作用。

由辅助缸、气压伺服气室和控制阀组装而成的部件称为气压增压器。

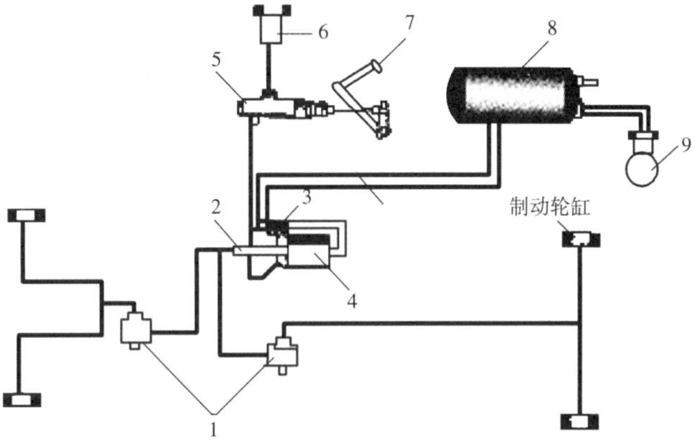

图 11－32　气压增压伺服制动系统示意图

1—单腔安全缸；2—辅助缸；3—控制阀；4—气压伺服气室；5—制动主缸；6—储液器；7—制动踏板；8—储气罐；9—空压机

第五节　制动力调节装置

在本章的前文中已经阐述过地面制动力 F_b 受车轮与路面间的附着条件限制，一旦车轮上的制动力 F_b 达到了附着力 F_φ 的数值，车轮即完全停止旋转（车轮被“抱死”），只是沿路面做纯滑移。这时进一步加大制动系促动管路压力，虽然制动器的制动力矩（此时表现为静摩擦力矩）会增大，但地面制动力却不会再随之增大。

由实验得知，当车轮抱死滑移时，车轮与路面间的侧向（垂直于车轮平面方向上的）附着作用完全消失，即路面对车轮的侧向反作用力为零。如果只是前轮（转向轮）抱死滑移而后轮还在滚动，则汽车在此过程中不可能转向，因为保证汽车转向的力只能是路面对偏转了一定角度的转向轮的侧向反作用力，所以转向轮一旦滑移而丧失侧向附着，转向即不可能实现。如果只是后轮抱死滑移而前轮还在滚动，则汽车在此过程中，前轮即使受到不大的侧向干扰力（例如侧向风力、路面凸起对车轮侧面的冲击力等），也会绕其垂直轴线旋转，即产生甩尾，严重时甚至会转过 180°左右。无论是前轮还是后轮产生滑移，都极易造成车祸，尤其是因后轮单独滑移而发生甩尾现象所造成的交通安全事故更多,其后果也更为严重。所以应当尽量避免制动时后轮先抱死滑移。

在制动器的结构形式、几何尺寸和摩擦副的摩擦系数既定的情况下,制动器的制动力矩取决于促动管路压力。为避免制动时后轮先抱死滑移,就必须对车轮即将抱死时的前、后轮制动器的促动管路压力进行控制。控制方式有两种:一是当前后制动管路中的油压达到一定值时,保持后制动管路中的压力不变;二是当前后制动管路中的油压达到一定值时,使后制动管路中油压的增长幅度低于前制动管路油压的增长幅度。这两种控制方式分别通过限压阀和比例阀来实现。

一、限压阀与比例阀

1. 限压阀

限压阀串联于液压制动回路的后促动管路中,其作用是当前、后促动管路压力 p_1 和 p_2 由零同步增长到一定值后,即自动将 p_2 限定在该值不变。

限压阀的结构如图 11-33 所示。自进油口输入的控制压力是前促动管路压力(亦即主缸压力)p_1,从出油口输出的是后促动管路压力 p_2。阀门 2 与活塞 3 连接成一体,装入阀体 6 后,弹簧 5 即受到一定的预紧力。在弹簧力作用下,阀门离开阀体上的阀座而抵靠着阀盖 1。阀门凸缘上开有若干个通油切口。当输入压力 p_1 较低时,阀门一直保持开启,因而 p_2 等于 p_1,即限压阀尚未起限压作用;当 p_2 与 p_1 活塞上所受的作用力将弹簧压缩到使阀门关闭,后轮缸与主缸隔绝,此后 p_2 即保持定值 p_s,不再随 p_1 增长。

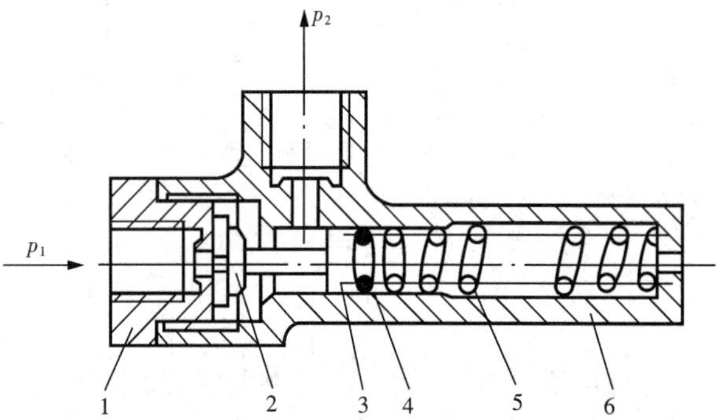

图 11-33 限压阀的结构原理

1—阀盖;2—阀门;3—活塞;4—活塞密封圈;5—弹簧;6—阀体

2. 比例阀

比例阀(又称 p 阀)也串联于液压制动回路的后促动管路中,其作用是当前、后促动管路压力 p_1 与 p_2 同步增长到某一定值 p_s 后,即自动对 p_2 的增长加以限制,使 p_2 的增量小于 p_1 的增量。

比例阀一般采用两端承压面积不等的异径活塞结构,如图 11-34 所示。不工作时,异径活塞 2 在弹簧 3 的作用下处于上极限位置。此时阀门 1 保持开启,因而在输入控制压力 p_1 与输出压力 p_2 从零同步增长的初始阶段,p_1 等于 p_2。但是压力 p_1 的作用面积为 $A_1=\frac{\pi}{4}(D^2-d^2)$,压力 p_2 的作用面积为 $A_2=\frac{\pi}{4}D^2$,因而 $A_2>A_1$,故活塞上方液压作用力大于活塞下方液压作用力。在 p_1、p_2 同步增长过程中，活塞上、下两端液压作用力之差超过弹簧 3 的预紧力时，活塞便开始下移。当 p_1 和 p_2 增长到一定值 p_s 时，活塞内腔中的阀座与阀门接触，进油腔与出油腔即被隔绝。此即比例阀的平衡状态。

若进一步提高 p_1，则活塞将回升，阀门再度开启，油液继续流入出油腔，使 p_2 也升高，但由于 $A_2>A_1$，p_2 尚未增加到新的 p_1 值，活塞又下降到平衡位置。

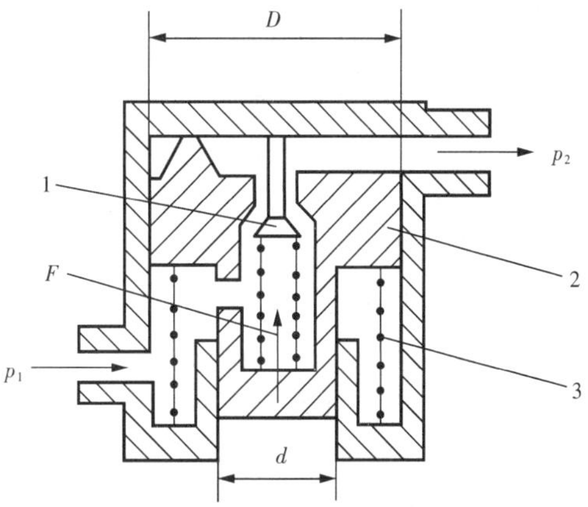

图 11－34　比例阀的结构原理

1—阀门；2—活塞；3—弹簧

二、感载阀

有些汽车在实际装载质量不同时，其总重力和重心位置变化较大，因而满载和空载下的理想促动管路压力分配特性曲线差距也较大。在此情况下，采用一般的特性曲线不变的制动力调节装置已不能保证汽车的制动性能符合法规的要求，故有必要采用特性随汽车实际装载质量而变化的感载阀。

如图 11－35 所示为一种轿车上使用的液压感载比例阀及其感载控制机构。阀体 3 安装在车身上，活塞 4 右部的空腔内有阀门 2。不制动时，在感载拉力弹簧 6 通过杠杆 5 施加的推力 F 的作用下，活塞 4 处于右极限位置，阀门 2 因其杆部顶触螺塞 1 而处于开启位置。制动时，来自主缸的制动液由进油口 A 进入，并通过阀门 2 从出油口 B 输出至后促动管路。此时，输出压力 p_2 等于输入压力 p_1。因活塞右端承压面积大于左端承压面积，故 p_1 和 p_2 对活塞的作用力不等，于是活塞不断左移，最后使其上的阀座与阀门接触而达到平衡状态。此后，p_2 的增量将小于 p_1 的增量。

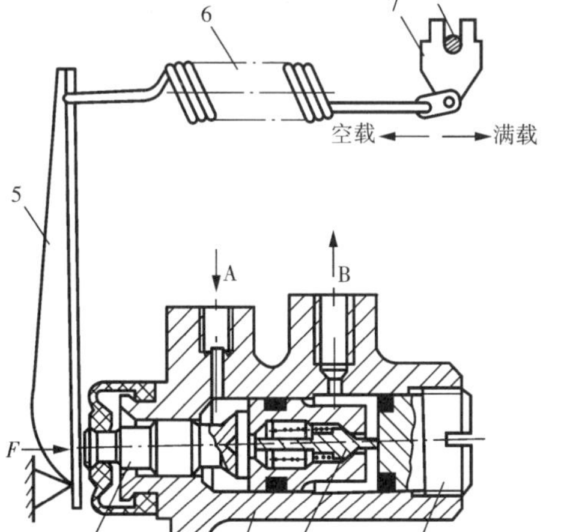

图 11－35　液压感载比例阀及其感载控制机构

1—螺塞；2—阀门；3—阀体；4—活塞；5—杠杆；6—感载拉力弹簧；7—摇臂；8—后悬架横向稳定杆

这种比例阀的特点是作用于活塞 4 上的轴向力 F 是可变的。拉力弹簧 6 右端经吊耳与摇臂 7 相连，而摇臂则夹紧在汽车后悬架的横向稳定杆 8 的中部。当汽车装载量增加时，后悬架载荷也增加，因而后轮向车身移近；后悬架的横向稳定杆便带动摇臂 7 转过一个角度，将弹簧 6 进一步拉伸，作用于活塞上的推力 F 便增大。反之，汽车装载量减小，则推力 F 便减小。这样，调节作用起始点控制压力值 p_s 就随汽车实际装载量的变化而变化。

通过感载控制机构输入感载阀的控制信号，一般是有关悬架的变形量。然而影响悬架变形量的因素，除了汽车总重力分配到该悬架上的载荷(包括制动时的载荷转移)以外，还有汽车行驶时不平路面对车轮和悬架的瞬时冲击载荷。感载控制机构中设置容量较大的弹簧的目的就在于吸收这种冲击载荷，以排除其对感载阀工作的干扰。液压感载阀中油液本身的阻尼也有助于消除这一干扰。

三、惯性阀

惯性阀(也称 G 阀)调节作用起始点的控制压力值 p_s 只取决于汽车制动时作用在汽车重心上的惯性力，即 p_s 不仅与汽车总质量或实际装载质量有关，而且与汽车制动减速度有关。惯性阀也有惯性限压阀与惯性比例阀两类。

1. 惯性限压阀

如图 11-36 所示，惯性限压阀内有一个惯性球 2，惯性球的支承面相对于水平面的仰角 θ 必须大于零，惯性阀方可能起作用。汽车在水平面上时，θ 应为 10°～13°。

通常惯性球在其本身重力作用下处于下极限位置，并将阀门 4 推到与阀盖 5 接触，使得阀门与阀座 3 之间保持一定间隙。此时进油口 A 与出油口 B 连通。在水平路面上施行制动时，来自主缸的压力油即由进油口 A 输入惯性阀，再从出油口 B 进入后促动管路，输出压力 p_2 即等于输入控制压力 p_1。当路面对车轮的制动力使汽车产生减速度时，惯性球也具有相同的减速度。当控制压力 p_1 较低、减速度较小时，惯性球向前的惯性力沿支承面的分力不足以平衡球的重力沿支承面的分力，阀门便仍然保持开启，p_2 也依然等于 p_1。当 p_1 增高到某一定值 p_s 时，制动力和减速度增大到足以实现上述二力平衡，阀门弹簧便通过阀门将球推向前上方，使阀门得以压靠阀座，切断液流通路。此后 p_1 继续增高，前轮制动力也即汽车总制动力继续增高时，球的惯性力使球滚到前上极限位置不动，阀门对阀座的压紧力也因 p_1 的增高而加大，故 p_2 就此保持 p_s 值不变。

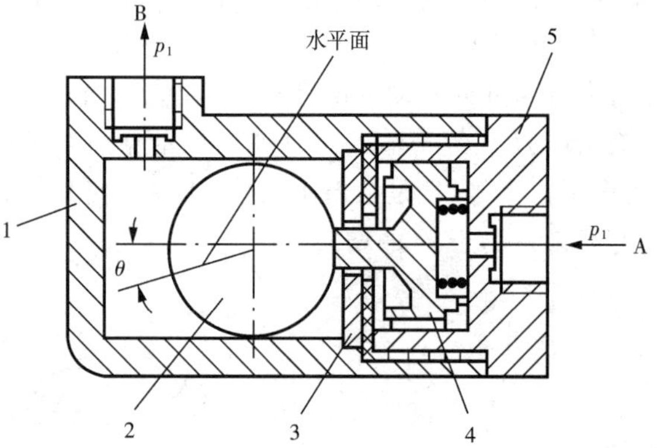

图 11-36　惯性限压阀

1—阀体；2—惯性球；3—阀座；4—阀门；5—阀盖；A—进油口；B—出油口

汽车在上坡路上制动时，由于支承面仰角 θ 增大，惯性球重力沿支承面的分力也增大，使得惯性阀开始起作用所需的控制压力值 p_s 也更高，即所限定的输出压力 p_2 值更高，这正与汽车上坡时后轮附着力加大相适应。相反，在下坡路上制动时，后轮附着力减小，惯性阀所限定的 p_2 也正好相应地减低。

2. 惯性比例阀

如图 11－37 所示，惯性比例阀的阀座 8 位于惯性球 7 的前方，惯性球兼起阀门作用。阀体上部有两个同心但直径不等的油腔 E 和 G，E 腔与油口 B 连通，而 E 腔中直径较大的第一活塞 2 与 G 腔中直径较小的第二活塞 4 组成异径活塞组。在输入压力 p_1 和输出压力 p_2 增长的初始阶段，惯性球保持在后极限位置不动，进油口 A 与出油口 C、D 相通，因而 p_1 等于 p_2。此时异径活塞组两端的液压作用力不等，其差值由弹簧 3 承受。当该力超过弹簧预紧力时，异径活塞组便进一步压缩弹簧 3 而右移。当 p_1、p_2 同步增长到某一定值 p_s 时，惯性球沿倾斜角为 θ 的支承面向上滚到压靠阀座 8，油腔 E 和 G 便互相隔绝，异径活塞组停止右移。此后，继续增长的输入压力 p_1 对第二活塞 4 的作用力 N_1（$N_1=\frac{\pi}{4}d^2p_1$）与弹簧力 F 之和作用于第一活塞 2 上，使 E 腔压力 p_2 也随之增长。

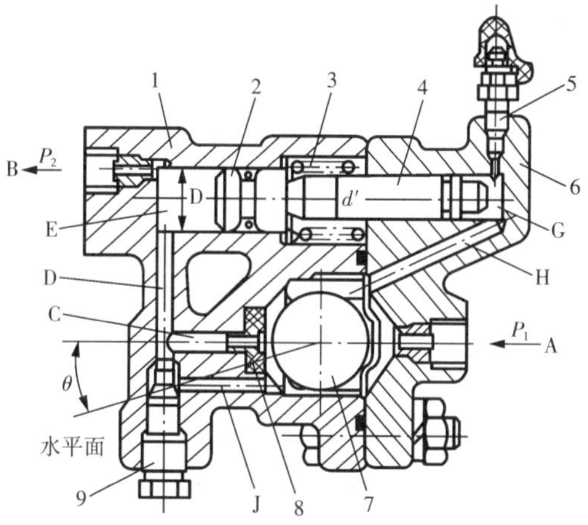

图 11－37 惯性比例阀

1—前阀体；2—第一活塞；3—弹簧；4—第二活塞；5—放气阀；6—阀体；7—惯性球；8—阀座；9—旁通锥阀；A—进油口；B—出油口；C、D、H、J—油道；E、G—油腔

当汽车实际装载量不同时，其总质量也不同。在总制动力相同的情况下，满载汽车的减速度比空车的小。但是使同一惯性阀开始起作用的减速度值只与仰角 θ 有关，而与汽车装载量无关。因此，汽车满载时，相应于调节作用起始点的控制压力值 p_s 比空载时的高。

在某些情况下不需要惯性比例阀起作用时，可将旁通锥阀 9 旋出，使旁通油道 H 与出油道 D 连通，于是阀门被短路，异径活塞组也失效。

四、组合阀

近年来，一些新车型上装用了组合阀。如图 11－38 所示即是集计量阀、故障警告开关及比例阀于一体的组合阀，用于前盘后鼓式制动系中。组合阀左端是计量阀，中间是制动故障警告开关，右端是比例阀。

一般情况下，盘式制动器动作快，而鼓式制动器需要克服弹簧拉力和杆系间隙，制动动作较慢(相对盘式制动器而言)。计量阀的作用是使后鼓式制动器开始工作后，制动管路中建立起一定压力并推动计量阀杆5左移，此时前盘式制动器才开始工作。

当前、后制动管路压力相等时，开关销8位于开关活塞7中部的轴颈中，开关销与开关接线柱9不接触，故障警告灯灭。当前、后制动管路压力不相等时，假设后制动管路压力高于前制动管路压力，则开关活塞7左移，从而将开关销8顶起，使之与开关接线柱接触，故障警告灯便点亮。

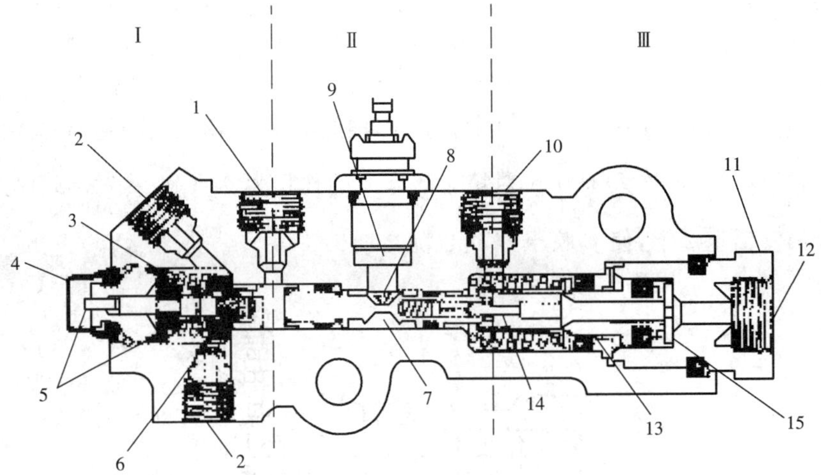

图11-38　三功能组合阀示意图

Ⅰ—计量阀；Ⅱ—故障警告开关；Ⅲ—比例阀；1—前输入口；2—前输出口；3—膜片；4—橡胶套；5—计量阀杆；6—密封圈；7—开关活塞；8—开关销；9—开关接线柱；10—后输入口；11—螺塞；12—后输出口；13—比例阀活塞；14—比例阀杆；15—密封圈

第六节　制动防抱死系统

制动防抱死系统(Anti-lock Braking System，简称ABS)是汽车上的一种主动安全装置。其作用是在汽车制动时防止车轮抱死拖滑，以提高汽车制动时的方向稳定性，缩短汽车的制动距离，使汽车制动更为安全有效。

一、相关理论基础

1. 滑移率

汽车从纯滚动到抱死拖滑的制动过程是一个渐进的过程，经历了纯滑动、边滚边滑和纯滑动三个阶段。为了评价汽车车轮滑移成分所占比例的多少，常用滑移率S来表示，其定义如下：

$$S=\frac{u-u_{w}}{u}\times 100\%=\frac{u-r\omega}{u}\times 100\%$$

式中：u——车速；

u_w——车轮速度；

ω——车轮滚动角速度；

r——车轮半径。

当车轮纯滚动时，$u=u_w$，$S=0$；当车轮抱死纯滑动时，$u_w=0$，$S=100\%$；当车轮边滚边滑时，$u>u_w$，$0<S<100\%$。车轮滑移率越大，说明车轮在运动中滑动成分所占的比例越大。

2. 滑移率对汽车制动性的影响

滑移率对汽车车轮制动纵向附着系数 φ_x 和侧向附着系数 φ_y 影响极大，从而影响汽车的制动性能。如图 11－39 所示，可知当地面对车轮法向反作用力一定时，滑移率在 20%左右时制动纵向附着系数 φ_x 最大，车轮与路面之间的附着力就最大，此时的地面制动力也就最大，制动效果最佳。当滑移率等于零时，侧向附着系数 φ_y 最大，汽车抗侧滑能力最强，制动时方向稳定性最好。φ_y 随着滑移率的增大而减小，当车轮完全抱死拖滑时 φ_y 几乎为零，汽车制动稳定性最差。

基于以上理论，ABS 制动防抱死系统防止汽车制动时车轮抱死，并把车轮的滑移率保持在 10%～30%的范围内，以保证车轮与路面有良好的纵向、侧向附着力，有效防止制动时汽车侧滑、甩尾、失去转向等现象发生，提高了汽车制动时的方向稳定性；制动时，ABS 系统将制动力保持在最佳的范围内，缩短了制动距离。这样也减弱了轮胎与地面之间的剧烈摩擦，减轻了轮胎的磨损。

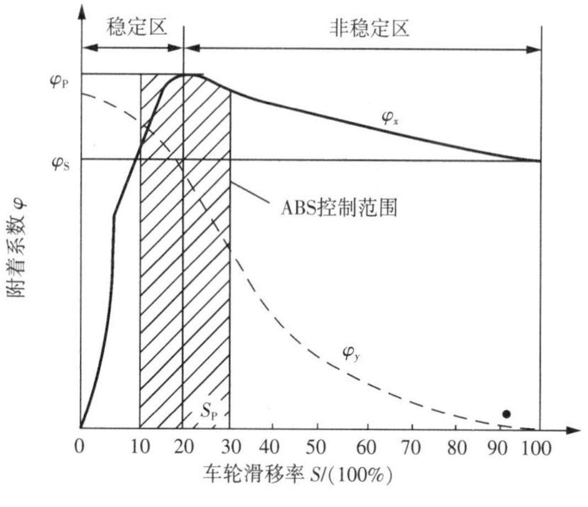

图 11－39　滑移率与路面附着系数的关系

φ—附着系数；φ_x—纵向附着系数；φ_y—横向附着系数；S—车轮滑移率；

φ_P—峰值附着系数；S_P—峰值附着系数时的滑移率；φ_s—车轮抱死时纵向滑动附着系数

二、ABS 的组成

通常 ABS 制动防抱死系统是在普通制动系统的基础上加装车轮速度传感器、ABS 电控单元、制动压力调节装置及制动控制电路等电子控制系统组成的，如图 11－40 所示。普通制动系统的组成与前述液压制动系统完全相同，由制动主缸、制动轮缸和制动管路等组成，用来实现汽车的常规制动。电子控制系统则是在制动过程中用来确保车轮始终不抱死，车轮滑移率处于合适的范围内，车轮始终处于理想的运动状态。

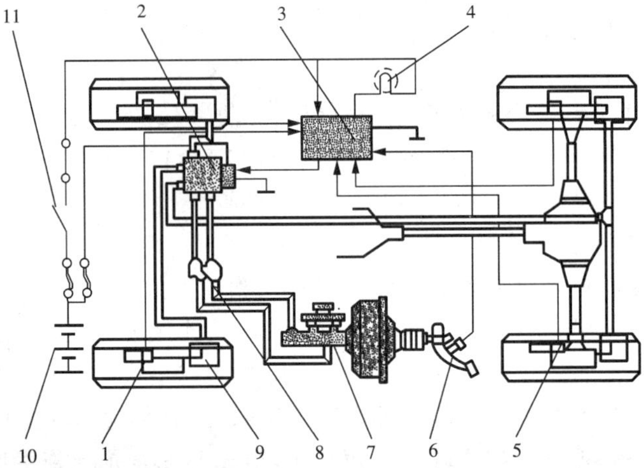

图 11-40　ABS 制动防抱死系统的组成

1—前轮速度传感器;2—制动压力调节装置;3—ABS 电控单元;4—ABS 警告灯;5—后轮速度传感器;6—停车灯开关;7—制动主缸;8—比例分配阀;9—制动轮缸;10—蓄电池;11—点火开关

1. 转速传感器

转速传感器的功用是检测车轮的速度,并将速度信号输入 ABS 的电控单元。如图 11-41 所示为转速传感器在车轮上的安装位置。

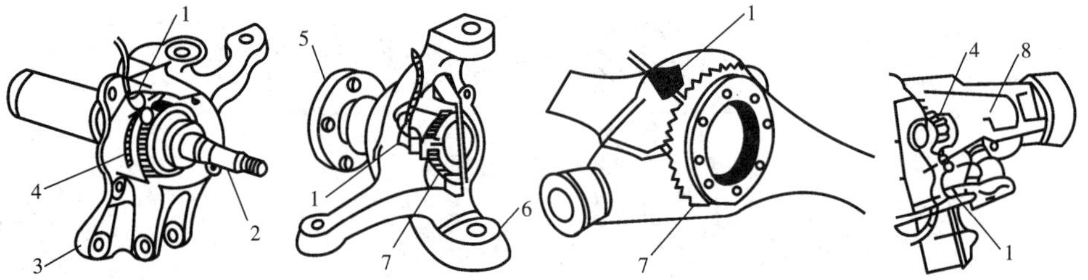

a)安装在驱动轮上　b)安装在非驱动轮上　c)安装在主减速器上　d)安装在变速器上

图 11-41　ABS 轮速传感器的安装位置

1—传感器头;2—半轴;3—旋转支架;4—齿圈;5—轮毂;6—转向节;7—主减速器从动齿轮;8—变速器

目前,用于 ABS 系统的速度传感器主要有电磁式和霍尔式两种。

(1)电磁式转速传感器

传感器的结构如图 11-42 所示,它由永磁体 2、极轴 5 和感应线圈 4 等组成,极轴头部结构有凿式和柱式两种。

齿圈 6 旋转时,齿顶和齿隙交替对向极轴 5。在齿圈旋转过程中,感应线圈 4 内部的磁通量交替变化从而产生感应电动势,此信号通过感应线圈末端的电缆 1 输入 ABS 的电控单元。当齿圈的转速发生变化时,感应电动势的频率也变化。ABS 电控单元通过检测感应电动势的频率来检测车速。

电磁式轮速传感器结构简单、成本低,但存在下述缺点:一是其输出信号的幅值随转速的变化而变化,若车速过慢,其输出信号低于 1V,电控单元就无法检测;二是响应频率不高,当转速过高时，传感器的频率响应跟不上；三是抗电磁波干扰能力差。目前，国内外 ABS 系统的控制速度范围一般为 15～160km/h，今后要求控制速度范围扩大到 8～260km/h 甚至更大，显然电磁感应式轮速传感器很难适应这样的要求。

(2)霍尔轮速传感器

霍尔轮速传感器也是由传感头和齿圈组成，如图 11-43 所示。传感头由永磁体 1、霍尔元件 2 和电子电路等组成，永磁体的磁力线穿过霍尔元件通向齿轮。

当齿轮位于图 11-43a 所示位置时，穿过霍尔元件的磁力线分散，磁场相对较弱；而当齿轮位于图 11-43b 所示位置时，穿过霍尔元件的磁力线集中，磁场相对较强。齿轮转动时，使得穿过霍尔元件的磁力线密度发生变化，因而引起霍尔电压的变化，霍尔元件将输出一个毫伏(mV)级的准正弦波电压。此信号还需由电子电路转换成标准的脉冲电压。

霍尔轮速传感器具有以下优点：其一是输出信号电压幅值不受转速的影响；其二是频率响应高，其响应频率高达 20kHz，相当于车速为 1000km/h 时所检测的信号频率；其三是抗电磁波干扰能力强。因此，霍尔传感器不仅广泛应用于 ABS 轮速检测，也广泛应用于其控制系统的转速检测。

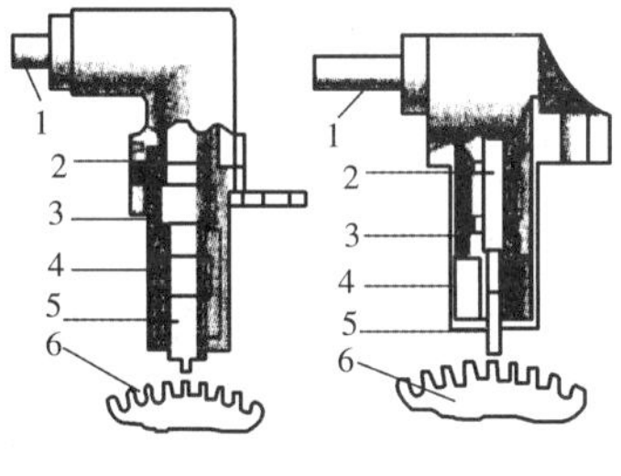

a)凿式极轴 b)柱式极轴

图 11-42 电磁式轮速传感器示意图

1—电缆；2—永磁体；3—外壳；4—感应线圈；5—极轴；6—齿圈

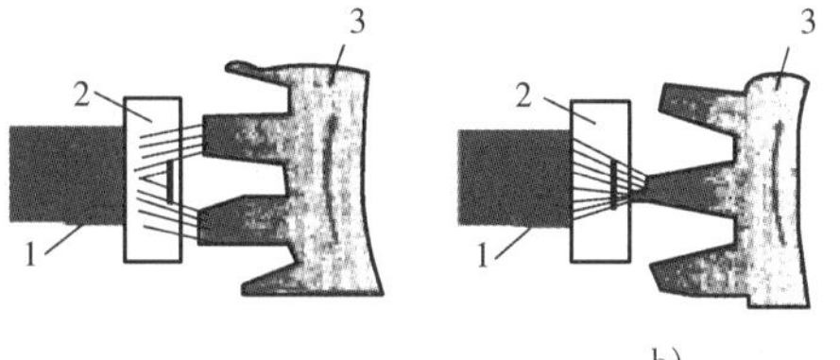

a) b)

图 11-43 霍尔式轮速传感器示意图

1—永磁体；2—霍尔元件；3—齿圈

2. ABS 电控单元(ECU)

ABS 电子控制装置具有运算功能，接收轮速传感器的交流信号，计算出车轮速度、滑移率和车轮的加、减速度。把这些信号加以分析，对制动压力发出控制指令。电子控制装置能控制压力调节器，对其他部件还具有监控功能。当这些部件发生异常时，由指示灯或蜂鸣器给驾驶员报警，使整个系统停止工作，恢复到常规制动方式。

ECU 由以下几个基本电路构成：①轮速传感器的输入放大电路；②运算电路；③电磁阀控制电路；④稳压电源、电源监控电路、故障反馈电路和继电器驱动电路。如图 11-44 所示。

三、制动压力调节装置

压力调节装置的形式很多，有真空式、液压式、机械式、空气式、空气液压加力式等。

液压式压力调节装置安装在主缸(总泵)和轮缸(分泵)之间，主要任务是转换 ECU 的指令,并独立于驾驶员执行 ECU 的命令。它接到 ECU 的指令后,通过电磁阀的工作直接或间接地实现车轮制动器中压力的调节。直接控制制动压力的形式称为循环式,间接控制制动压力的形式称为可变容积式。

制动压力调节装置按其布置形式可分为整体式和分离式两种:整体式压力调节装置与制动主缸、助力器制成一体,如图 11-45 所示;分离式压力调节装置独立于制动主缸、助力器,如图 11-46 所示。

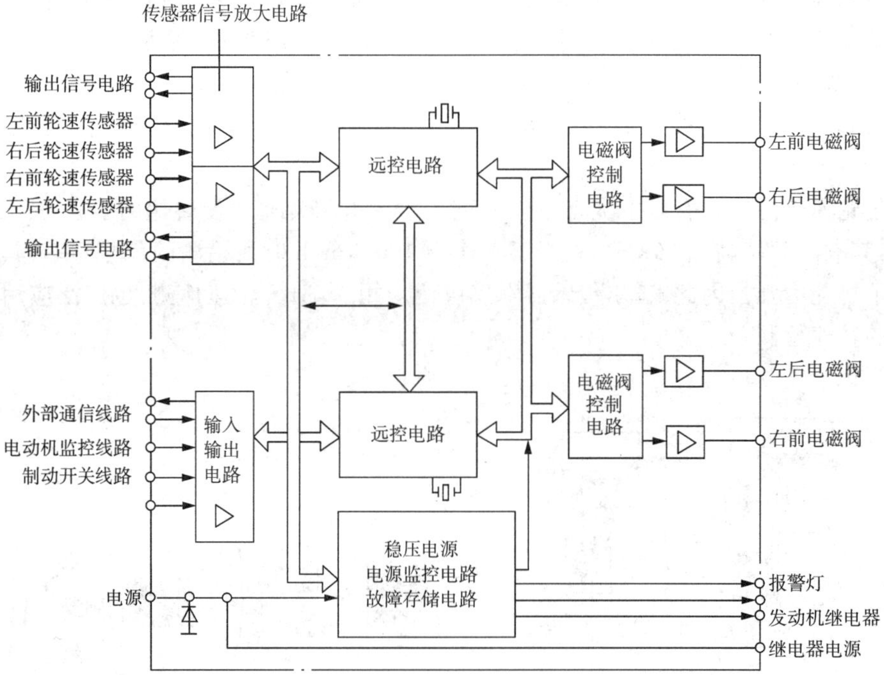

图 11-44 ABS 电控单元 ECU 的基本组成

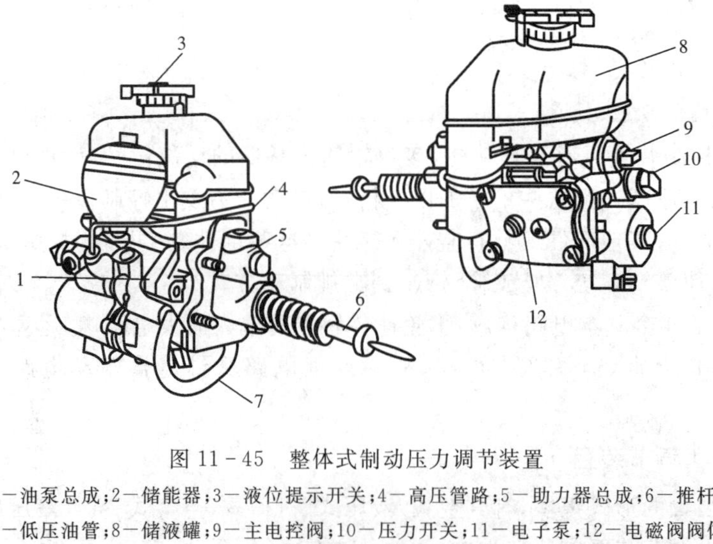

图 11-45 整体式制动压力调节装置

1—油泵总成;2—储能器;3—液位提示开关;4—高压管路;5—助力器总成;6—推杆;
7—低压油管;8—储液罐;9—主电控阀;10—压力开关;11—电子泵;12—电磁阀阀体

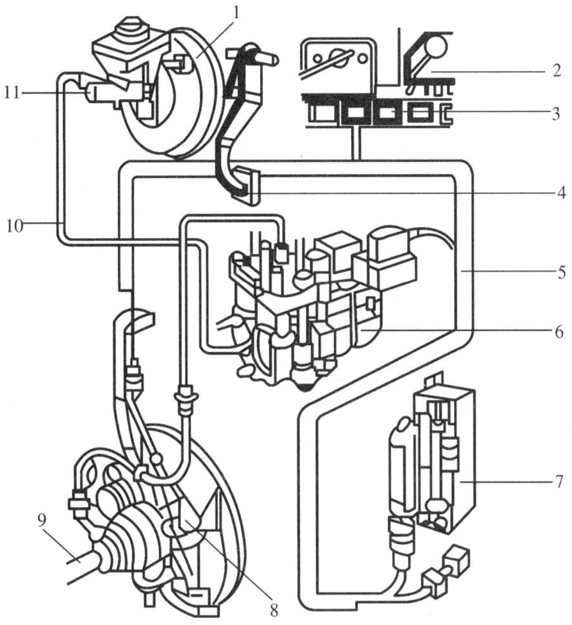

图 11-46 分离式制动压力调节装置

1—真空助力器；2—仪表板；3—ABS 指示灯；4—制动踏板；5—ABS 线路；
6—压力调节阀；7—电子控制器；8—车速传感器；9—车轴；10—制动油管；11—制动主缸体

不同的制动压力调节装置其结构不尽相同，但主要都是由供能装置（液压泵、储能器）、电磁阀和调压缸等组成。

液压泵是一个高压泵，它可在短时间内将制动液加压（在储能器中）到 15～18MPa，并给整个液压系统提供高压制动液。液压泵能在汽车启动 1min 内完成上述工作。液压泵的工作独立于 ABS 计算机，如果计算机出现故障或接线有问题，液压泵仍能正常工作。

储能器的结构形式多种多样。用得较多的是活塞弹簧式储能器，该储能器位于电磁阀与回油泵之间，由轮缸来的液压油进入储能器，进而压缩弹簧使储能器液压腔容积变大，以暂时储存制动液。

电磁阀是制动压力液压调节装置的重要部件，由它完成对 ABS 的控制。ABS 系统中都有一个或两个电磁阀体，其中有若干对电磁阀，分别控制前、后轮的制动。常用的电磁阀有三位三通阀和二位二通阀等多种形式。

四、ABS 的工作原理

ABS 系统根据其制动压力调节方式的不同，分为循环调节压式和变容积式，如图 11-47所示为典型的 ABS 系统结构图。下面还要介绍一下防抱死制动装置（ABS）制动轮缸油压的几个过程。在该系统中，每个车轮上都安装一个转速传感器，将有关各车轮转速的信号输入 ECU。ECU 根据各车轮转速传感器输入的信号对各个车轮的运动状态进行监测和判定，形成相应的控制指令，控制制动压力调节装置对各个制动轮缸的制动压力进行调节，将车轮的滑移率控制在 10％～30％。比例阀通过控制前后轮制动轮缸制动液压力的大小，保证汽车在常规制动时前轮先于后轮抱死，以改善制动性能。在制动防抱死系统出现故障时，装在仪表盘上的制动防抱死系统报警灯就发亮，提醒驾驶员制动防抱死系统出现了故障。

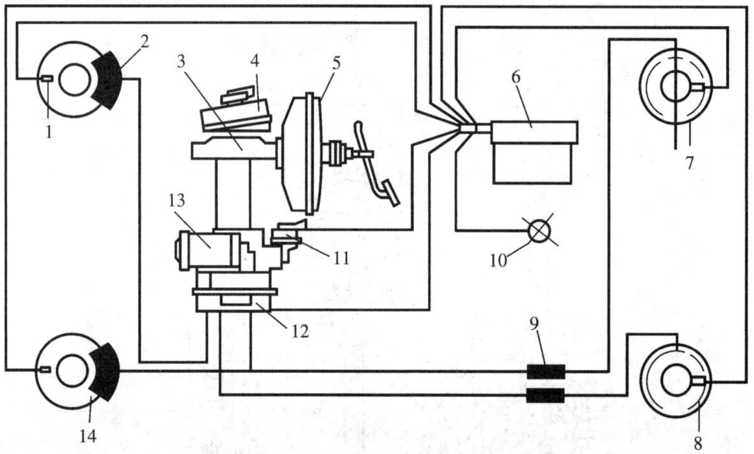

图 11-47 典型的 ABS 系统结构图

1—车轮转速传感器；2—右前制动器；3—制动主缸；4—储液室；5—真空助力器；6—电子控制装置(ECU)；7—右后制动器；8—左后制动器；9—比例阀；10—ABS 警示灯；11—储液器；12—调压电磁阀总成；13—电动泵总成；14—左前制动器

制动防抱死系统的工作过程可以分为常规制动、制动压力降低、制动压力保持和制动压力升高等四个阶段。

(1)常规制动阶段。如图 11-48a 所示，在常规制动过程中，制动防抱死装置不起作用，制动防抱死装置的 ECU 控制磁化线圈不通电。三位电磁换向阀阀芯在回位弹簧推动下处在最下端的工作位置，此时 B 孔保持打开状态，C 孔保持关闭状态。当踩下制动踏板时，制动总泵中的制动液压力升高，制动液经 B 孔和 C 孔流至车轮制动分泵中，推动制动分泵中的柱塞将车轮制动盘夹紧。这时单向阀 2、5 和 11 关闭，液压泵和电动机总成不工作。当松开制动踏板时，制动分泵中的制动液一部分经 A 孔和 B 孔流回制动总泵，另一部分经 A 孔和单向阀 11 流回制动总泵。

(2)制动压力降低阶段。随着压力的升高，车轮即将抱死，这时车速传感器把该信号传给 ECU，ECU 控制执行器磁化线圈通入电流，从而产生电磁力使三位电磁阀阀芯移动到上端。如图 11-48b 所示，这时 B 孔关闭，C 孔打开。结果使车轮制动分泵中的一小部分制动液通过 A 孔和 B 孔进入储液罐。同时 ECU 给液压泵和电动机总成发出信号，使其开始工作，将储液罐中的制动液送回制动总泵。由于单向阀 11 是关闭的，所以制动总泵中的制动液不能进入三位电磁换向阀中，因此车轮制动分泵中的制动液压力降低，从而达到防止车轮抱死的目的。

(3)制动压力保持阶段。当制动分泵中的制动管路压力降低(或在升压过程中压力升高)，使车速达到预定值时，车速传感器给 ECU 传送相应信号，ECU 控制磁化线圈通入较小的电流，磁化线圈产生的磁力将相应减小，三位电磁换向阀阀芯在回位弹簧的作用下移至中间位置。如图 11-48c 所示，B 孔和 C 孔都关闭，同时单向阀 2、5 和 11 也都关闭，所以制动分泵中的制动液被封闭，压力得以保持。

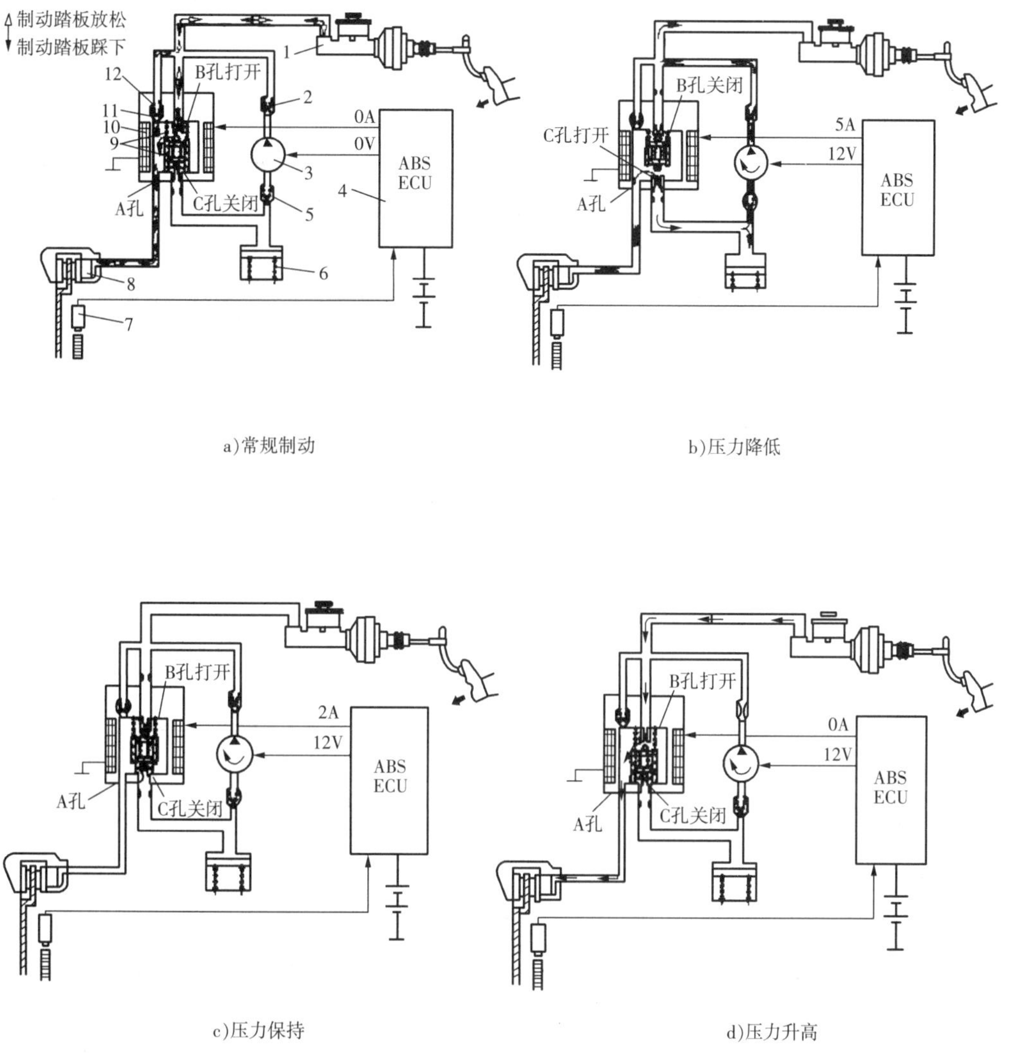

图 11－48　制动防抱死系统工作示意图

1—制动总泵；2、5、11—单向阀；3—液压泵和电动机总成；4—ECU；6—储液罐；
7—前轮轮速传感器；8—盘式制动分泵；9—回位弹簧；10—磁化线圈；12—三位电磁换向阀

(4)制动压力升高阶段。只有制动分泵中的制动液压力升高时，才能产生更大的制动力，从而使车速尽快降低。为此 ECU 使磁化线圈断电，三位电磁换向阀被回位弹簧拉下，如图 11－48d 所示。此时 B 孔打开，C 孔关闭，制动总泵中的制动液经 B 孔和 A 孔流至车轮制动分泵中，从而使制动分泵中的制动液压力升高，制动力增大。

当制动力增大到一定程度时，车轮又会出现即将抱死的状态，这时又需对制动分泵降压，从而开始下一个降压—保压—升压循环。制动防抱死装置以脉冲的形式(频率为 4～10Hz)对制动压力进行调节，始终将车轮的滑移率控制在 10%～30%的范围内，防止车轮抱死拖滑，最大限度地保证了制动时汽车的稳定性，缩短了制动距离。

五、ABS 系统的布置形式

ABS系统中,能够独立进行制动压力调节的制动管路称为控制通道。如果对某车轮的制动压力可以进行单独调节,称这种控制方式为独立控制;如果对两个或两个以上车轮的制动压力一同调节,则称这种控制方式为一同控制。在对两个车轮的制动压力进行一同控制时,如果以保证附着力较大的车轮不发生制动抱死为原则进行制动压力调节,称这种控制方式为按高选原则一同控制;如果以保证附着力较小的车轮不发生制动抱死为原则进行制动压力调节,则称这种控制方式为按低选原则一同控制。

按照控制通道数目的不同,ABS 系统分为四通道、三通道、双通道和单通道四种形式,而其布置形式却多种多样,如图 11-49 所示。

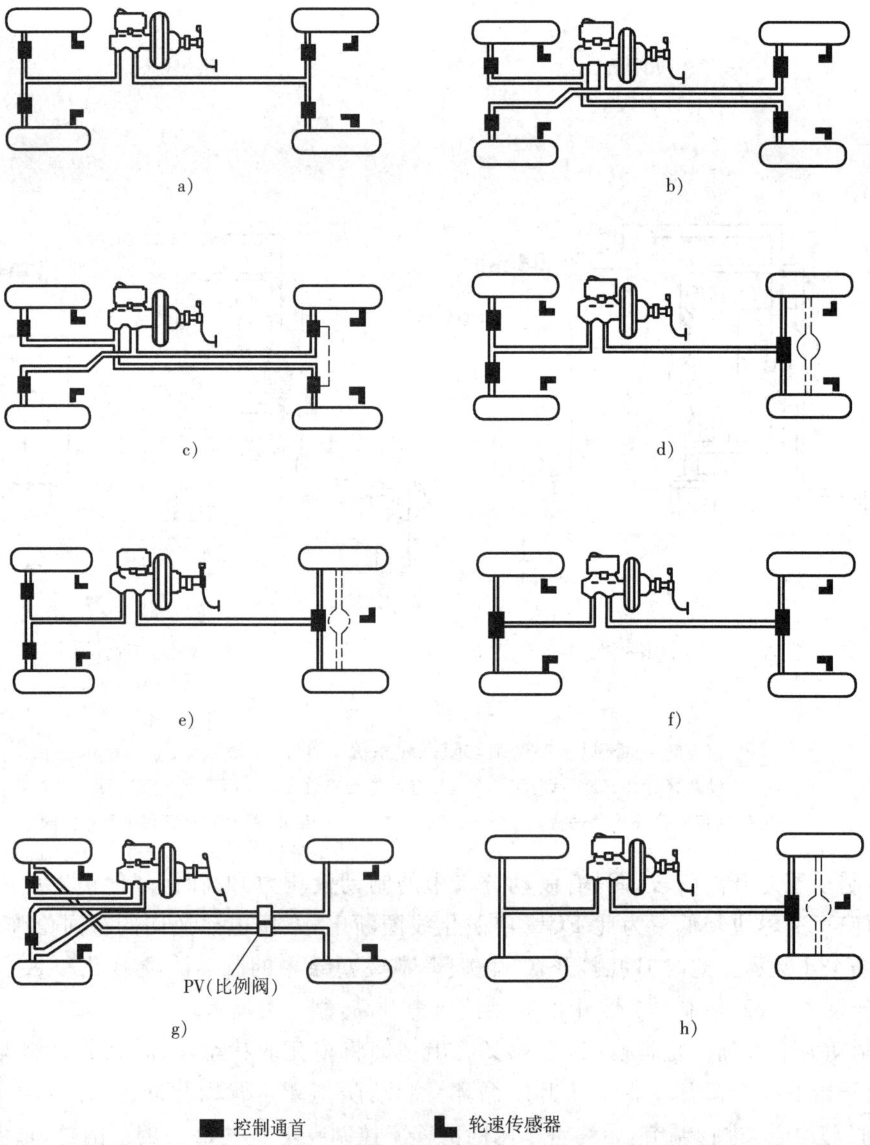

图 11-49　ABS 系统布置示意图

1. 四通道 ABS 系统

对应于双制动管路的 H 型（前后）或 X 型（对角）两种布置形式，四通道 ABS 也有两种布置形式，如图 11－49a、b 所示。为了对四个车轮的制动压力进行独立控制，在每个车轮上各安装一个转速传感器，并在通往各制动轮缸的制动管路中各设置一个制动压力调节分装置（通道）。由于四通道 ABS 系统可以最大程度地利用每个车轮的附着力进行制动，因此汽车的制动效能最好。但在附着系数分离（两侧车轮的附着系数不相等）的路面上制动时，若同一轴上两侧车轮的制动力不相等，会使汽车产生较大的偏转力矩而跑偏。因此，ABS 系统通常不对四个车轮进行独立的制动压力调节。

2. 三通道 ABS 系统

四轮 ABS 大多为三通道系统，而三通道系统都是对两前轮的制动压力进行单独控制，对两后轮的制动压力按低选原则一同控制，其布置形式如图 11－49c、d、e 所示。如图 11－49c 所示的按对角布置的双管路制动系统中，虽然在通往四个制动轮缸的制动管路中各设置了一个制动压力调节分装置，但两个后制动压力调节分装置却是由电控单元一同控制的，实际上仍是三通道 ABS 系统。由于三通道 ABS 系统对两后轮进行一同控制，对于后轮驱动的汽车，可以在变速器或主减速器中只设置一个转速传感器来检测两后轮的平均转速。

汽车紧急制动时，会发生很大的轴荷转移（前轴荷增加，后轴荷减小），使得前轮的附着力比后轮的附着力大很多（前置前驱动汽车的前轮附着力约占汽车总附着力的 70%～80%）。对前轮制动压力进行独立控制，可充分利用两前轮的附着力对汽车进行制动，有利于缩短制动距离。尽管两前轮制动压力独立控制可能会导致两前轮制动力的不平衡，但这种不平衡对汽车行驶时的方向稳定性影响较小，而且还可以通过转向操纵对此不利影响加以修正。对两后轮的制动压力按低选原则一同控制，即使汽车两侧车轮的附着力相差较大时，两后轮的制动力都被限制在较小的附着力水平，由此造成的制动力损失并不显著，而汽车的方向稳定性却可得到很大改善。

3. 双通道 ABS 系统

如图 11－49f 所示的双通道 ABS 系统，在按前后布置的双管路制动系统的前后制动管路中各设置了一个制动压力调节分装置，分别对两前轮和两后轮进行一同控制。两前轮可以根据附着条件进行高选和低选转换：当两前轮附着力相差较大时，按高选原则一同控制；当两前轮附着力相差不大时，按低选原则一同控制。两后轮则按低选原则一同控制。对于后轮驱动的汽车，可以在两前轮和传动系中各安装一个转速传感器。当在附着系数分离的路面上进行紧急制动时，两前轮的制动力相差很大，为保持汽车的行驶方向，驾驶员会通过转动转向盘使前轮偏转，以求用转向轮产生的横向力与不平衡的制动力相抗衡，保持汽车行驶方向的稳定性。但是在两前轮从附着系数分离路面驶入附着系数均匀路面的瞬间，以前处于低附着系数路面而抱死的前轮的制动力因附着力突然增大而增大，由于驾驶员无法在瞬间将转向轮回正，转向轮上仍然存在的横向力将会使汽车向转向轮偏转方向行驶，这在高速行驶时是一种无法控制的危险状态。

如图 11－49g 所示的双通道 ABS 系统多用于制动管路对角布置的汽车上。两前轮独立控制，制动液通过比例阀（P 阀）按一定比例减压后传给对角后轮。采用此控制方式的汽车在附着系数分离的路面上制动时，高附着系数路面上的前轮产生高制动压力，通过管路和比例阀传到对角低附着系数侧的后轮，使该后轮抱死；而低附着系数侧的前轮制动压力低，经管路和比例阀传至对角高附着系数侧的后轮，该后轮不会抱死，从而提高了汽车制动时的方向稳定性。在两前轮从附着系数分离路面驶入附着系数均匀路面时，以前处于低附着系数路面的前轮的制动力，因制动压力逐渐增大而逐渐增大到一直处于高附着系数路面前轮的制动力水平，在制动力逐渐增大的过程中，驾驶员有足够的时间将转向轮回正，使汽车的行驶方向得到控制。对于采用此控制方式的前轮驱动汽车，如果在紧急制动时离合器没有及时分离，发动机的制动力矩就会作用于前轮，因此前轮在制动压力较小时就趋于抱死，ABS开始进行制动压力调节，而此时后轮的制动力还远未达到其附着力的水平，所以汽车的制动力会显著减小。而对于采用此控制方式的后轮驱动汽车，如果将比例阀调整到正常制动情况下前轮趋于抱死时，后轮的制动力接近其附着力，则紧急制动时由于离合器往往难以及时分离，发动机的制动力矩即会作用于后轮，导致后轮抱死，使汽车丧失方向稳定性；如果将比例阀调整到即使在离合器没有分离的情况下进行紧急制动时，后轮也不会发生制动抱死，则在通常的制动情况下，后轮的制动力就会不足，汽车的制动距离会明显增加。

由于双通道ABS系统难以兼顾到方向稳定性、转向操纵能力和制动距离等方面，因此目前很少被采用。

4. 单通道ABS系统

所有单通道ABS系统都是在前后布置的双管路制动系统的后制动管路中设置一个制动压力调节装置，对于后轮驱动的汽车只需在传动系中安装一个转速传感器，如图11－49h所示。单通道ABS系统一般对两后轮按低选原则一同控制，其主要作用是提高汽车制动时的方向稳定性。在附着系数分离的路面上进行制动时，两后轮的制动力都被限制在处于低附着系数路面上的后轮的附着力水平，制动距离会有所增加。由于前制动轮缸的制动压力未被控制，前轮仍然可能发生制动抱死，所以汽车制动时的转向操作能力得不到保障。但由于单通道ABS系统能够显著地提高汽车制动时的方向稳定性，又具有结构简单、成本低的优点，因此在轻型货车上得到了广泛应用。

六、ABS系统的优点

ABS系统的第一个优点是增加了汽车制动时的稳定性。资料表明，装有ABS系统的车辆，可使因车轮侧滑引起事故的比例下降8%左右。

ABS系统的第二个优点是能缩短制动距离。这是因为在同样紧急制动的情况下，ABS系统可以将滑移率控制在20%左右，从而可获得最大的纵向制动力。但是，当汽车在积雪路面上制动时，若车轮抱死，则车轮前的楔状积雪可阻止汽车的前进，在此条件下，装有ABS系统的汽车，其制动距离可能会更长。

ABS系统的第三个优点是改善了轮胎的磨损状况。事实上，车轮抱死会加剧轮胎磨损，而且使轮胎胎面磨耗不均匀。经测定，在汽车的使用寿命内，将紧急制动时车轮抱死所造成的轮胎磨损而引起的花费进行累加，已超过一套防抱死制动系统的造价。因此，装用ABS系统具有一定的经济效益。

ABS系统还有一个优点就是使用方便，工作可靠。ABS系统的使用与普通制动系统几乎没有区别，制动时只要把脚踏在制动踏板上，ABS系统就会根据情况自动进入工作状态。如遇雨雪路滑，驾驶员也没有必要用一连串的点刹车方式进行制动，ABS系统会使制动状态保持在最佳点。

思考题

13－1　汽车制动系的作用是什么？主要由哪几部分构成？有什么类型？

13－2　鼓式车轮制动器有哪些常见形式？各有何特点？分别举出两种所应用的车型。

13－3　什么是制动蹄的助势和减势作用？

13－4　盘式车轮制动器有哪些基本组成？盘式制动器有何特点？

13－5　真空液压传动装置有哪两类？各有哪些基本组成？二者如何区别？

13－6　气压制动控制阀主要有哪两种？画简图说明其基本组成、工作原理及调整部位。

13－7　简述 ABS 系统的组成及作用。

第十二章 汽车车身

汽车车身是汽车的组成部分之一,是保证驾驶员和乘客安全舒适的重要装置。本章主要介绍汽车车身的组成、结构及主要装备等内容。要求学生重点掌握车身的分类及特点,行车主、被动安全结构等相关知识。

第一节 概 述

汽车车身是驾驶员工作的场所,也是容纳乘客及货物的场所。

车身应为驾驶员提供方便的工作条件,为乘客提供舒适的乘坐环境,保护他们免受汽车振动、噪声、废气的侵袭和外界恶劣环境的影响,并能方便货物装卸及保证其在运输中的完好性。车身及设备还应有助于安全行车和减轻事故损失程度。

车身应具有合理的外形和色彩,这种外形和色彩应符合生产工艺学、壳体力学、空气动力学、人-机工程学、美学及用户心理学、经济学等多学科的基本规律。此外,还应满足汽车的动力性、燃料的经济性、乘坐的舒适性、操纵的稳定性、安全性及寿命等使用要求。

车身结构主要包括:车身壳体、车门、车窗、车前板制件、车身内外装饰和车身附件、座椅及通风、暖气、空气调节装置等。对货车和专用汽车,还包括车厢和其他装备。

车身壳体是全部车身部件的安装基础,通常是指主要承力元件(纵、横梁和支柱等)及与它们相连的板件共同组成的刚性空间结构。客车车身多数有明显的骨架,而轿车车身和货车驾驶室的骨架则不明显。车身壳体也包括其上敷设的隔音、隔热、防震、密封等材料及涂层。

车门是保证车身使用性能的重要部件,其结构复杂,通过铰链安装于车身壳体上。

车前板制件包括散热器固定框、发动机罩、翼子板、挡泥板等。这些板制件构成了容纳发动机、车轮等部件的空间。

车身的外饰件主要是装饰条、车轮装饰罩、标志、浮雕式文字等。保险杠、散热器面罩、灯具、后视镜等附件也有明显的装饰性。

车身的内饰件主要有仪表板、顶篷、侧壁、座椅等表面覆饰物及地毯和窗帘。在轿车上,目前广泛采用天然纤维或合成纤维的纺织品、皮革及人造革或多层复合材料,边皮泡沫塑料等覆饰材料;在客车上则大量采用纤维板、工程塑料板、铝板、花纹橡胶板、纸板和复合装饰板等覆饰材料。

车身附件有:门锁、门铰链、玻璃升降器、各种密封件、风窗刮水器、风窗洗涤器、遮阳板、后视镜、拉手、点烟器、烟灰盒、无线电收放音机及杆式天线等。有的汽车还装有无线电话机、电视机、小型电冰箱和微波炉等附属设备。

座椅是车身内重要装置之一。它由骨架、坐垫、靠背和调节机构组成。坐垫和靠背应具有一定的弹性。调节机构可使座位前后或上下移动，还能调节坐垫和靠背的倾斜角度。有些汽车座椅还有弹性悬架和减震器，以便适应不同体重的驾驶员及调节坐姿的需要。在一些货车驾驶室和客车车厢中还设置长途行车需要的卧铺。

车身内的通风、暖气、冷气以及空调是维持车内良好环境、保证驾驶员和乘客安全舒适的另一些重要装置。此外，现代汽车为保证行车安全，汽车上广泛采用了被动安全装置，如安全带、头枕、气囊等。少数汽车还采用了主动安全装置，如 ABS、ASR 防撞雷达装置、超声停车器等。

按照运载货物种类的不同，货车车厢可以是普通的栏板式结构、平台式结构、倾卸式结构、闭式结构，还可以是装载气体或液体和运输散粒货物（谷物、粉状物等）所采用的气力吹卸专用容罐及标准集装箱。

第二节　车身壳体及门窗结构

一、车身壳体结构的分类

车身壳体按照受力情况可分为：承载式（或称全承载式）、半承载式和非承载式。

1. 承载式车身

其结构特点是汽车无车架，车身即是发动机及底盘各总成的安装基础。该种车身不仅承受自身与装载乘客和货物的重力及汽车行驶中的惯性力和空气阻力，还承受发动机及底盘各部件的重力及其工作时通过支架传给车身的力以及汽车行驶时由路面通过车轮或悬架传给车身的力。

2. 半承载式车身

其特点是车身骨架与车架用螺钉、铆钉或焊接等方法刚性地连接。该种车身除承受上述各种载荷外，还在一定程度上加固了车架，分担了车架的部分载荷。

3. 非承载式车身

其特点是车身与车架通过弹簧或橡胶垫做柔性连接，因此车身对车架的加固作用不大。该种车身仅承受自身及装载乘客和货物的重力及汽车行驶中的惯性力和空气阻力。而车架则承受发动机及底盘各部件的重力及其工作时通过支架传给车架的作用力以及汽车行驶过程中路面通过车轮和悬架传给车架的各种力和力矩，尤其后者对车架和车身的寿命影响很大。

为了节约材料及轻量化设计，目前多数中、轻级及微型轿车和部分客车车身常采用承载式车身，货车及开式车身的敞篷车只能采用非承载式车身。高级轿车为提高其舒适性，减轻发动机及底盘各总成工作时的振动以及汽车行驶时由路面产生的冲击影响，则可采用非承载式车身。

二、轿车车身及货车驾驶室

轿车车身及货车驾驶室是由外部覆盖件和内部板件焊合而成的空间结构，无明显的骨架。

1. 轿车车身

如图 12－1 及图 12－2 所示分别是典型的承载式和非承载式轿车车身壳体结构。仔细比较两图就可以看出，前者比后者更强固。前者地板有较完整、厚度也较大的纵、横承力元件，前部有两根断面尺寸较粗大的纵梁 11，往往与两侧的前挡泥板 8 和散热器固定框 9 等焊接成刚性较好的空间构架,以便安装发动机及前悬架等部件,并承受其工作载荷。而非承载式轿车(长头式货车亦相同)的车身前部就较薄弱,其车前板制件通常不是焊接在车身壳体上,而是用螺钉相互连接安装在车架上。由此可见,承载式轿车车身比非承载式易于轻量化,抗扭刚度大,易于有效利用室内空间,成本低,可大批量生产。但前者缺点是易受发动机和悬架震动的影响而产生噪声,然而现代轿车遮蔽噪声的技术已很先进,这一难题已基本解决。

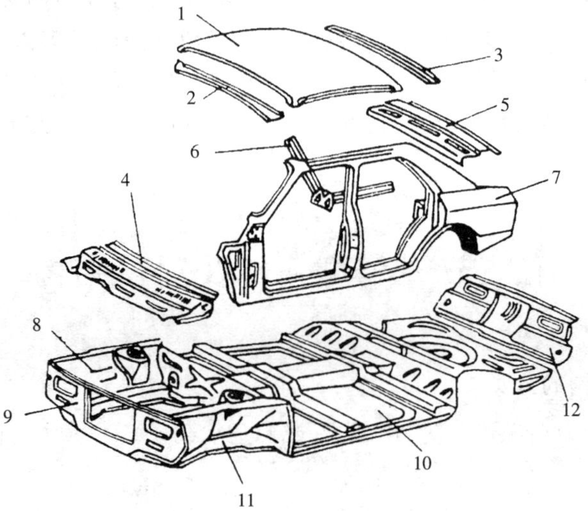

图 12-1 典型的承载式轿车车身壳体

1—顶盖;2—前风窗框上横梁;3—后窗框上横梁;4—前围上盖板;5—后围上盖板;6—加强撑;7—侧门框总成;8—前挡泥板;9—散热器固定框;10—地板总成;11—前纵梁;12—后围板

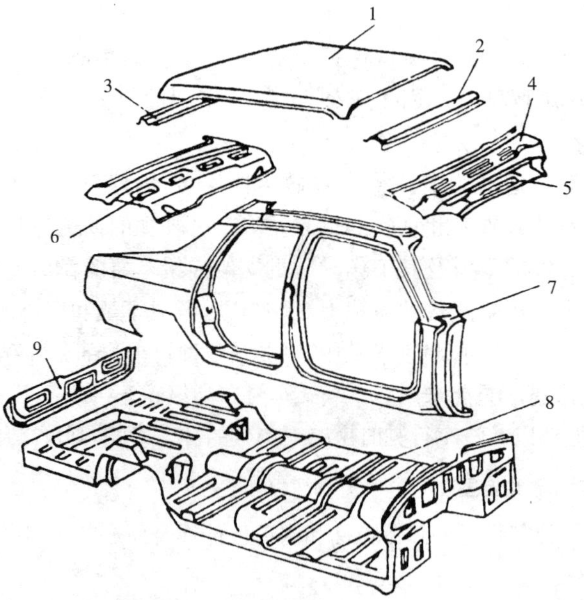

图 12-2 典型的非承载式轿车车身壳体

1—顶盖;2—前风窗框上横梁;4—前围上盖板;5—前围内盖板;6—后围上盖板;7—侧门框总成;8—地板总成;9—后围板

2. 货车驾驶室

货车驾驶室基本上都是非承载式结构，并采用三点或四点式悬置与车架连接。其结构类型可分为：

(1)位于发动机之后的长头式驾驶室(如图 12－3a 所示)。这种驾驶室的高度和宽度均较小，结构紧凑，刚度较大，通常是三点式悬置。一汽产的 CA1091 型汽车采用的凸头式驾驶室，实际是改进的长头式驾驶室，与普通的长头式驾驶室相比，有离地面低、乘坐更加舒适等优点。

(2)与发动机并列的平头式驾驶室(如图 12－3b 所示)。这种驾驶室的发动机位于其中部，因而需要在地板中部有较大的开口并在前围设置较大的散热通风口，削弱了驾驶室的刚性，需要在开口的边缘设置加强筋或加强梁。这种驾驶室虽然外部尺寸较宽大，但因中部的发动机占去了很大的空间，故仍显得很拥挤。这种结构的驾驶室通常是四点式悬置。

(3)位于发动机之上的平头式驾驶室(如图 12－3c 所示)。这种驾驶室与第二种结构相比，其结构完整，刚性较好，内部也较宽敞，但高度相对较大。这种结构驾驶室常用三点或四点悬置，亦适用于向前倾翻式的驾驶室。

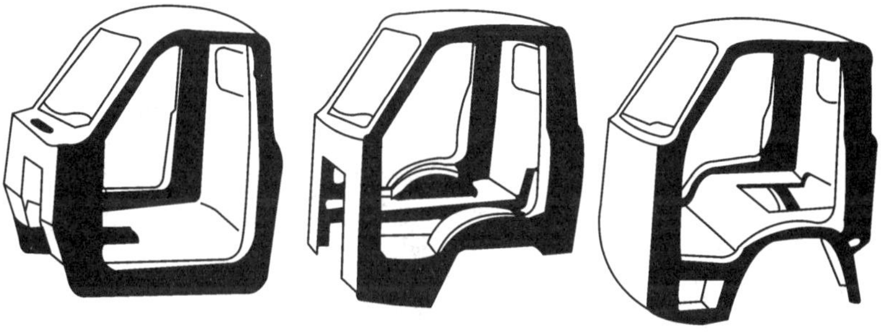

a)　　b)　　c)

图 12－3　货车驾驶室的结构类型

三、客车车身

由于客车采用厢式外形，车身尺寸较大、形状规则，故多数具有完整的骨架，最适合采用承载式结构。

在客车发展初期，是将专业化车身厂生产的车身装在货车底盘车架上，故车身采用非承载式结构。其优点是便于在同一汽车底盘上安装不同的车身，但未能充分利用车身构架的承载作用，故汽车整备质量较大。

为了轻量化设计并兼顾车身与货车(或专用客车底盘)匹配，将车架横梁(或牛腿)加宽并与车身侧围骨架刚性连接，使车架车身组合成一个整体，车身骨架也承担车架部分载荷。这种结构称为半承载式(或组合式)车身(如图 12－4 所示)。由于半承载式车身仍保留有质量较大的车架，轻量化设计仍受到限制，可改用质量较小而刚度较大的承载底架来取代笨重的车架。这种底架具有贯通式纵梁和一些与车身等宽的横梁，车身骨架形成一个刚性空间承载系统。该结构目前在大型长途客车和双层客车上得到了广泛的应用，如浉河汽车制造厂生产的 KL6110/6120 客车底盘的 J 系列车架即属此种。

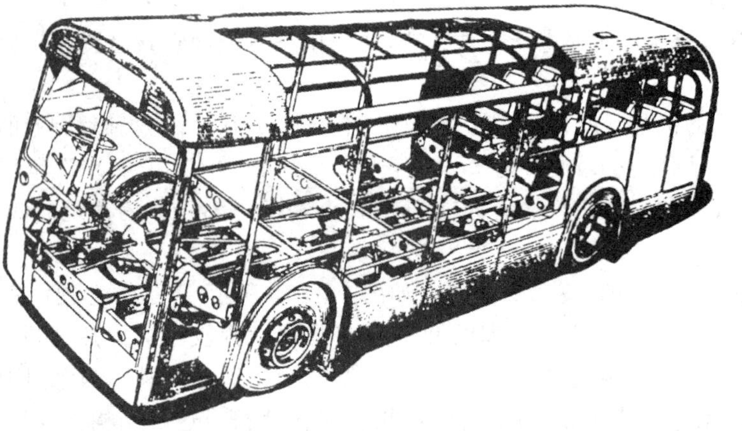

图 12-4 客车半承载式(组合式)车身骨架及底盘

如图 12-5 所示是整体承载式结构,其特点是车身壳体构件(含内、外蒙皮)都参与承载,使各构件承载时相互牵连、协调,充分发挥材料的最大潜力,使车身质量最小而刚度、强度最大。与前者相比,在轻量化设计的基础上,使整车高度降低,有利于汽车动力性、经济性和操纵性,当然这种结构要以先进的设计方法、工艺技术和测试手段为依托。

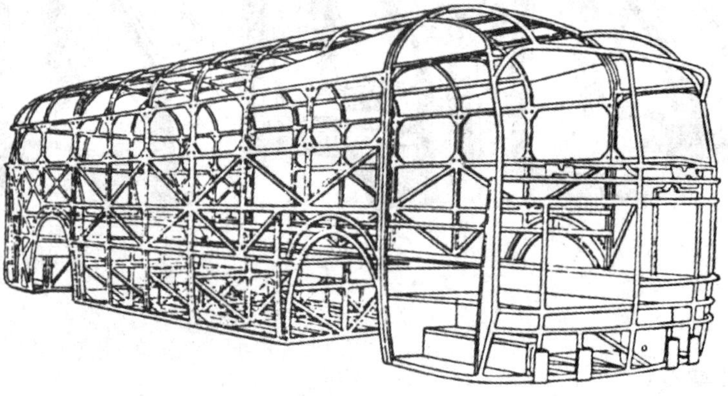

图 12-5 客车整体承载式车身骨架

四、车门、车窗及附件和密封

车门是车身上重要部件之一,按其开启的方式可分为顺开式、逆开式、水平移动式、上掀式和折叠式等几种(如图 12-6 所示)。

顺开式车门比较安全,因为汽车行驶中可借气流的压力关上车门,并方便驾驶员倒车时向后观察,故被广泛采用。

逆开式车门在汽车行驶中若关闭不严,易被气流冲开,不安全,因而用得较少。通常为改善上、下车方便性而使用或用于迎宾礼仪车。

水平移动式车门的特点是车门开启时沿着车身滑道移动,当车身侧壁与障碍物距离较小时,车门仍能全部开启,故被广泛应用于微型客货两用车的中门。

上掀式车门(又称飞翼式车门)广泛用于轿车和轻、微型客货车的后门,也用于大客车行李仓的仓门。

图 12－6　车门开启的形式

1—逆开式；2—顺开式；3—折叠式；4—上掀式；5—水平移动式

折叠式车门则被广泛应用于大、中型客车上。目前对于豪华型大客车，为方便乘客上、下车，而广泛采用外摆门。另在车身后部设有安全门，以备发生事故时加速乘客撤离事故现场和救援人员的进入。

轿车、货车车门及客车驾驶员出入车门如图 12－7 所示。通常由门外板 3、门内板 2、窗框（有的车门装有三角形窗 1）等组成。门内板是各种附件安装基体，其上装有门铰链 14、升降玻璃 4 及导轨，还有玻璃升降器手柄 12、门锁 8、车门开度限位器 13 等附件。有的汽车车门内还有冷或暖风通风管、立体声收放音机扬声器、电动门锁、遥控门锁、防盗车门报警传感器等。

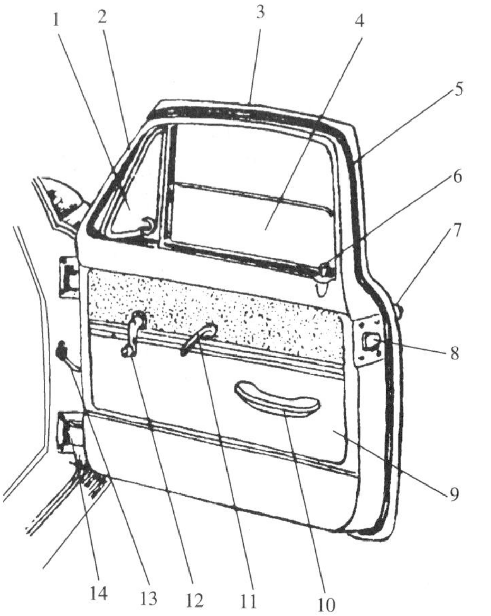

图 12－7　车门及其附件

1—三角窗；2—内门板；3—门外板；4—升降玻璃；5—密封条；6—内部锁止按钮；7—门锁外手柄；8—门锁；9—车门内护板；10—拉手；11—门锁内手柄；12—玻璃升降器手柄；13—车门开度限位器；14—门铰链

车门借铰链安装于车身壳体上，应与车身本体曲面相匹配。对于轿车、货车及客车驾驶员车门铰链的安装轴线对地面应稍有倾斜。这样，当车门打开放手后，能在重力作用下自动关闭。车门开度应有车门开度限位器限制。汽车行驶中，车身壳体将产生反复扭转变形，为防止这种情况下车门与门框摩擦产生噪声，门与框间留有较大的间隙，靠橡胶密封条 5 将间隙密封。

汽车前、后窗通常采用视野好而又美观的安全曲面玻璃,借橡胶密封条嵌合在窗框上(或用黏合剂黏接在窗框上)。为便于自然通风,汽车的侧窗玻璃一般可前后或上下移动。在玻璃与导轨之间装有呢绒或植绒橡胶等材料的密封槽。有些汽车的侧窗玻璃采用茶色玻璃或隔热层,可使车内具有宁静、休闲、舒适感和保温效果。另外有些高级客车和轿车因其室内具有完善的冷气、暖气、通风及空气调节,故常将侧窗玻璃设计成不可移动式,以提高车身的密封性。

第三节　车身内的装备

一、空气调节装置

车内空气调节装置包括通风、采暖、冷气、除霜及空气净化等。

1. 通风及暖气装置

为保证驾驶员及乘客的舒适健康,必须对车内进行通风,即不断地向车内充入新鲜空气,以驱逐混浊的空气。在寒冷季节,还应对新鲜空气加热,以保证车内温度适宜。

通常有自然通风和强制通风两种。自然通风即利用汽车行驶时的迎面气流进行车内空气交换。通常利用车身上设计的进、出风口和装在车门上的三角窗来实现(所图 12 - 8 所示)。进风口一般布置在风窗玻璃下沿的前方或车身前围的两侧,出风口在车身侧面向后部的拐角处。三角窗可绕其轴线转动和调节开度。当三角窗开启时,其附近形成空气涡流,迫使车内空气绕车窗循环流动。

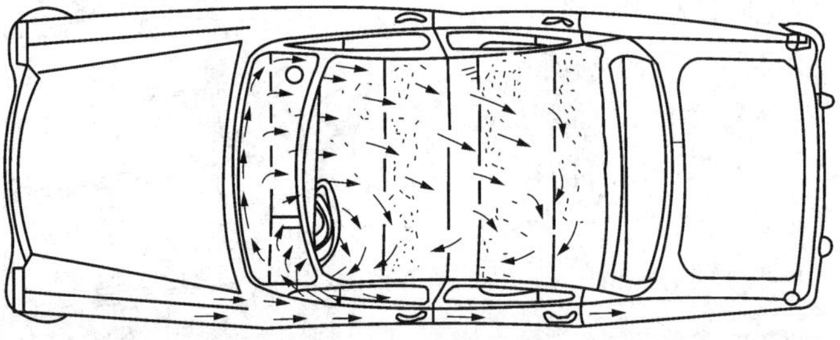

图 12 - 8　利用三角窗进行自然通风

强制通风是利用风机 3 将车外新鲜空气经进风口 2 压入车内(如图 12 - 9 所示)。该图是部分货车及吉普车驾驶室中还在采用的通风采暖除霜的组合装置。在寒冷季节,该装置将发动机中的冷却水(约 80℃～90℃)直接导入采暖装置的散热器 8 对空气加热,再将热空气引入室内供暖,同时也将其引至风窗进行除霜。较暖的空气可经进口 12 重新导入该装置加热,形成内循环。与直接加热室外冷空气相比,内循环能较迅速地使室内温度升高。强制通风效果比自然通风更有效。强制通风对车内空气的净化可采用过滤方法。

如图 12 - 10 所示是大客车独立燃烧式通风采暖除霜组合装置,圆筒状的采暖装置 4 的前部有电动机,后部装有燃油泵、甩油杯、点火电阻丝及热交换器等。在温暖季节可使该装置的燃油供给停止,而风机仍可强制通风。

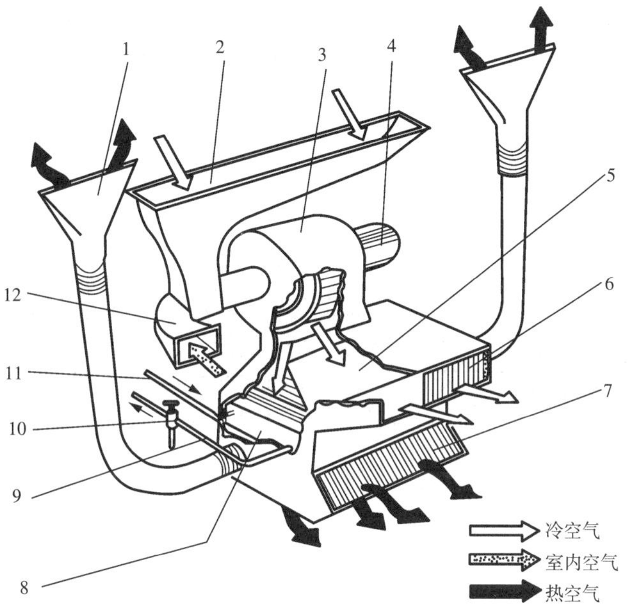

图 12-9 通风采暖除霜组合装置

1—除霜喷嘴;2—冷空气进口;3—风机;4—电动机;5—冷热变换阀门;6—冷空气出口;7—热空气出口;8—散热器;9—出水管;10—防水龙头;11—进水管;12—内循环空气进口

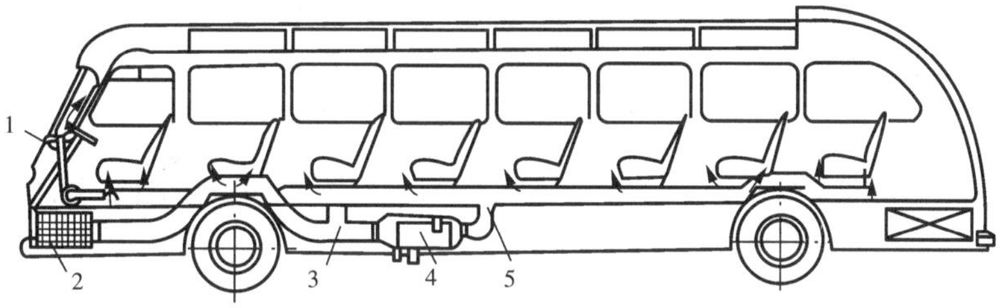

图 12-10 大客车独立式通风采暖除霜组合装置

1—风窗除霜器;2—空气滤清器;3—内外循环变换阀门;4—采暖装置;5—分配导管

2. 空调装置

为提高乘坐的舒适性,现代汽车(尤其是轿车)广泛装用空调装置。车用空调是由暖风装置和冷气装置共同构成。

如图 12-11 所示是车用空调制冷循环示意图。储液罐 4 中的制冷工质(氟利昂气体 R134a)在压缩机 1 作用下流经膨胀阀 3,由于膨胀阀弹簧压力的节流作用致使其出口处压力大大下降。低压气态工质由压缩机 1 及冷凝器 5 还原为高压液态并回到储液罐。图中还示出了工作物态转化过程中压力和温度的大致数值。

如图 12-12 所示是高尔夫轿车的通风采暖冷气组合装置。其冷气部分有冷凝器 3 置于汽车的最前部,压缩机 4 通过皮带轮由发动机带动,皮带轮与压缩机主轴之间装有电磁离合器,只有在制冷时方使主轴与皮带轮结合。在压缩机的作用下,制冷工质从储液罐 2 经管道 5 通过膨胀阀 7 进入蒸发器 12,然后经管道 6 被吸入压缩机,再通过冷凝器 3 回到储液罐 2。车外空气在风机 10 的作用下从进口 1 经空气过滤进口 8 流过蒸发器 12 进入分配箱 13。在制冷系统工作时,分配箱可将冷却的空气导向出风口 11、14 和 15,制冷系统不工作时,出风口排出的是从室外导入的新鲜空气;在暖气系统工作时,分配箱还可将空气导向热交换器 17,然后经各出风口和除霜出口排出。如图 12－13 所示是南京依维柯轻型车驾驶室内通风采暖冷气供给示意图。

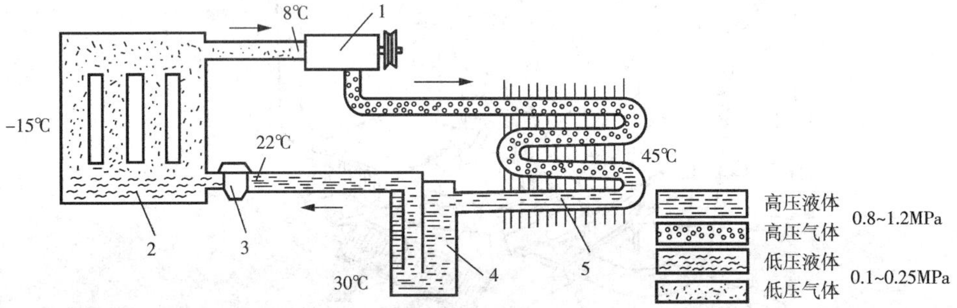

图 12－11　车用空调制冷循环示意图

1—压缩机;2—蒸发器;3—膨胀阀;4—储液罐;5—冷凝器

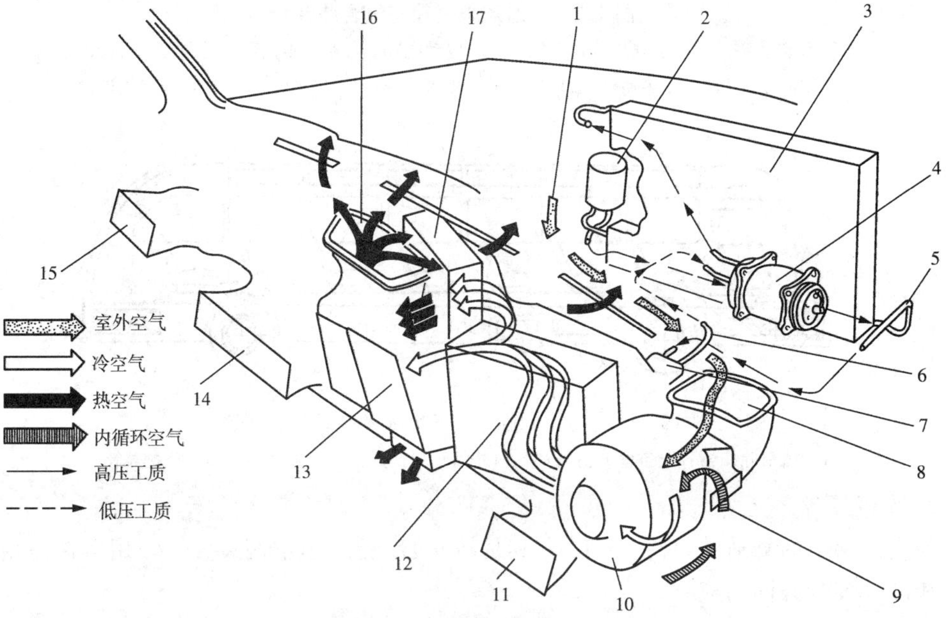

图 12－12　高尔夫轿车通风采暖冷气组合装置

1—外部空气进口;2—储液罐;3—冷凝器;4—压缩机;5—高压管道;6—吸入管道;7—膨胀阀;8—空气过滤进口;9—内部循环空气进口;10—风机;11—右出风口;12—蒸发器;13—分配箱;14—中出风口;15—左出风口;16—除霜热空气出口;17—热交换器

目前,有些汽车装用全自动空调机(如图 12－14 所示),这种空调机装有许多传感器,如检测日射量的传感器、车内外空气温度传感器、水温传感器、蒸发器传感器等。空调机工作时,各种传感器将采集的信号送至 ECU,ECU 按照设定的车内温度自动地改变送风机、压缩机的转速,以及冷暖风出风口的方向,达到自动调节。

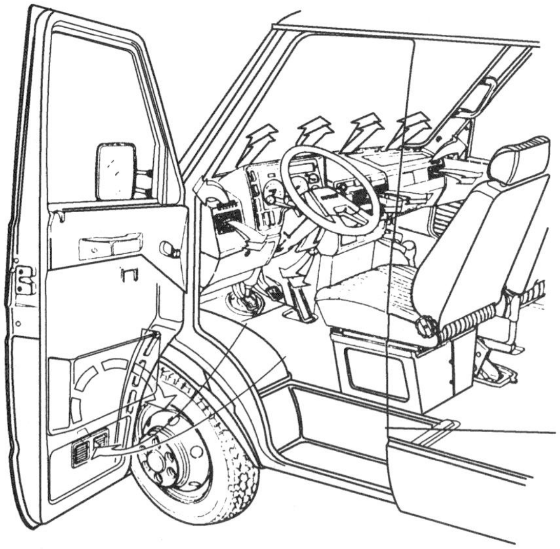

图 12－13　南京依维柯驾驶室通风采暖冷气供给示意图

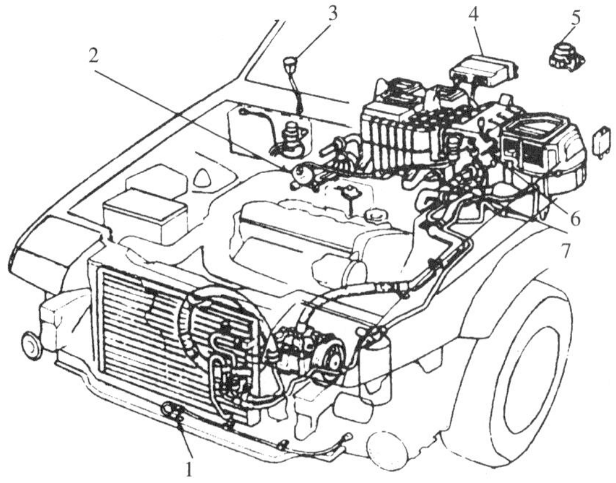

图 12－14　全自动空调机结构布置图

1—外部空气温度传感器；2—水阀；3—日射量传感器；4—控制装置；
5—车内空气温度传感器；6—蒸发器传感器；7—水温传感器

下面介绍空调的主要部件。

(1)蒸发器

将通过氟利昂制冷剂的管子排列起来，再装上一些散热片，其结构犹如一台很小的散热器(如图 12－15 所示)，当雾状制冷剂从管中排出时，就会冷却散热片表面的空气。送风扇旋转后，车内的空气不断通过蒸发器表面被吸取热量，变成冷风，由送风管道吹出。

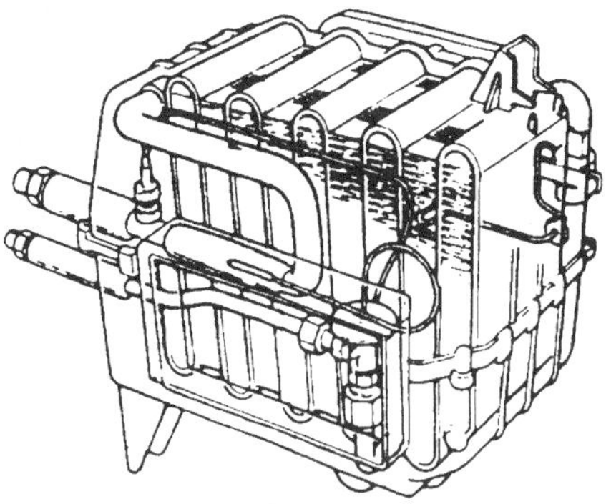

图 12－15　蒸发器

(2)压缩机

在空调的制冷循环中，液体状的氟利昂制冷剂汽化后，需要将其吸收的热量放出来才能再次转变为液体。由发动机驱动的压缩机以高压压缩制冷气体,促使其变为液体。空调工作时,要消耗发动机部分输出功率,故有些汽车在全速加速时,暂时停止空调压缩机的工作,防止发动机的输出功率降低。

另外,为保证按设定的温度来调节制冷能力,还利用电磁离合器来进行皮带轮与压缩机转子之间的动力连接与切断。

车用空调普遍采用转子式压缩机(如图 12 - 16 所示),这种压缩机是利用安装在随发动机旋转的转子上的叶片来压缩制冷剂。

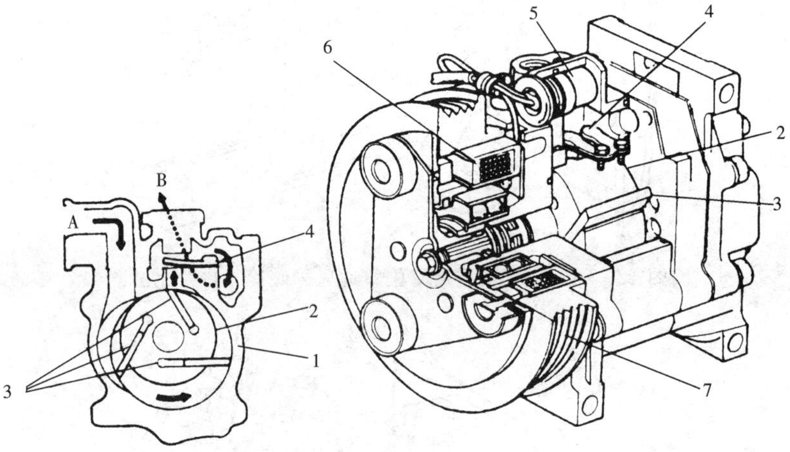

图 12 - 16　转子式压缩机及工作原理图

1—壳体;2—转子;3—叶片;4—导阀;5—热保护器;6—电磁离合器;7—皮带轮;

A—吸入口;B—排出口

除转子式压缩机外,目前部分车型上开始装用漩涡式压缩机(如图 12 - 17 所示)。这种压缩机采用可动叶片和固定叶片使制冷剂形成涡流,具有更高效的压缩效果。另外,由可变容量压缩机替代定容量压缩机,使制冷能力得到了控制。

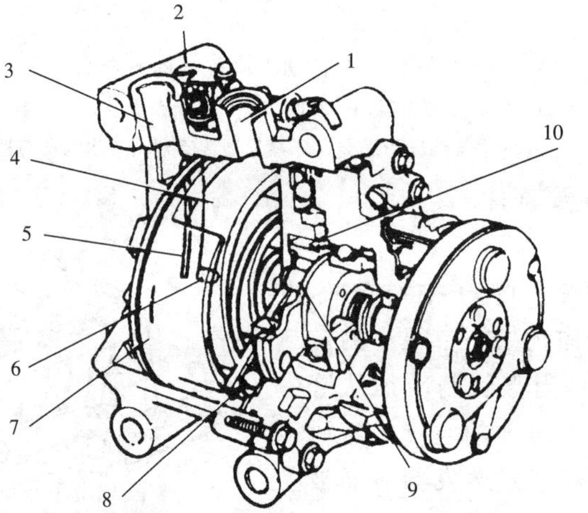

图 12 - 17　漩涡式压缩机

1—吸入口;2—热保护器;3—排出口;4—可动叶片;

5—导阀;6—输出孔;7—固定叶片;8—球连接器;

9—螺栓;10—滚针轴承

(3)冷凝器

由压缩机变为高压 1.5MPa 的制冷剂气体是高温(80℃)的，这种制冷气体通过带有散热片的冷凝器(如图 12－18 所示)时，靠外部空气冷却，使制冷气体还原成液体。

冷凝器通常设置在散热器的前面，当由压缩机产生的高压、高温的制冷气体通过冷凝器时，除用散热器的冷却风扇外，还装有电动风扇，大大地提高了其冷却效能。

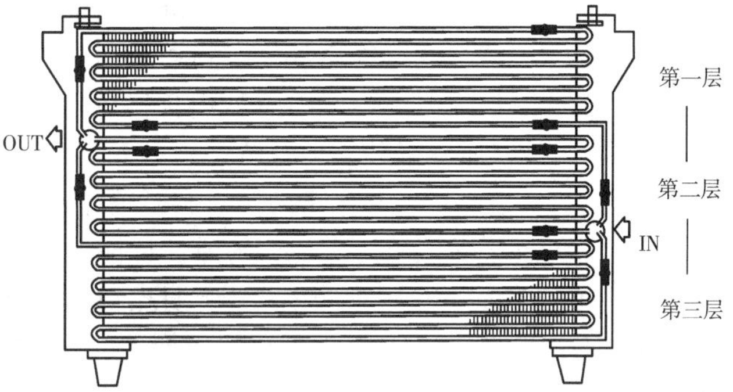

图 12－18　三通路方式的冷凝器

二、座椅

从乘坐舒适性和人体工程学的角度看，座椅是车内最重要的设施之一。

座椅有独立式座椅、双人座椅(如图 12－19 所示)或三至四人座椅等。独立式座椅的接触压力分布合理，乘坐舒适。

座椅骨架通常用型材制造或用钢板冲压焊接而成，少数轿车为轻量化设计而采用铝材或树脂制成骨架，并用螺钉直接固定或通过座椅调节机构固定在车身底板上。

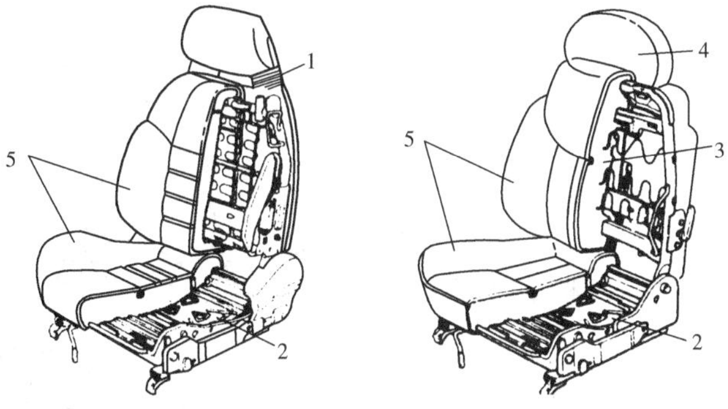

a)独立式座椅

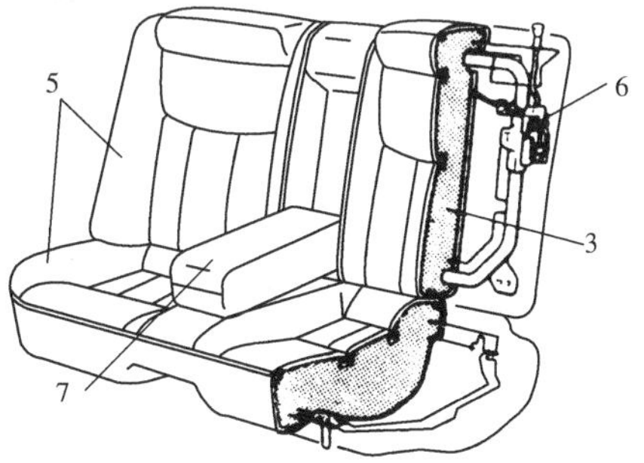

b)双人后排座椅

图 12－19　座椅

1－支点；2－缓冲块；3－整体形成部分；4－头枕；
5－不同硬度的聚氨酯坐垫；6－靠背锁机构；7－中间扶手

座椅表面覆饰材料不要太光滑,否则易使人体在汽车行驶时左右摇晃,引起疲劳。为此,在座椅和靠背中部设计成略为凹陷,并制成格线以提高对人体的附着性能并改善透气性。

座椅的覆饰材料一般选用色彩美观、强度高、耐磨、阻燃性能好的材料。目前轿车广泛采用富有弹性的针织布料或天然纤维与人造纤维的混纺品。另外在一些高级轿车座椅覆饰材料上采用毛织物亦日渐增多,因为毛织物的突出优点是吸湿性好、透气性好、柔软、手感好。在毛纺织物中,又以纯羊毛织物最好,但价格较贵。目前在高级轿车上,采用真皮面料座椅的也较多,因为其质感最佳。但其缺点是不容易护理,如长时间日光照射会损伤皮革。

货车驾驶室、出租车及公共汽车的座椅表面覆饰材料多采用人造革,以便擦拭。

座椅的弹性元件应保证坐垫有适当的弹性特性。刚度过大的弹性元件会使人感到不舒适;而刚度过小的弹性元件的振动频率易同车身振动的低频合拍,引起共振。尤其刚度过小的靠背会使人失去依靠,对驾驶员操作不利,也易使人过早疲劳。弹性元件分成金属与非金属两类。金属弹性元件通常采用1.5～3.5mm直径的弹簧钢丝绕制。由许多直立弹簧组成的座椅,常在其边缘上装有金属框架。为避免各金属件相互摩擦而产生噪声,用结实的织物保持各金属元件的相对位置。这种座椅厚度较大,且零件数目较多。水平布置的回形弹簧和细长拉簧通常绷在座椅骨架上,这种座椅厚度较小,适用于车身布置更紧凑的汽车。非金属弹性元件有聚氨酯泡沫塑料、海绵橡胶和水平布置的橡皮条等。聚氨酯泡沫塑料是在模中发泡成所需的形状,其密度、刚度、阻尼等都可以按需要调配,是目前应用最广泛的非金属弹性元件。

为了使座椅有较大的阻尼,以便使振动迅速衰减,常常将每个金属弹簧紧裹在织物缝制的套内或将坐垫底部封闭(只留少数几个通气孔),也可以在座椅的悬架上加装减震器。

座椅是决定驾驶员车内位置的重要部件。但是驾驶员有各种体格和体型,不能分别为他们专门制作合适的座椅。因此,驾驶员座椅都装有位置调整机构。其型式有倾斜调整机构和滑动调整机构。

倾斜调整机构一般利用棘轮机构分级调整(很难调整到恰好的位置),目前高级轿车的座椅靠背可拧动旋钮进行无级调整。

滑动调整机构用于调整座椅向前后方向移动。按倒放松杆后,便解除锁死状态,使座椅滑动。

另外有的座椅有腰部支撑调整机构、靠背两侧支撑部位调整机构、前部高度调整机构等。上述机构的调整可用手动或电动方式,高级轿车多用电动。

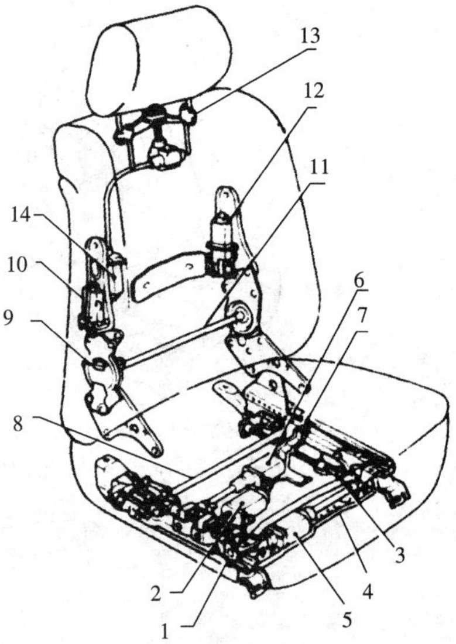

图 12-20　座椅典型的调整机构及驱动

1—前方上下调整机构;2—前方上下调整机构驱动电机;
3—前方上下调整机构用的连杆;4—电机支架;
5—滑动调整驱动电机;6—后方上下调整机构驱动电机;
7—电机支架;8—后方上下调整机构用的连杆;
9—倾斜调整机构;10—倾斜调整机构驱动电机;
11—倾斜调整机构用的连杆;12—腰部支撑机构驱动电机;
13—头枕调整机构;14—头枕调整机构驱动电机

如图 12-20 所示是现代轿车座椅的典型调整机构及驱动。

第四节 安全防护装置

随着汽车数量的增加及交通运输日益繁忙，汽车事故增多，由此引起的人员伤亡、财产损失，已成为不容忽视的社会问题。针对上述问题设计的安全防护装置是现代汽车结构不可缺少的重要组成部分。其功用是：当汽车发生了事故时，安全防护装置能有效地减轻人员伤亡和汽车的损坏程度。概括为：

(1)对乘员要施加约束，避免在汽车碰撞时与车内物体撞击或被抛出车外。

(2)产生缓冲作用，避免出现较大的减速度和碰撞力。

(3)加大人体与汽车构件的接触面积，避免产生点接触，从而使碰撞造成的单位面积挤压力减少或使碰撞力转移到人体非要害部位。

一、车外防护装置

车外防护装置通常包括车身壳体结构防护措施、保险杠及护条、前翼子板和风窗玻璃等。

根据碰撞安全性的要求，车身壳体的乘客舱还应有较大的结构强度与刚度，而在车身的头部、尾部等离乘员较远的部位刚度应相对较小，以便在碰撞时，前者尽量地减小变形，保护乘员，后者则变形较大以吸收冲击能量。显然，若乘客舱按照汽车行驶载荷设计，其刚度就显得不足，因此还需局部加强。对乘客舱加强最有效的部位是地板、前围内板、后围板等宽大的部件。门、窗孔洞的周边侧是其薄弱环节，但风窗支柱和中立柱的断面尺寸又不宜过大，故只能在其内部贴上较厚的加强板。为防止汽车碰撞时整个乘客舱构架产生剪切变形和坍塌，最重要的是加固门窗周边的拐角，可在其上贴加强板或加大拐角的过渡圆角。

要使乘客舱获得必要的刚度，不能仅靠局部加强，还应从整车结构全面考虑。根据杆件或梁在弯曲时变形较大，而在拉压时变形较小的原理，应使车身客舱构件合理布置，使之尽量少承受弯曲载荷。在汽车头或尾部受撞击时，可通过倾斜的构件将力传递至客舱的纵向构件，使其受拉或受压。

为使车身头、尾部的刚度较小，可在粗大或强固的部件上开孔或开槽来削弱其刚度，或者使构件在汽车碰撞时承受弯曲载荷。如车身前部安装发动机的纵、横梁一般都较粗大，现代轿车将其前部纵梁不制成平直结构，而有意制成 Z 字形，以便在碰撞时折叠变形，吸收冲击能量。另外，为使乘客舱侧面刚度加强，车身门槛也较粗大，并用横梁将左右两根门槛连接起来共同受力。还有的在门外板的内表面贴有瓦楞状加强板。

汽车的前、后端都装有保险杠，如图 12－21 所示是轿车前保险杠。另有许多新式轿车，左右两侧还装有护条(如图 12－22 所示)。保险杠和护条的安装高度应符合规定，以便在汽车相撞时两车均能起到保护作用。当然现代轿车的保险杠和护条还能起到装饰的作用。碰撞时除保险杠外，常使人受伤的构件主要有前翼子板、大灯、发动机罩、车轮、风窗玻璃等。这些构件不应制造得坚硬而尖锐，而应光滑平整且富有弹性。因此有些轿车整个正面(包括保险杠)都用大块聚氨酯泡沫塑料制成并将发动机罩的顶面用软材料包垫，使其安全性更好。

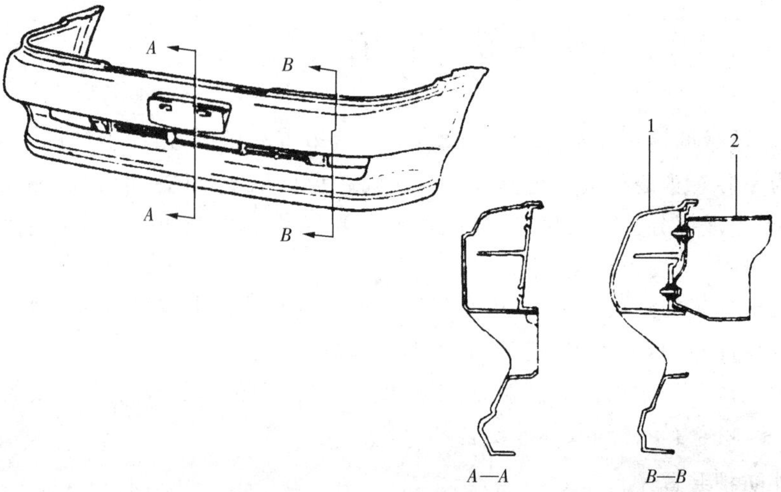

图 12-21 轿车前保险杠

1—保险杠外罩;2—保险杠支架

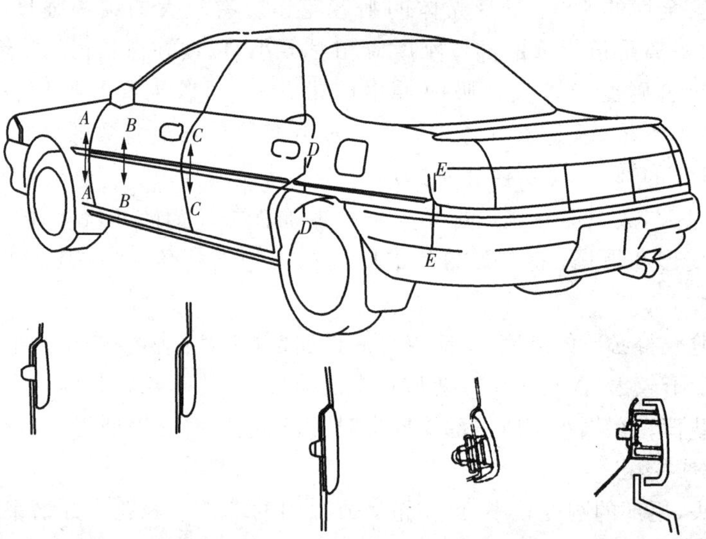

图 12-22 轿车车身护条

由图可见,保险杠和防护结构还应包括:

(1)减轻行人受伤的软表面,主要由弹性较大的泡沫塑料制成。

(2)吸收汽车碰撞的部分能量装置,保险杠有金属构架、全塑结构(聚丙烯树脂)、半硬质橡胶缓冲结构等;防护条主要由半硬质塑料或橡胶制成。

二、车内防护装置

车内防护装置包括安全带、头枕、安全气囊、安全玻璃、门锁与铰链等。

安全带是为了固定驾驶员和乘员身体以避免发生碰撞而设置的,国内外大量使用实践证明,安全带是最有效的防护装置,可大幅度地降低碰撞事故的受伤率和死亡率。因此国家标准 GB 14167—2013 对国产轿车、乘用车强制装用安全带并规定其安装固定点。安全带有两点式、三点式，在拉力赛车上采用六点式固定式安全带，少数的普通汽车也装用四点式安全带。四点或六点式安全带安全性高，但解系烦琐、束缚性强，故目前的轿车上前排座椅装用三点式，后排座椅装用两点式或三点式。如图 12－23 所示是座椅三点式安全带及头枕。

安全带的带子由结实的合成纤维织成，包括斜跨前胸的肩带 3，绕过人体胯部的腰带 5。在座椅的内外侧地板上各有一固定点 8 和 7，第三个固定点 1 位于座椅外侧车身支柱的上方。

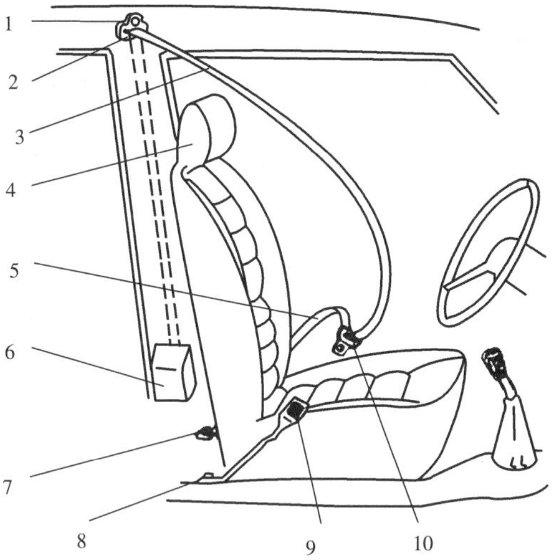

图 12－23　座椅三点式安全带及头枕

1—外侧上部固定点；2—导向板；3—肩带；4—头枕；5—腰带；6—收卷器；
7—外侧地板固定点；8—内侧地板固定点；9—锁扣；10—插板

绕过上方固定点的环状导向板 2，带子伸入车身支柱内腔并卷在支柱下端的收卷器 6 内。乘员胯部内侧附近有一个插口，插口由插板 10(松套在带子上)和锁扣 9(与内侧地板固定点相连)两部分组成，该两部分插合后即可将乘员约束在座椅上。按下插扣的红色按钮就能解除约束。

收卷器的结构形式很多，但目前广泛采用、功能较完备的是紧急锁止式收卷器(ELR)。该种结构(如图 12－24 所示)在正常情况下，安全带对人体上部并不起约束作用，若乘员向前弯腰时，带子可从收卷器经由上方固定点的导向板被拉出；而当乘员回复正常坐姿时，收卷器又会自动将带子收起，带子始终保持与人体贴合。但在紧急情况下，如汽车减速度超过预定数值，或车身严重倾斜时，收卷器会在 21/1000s 内将带子锁死从而对乘员产生有效的约束。

目前最新的装置是与气囊连动的安全带预紧机构，如图 12－25 所示。气囊工作时，推进剂气体发生剂点火燃烧产生的气体推动活塞，瞬间拉紧安全带有效地约束乘员的身体。

头枕是汽车后部受撞击时限制人的头部向后运动的装置，这样可避免颈椎受伤，而严重的颈椎受伤可导致内部神经受伤，乃至瘫痪。

现代的中、高级轿车很多装备安全气囊，又称辅助约束装置(Supplemental Restrained System，简称 SRS)。

当汽车发生迎面撞击产生的冲击力很大时,驾驶员及乘员即使佩带了安全带,其头脸部有时也会撞打到前方的物体上(转向盘、仪表板、挡风玻璃等),而安全气囊可在碰撞发生的千钧一发之际(0.03～0.05s),拉开触发器,使点火剂迅速燃烧,产生氮气,充满气囊,以填补乘员与室内物体之间的空间,从而保护了驾驶员及乘员(如图 12－26 所示)。

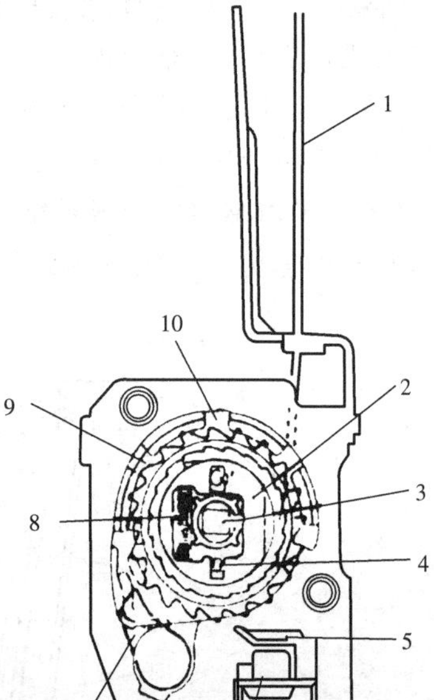

图 12－24　ELR 断面结构图

1—安全带;2—惯性卷筒;3—安全带卷筒;4—平衡块;5—执行臂;6—摇臂;7—棘爪;8—平衡弹簧;9—棘轮机构;10—离合器

转向盘中的气囊,装有检测碰撞传感器,结构简单,为简易型气囊。这种形式的气囊有机械式和电动式两种。目前应用较多的是电动式。如图 12－27 所示是日本本田公司采用的电动式 SRS 的结构及车上布置图。

电动式 SRS 的内部装有两个主传感器和安全传感器。主传感器设有平衡块(可动触点),受碰撞的冲击螺旋弹簧产生弹力,平衡块移向前方,触点闭合(ON)。另一个安全传感器,也是受冲击后平衡块(磁石)移向前方,靠磁力使导线开关的触点呈 ON 状态。两种原理不同的传感器同时接通,气囊才工作,否则气囊不工作。

此外内部还有用电容器确保电源不间断的电路,以及电路发生故障的自诊断电路。电动式 SRS 比机械式 SRS 可靠性高,但结构复杂,成本高。

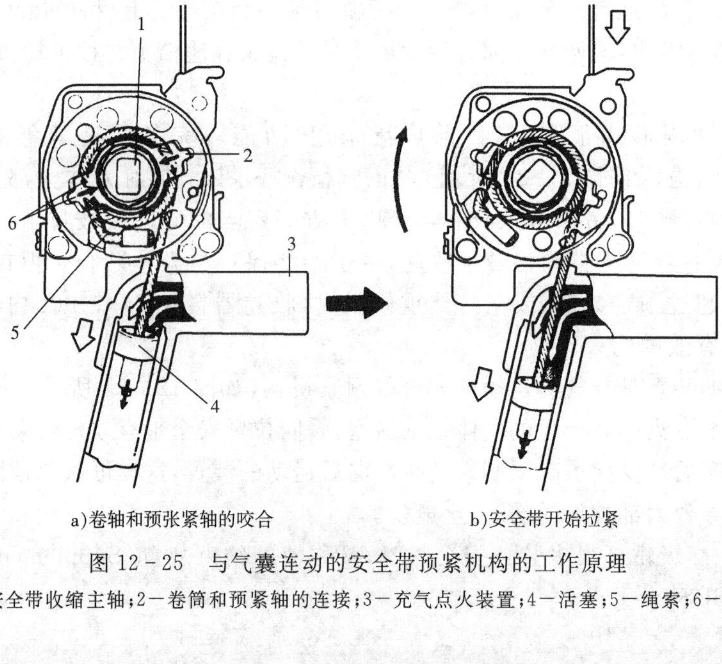

a)卷轴和预张紧轴的咬合　　b)安全带开始拉紧

图 12－25　与气囊连动的安全带预紧机构的工作原理

1—安全带收缩主轴;2—卷筒和预紧轴的连接;3—充气点火装置;4—活塞;5—绳索;6—载荷

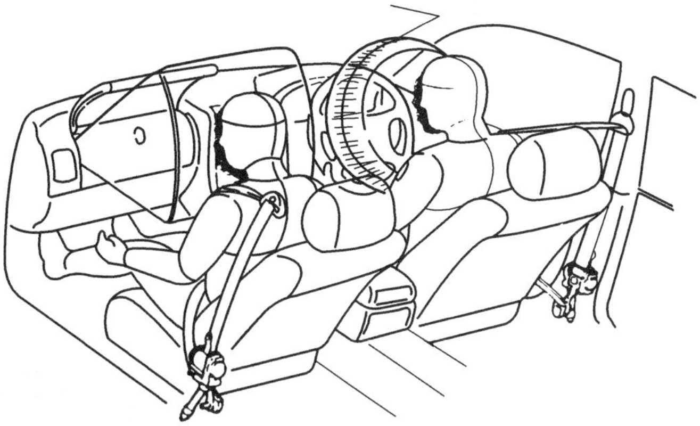

图 12－26　安全气囊对乘员的保护

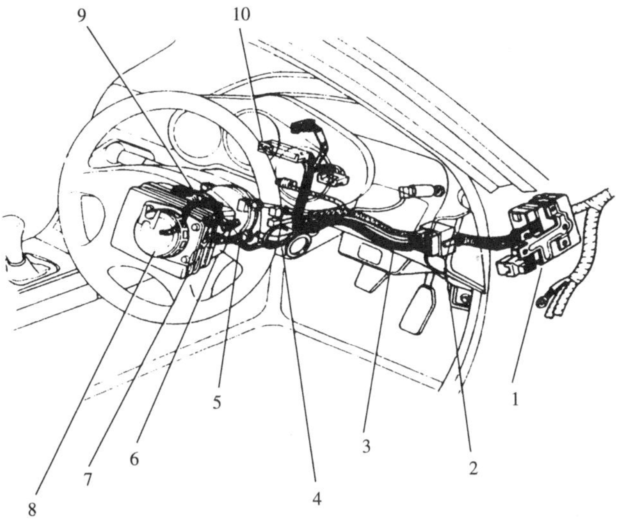

图 12－27　本田公司电动式 SRS 的结构及布置

1—保险丝盒；2—转向连接器支承；3—仪表分线束；4—车身线束；5—集电环；6—SRS 装置；7—气囊；8—充气装置；9—SRS 装置分线束；10—SRS 警报灯

为防止碰撞时风窗玻璃或侧窗玻璃对人的伤害，现代有关汽车的法规强制汽车必须装备安全玻璃，即钢化玻璃与夹层玻璃。钢化玻璃是在炽热状态下使其表层骤冷收缩从而产生预应力的强度较高的玻璃，其落球冲击强度是普通玻璃的 6～9 倍。普通夹层玻璃有三层，总厚约 4mm，汽车夹层玻璃的中间层厚约 0.76mm，故具有较高的冲击强度，称为高抗穿透性(HPR)夹层玻璃。国产汽车夹层玻璃的中间层采用性能良好的聚乙烯醇缩丁醛树脂。大量的事故调查表明，钢化玻璃较夹层玻璃有较高的伤亡率，故现在汽车的风窗玻璃推荐采用 HPR 夹层玻璃。

现代汽车的门锁和门铰链都应有足够的强度，汽车碰撞时，能承受纵、横向载荷而不会导致车门不能开启，从而避免乘员被甩出车外，减小伤亡率。此外，在事故结束后，门锁应仍能开启。故目前汽车上广泛采用能同时承受纵、横向载荷的转子卡板式门锁，而舌簧式、钩簧式、齿轮转子式等门锁已经不再采用。

车身内一切可能与人体撞击的构件都应用软材料包垫或软化,包垫或软化的目的不仅是为了满足舒适性要求,更重要的是为了安全防护。

第五节　货车车厢

由于货车分为普通货车和专用货车两大类,故其货箱也应与其用途相适应。普通货车采用栏板式车厢,而专用货车采用专用车厢。

一、栏板式车厢

如图 12－28 所示为东风 EQ1090E 型汽车装用的普通栏板式车厢。这种车厢具有底板和四块高度为 300～500mm 的栏板(前、后板及左、右边板)组成。底板通过横梁支在下面的纵梁上。车厢的底板纵梁通常借助若干个 U 形螺栓夹紧在汽车车架纵梁上。为使结构轻巧,有少数车厢底板没有纵梁,其横梁直接安装在汽车车架上,但刚度较差。车厢栏板可分为一面开和三面开两种形式。一面开车厢又称低底板式车厢,其底板离地面的高度较低,汽车的轮罩突入底板内并与两侧边板连接,仅后板可开。故这种货箱多采用载重量较小的轻微型货车。三面开车厢的左、右边板和后板借铰链安装在底板上,并用栓杆和栓钩互相扣紧。

图 12－28　东风 EQ1090E 汽车普通栏板式车厢(三面开钢木结构)

普通栏板式车厢有木结构、钢结构、钢木混合结构,而钢结构车厢寿命较长,制造及维修技术成熟,故被广泛采用。

多数普通栏板式车厢的前面装有安全架,既可减轻翻车事故的后果,又可运载少量超长货物。

运载密度较小的轻泡货物(如棉花、稻草等)需要高栏板式车厢。一般可在普通栏板式车厢的左、右边板上加插高栏板,并在后部装有防止栏板向两侧张开的链索。

如图 12－29 所示是一种称为万能式车厢的高栏板式车厢。车厢的两块边板中部可放平形成折叠式条凳,还可以加篷杆,可运载货物和人员,在军用车上得到广泛使用。

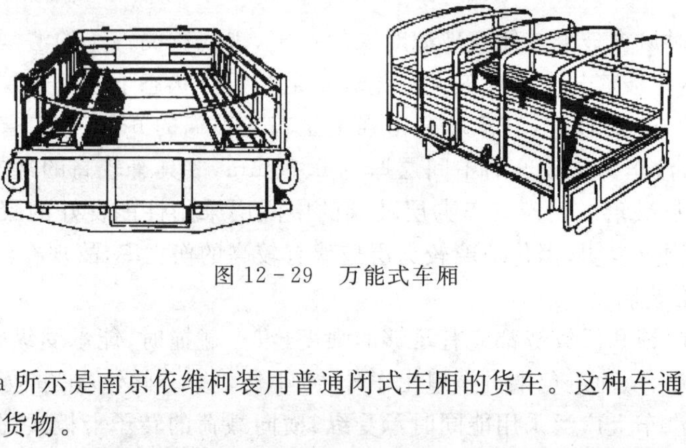

图 12－29　万能式车厢

二、专用车厢

如图 12－30a 所示是南京依维柯装用普通闭式车厢的货车。这种车通常用来运输日用百货、食品等易损货物。

有些运输易腐食品、医药的闭式冷藏车厢及保温车厢用绝热材料包垫,车上还应具有制冷设备(如图 12－30b 所示)。

运输液体的汽车,其后部装有筒状容罐(如图 12－30c 所示)。运输油类的容罐车应使发动机排气管远离油罐,且配有防静电装置。运输化学腐蚀液体的容罐,其罐和装于罐上的管道、阀、泵应防腐蚀。运输散粒或粉状物的容罐应具有气力输送装置。

倾卸式车厢(如图 12－30d 所示)适用于运输沙土矿石类倾物。汽车具有液压举倾机构,以便使车厢倾斜成卸货的必要角度。车厢前伸出足以遮住驾驶室的护板。重型自卸车车厢为防止严冬沙土冻结,车厢凸筋内腔引入排气余热对其加热。

平台式货车具有钢板制成的大型平面货台,并有较多的支承轮(如图 12－30e 所示)。少数平台货车采用刚性悬架,这种结构的货车适用于运输大型设备、建筑预制结构件等。

如图 12－30f 所示为集装箱运输车。集装箱运输的优点是便于铁路、公路、水路和航空联运及国际联运,因此具有减少货物装卸工作量、加速货物周转、保证货物完好从而降低运输成本等许多优点。

集装箱有多种规格,其外廓尺寸和吊装尺寸等均应符合国家标准(GB 1413—2008)或国际标准。

图 12－30　装有专用车厢的货车

思考题

12－1　车身的功用是什么?车身结构主要包括哪些?

12－2　车身有哪些装置和结构措施能保证乘员免受外界恶劣环境的影响?

12－3　车身有几种结构形式,各有什么优缺点?

12-4 微型客车、轻型客车及高级轿车车身采用哪种承载式结构最合理？为什么？

12-5 车身在隔震、隔噪和密封上常用哪些措施？

12-6 为保证驾驶员操作方便和舒适，对座椅有什么要求？

12-7 现代汽车为提高安全性，在车身外部和内部常采用哪些措施？

12-8 简述安全带及安全气囊的工作原理。

12-9 甲轿车以较高的速度撞击乙轿车的尾部，试说明甲、乙两车中哪些安全防护装置将起作用？

12-10 货车的货箱有几种形式？集装箱运输有哪些优点？

第十三章 汽车附属设备

为保证行车安全和工作可靠，并能使驾驶员随时掌握汽车及各系统的工作状况，现代汽车上装有各种附属设备，如汽车仪表、照明和信号装置、风窗刮雨器与洗涤器以及防盗装置等。要求学生重点掌握各种附属设备的结构特点和工作原理。

第一节　汽车仪表

为保证行车安全并能使驾驶员随时掌握汽车及各系统的工作状况，在汽车仪表板上装有各种指示仪表和报警指示装置(如图 13－1 所示)。现就主要仪表及报警装置分述如下。

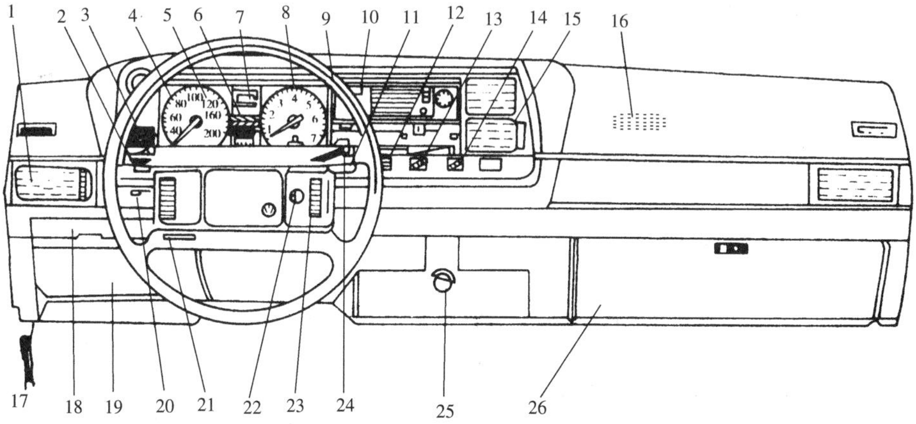

图 13－1　上海桑塔纳轿车仪表板

1－出风口；2－灯光开关；3－阻风门与制动信号灯；4－车速里程表；5－电子钟；6－报警灯；7－水温表；8－带有燃油表的发动机转速表；9－暖风及通风控制杆；10－收音机；11－空格；12－雾灯开关；13－后风窗加热开关；14－紧急灯开关；15－出风口；16－喇叭放音口；17－发动机盖锁钩脱开手柄；18－小杂物盒；19－熔断器保护壳；20－转向信号及变光灯拨杆开关；21－阻风门拉手；22－转向器锁与点火开关；23－喇叭按钮；24－风窗刮水器及风窗洗涤器拨杆；25－点烟器；26－杂物箱

一、车速里程表

车速里程表是用来指示汽车行驶速度及累计行程的仪表，有磁感应式和电子式两种。

1. 磁感应式车速里程表

如图 13－2 所示是磁感应式车速里程表，它由速度表和里程表两部分组成。其主动轴由变速器(或分动器)输出轴上的蜗杆蜗轮传动副经软轴驱动。车速表(如图 13－2b 所示)是由与驱动轴固联一体的永久磁铁 5、带有指针轴 9 与指针 11 的铝罩、磁屏 7 和紧固于车速里程表外壳上的表盘 10 等组成。不工作时铝罩在游丝 8 的作用下，使指针位于刻度盘的零位。当汽车行驶时，主动轴带着永久磁铁旋转，永久磁铁的磁力线在铝罩上形成涡流，也产生一个磁场。旋转的永久磁场与铝罩磁场相互作用，产生转矩，克服游丝的弹力，使铝罩朝永久磁铁 5 转动的方向旋转，与游丝相平衡。于是铝罩带动指针转过一个与主驱动轴转速大小成比例的角度，即汽车行驶速度的角度指针便在刻度盘上指示相应的车速。车速越高，永久磁铁 5 旋转越快，铝罩上的涡流也就越大，因而转矩越大，使铝罩带着指针偏转的角度越大，指针在刻度盘上指示的车速也就越高。

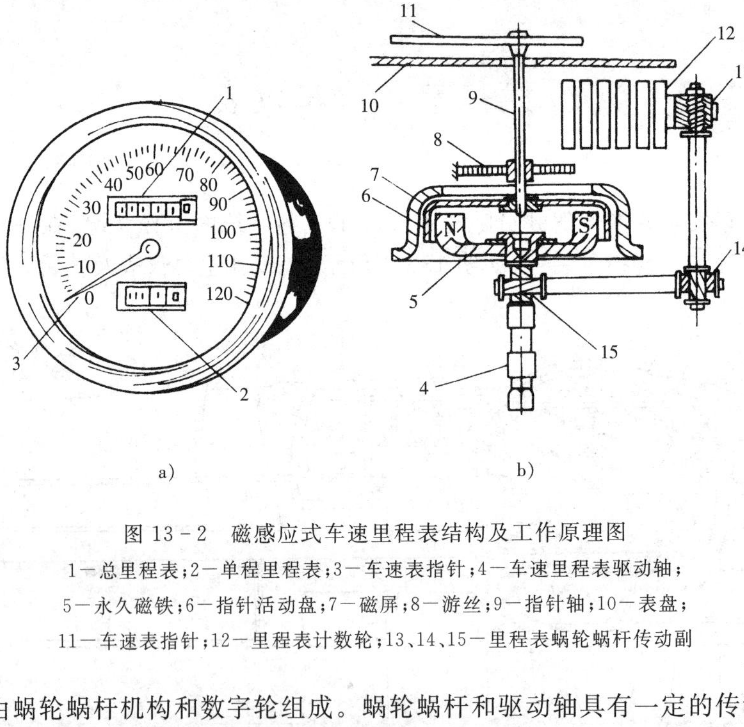

图 13－2　磁感应式车速里程表结构及工作原理图

1—总里程表；2—单程里程表；3—车速表指针；4—车速里程表驱动轴；
5—永久磁铁；6—指针活动盘；7—磁屏；8—游丝；9—指针轴；10—表盘；
11—车速表指针；12—里程表计数轮；13、14、15—里程表蜗轮蜗杆传动副

里程表由蜗轮蜗杆机构和数字轮组成。蜗轮蜗杆和驱动轴具有一定的传动比。汽车行驶时，软轴带动驱动轴，并由驱动轴经三对蜗轮蜗杆驱动里程表最右边的第一数字轮。第一数字轮上所刻的数字为 1/10 km。每两个相邻的数字轮之间，又通过本身的内齿和进位数字轮传动齿轮，形成 1∶10 传动比。即当第一数字轮转动一周，数字由 9 翻转到 0 时，便使相邻的左面第二数字轮转动 1/10 周，成十进制递增。这样汽车行驶时，就可记录单程行驶里程并累计出总行驶里程。

2. 电子式车速里程表

奥迪 100 型轿车的组合仪表中装有指针式电子车速里程表。它由车速传感器、电子电

路、车速表和里程表四部分组成。

车速传感器(如图13-3所示)由变速器(或分动器)输出轴驱动,能够产生正比于汽车行驶速度的电信号。它由一个舌簧开关和一个含有4对磁极的转子组成。转子每转一周,舌簧开关中的触点闭合8次,产生8个脉冲信号,汽车每行1km,车速传感器将输出4127个脉冲。

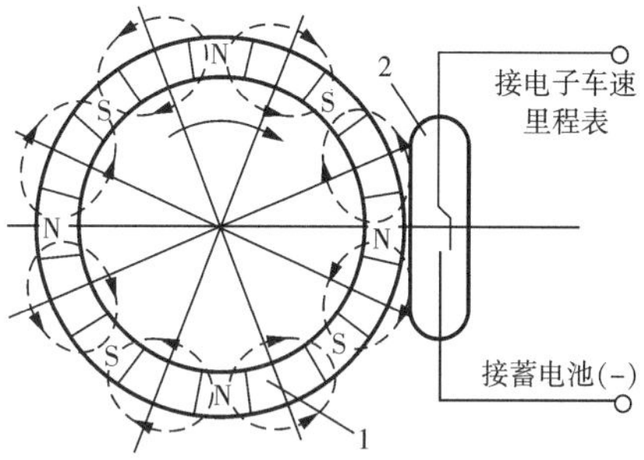

图13-3 奥迪100车速传感器

1—转子;2—舌簧开关

电子线路(如图13-4所示)的作用是将车速传感器送来的具有一定频率的电信号经整形、触发后,输出一个与车速成正比的电信号。电子电路主要包括稳压电路、单稳态触发电路、恒流源驱动电路、64分频电路和功率放大电路。仪表精度由电阻R_1调整,仪表初始工作电流由电阻R_2调整,电阻R_3和电容C_3用于电源滤波。

车速表实际是一个磁电式电流表,当汽车以不同车速行驶时,从电子电路接线端6接出的与车速成正比的电流信号便驱动车速表指针偏转,即可指示相应的车速。表盘上50~130km/h的区域用红色标志,表示经济车速区域。

里程表由一个步进电机及六位数字的十进位齿轮计数器组成。步进电机是一种利用电磁铁的作用原理将脉冲信号转换成线位移或角位移的电机。车速传感器输出的频率信号,经64分频后,再经功率放大器放大到具有足够的功率,驱动步进电机,带动六位数字的十进位齿轮计数器工作,从而累积行驶的里程。

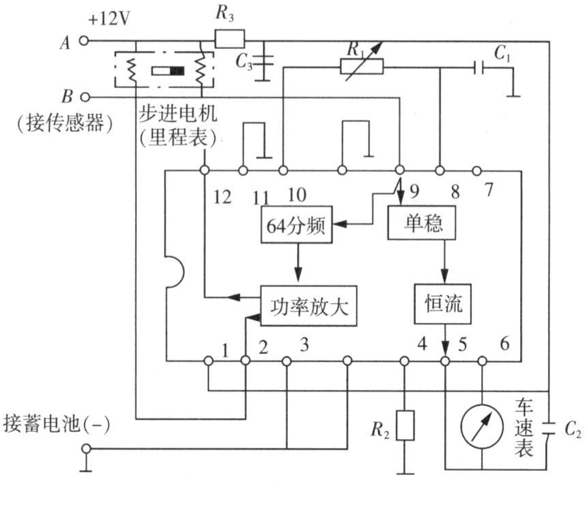

图13-4 奥迪100车速里程表电子电路

3. 车速报警器

为了保证行车安全,在车速表内装设速度音响报警系统。如图13-5所示为车速报警器电路图。当车速达到或超过某一限定车速(如100km/h)时,则车速表内速度开关使蜂鸣器电路接通,发出声音报警。

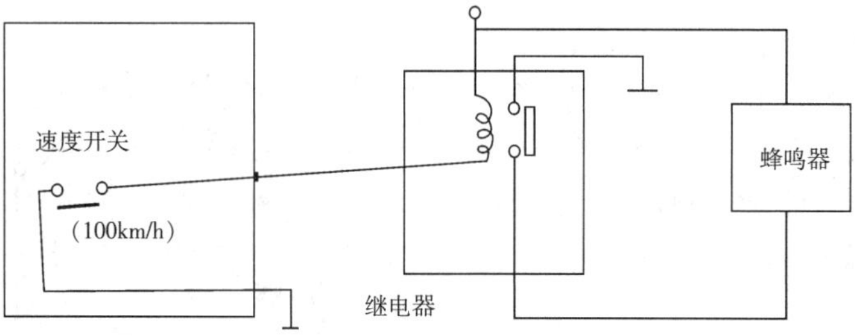

图 13-5　车速报警器电路图

二、发动机转速表

为了检查调整发动机，监视发动机的工作状况，更好地掌握换挡时机，利用经济车速等，在汽车仪表板上还装有发动机转速表(如图 13-1 所示)。

发动机转速表有机械式和电子式两种，机械式转速表的结构及工作原理与上述磁感应式车速表基本相同。电子式转速表由于结构简单、显示平稳等已经被广泛使用。

电子式转速表又可分为汽油机用和柴油机用两种。

1. 汽油机用电子转速表

汽油机用电子转速表的转速信号取自点火系统的分电器触点，或在分电器凸轮轴上装置如图 13-6 所示信号发生装置，以供信号的取出。对于电子点火系统，信号则取自点火线圈"—"接线柱。

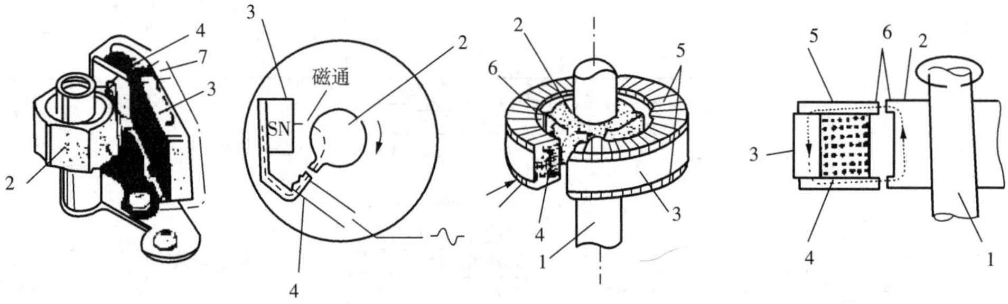

a)信号发生器　　b)日产车用信号发生器

图 13-6　信号发生器及工作原理

1—转子器；2—转子；3—永磁铁；4—信号线圈；5—导磁板；6—导磁板凸起；7—托架

如图 13-7 所示是利用电容器充放电的脉冲式电子转速表的原理图。当发动机工作时，分电器触点不断开闭，其开闭次数与发动机转速成正比，即曲轴每转一圈，四冲程四缸发动机触点开闭两次；六缸机触点开闭三次。触点开闭产生断续电流，经积分电路 R_1、R_2、C_1 整形送至三极管 V_1，从而取得一个具有固定幅值(电流值)和脉冲宽度(时间)的矩形电流，此电流通过毫安表 mA。

当触点闭合时，三极管 V_1 无偏压而处于截止状态，电容器 C_2 被充电，其充电电路为蓄电池正极→电阻 R_3→电容器 C_2→二极管 VD_2→蓄电池负极构成的通路。

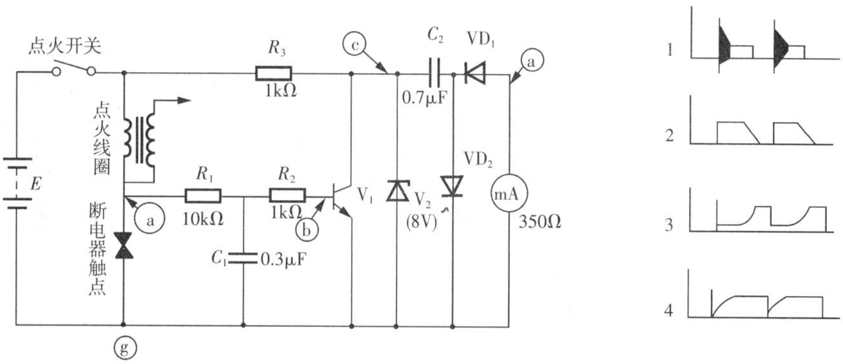

a)电路图　　　　b)波形图

图 13－7　汽油机用电子转速表原理图

当触点分开时，三极管 V_1 的基极电位接近电源正极，V_1 由截止转为导通。此时电容器 C_2 所充满的电荷经毫安表放电。其放电电路为电容器 C_2 正极→三极管 V_1→毫安表 mA→二极管 VD_1，再回到 C_2 负极，触点反复开闭，重复上述过程。二极管 VD_2 为电容器 C_2 提供充电电路，VD_1 为 C_2 提供放电回路。

由于 C_2 每次充电、放电电量 Q 和其电容 C 以及电容器两端电压 U 成正比，即 $Q=CU$，所以每个周期(T)内平均放电电流为

$$I=Q/T=CU/T=CUf \tag{13-1}$$

在电源电压稳定，充电时间常数 R_3C_2 不变的情况下，C 和 U 是固定值，则通过毫安表的电流平均值 I 与触点的开闭频率 f 成正比，因此毫安表的读数即可直接反映发动机的转速。

2. 柴油机用电子转速表

这种转速表由装在飞轮壳上的转速传感器和装在仪表板上的转速表表头电子线路等组成。转速传感器有磁感应式、霍尔式、充电式等不同形式，其中以磁感应式、霍尔式应用较多。

如图 13－8 所示为国产红岩 CQ261 型汽车装用的 ZZ44D－5 型磁感应式电子转速表转速传感器和结构原理图。

磁感应式传感器由永久磁铁、感应线圈、心轴、外壳等组成。心轴外面绕有感应线圈，它的下端靠近飞轮，与飞轮齿顶间有空气隙占 1±0.3mm。永久磁铁的磁力线从 N 极出来，通过心轴、空气隙，回到 S 极构成回路。

当飞轮转动时，齿顶与齿底不断地通过心轴，空气隙的大小发生周期性变化，使穿过心轴的磁通也随之发生周期性变化，于是在感应线圈中感应出交变电动势。该交变电动势的频率与心轴中磁通变化的频率成正比，也即与通过心轴端面的飞轮齿数成正比。

磁感应式转速传感器输出的近似正弦基波频率信号加在转速表线路的输入端。经 R_9、VD_1 和三极管 V_1 整形放大，输出一近似矩形波。再经过 C_2、R_8、R_4、R_3 组成的微分电路，送至三极管 V_2，信号经 V_2 放大后，输出具有一定的幅值和宽度的矩形波，用来驱动毫安表。

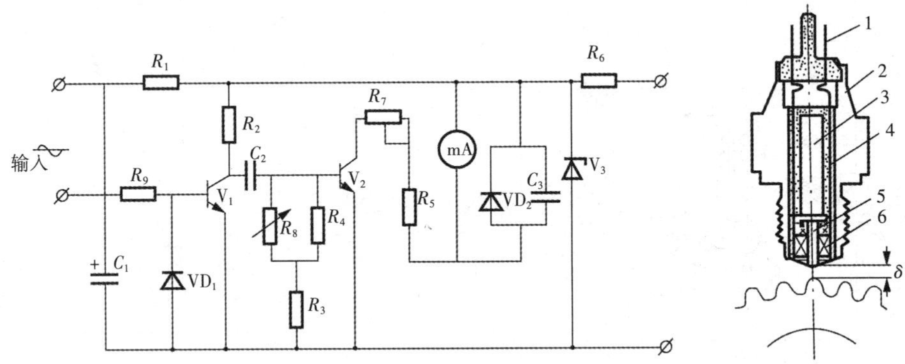

a)　　　　b)

图 13－8　ZZ44D－5 型磁感应式电子转速表原理图

R_1—100 kΩ；R_2—15 kΩ；R_3—750 kΩ；R_4—280 kΩ；R_5—582 kΩ；R_6—1.5 kΩ；

R_7—250Ω；R_8—180Ω；R_9—470Ω；C_1—20μF；C_2—0.1μF；C_3—0.22μF

由于输入信号频率与通过心轴的飞轮齿数成正比，信号的频率和幅值与发动机转速成正比，当转速升高时，频率升高，幅值增大，使通过毫安表中的平均电流增大，则指针摆动角度也相应增大，于是表指示的转速就增高。

三、机油压力表及机油低压警告灯

1. 机油压力表

机油压力表是在发动机工作时指示发动机润滑系主油道中机油压力大小的仪表。线圈并联式机油压力表工作原理如图 13－9 所示，它包括油压指示表和油压传感器。

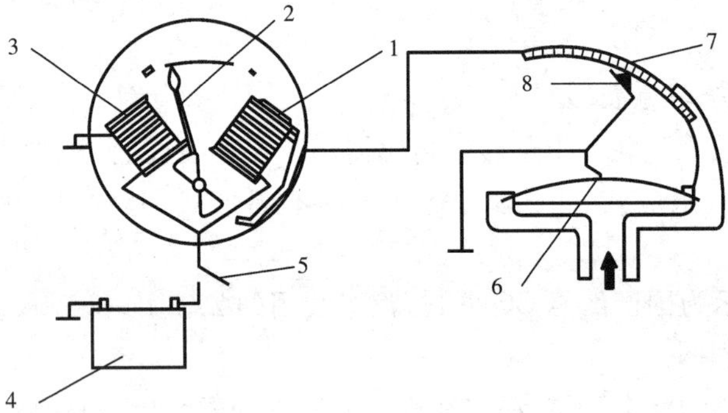

a)油压指示表　　　　b)油压传感器

图 13－9　机油压力表示意图

1—主线圈；2—指针；3—副线圈；4—蓄电池；5—点火开关；6—膜片；7—电阻；8—滑动触点

油压指示表位于驾驶室仪表板上，内有电感不同的主线圈 1 和副线圈 3 及指针 2。油压传感器则安装在发动机润滑系主油道上，内有膜片 6、滑动触点 8 及电阻 7。当汽车发动机主油道的油压增高时，油压推动膜片弯曲，使滑动触点向左滑动，电阻值减少，故通过主线圈的电流增大，这时电流通过主线圈和副线圈的合成磁场使指针偏向右侧，指示相应的油压。

2. 机油低压警告灯

在有的汽车上，除装有油压表之外，还装有机油压力警告灯。当润滑系统机油压力降低到允许限度时，警告灯即亮，以便引起汽车驾驶员的注意。如图 13－10 所示为东风 EQ1090E 型汽车装用的弹簧管式机油压力警告灯工作原理图。它由装在发动机主油道的弹簧管式传感器和装在仪表板上的红色警告灯组成。传感器为盒形，内有管形弹簧 3。管形弹簧一端经管接头 6 与润滑油相通，另一端则与动触点 5 相接。静触点 4 经接触片与接线柱 2 相连。

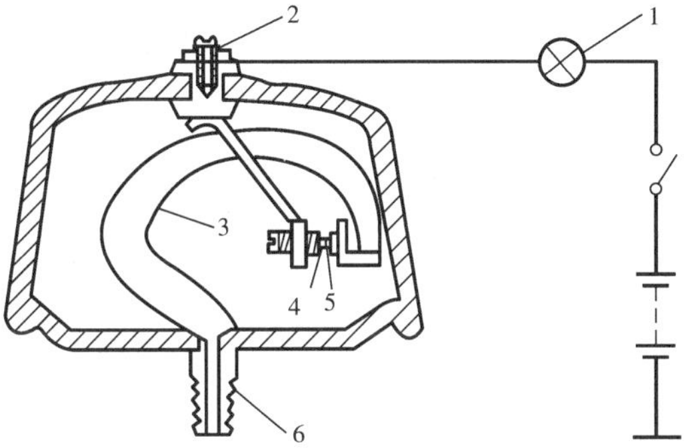

图 13－10　弹簧管式机油压力警告灯工作原理图

1—警告灯；2—接线柱；3—管形弹簧；4—静触点；5—动触点；6—管接头

当机油压力低于 0.05～0.09MPa 时，管形弹簧变形很小，于是触点 4、5 闭合，电路接通，警告灯发亮，指示主油道机油压力过低，应及时停机检查维修。当机油压力超过 0.05～0.09MPa 时，管形弹簧产生的弹性变形大，使触点 4、5 打开，电路切断，警告灯灭，说明润滑系工作正常。

如图 13－11 所示为日本五十铃 TXD50 型汽车上装用的膜片式油压报警传感器的结构原理图。当润滑系油压降到一定值时，油压报警传感器中的活动触点 3 下降并与固定触点 4 相接触，即可接通油压警告灯的电路，使警告灯亮。

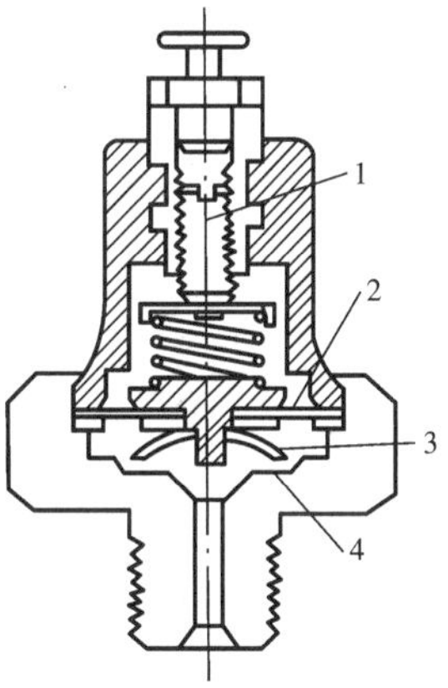

图 13－11　膜片式油压报警传感器

1—调整螺丝；2—膜片；3—活动触点；4—固定触点

四、燃油表及燃油低油面警告器

1. 燃油表

燃油表用以指示汽车燃油箱内的存油量。如图 13－12 所示为电热式燃油表（或称浮子-可变电阻式）示意图，其中仪表部分和浮子部分串联。

当油箱内油量增加时，浮子 8 上升，滑动臂 7 向阻值低的方向滑动，通过回路中的电流增大，仪表部分的双金属片 5 弯曲变大，指针 9 向 F 侧偏转。

当油箱内的油量减少时，浮子 8 降低，通过回路中的电流减小，指针 9 向 E 侧偏转。

传感器的阻值一般 R_E 为 95Ω±7Ω，R_F 为 7Ω±2Ω。

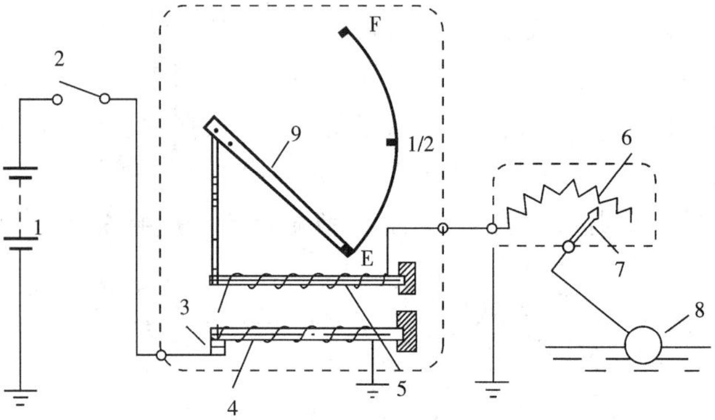

图 13-12　电热式燃油表电路图

1—电源;2—开关;3—触点;4—加热线圈;5—双金属片;

6—可变电阻;7—滑动臂;8—浮子;9—指针

2. 低油面警告器

低油面警告器的作用是在燃油箱内的燃油量减少到某一规定值时立即报警,以引起驾驶员的注意。其电路如图 13-13 所示,它由热敏电阻燃油量报警传感器和警告灯等组成。

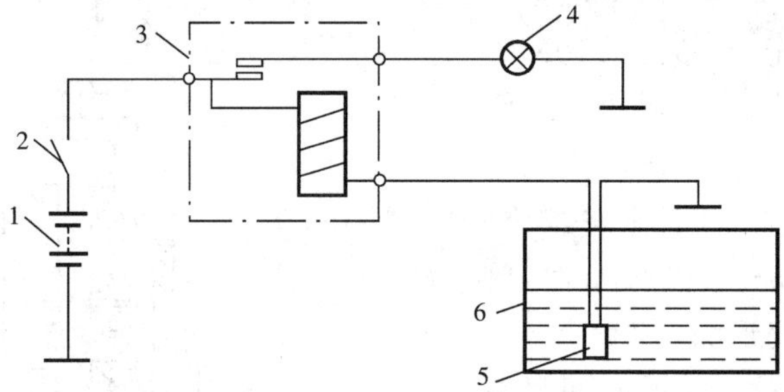

13-13　燃油低油面报警装置

1—蓄电池;2—点火开关;3—继电器;4—报警灯;5—传感器(热敏电阻);6—燃油箱

当燃油箱内燃油量多时,负温度系数的热敏电阻元件 5 浸没在燃油中,散热快,其温度较低,电阻值大,故电路中电流很小,警告灯灭。当燃油减少到规定值以下时,热敏电阻元件 5 露出油面,散热慢,温度升高,电阻值减小,电路中电流增大,则警告灯亮,以示警告。

五、水温表及水温警告灯

1. 水温表

水温表的功用是指示发动机汽缸盖水套内冷却液的工作温度。电热式水温表工作原理如图 13-14 所示。

电热式水温表由热敏电阻式水温传感器及带稳压器的水温指示表等组成。传感器的铜接头 4 拧入发动机缸盖的水套中,使铜管 5 浸入水中。在铜管内的底部装有热敏电阻 1,用导电弹簧 3 及导电套 2 压紧。弹簧的另一端与端钮 6 的导电铜嵌件接触。为防止短路,在弹簧导电套及热敏电阻的外部包着一层绝缘套 16。导线 13 经水温指示表的电导杆 7 与绕在双金属片 8 上的电阻丝 14 的一端接通,电阻丝的另一端通过导电杆 15 与稳压器相连。当冷却液的温度升高时,热量经传感器的铜管 5 传至热敏电阻 1 使之受热而阻值下降,因此电路回路的总阻值也随之减小。此时流过水温指示表的电阻丝 14 的电流平均值相应地增加，双金属片 8 便发生弯曲并带动指针 12 转动。双金属片 8 的弯曲度与温度成单值线性函数关系，故指针角可以相应地指示冷却液温度。

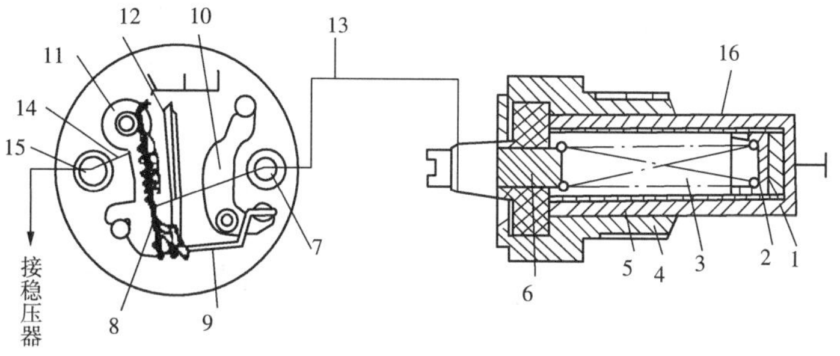

a)水温指示表　　　　b)水温传感器

图 13－14　电热式水温表工作原理图

1—热敏电阻；2—导电套；3—导电弹簧；4—铜接头；5—铜管；6—端钮；7—导电杆；8—双金属片；9—弹簧片；10—右调节板；11—左调节板；12—指针；13—导线；14—电阻丝；15—导电杆；16—绝缘套

2. 水温警告灯

水温警告灯的作用是当冷却系水温升高到一定值时，警告灯自动亮，以示警告。

水温警告灯的电路如图 13－15 所示。在传感器的密封套管内装有条形双金属片 2，双金属片 2 自由端焊有动触点，而静触点 5 直接搭铁。当温度升到 95℃～98℃时，双金属片 2 向静触点方向弯曲，使两触点接触，红色警告灯便通电发亮。

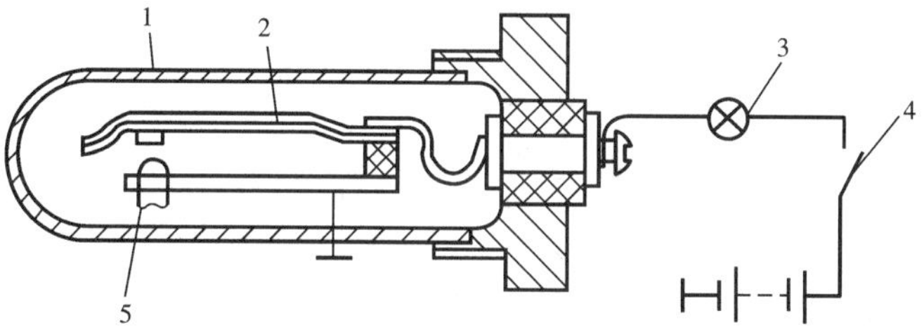

图 13－15　水温警告灯电路

1—外壳；2—双金属片；3 报警灯；4—点火开关；5—双金属触点

六、电流表及充电指示灯

1. 电流表

电流表用以指示蓄电池充电和放电的电流值。其工作原理如图 13－16 所示。电流表内的黄铜片 4 固定在绝缘底板上，两端与接线柱 1 和 3 相连，下面装有永久磁铁 6。在轴 7 上装有带指针 2 的软铁转子 5。

当电流表没有电流通过时，软铁转子 5 在永久磁铁的作用下被磁化，其极性与永久磁铁的极性相反，因二者的两端互相吸引，使指针 2 保持在中间刻度"0"的位置。当蓄电池放电电流通过黄铜片时，在其周围产生磁场，其方向与永久磁铁的磁场相垂直。在这两个磁场的合成磁场作用下，软铁转子5及指针2向电流表的“－”刻度方向偏转一个角度，指示出放电电流值，电流愈大，软磁转子偏转角愈大。若有反向电流(充电电流)通过黄铜片4时，则指针2向“＋”刻度方向偏转，指示出相应的充电电流值。

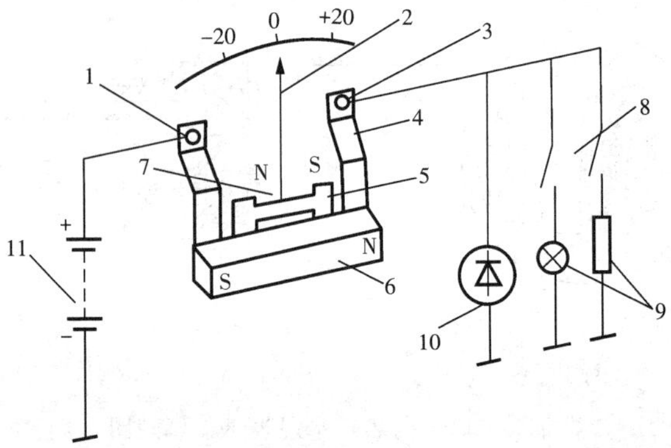

图13－16　电流表工作原理图

1、3－接线柱；2－指针；4－黄铜片；5－软铁转子；6－永久磁铁；7－轴；8－点火开关；9－用电设备；10－发电机

2. 充电指示灯

充电指示灯目前在国内外的汽车上普遍采用，当发电机对蓄电池不充电时才发亮，其电路如图13－17所示。

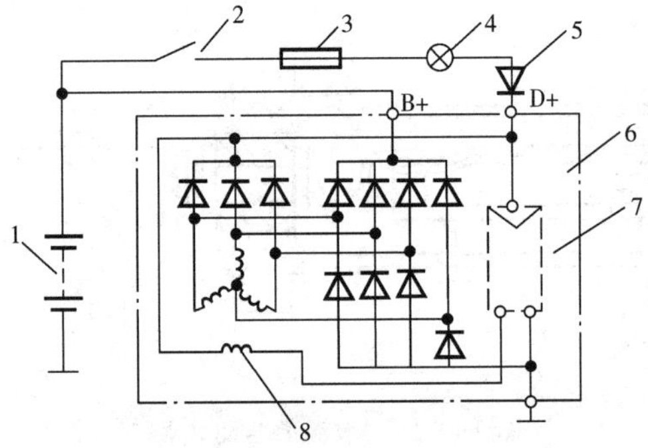

图13－17　具有充电指示灯的充电电路

1－蓄电池；2－点火开关；3－熔断丝；4－充电指示灯；5－二极管；6－整体式交流发电机；7－内装式集成电路调节器；8－发电机的励磁绕组

在发动机启动前将点火开关2闭合时，蓄电池1放电，此时充电指示灯4亮，表示发电机不对蓄电池1充电。当发动机启动后，发电机经二极管5对蓄电池1充电，同时经调节器7向自身的转子线圈8供电。此时由于充电指示灯4两端的电位相等，指示灯4熄灭，表示蓄电池1正在充电。

该种充电指示灯电路，在驾驶员未及时断开点火开关2时，充电指示灯亮，提醒驾驶员及时断开点火开关，避免蓄电池向发电机转子线圈长时间大量供电而烧坏调节器和发电机。

七、制动系低气压警告灯及真空度警告灯

为保证行车安全可靠，现代汽车气压制动真空伺服制动系，除装用气压表、真空表外，还装有低气压警告灯、真空度警告灯，以引起驾驶员的注意。

1. 低气压报警传感器及警告灯

在气压制动系中低气压报警传感器（如图13－18所示）装在储气筒或制动阀压缩空气输入管路中，红色警告灯装在仪表板上，其电路如图13－19所示。

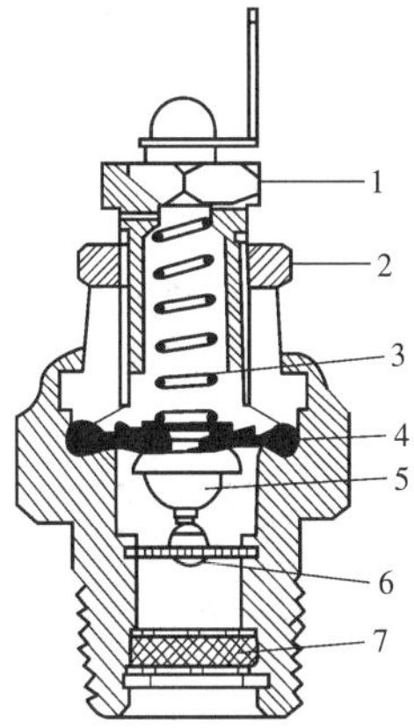

图 13－18 低气压报警传感器

1—调整螺钉；2—锁紧螺母；3—复位弹簧；4—膜片；5—动触点；6—静触点；7—滤清器

当电源接通后，制动系储气筒内气压下降到 0.340～0.370MPa 时，由于作用在报警传感器膜片 4 上的压力减少，于是膜片 4 在复位弹簧 3 的作用下向下移动而使触点闭合，电路接通，低气压警告灯亮。当储气筒中的气压升高到 0.400MPa 以上时，由于传感器中的膜片 4 所受的推力增大，使复位弹簧 3 压缩，触点打开，于是电路切断，低气压警告灯灭。因此，低气压警告灯突然亮时，则说明制动系中气压过低，应加以注意。

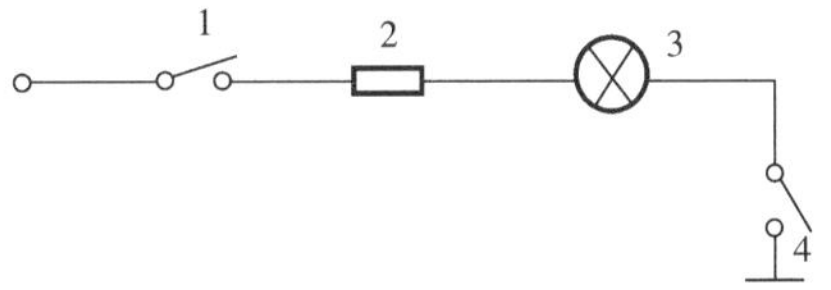

图 13－19 低气压警告灯电路图

1—电源总开关；2—熔断丝；3—警告灯；4—低气压报警传感器（开关）

2. 真空度警告灯

在真空伺服制动系中，为了指示真气筒的真空度，在仪表板上装有一个红色真空度警告灯，它由装在真空筒上的真空度报警传感器（如图 13－20 所示）控制。当真空筒内真空度下降到 0.053MPa 时，在压力弹簧 6 作用下，膜片 5 向上拱曲，使触点 4 与接线柱 1 接触，红色警告灯亮，以示警告。

八、空气滤清器堵塞报警传感器及警告灯

在东风汽车前围上装有空气滤清器报警传感器，其结构如图 13－21 所示。它主要由外壳 6，膜片 7，触点 4、5，弹簧座 10，导电插片 2 等组成。

外壳的前部装有感受压力差的膜片 7，并靠底板 8 压固，底板上开有三个小孔与大气相通，外壳的后部设有通气管，通过输气管与空气滤清器下部相通，从而使其壳内成为一个气盒。空气滤清器堵塞时，气盒内产生真空，当真空度达到 0.005MPa 时，在大气压力作用下，膜片推动弹簧座移动使触点闭合，警告灯亮。这时应对空气滤清器进行清洗保养或更换滤芯，否则发动机工作无力，油耗增大。

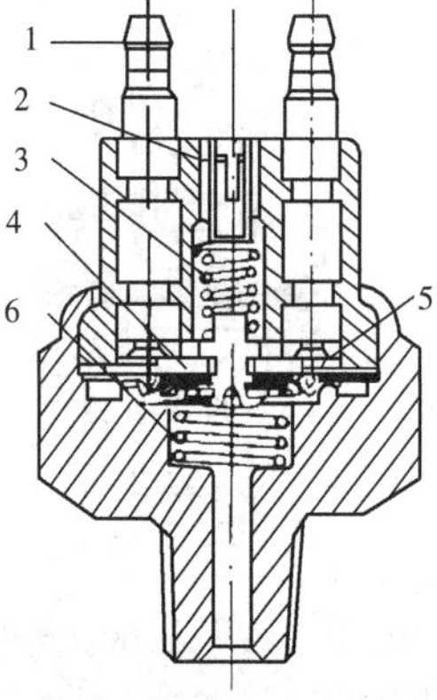

图 13-20　日野 400 型汽车真空度报警传感器

1—接线柱；2—调整螺钉；3—调整弹簧；
4—触点；5—膜片；6—压力弹簧

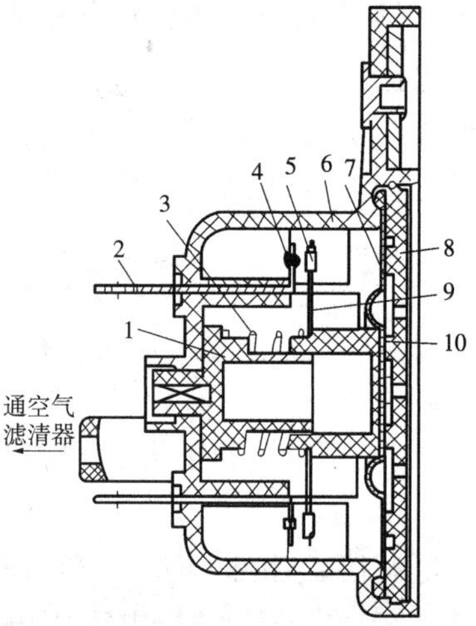

图 13-21　空气滤清器堵塞报警传感器

1—螺柱；2—导电插片；3—弹簧；
4、5—触点；6—外壳；7—膜片；8—底板；
9—导电板；10—弹簧座

第二节　照明及信号装置、标识符号

为保证汽车行车安全和工作可靠，现代汽车上装有各种照明和信号装置，用以照明道路，标示车辆宽度，照明车辆内部及仪表指示和夜间检修等。此外在汽车转弯、制动和倒车等工况下，汽车还应发出光信号和音响信号。

一、照明装置

按照国家标准《机动车安全技术条件》(GB 7258—2012)规定，汽车应有前照灯、前位灯、示廓灯、后位灯、雾灯、仪表灯、牌照灯、照明灯等。依据它们装在车身上的位置可分为车身外部照明装置和车身内部照明装置。

1. 车身外部照明装置

(1)前照灯

自 1912 年美国凯迪拉克牌轿车首先使用带灯丝的前照灯以来，汽车前照灯的功能和造型不断进步，形成现在的模式。前照灯是汽车夜间行驶时照明前方道路的灯具，要能发出远光和近光两种光束。远光应保证在车前 100m 或更远的路面上得到明亮而均匀的照明。近光则在会车时和市区明亮的道路上行驶时使用。汽车交会时，为避免迎面来车驾驶员炫目而发生危险，前照灯应能将强的远光变为光度较弱而光束下倾的近光。前照灯分为两灯制和四灯制两种。前者是在汽车前端左右各装一只前照灯，后者则在汽车前端左右各装两只前照灯。对两灯制，每只灯的光强要不低于 15000cd；对于四灯制，每只灯的光强要不低于 12000cd。解放 CA1091 型汽车为四灯制半封闭式前照灯，其结构如图 13-22 所示。它主要由灯泡组件、反光罩和透光玻璃组成。灯泡组件是将电能变为光能的装置，采用双丝灯泡。远光灯丝位于反光罩的焦点上,近光灯丝位于焦点上方。在近光灯丝下方加有金属遮罩,用以遮挡下部光线,防止光线向上反射直照对方驾驶员而引起炫目。反光罩为旋转抛物面状,其作用是将远光丝发出的光线聚成平行光束,并使光强增大几百倍。透光玻璃是多透镜及棱镜的组合体,其上有皱纹和棱格。当光线通过时,透镜和棱镜折射使一部分光束分散到汽车的两侧和车前路面上,以照亮驾驶员的视线范围。

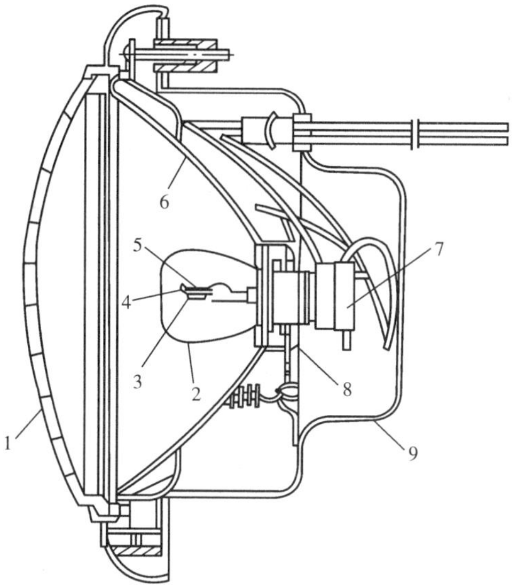

图 13-22　解放 CA1091 前照灯总成

1—配光镜;2—灯泡;3、4—配光屏;5—近光灯;6—反射镜;7—接线器;8—插座;9—灯外壳

现代轿车都采用半封闭式异形前照灯(如图 13-23 所示)。其原因是,货车用的圆形或方形前照灯不能降低车头的高度,并且为了安装前照灯,车头须设计出平面部位,影响轿车的车身的流线型造型和空气动力特性。

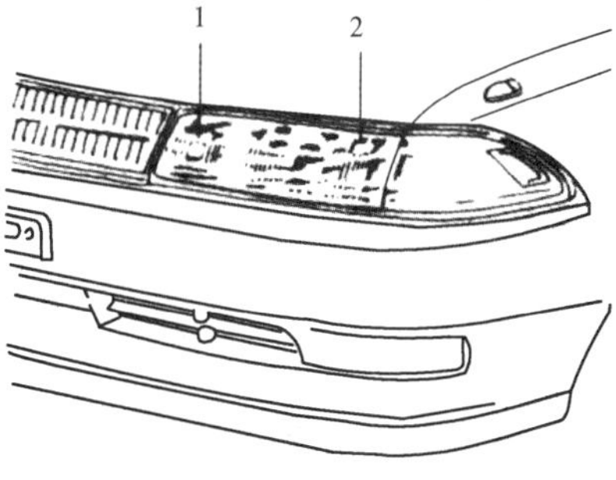

图 13-23　轿车异型前照灯

1—雾灯;2—前照灯

(2)前位灯

前位灯主要用于夜间会车行驶时,使对方能判断本车的外廓宽度,故又称示廓灯,它兼有近距离照明作用。另外,很多客车顶部装有一只或两只标高灯,若有两只,则同时兼做示廓灯。

(3)后位灯

后位灯的作用是便于后车驾驶员判断前车的位置而与之保持一定的距离,以免当前车突然制动时发生碰撞,故后位灯玻璃为红色。后位灯一般兼做牌照灯,也有的汽车牌照灯是单装的,它应保证夜间在车后 20m 处能看清牌照号码。此外经常在多雾地区行驶的汽车还应在前部装有光色为黄色的雾灯;在军用越野汽车上装有防空灯。

2. 车身内部照明装置

车身内部照明装置包括驾驶室顶灯、车厢照明灯、轿车中的车门灯和行李箱灯等。为便于夜间检修发动机,还设有发动机罩下灯,为满足夜间途中检修汽车的需要,车上还应备有足够长灯线的工作灯,使用时临时将其插入专用的插座中。此外驾驶室仪表板上有仪表板照明灯。

二、信号装置

1. 转向信号灯及转向信号闪光器

转向信号灯分装于车身前、后端左右两侧。在转向之前,驾驶员根据向左或向右转弯,相应地开亮左侧或右侧的转向信号灯,以通知交警、行人和其他汽车的驾驶员。为引起对方注意,转向信号灯亮度很强,并在其电路中装有转向信号闪光器,借以使转向信号灯发生闪烁。闪烁式转向信号灯可以单独设置,也可以与前位灯合成一体,合成一体时用双丝灯泡,后转向信号灯一般和后位灯合成一体。

转向信号闪光器有电热式、电容式和晶体管式等类型。如图 13 - 24 所示为电热式闪光器的线路。在绝缘底板上固定着"工"字形铁心 1,上面绕有线圈 2,线圈的一端与固定触点 3 相连,另一端固定于接线柱 8 上,由镍铬丝制成的附加电阻 6 和镍铬丝 5 串联。汽车不转向时,转向开关 9 处于中间位置,转向信号灯及指示灯的电路都断开。汽车转向时,开关 9 向右或向左处于闭合状态,转向信号灯电路接通,电流从电源正极经接线柱 7,活动触点臂 4,镍铬丝 5,附加电阻 6,接线柱 8,转向开关 9,转向信号灯 10、13 及指示灯 11、12 到电源负极形成回路。由于回路接有附加电阻 6,故灯泡的亮度较弱。经过一段时间后,镍铬丝受热膨胀而伸长,使触点 3、4 闭合,电流经闭合的触点、线圈 2 转向信号灯及指示灯形成回路,镍铬丝 5 与附加电阻 6 被短路。这时,线圈中有电流通过,产生磁力使触点闭合较牢。此时由于电路中的电阻减小,电流增大,故转向信号灯及指示灯发出较亮的光。过一段时间后,镍铬丝 5 又冷却收缩使触点重新断开,电流又流经附加电阻 6,灯光变暗。如此周而复始。灯光一明一暗,指示汽车转弯的方向。

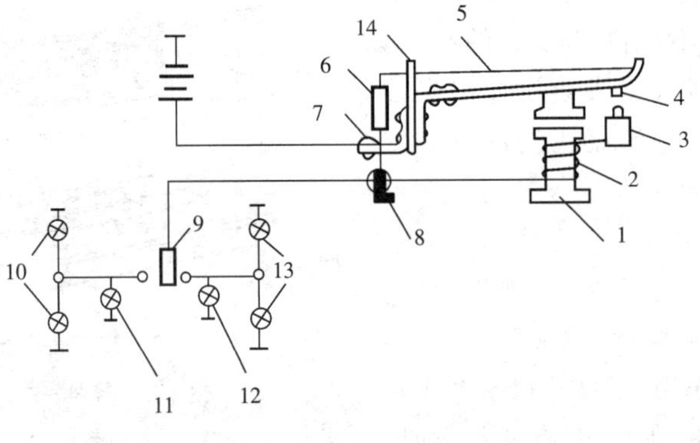

图 13 - 24 电热式闪光器线路图

1—铁心;2—线圈;3—固定触点;4—活动触点;5—镍铬丝;6—附加电阻;7、8—接线柱;
9—转向开关;10、13—转向信号灯;11、12—转向指示灯;14—调节片

2. 制动信号灯

制动信号灯装在汽车后部,在驾驶员踏下制动踏板时,即发出强烈的红光,以提醒后车驾驶员注意。制动信号灯有一只或两只,可单独设置,也可和后位灯合成一体。由于制动能源的不同,装在制动回路中的制动信号灯开关分气压式(如图 13 - 25 所示)和液压式(如图

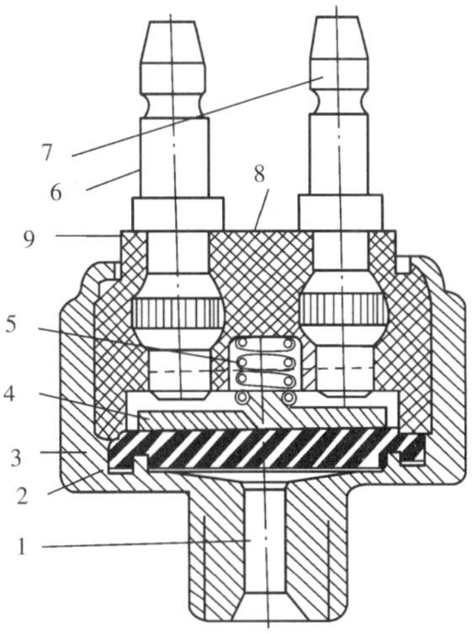

图 13－25　气压式制动灯信号开关

1—管接头；2—薄膜；3—壳体；4—接触桥；

5—弹簧；6、7—接线柱；8、9—胶木底座

13－26 所示）两种。对前者，当驾驶员踏下制动踏板时，压缩空气进入开关，橡皮膜 2 拱曲，使触点 4 与接线柱 6 接触，于是接线柱 6 和 7 接通，制动信号灯亮。当松开制动踏板时，橡胶膜恢复原状，触点 4 在弹簧 5 的作用下回到原来位置，信号灯灭。液压式制动信号灯开关作用原理与气压式类似。

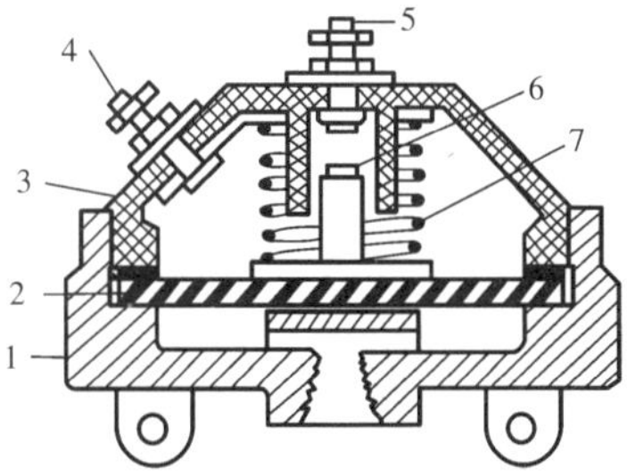

图 13－26　液压式制动灯信号开关

1—壳体；2—橡胶膜；3—胶木盖；

4、5—接线柱；6—铜质触点；7—弹簧

3．倒车信号灯和倒车警告器

汽车的后部装有倒车信号灯，有些还装有倒车警告器，其电路如图 13－27 所示。当驾驶员挂入倒挡倒车时，倒车信号灯亮，同时警告器的电喇叭 5 发出断续的声响（或用语言合成器发出“倒车，请注意”），以警告车后的行人和驾驶员。倒车信号灯及警告器均由装在变速器盖上的倒车灯开关控制（如图 13－28 所示）。

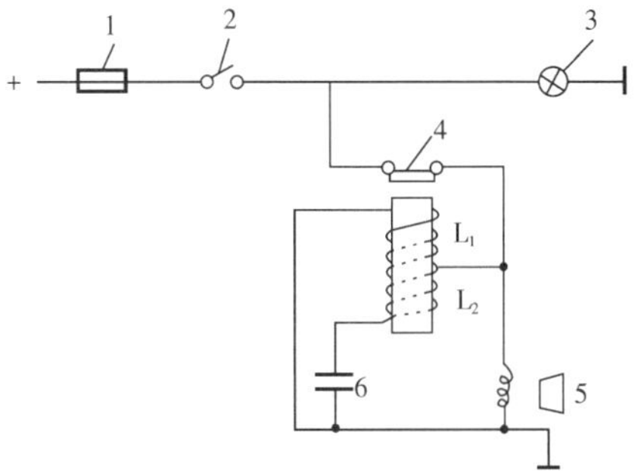

图 13－27　倒车信号灯及倒车警告器线路图

1—熔断器；2—倒车开关；3—倒车信号灯；

4—继电器触点；5—电喇叭；6—电容器

当变速器处于前进挡或空挡时，钢球 1 被倒挡换挡叉轴压至虚线所示位置，固连在推杆 10 上的金属盘 9 被推离固定触点 4，倒车信号灯及警告器的电路均断开。当变速器挂倒挡时，倒挡换挡叉轴上的凹槽对准钢球 1，两个并联弹簧 5 将推杆 10 连同钢球 1 推至下极限位置，使触点 4 闭合，

于是倒车信号灯亮，同时电流通过倒车警告器的电喇叭线圈(如图 13－27 所示)，使电喇叭 5 发出声响。此时线圈 L_1 及 L_2 中也有电流通过，流经 L_2 的电流同时向电容器 6 充电。由于 L_1 和 L_2 中电流方向相反，产生合成磁场很弱，继电器触点 4 保持闭合。随着电容器充电量的增加，线圈 L_2 中的电流及磁场渐趋消失，合成磁场已增强到足以将触点 4 分开，于是电喇叭 5 断电而停止发声。在继电器触点 4 分开后，电容器经线圈向 L_2 和 L_1 放电，这时 L_1 和 L_2 产生很强的合成磁场，使触点 4 继续分开。直到放电电流基本消失，继电器触点 4 又重新闭合而电喇叭 5 重新发声，如此反复，以示警告。

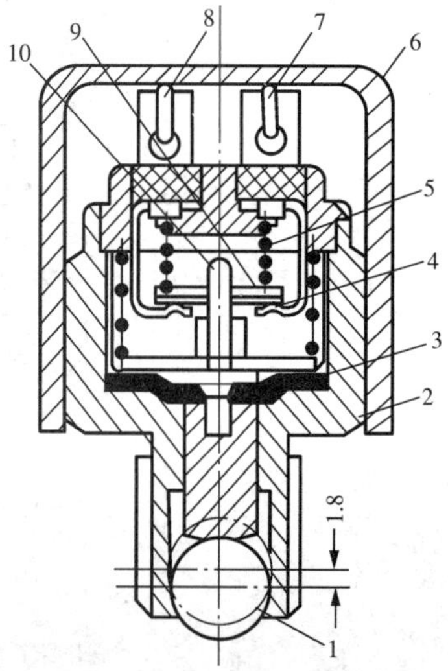

图 13－28　倒车信号开关灯

1—钢球；2—壳体；3—膜片；4—固定触点；5—弹簧；6—保护罩；7、8—导线；9—金属盘；10—推杆

4. 故障停车信号灯

有些汽车上装有故障停车信号灯以引起其他车辆的注意。如日本 TOYOTA DYNA 型汽车，利用转向器信号灯兼做故障停车信号灯。其线路如图 13－29 所示。当汽车发生故障需要停车时，拉出紧急开关 3 的手柄，此时紧急开关 3 内部的转向信号闪光开关 B_1－F 断开，而右转向信号灯开关 TB－TR 和左转向信号灯开关 TB－TL 以及停车信号闪光开关 B_2－F 均接通，使汽车前后左右两侧转向信号灯同时发亮并闪烁，以示故障停车。

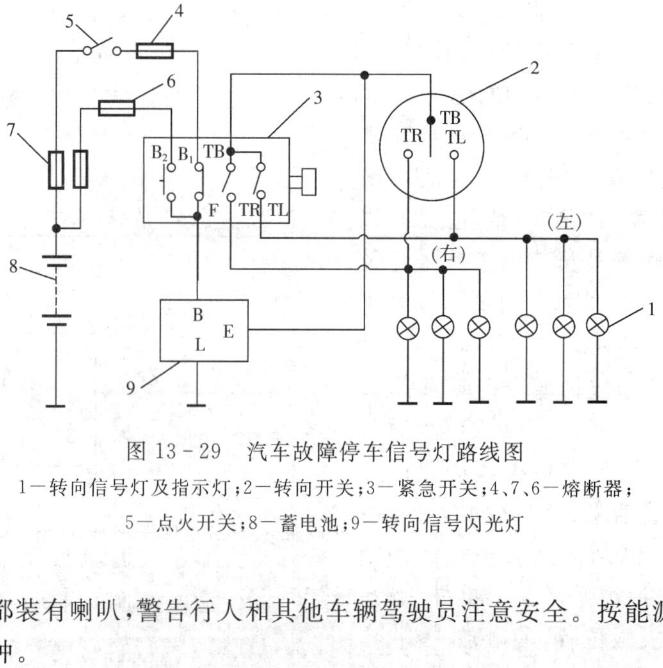

图 13－29　汽车故障停车信号灯路线图

1—转向信号灯及指示灯；2—转向开关；3—紧急开关；4、7、6—熔断器；5—点火开关；8—蓄电池；9—转向信号闪光灯

5. 喇叭

汽车上一般都装有喇叭，警告行人和其他车辆驾驶员注意安全。按能源不同，喇叭有电喇叭和气喇叭两种。

(1)电喇叭

电喇叭按其形状可分为蜗牛形(或螺旋形)、长筒形和盆形;按音调又可分为单音喇叭、双音和三音喇叭。当采用多音喇叭时,为减小通过喇叭按钮开关的电流和减小线路中的电压降,应加装喇叭继电器(如图 13-30 所示)。

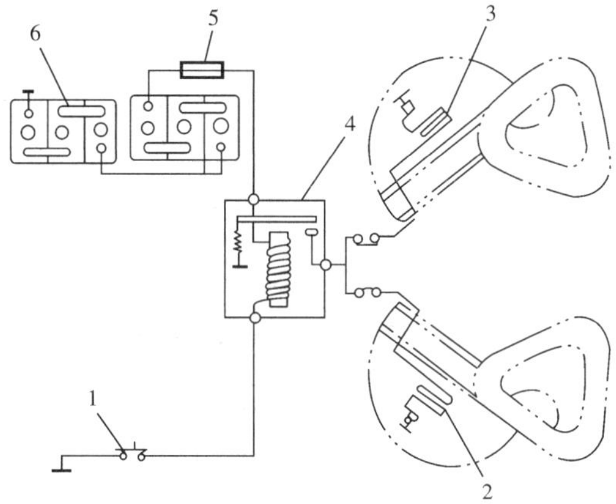

图 13-30 电喇叭继电器工作示意图

1—喇叭按钮;2、3—喇叭线圈;4—继电器;5—熔断器;6—蓄电池

蜗牛形电喇叭(如图 13-31 所示)声音和谐、清脆悦耳,广泛应用于各类汽车上。当按下如图13-30中的喇叭按钮 1 时,有较小的电流进入继电器 4 的线圈,于是产生磁场使继电器 4 的触点闭合。这时蓄电池 6 的电流经继电器 4 的触点进入如图 13-31 所示中的线圈 4,线圈中的电流产生的磁场吸引衔铁 5,并通过中心杆 2 推动振动膜片 1,同时中心杆 2 的调整螺母压下触点臂,使喇叭触点 6 分开而切断电路。线圈 4 中电流中断,电磁场消失,振动膜片 1

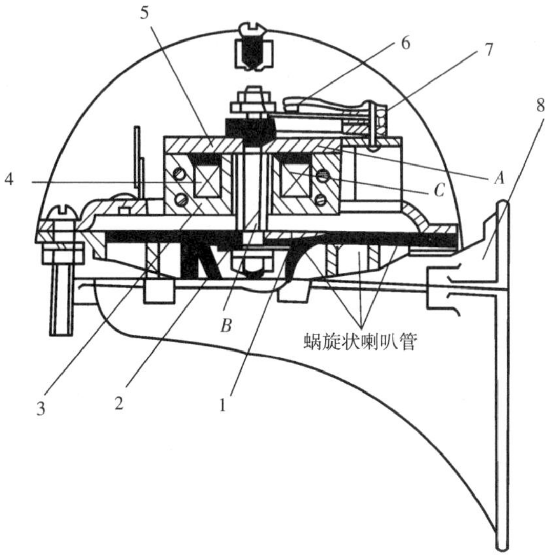

图 13-31 蜗牛形电喇叭

1—振动膜片;2—中心杆;3—铁心;4—线圈;

5—衔铁;6—喇叭触点;7—绝缘垫;8—扬声筒

由于自身的弹力作用而恢复原位,喇叭触点 6 又重新闭合,电流再通过线圈 4,如此重复,振动膜片 1 不断振动产生声波,由扬声筒 8 集中导出。

产生电磁场吸动衔铁 5,又推动振动膜片 1。由于长筒形电喇叭需要较大的安装空间,故目前趋于淘汰。盆形电喇叭(如图 13-32 所示)与蜗牛形电喇叭相比,结构特点是不用扬声器,而用回音板作为共鸣装置。其波长与声源面积之比较小,故声束的发散角也较小,即指向性较好,对交通噪声的穿透力强。当接通电源后,衔铁 6 被吸下与铁心 1 碰撞时,使膜片发生振动而产生低频的基音,同时回音板受激励而共振,发出更强的高频谐音。此时,盆形电喇叭消耗的功率及外形尺寸较小,安装也方便,故被广泛用于中小型客车和轿车上。

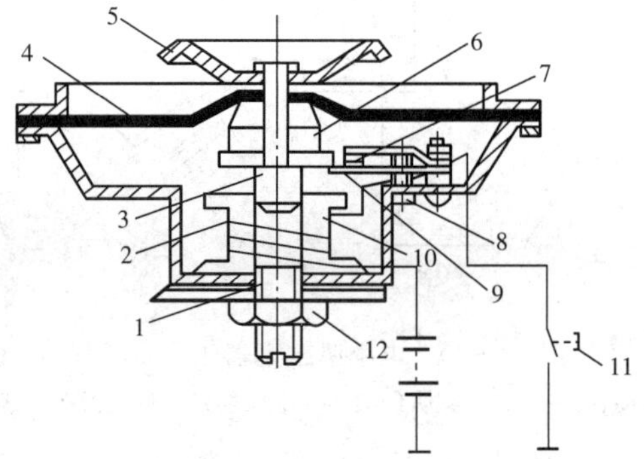

图 13-32　盆形电喇叭

1—下铁心;2—线圈;3—上铁心;4—膜片;5—共鸣板;6—衔铁心;7—触点;8—调整螺钉;9—活动触点臂;10—铁心;11—喇叭按钮;12—锁紧螺母

(2)气喇叭

气喇叭按其形状也可分为长筒形和蜗牛形。按音调又可分为单音和双音两种。如图 13-33 所示是长筒形气喇叭。当接通气阀 3 后,压缩空气进入喇叭气室 1 使膜片 7 和筒颈 5 组成振动系统产生振动,并按其固有频率周期性地排出气体,经扬声器共鸣辐射向外传出强大的声波。气喇叭的声强及指向性比电喇叭强,并有一定的余韵,有利于山区的安全行车。

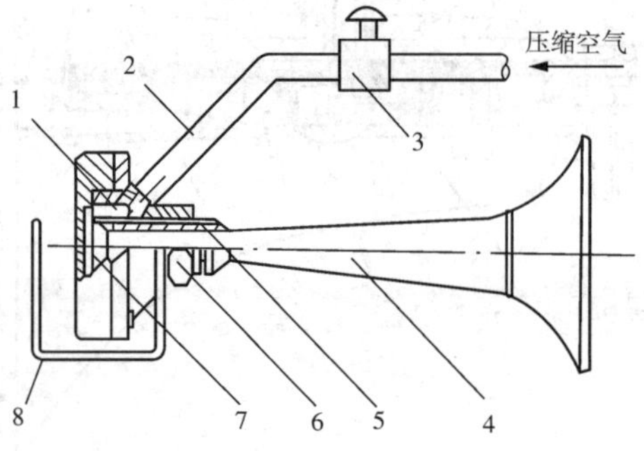

图 13-33　长筒形气喇叭

1—气室;2—耐压胶管;3—气阀;4—扬声筒;5—筒颈;6—螺母;7—膜片;8—安装支架

为了减小安装空间,改善气喇叭的音色,有些汽车采用结构紧凑的蜗牛形气喇叭。但是我国及一些国家禁止在城市内使用气喇叭，还有一些城市地方法规禁止使用喇叭。

根据国家标准 GB 7258—2012 规定，城市用机动车喇叭声级在距车前 2m，离地面 1.2m 处测量应为 90～115dB(A)，否则为不合格。

三、常用标识符号

现代汽车的电气设备及仪表比较多，为便于识别和控制它们，常在驾驶室的仪表、操纵杆、按钮、开关等处标有各种形象化的醒目的符号，其常用的标识符号见图 13-34。

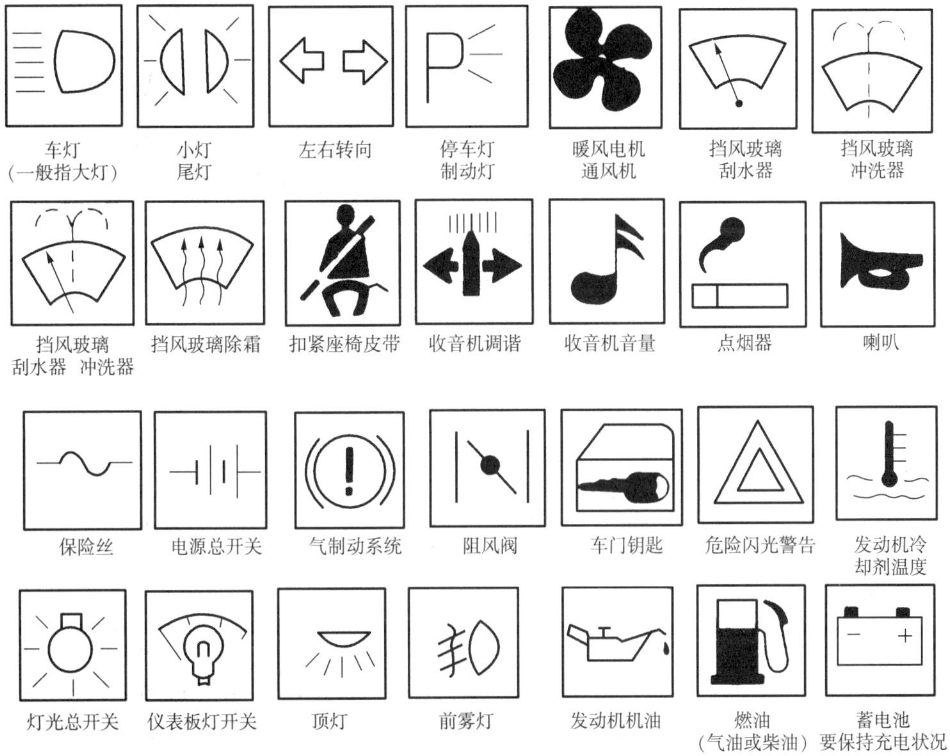

图 13-34　常用标识符号

第三节　风窗玻璃刮水器与洗涤器

一、风窗玻璃刮水器

刮水器的功用是刮去附着在风窗玻璃上的雨水、雪花及尘污，以保证驾驶员有良好的视线。现代汽车上的刮水器有电动式、气压式两种，但使用较多的是电动式。

1. 电动式风窗玻璃刮水器

如图 13-35 所示是电动风窗玻璃刮水器的总成结构图。刮水器的左右刮水刷片总成 3 被刮水臂 2 压在风窗玻璃外表面上。电动机 11 驱动减速机构 12 旋转，并通过驱动杆系 13 做往复运动，带动刮水臂 2 及刮水刷片总成 3 左右摆动，刮刷风窗玻璃。

刮水器电动机按其磁场结构分为线绕式和永磁式两种。

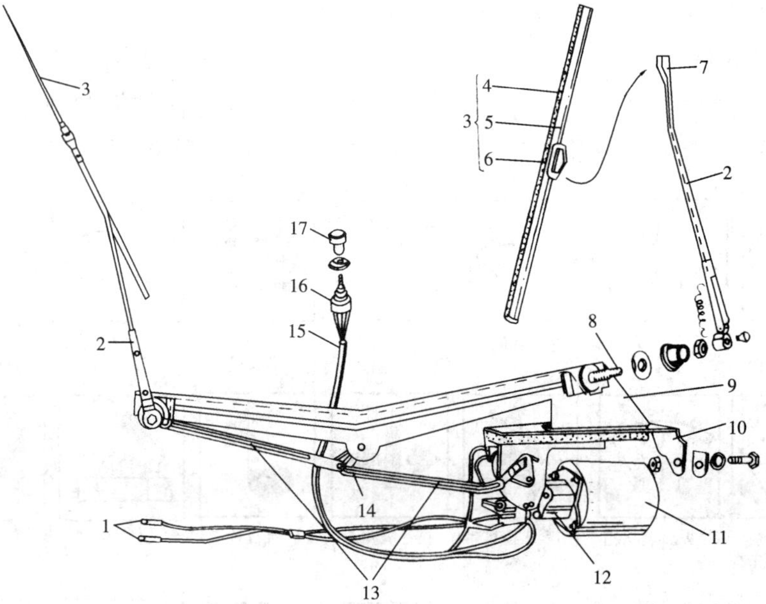

图 13-35　电动风窗刮水器

1—电线插头;2—刮水刷臂;3—刮水刷片总成;4—橡胶刷片;5—刷片杆;6—刷片支座;7—刷片支持器;8—刮水刷臂心轴;9—刮水器底板;10—电动机安装架;11—电动机;12—减速机构;13—驱动杆系;14—驱动铰链;15—电线束;16—刮水器开关;17—刮水器开关旋钮

(1)线绕式电动机刮水器

线绕式电动机是通过改变磁通来实现变速的。其工作原理如图 13-36 所示。当刮水器开关在"Ⅰ"挡位置(低速"LO")时,电流从蓄电池正极经电源开关 8、熔断器 7、接线柱②、接触片 9 后分成两路:一路通过接线柱③、串激绕组 1、电枢至蓄电池负极而形成回路;另一路通过接线柱④、并激绕组 3 至蓄电池负极而形成回路。此时,在串激绕组 1 和并激绕组 3

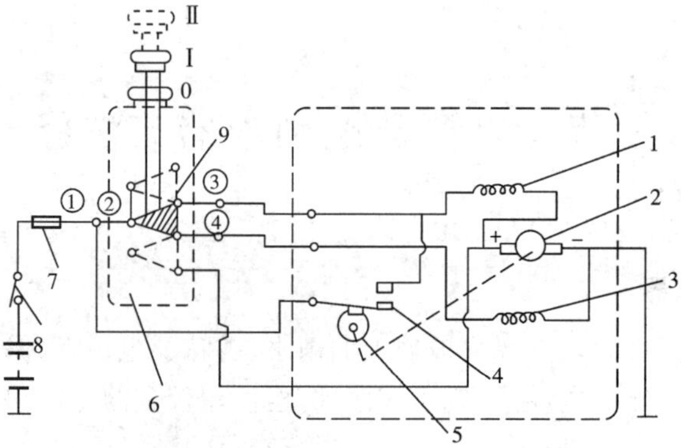

图 13-36　线绕式电动机刮水器工作原理图

1—串激绕组;2—电枢;3—并激绕组;4—触点;5—凸轮;6—刮水器开关;7—熔断器;8—电源开关;9—接触片

的作用下，磁场增强，电动机以低速旋转。当刮水器开关在“Ⅱ”挡位置（高速“HI”）时，电流从蓄电池正极经电源开关 8、熔断器 7、接线柱①、接触片 9、接线柱③、串激绕组 1、电枢 2 至蓄电池负极而形成回路。由于并激绕组 3 被隔出，磁场减弱，于是电动机以高速旋转。当刮水器开关在“0”挡位置（停止“STOP”）时，若橡胶刷片未停在合适的位置，与电枢连动的凸轮 5 使触点 4 闭合（如图 13－37a 所示）。

这时电流从蓄电池正极经电源开关 8、熔断器 7、接线柱①、触点 4、串激绕组 1、电枢 2 至蓄电池负极形成回路，于是电动机继续转动。当与电枢连动的凸轮 5 转至如图 13－37b 所示位置时，触点 4 分开而电路切断，但由于电枢旋转的惯性而不能立即停止，则电动机便以发电机运行发电。此时电枢电流所产生的电磁作用力与原来的电枢旋转方向相异，便产生制动转矩，使电动机立即停止转动，刮水器停止工作，而橡胶刷片便停在风窗玻璃下部合适位置。

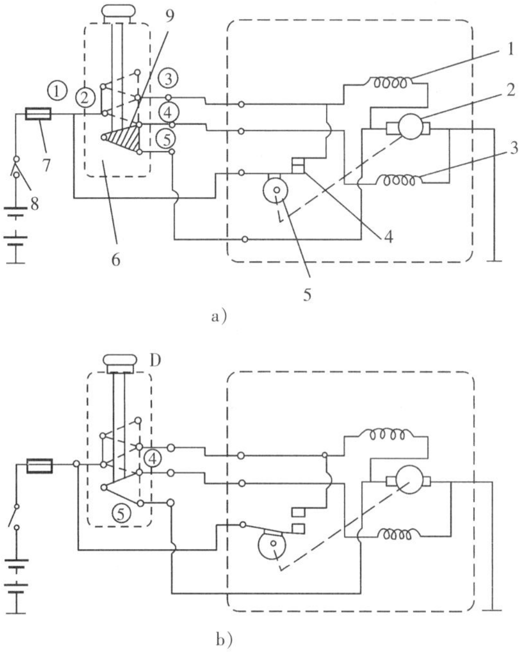

图 13－37　线绕式电动机自动复位原理图

1—串激绕组；2—电枢；3—并激绕组；4—触点；5—凸轮；

6—刮水器开关；7—熔断器；8—电源开关；9—接触片

（2）永磁式电动机刮水器

如图 13－38 所示为永磁式刮水器电动机，其结构与线绕式电动机基本相同，只是磁极 2 为铁氧体永久磁铁，磁场强弱不能改变。为了改变刮水器工作速度，通常采用三刷式电动机，其工作原理如图 13－39 所示。

当刮水器开关在“I”挡位置（低速“LO”）时，电流从蓄电池正极经电源开关 1、熔断器 2、电刷 B_3、电枢线圈、电刷 B_1、接线柱②、接线柱③至蓄电池负极，形成回路。此时，电枢线圈产生的磁场与永久磁铁的磁场相互作用，使电动机转动，由于电刷 B_3 与电刷 B_1 是相对的，它们接触的电枢线圈磁场与永久磁铁的磁场方向垂直，穿过电枢线圈的磁通量最大，故电动机以低速转动。

当刮水器开关在“Ⅱ”挡位置(高速“HI”)时,电流从蓄电池正极经电源开关1、熔断器2、电刷B_3、电枢线圈、电刷B_2、接线柱④、接触片、接线柱③至蓄电池负极,形成回路。由于电刷B_3和电刷B_2所接通的电枢线圈磁场与永久磁铁磁场方向偏转了一个角度,使永久磁铁磁通穿过电枢线圈的数量减小,故电动机以高速旋转。

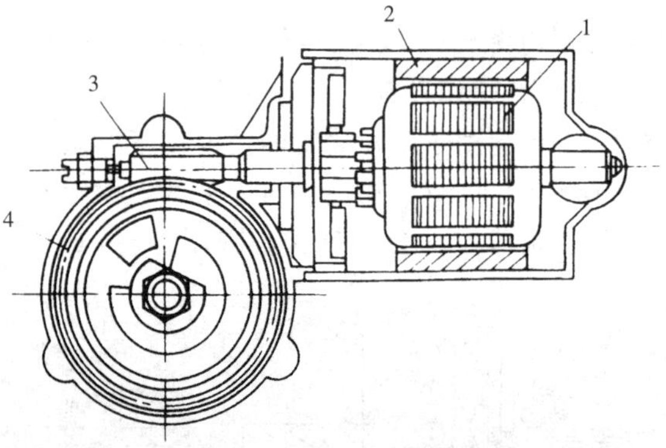

图13-38　永磁式刮水器电动机

1—电枢;2—磁极;3—蜗杆;4—蜗轮

当刮水器开关在“0”挡位置(停止“STOP”)时,若橡胶刷片未停在合适的位置,触点6与铜环9相通,如图13-39b所示。此时电流从蓄电池正极经电源开关1、熔断器2、电刷B_3、电枢线圈、电刷B_1、接线柱②、接线柱①、触点臂5、触点6、铜环9至蓄电池负极,形成回路。此时电动机继续以低速旋转,当蜗轮旋转至如图13-39a所示位置时,触点4和触点6通过铜环7接通,回路中断。但由于电枢转动时的惯性,电动机不能立即停止,因而电动机以发电机运行而发电。因电枢线圈所产生的电磁作用力与原来电枢旋转方向相反,于是便产生制动转矩,使电动机立即停止转动,而橡胶刷片便停在风窗玻璃下部合适位置。

a)电路原理图　　b)回位开关示意图

图13-39　永磁式刮水器电动机工作原理示意图

1—电源开关;2—熔断器;3、5—自动复位触点臂;4、6—触点;7、9—自动复位滑片;8—蜗轮;10—电枢;11—磁极;12—刮水器开关的接触片;13—刮水器开关

2. 气动式风窗玻璃刮水器

气动式风窗玻璃刮水器分为真空式和气压式两种。由于真空式刮水器的真空度受发动机节气门开度和发动机转速的影响,故刮水片的摆动速度很不稳定,有时甚至不能满足使用要求,目前已被淘汰。本节以东风EQ1090E型汽车气压式刮水器为例介绍其结构及工作

原理(如图 13－40 所示)。该刮水器主要由刮水器本体、大活塞、换向阀体、换向活塞、调节进气量手柄等组成。

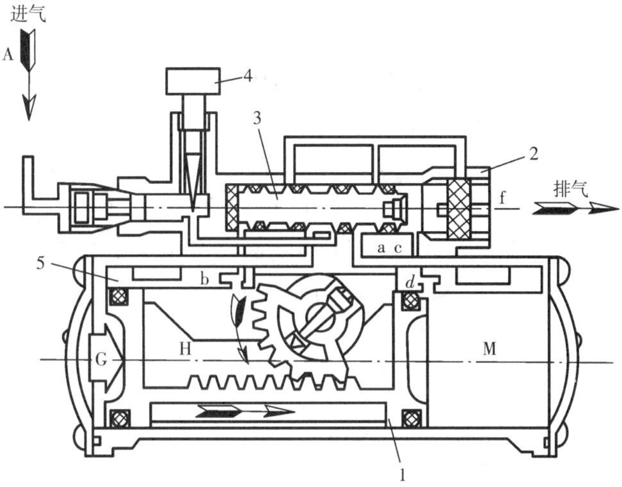

图 13－40　东风 EQ1090E 型汽车气压式风窗刮水器结构及工作原理

1—大活塞;2—换向阀体;3—换向活塞;4—调节进气量手柄;5—刮水器本体

当刮水器开始工作时,压缩空气 A 经调节进气量手柄 4 的针阀进入换向阀体 2,由进气孔 a 到达刮水器本体 5 的 G 腔,推动大活塞 1 向右运动,于是齿条驱动齿扇按图中箭头方向转动,而使摆杆总成摆动。此时 M 腔中残余空气则经孔 c 进入换向阀体 2,通过排气节流孔 f 排出。当大活塞向右行至换向孔 b 露出,压缩空气进入换向阀体 2 的左端将换向活塞推出时,压缩空气进入换向阀体 2 的左端将换向活塞 3 推向右端,使压缩空气经进气孔 f 进入刮水器本体 5 的 M 腔中,推动大活塞 1 向左移动完成换向动作。于是齿条驱动齿扇按图中箭头反向转动,而使摆杆总成反向摆动。刮水器摆杆总成的摆动速度,用进气量调节手柄 4 通过针阀进行调节。

操纵刮水带的开关装在驾驶室内,用来接通或断开刮水器与压缩空气源之间的通道,其构造如图 13－41 所示。阀门 7 与推杆 5 借螺纹连接成一体。推杆 5 上有皮碗 6 起密封作用。旋钮 4 借螺纹装在壳体 1 上。在不使用刮水器时,可将旋钮 4 旋出,通过销 3 向外拉推

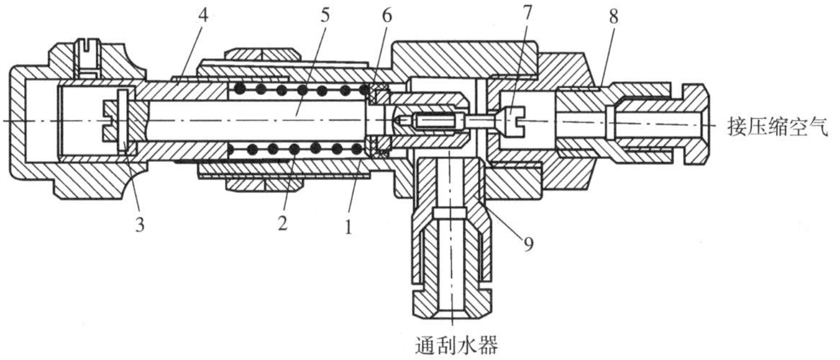

图 13－41　气压式刮水器开关

1—外壳;2—弹簧;3—销;4—旋钮;5—推杆;6—皮碗;7—阀门;8、9—管接头

杆5,使阀门7关闭,切断了刮水器与压缩空气源之间的通路,刮水器便停止工作。而需要刮水器工作时,可旋进旋钮,弹簧2便将推杆向内推进,打开阀门,压缩空气便从管接头8、阀门7经管接头9进入刮水器。

二、风窗玻璃洗涤器

风窗玻璃洗涤器的功用是将清洁水或洗涤液喷射至风窗玻璃上,在刮水器的作用下,清除风窗玻璃上的尘土及污物,使驾驶员有良好的视野。洗涤器主要由电动机、洗涤液泵、洗涤液罐和喷嘴等组成(如图13-42所示)。洗涤液泵一般是由电动机直接驱动的齿轮泵。电动机和洗涤泵之间有两个水封和一个排水孔,用以保持其密封性。如图13-43所示是其工作原理图,当按下控制开关5时,电动机驱动洗涤液泵齿轮2旋转,洗涤液即以一定的压力经喷嘴3喷到风窗玻璃4的外表面上,同时刮水器开始工作。

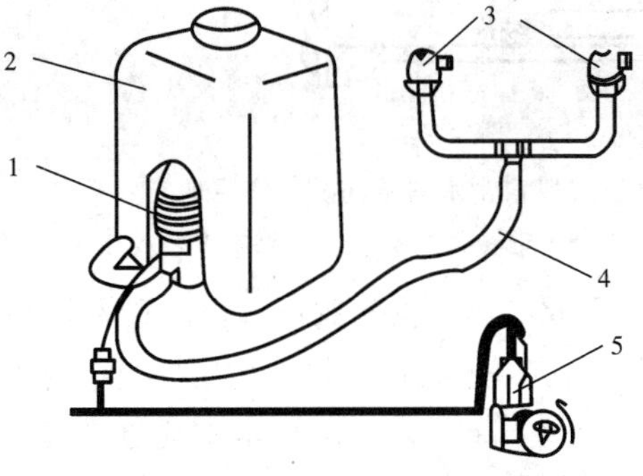

图13-42 风窗玻璃洗涤器示意图

1—电动机及洗涤液泵;2—洗涤液罐;3—喷嘴;4—聚氯乙烯管;5—控制开关

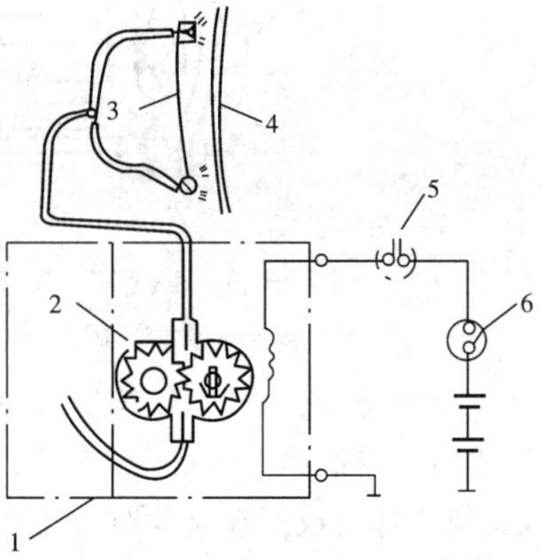

图13-43 风窗玻璃洗涤器工作原理图

1—洗涤液罐;2—洗涤液泵齿轮;3—喷嘴;4—风窗玻璃;5—控制开关;6—电源开关

第四节 汽车防盗器

为防止被盗,现代许多汽车,尤其是中高级轿车都装设了防盗器。防盗器分为机械式和电子式两种。机械式防盗器以纯机械方式增加对油路或转向柱、排挡杆等装置的控制,其安全性较差,使用也很不方便,故逐渐被淘汰。而目前流行的汽车防盗器基本上都是电子式,如防盗点火锁、红外监视、超声波监视、遥控防盗等。电子防盗点火锁是通过电子应答来判断用户的使用是否合法,并确定是否允许发动机控制器工作,安全性高,故在国外高级轿车上普遍采用。国产桑塔纳2000GSi时代超人装用了德国Megamos公司特别设计的防盗点火锁。其系统由带转发器的钥匙、收发线圈和防盗控制器三部分组成,并由一个指示灯表示系统的不同状态,如图13-44所示。

桑塔纳2000GSi防盗系统基本原理是运用钥匙中转发器与收发线圈之间的电磁感应并通过无线电波识别技术来防止非法盗用汽车。

上海大众经过出厂匹配工序之后,每辆桑塔纳2000GSi的防盗控制器就存储了本车发动机控制器识别码以及三把钥匙中转发器的识别码,同时每个转发器中也存储了相应的防盗控制器的相关信息。

图 13－44　防盗系统组成

如图 13－45 所示是桑塔纳 2000GSi 防盗系统连接示意图。当用户把钥匙插入锁孔并打开点火开关时，防盗控制器首先通过锁孔上的线圈将一随机数（56bit 长度）传递给钥匙中的转发器（长约 13.3mm、直径约 3.1mm 的玻璃壳体内含有一片运算芯片和一个细小的电磁线圈）。经过特定的运算后，转发器将结果反馈回控制器；控制器将其与自己经过相同特定运算的结果比较，若结果相吻合，系统即认可该钥匙。防盗控制器对发动机控制器也要通过特定的通信过程来完成鉴别过程。只有钥匙（转发器）、发动机控制器的密码都吻合时，防盗控制才允许发动机控制器工作。

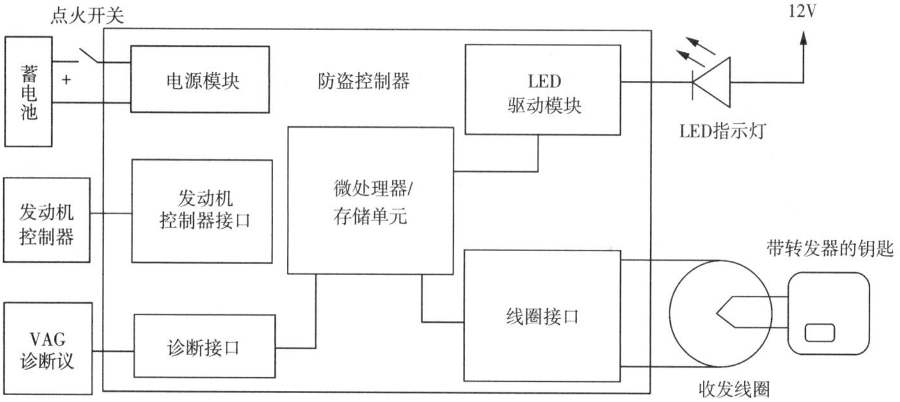

图 13－45　桑塔纳 2000GSi 防盗系统连接示意图

防盗控制器通过一根通信线（W－LINE）将经过编码的工作指令传到发动机控制器，发动机控制器根据防盗控制器的数据决定是否启动汽车。同时 VAG 诊断仪通过串行通信接口（K－LINE）对系统进行故障诊断、编译等操作。鉴别密码过程约 2s，副仪表板上的指示灯会保持点亮状态。若有错误发生，发动机控制器将停止工作，同时指示灯也会以一定频率闪动。

此处应指出的是：

(1)为提高安全性,在允许发动机控制器启动之后,若点火开关一直保持接通,则在 8h 后,防盗控制器再次与转发器进行询问-应答过程,并以此回答发动机控制器的下一次请求信号。

(2)防盗控制器有两种:一种供给上海大众生产线使用(即印上该防盗控制器识别码及四位密码的密码条),这种防盗器预置为自学模式,不需要其他设备即可进行钥匙学习过程;另一种供给售后维修使用(没有密码条,只有在大众指定维修站才能查出该防盗控制器的识别码及密码),它必须借助 VAG 诊断仪及防盗控制器密码才能进行钥匙学习过程。

(3)工作过程中若发生错误,LED 指示灯会以相应的频率闪动以提醒操作者,同时防盗控制器会将相应的故障信息存储下来,通过指定的诊断仪 VAG1562 或 VAG1551 对防盗系统进行故障诊断及修复。系统可记录的故障有如下几类:

① 是否曾试图用非法钥匙启动。

② 发动机控制器是否经过正确匹配。

③ 钥匙是否有 Megamos 专用的转发器。

④ 收发线圈连接是否正确。

⑤ 学习过程是否正确。

另外防盗控制器还记录有当前系统状态信息,可以查询以下状态:

① 防盗控制器是否允许发动机控制器启动。

② 发动机控制是否向防盗控制器发出了请求信号。

③ 当前钥匙中的转发器是否是 Megamos 专用转发器。

④ 共有几把钥匙可以合法启动该汽车。

思考题

13-1 汽车附属设备主要包括哪些装置?简述奥迪 100 车速表的组成及工作原理。

13-2 机油低压报警装置的功用是什么?其传感器是如何工作的?

13-3 简述电热式燃油表的工作原理。表中稳压器起何作用?

13-4 用充电指示灯线路图说明当发电机对蓄电池不充电时指示灯才亮的道理?

13-5 转向信号灯装在汽车上什么位置?为什么要在转向信号灯电路中设置信号闪光器?

13-6 现代汽车上通常安装什么形式的喇叭?为什么选用该形式?

13-7 现代轿车上为什么用电动风窗刮水器?

13-8 汽车防盗器有几种形式?简述上海桑塔纳 2000GSi 电子锁防盗器的工作原理。

参考文献

[1] 中国标准出版社．汽车国家标准汇编：发动机卷[M]．北京：中国标准出版社，1999.

[2] 全国汽车标准化技术委员会．汽车和挂车类型的术语和定义：GB/T 3730.1—2001[S]．北京：中国标准出版社，2002.

[3] 全国汽车标准化技术委员会．机动车辆及挂车分类：GB/T 15089—2001[S]．北京：中国标准出版社，2002.

[4] 全国内燃机标准化技术委员会．内燃机产品名称和型号编制规则：GB/T 725—2008[S]．北京：中国标准出版社，2008.

[5] 关文达．汽车构造[M]．2 版．北京：清华大学出版社，2008.

[6] 臧杰，阎岩．汽车构造：上册[M]．北京：机械工业出版社，2005.

[7] 蔡兴旺．汽车构造与原理：上册[M]．北京：机械工业出版社，2004.

[8] 陈家瑞．汽车构造：上册[M]．5 版．北京：人民交通出版社，2006.

[9] 李军．汽车发动机构造与维修[M]．重庆：重庆大学出版社，2005.

[10] 杨柏青．汽车发动机构造[M]．重庆：重庆大学出版社，2009.

[11] 陈家瑞，马天飞．汽车构造[M]．北京：人民交通出版社，2006.

[12] 葛安林．汽车工程手册设计篇：无级变速器[M]．北京：人民交通出版社，2001.

[13] 黄金陵．双离合系统变速器[M]．北京：机械工业出版社，2008.

[14] 黄宗益．现代轿车自动变速器原理与设计[M]．上海：同济大学出版社，2006.

[15] 冯晋祥，陈德阳，王林超．汽车构造[M]．北京：人民交通出版社，2007.

[16] 胡光辉，仇雅莉．汽车自动变速器原理与维修[M]．北京：机械工业出版社，2006.

[17] 张金柱．自动变速器[M]．北京：化学工业出版社，2005.

[18] 阮忠唐．机械无级变速器[M]．北京：化学工业出版社，2005.

[19] 唐晓丹．汽车自动变速器构造与检修彩色图册[M]．北京：人民交通出版社，2009.

[20] 田晋跃．车辆自动变速器构造原理与设计方法[M]．北京：北京大学出版社，2009.

[21] 程乃士．汽车金属带式无级变速器：CVT 原理和设计[M]．北京：机械工业出版社，2008.

[22] 黄秋平．汽车无级变速器(CVT)结构原理与维修[M]．南京：江苏科学技术出版社，2008.

[23] 过学迅．汽车自动变速器：结构·原理[M]．北京：机械工业出版社，2006.

[24] 林学东．发动机原理[M]．北京：机械工业出版社，2015.

[25] 于海东．透视图解汽车构造·原理与拆装[M]. 北京:化学工业出版社,2017.
[26] 周晓飞．汽车构造与原理百日通[M]. 北京:化学工业出版社,2017.
[27] 关文达．汽车构造(第四版)[M]. 北京:机械工业出版社,2016.
[28] 许兆棠,黄银娣．汽车构造(上册)(第二版)[M]. 北京:国防工业出版社,2016.
[29] 陈新亚．汽车构造透视图典:发动机与变速器[M]. 北京:机械工业出版社,2017.
[30] 张金柱．图解汽车原理与构造[M]. 北京:化学工业出版社,2016.